客 観 的 知 識

——進化論的アプローチ——

カール・R・ポパー 著
森　　博　　訳

木鐸社

アルフレト・タルスキーに捧げる

This translation of Objective Knowledge (1st edition 1972)
is published by arrangement with The Clarendon Press/Oxford
© Karl R. Popper 1972

序　言

　人間知識の現象は疑いなくわれわれの世界における最大の奇跡である。それはおいそれとは解けそうもない問題をつくりあげており、私は本書がこの解決に多少とも寄与するとさえ考えていない。しかし私は、三世紀にわたって、準備段階で泥沼のなかにはまりこみ、動きがとれなくなってしまっていた議論を、救い出し再出発させる手助けをしたと思っている。

　デカルト、ホッブス、ロック、および彼らの学派——デーヴィド・ヒュームだけでなく、トマス・リードをも含む——以来、知識の理論〔認識論〕は、きわめて主観主義的であった。知識は特別に確実な部類の人間的信念とみなされ、科学的知識は特別に確実な人間的知識とみなされた。

　本書の諸論文は、アリストテレスにまでさかのぼりうる伝統——この〔主観主義的な〕常識的知識理論の伝統——ときっぱり手を切っている。私は大の常識賛美者であり、常識は本質的に自己批判的だと主張するものである。だが、私は**常識的実在論**の本質的真理性を最後まで支持する用意があるけれども、**常識的知識理論**は主観主義的な大きな誤りだとみなしている。この大誤りは西洋哲学を支配してきた。私はこれを根絶し、本質的に推測的性格をもつ知識の客観的理論に取り替えようと試みた。これは大胆な要求かもしれないが、それについては私は弁解しない。

　しかし、本書の諸論文に若干の重複がある点については釈明しなければならないと思う。既発表のものであれそうでないものであれ、私はさまざまな章を、それらが部分的に重複している場合でさえ、ほとんど執筆当時の状態のままにしておいた。私は現在ではジョン・エクルズ卿の『実在に面して』の示唆にしたがって、第2章に見られるように「世界1」、「世界2」、「世界3」という言い方をするほうが良いと思っているのであるけれども、第3章と第4章で「第一」、「第二」、「第三」世界といっているのも、このような〔執筆当時のままにしておくという〕理由によるものである。

カール・R・ポパー

ペン，バッキンガム州
1971年7月24日

謝　　辞

　私はデーヴィド・ミラー，アルネ・F・ペーテルゼン，ジェルミ・シェアムール，およびとりわけ私の妻の，たゆまぬ根気強い助力に深い恩恵をこうむっている。

凡　　　例

1. 本書は KARL RAIMUND POPPER, *Objective Knowledge : An Evolutionary Approach*, Oxford／Clarendon Press, 1972. の全訳である。
2. 原書には講演で公表された論文が多く含まれているが，本訳書ではすべて論文調に訳出した。第5章と付録はドイツ語論文を参照し，一部分こちらから訳出したところがある。
3. 訳文でゴチック（太字）になっているところは原文でイタリックの部分である。文中［　］で囲まれた個所は原著者ポパーのものであり，〔　〕の部分は訳者が補入したものである。
4. 原文には同趣旨の文句がコンマで区切って畳み込み式に連続して重ねられているところが少なからずあり，そのまま日本語に移すと理解をさまたげると思われた場合には，原文にない（　）や——などを適宜に挿入した。
5. 各分野での専門語は，できるだけ『日本学術会議選定用語集』に準拠して訳出したが，必ずしも画一的でない。ポパーの用語では, 'theory of knowledge', 'epistemology' が併用されており，同じ意味のものなのだが，区別をするため，後者を「認識論」，前者を「知識理論」，「知識論」（稀に「認識論」）と訳した。また, 'prefer' を「ひいきにする」，「優先的に選択する」，「選好する」など文脈により異なって訳した語がある。
6. （＊）は訳注である。原書の各論文は『探究の論理』（『科学的発見の論理』）から『推測と反駁』にいたるまでの論考をふまえての議論なので，本文および脚注の参照個所にはできるだけポパーの既刊著書の文章をそのまま引用して訳注したほか，一般読者のために必要と思われる人名・事項に簡単な解説を加えておいた。

客観的知識　目次

序　言

第1章　推測的知識：帰納の問題に対する私の解決 …(3)

1. 帰納の常識的問題(*5*)　2. ヒュームの帰納の二つの問題(*5*)　3. ヒュームの結論の重要な帰結(*7*)　4. 帰納の問題への私の接近の仕方(*8*)　5. 帰納の論理的問題：再説と解決(*10*)　6. 論理的問題に対する私の解決についてのコメント(*11*)　7. 理論の優先選択と真理の探求(*17*)　8. 験証：不確からしさの長所(*22*)　9. 実用主義的優先選択(*26*)　10. ヒュームの帰納の心理学的問題についての私の再説の背景(*30*)　11. 帰納の心理学的問題の再説(*33*)　12. 帰納の伝統的問題とあらゆる帰納の原理または規則の無効性(*34*)　13. 帰納と境界設定の問題を超えて(*36*)

第2章　常識の二つの顔 — 常識的実在論への賛成論と常識的知識理論への反対論 ……………………(39)

1. 哲学への弁明(*39*)　2. 不安定な出発点：常識と批判(*40*)　3. 他の接近法との対比(*42*)　4. 実在論(*45*)　5. 実在論を支持する議論(*45*)　6. 真理について(*53*)　7. 真理，真理内容，偽内容(*57*)　8. 真理らしさについて(*62*)　9. 真理らしさ，および真理の探求(*64*)　10. 真理および目的としての真理らしさ(*68*)　11. 真理および真理らしさの観念についてのコメント(*69*)　12. 誤った常識的知識理論(*71*)　13. 常識的知識理論の批判(*74*)　14. 主観主義的知識理論の批判(*76*)　15. 常識的知識理論の前ダーウィン的性格(*77*)　16. 進化論的認識論の概要(*78*)　17. 背景知識と問題(*83*)　18. 観察をも含めて，あらゆる知識には理論が浸透している(*83*)　19. 主観主義的認識論についての回顧(*85*)　20. 客観的意味における知識(*85*)　21. 確実性の探求と常識的知識理論の主要弱点(*86*)　22. 確実性に

ついての分析的注意(*90*) 23. 科学の方法(*94*) 24. 批判的議論，合理主義的優先選択，われわれの選択と予測の分析的性格の問題(*95*) 25. 科学：批判と創意をつうじての知識の成長(*98*)

帰納についての追考

26. 因果律と帰納についてのヒュームの問題(*98*) 27. ヒュームの帰納の論理的問題が彼の因果性の問題よりも深遠である理由(*104*) 28. カントの調停：客観的知識(*105*) 29. ヒュームの背理の解決：合理性の回復(*107*) 30. 帰納の問題と結びついた混乱(*110*) 31. 帰結を正当化するという誤った問題から何が残るか(*112*) 32. 動的懐疑主義：ヒュームとの対決(*114*) 33. 偶然事の不確からしさからする議論の分析(*117*) 34. 要約：批判的常識哲学(*119*)

第3章　認識主体なき認識論 ……………………(*123*)

1. 認識論および第三世界についての三つのテーゼ(*123*) 2. 第三世界への生物学的アプローチ(*131*) 3. 第三世界の客観性と自律性(*133*) 4. 言語，批判，第三世界(*138*) 5. 歴史的論評(*141*) 6. ブロウアーの認識論に対する評価と批判(*148*) 7. 論理学，確率論，物理学における主観主義(*161*) 8. 発見の論理と生物学(*164*) 9. 発見，ヒューマニズム，自己超越(*168*)

第4章　客観的精神の理論について ……………(*175*)

1. 多元論と第三世界のテーゼ(*175*) 2. 三つの世界のあいだの因果関係(*177*) 3. 第三世界の客観性(*178*) 4. 人工的産物としての第三世界(*180*) 5. 理解の問題(*184*) 6. 思考の心理的過程と第三世界の対象(*186*) 7. 理解と問題解決(*189*) 8. きわめて瑣末な一例(*191*) 9. 客観的な歴史的理解のケース(*193*) 10. 問題の価値(*202*) 11. 人文科学における理解(*267*) 12. コリングウッドの主観的再演の方法との比較(*211*)

第5章　科学の目的 ……………………………(*217*)

第6章 雲と時計 ……………………………………(233)
　——合理性の問題と人間の自由へのアプローチ——

第7章 進化と知識の木 ………………………………(287)
　　1. 問題と知識の成長についての若干の注意(289)　2. 生物学における，特に進化論における，方法についての注意(297)　3. 推測：「発生的二元論」(305)
　　付論：有望な行動的怪物

第8章 論理学，物理学，および歴史についての一実在論者の見解 ……………………………………(317)
　　1. 実在論と多元論：還元対創発(321)　2. 歴史における多元論と創発(328)　3. 物理学における実在論と主観論(334)　4. 論理学における実在論と主観論(334)

第9章 タルスキーの真理についての哲学的論評 ……(355)
　　追録　タルスキーの真理の定義についての覚え書

付録　バケツとサーチライト——二つの知識理論 ……(379)
　　訳者あとがき(403)
　　人名索引(1-5)
　　事項索引(6-16)

客観的知識
——進化論的アプローチ——

第1章　推測的知識：帰納の問題に対する私の解決

> 19世紀および現在までの20世紀を通じて非合理主義が成長してきたことは，ヒュームが経験主義を破壊したことの自然の成り行きである。
> 　　　　　　　　　　　　　　　バートランド・ラッセル

　私は哲学上の一つの大きな問題，つまり帰納の問題，を解決したと考えている。(私は1927年あるいはその時分にこの解決に達したはずである)。この解決はきわめて実り多いものであったし，また私に非常に多くの他の哲学的問題を解決させた。

　しかし，ほとんどの哲学者は，私が帰納の問題を解決したという主張を支持しなかった。ほとんどの哲学者は，この問題に対する私の考えを研究する——あるいは批判する——労をとろうとしなかった。また，この問題について私がいささかの仕事をしたという事実にも注意を払おうとしなかった。ごく最近，この主題についての多くの書物が出版されたが，それらのほとんどは，私の考えのいくつかのものからごく間接的に影響された痕跡を示しているものの，私の仕事にはいささかも言及していない。そして私の考えに注意を払っている著作は，私が決して支持したことのない見解を私のものだとするのが常であり，あるいはまったくの誤解または誤読にもとづいて，あるいは妥当でない議論によって，私を批判している。本章は私の見解を改めて説明する試みであって，ある意味では私の批判者に対する十全な回答を含んでいる。

　＊　本章は，*Revue international de Philosophie*, 25ᵉ année, no. 95—6, 1971, fasc. 1—2. に初めて発表された。

　(1)　私はつとに(1919年—20年の冬に)科学と非科学とのあいだの境界設定の問題を定式化し解決したが，それを公表に価するものだとは考えなかった。しかし帰納の問題を解決したあとで，この二つの問題のあいだの興味ある関連を発見した。この発見によって私は境界設定の問題が重要なものであると考えるにいたった。私は1923年に帰納の問題に関する著述を開始し，1927年頃その解決を見出した。私の『推測と反駁』(*Conjectures and Refutations*)の第1章および第11章における自伝的論述をも参照。

帰納の問題について私が最初に公表した二つのものは，この帰納の問題を私の立場から定式化し私の答えを手短かに述べた1933年の『認識』誌上での私の覚え書と[2]，1934年の私の著書『探究の論理』[3]であった。覚え書は，著書もそうなのだが，きわめて圧縮されたものであった。私はいささか楽観的に，読者が私の若干の歴史的示唆を手がかりにして，問題に対する私の独特な**再定式化**が決定的である理由を見出してくれるであろう，と期待した。それは，思うに，私が伝統的な哲学的問題を再定式化し，その解決を可能にさせた，という事実であった。

　帰納の伝統的な哲学的問題と私がいっているのは，次のような定式化である（これを私は'Tr'と呼ぶ）。

　Tr　未来は過去に（きわめて）似ているであろうという信念を正当化するものは何か。あるいは，帰納的推論を正当化するものは何か。

　このような定式化は，いくつかの理由から，誤った形で述べられている。たとえば，第一のものは，未来は過去に似ているであろうと**仮定**している——私個人としては，「似ている」という語が，その仮定を空虚かつ無害にさせるほど融通のきく意味にとられないかぎり，偽だとみなす仮定。第二の定式化は，帰納的推論および帰納的推論を引き出すための**規則**が存在する，ということを仮定している。しかしこれもまた，無批判的になされてはならない仮定であり，私が偽とみなす仮定である。それゆえ私は，これらいずれの定式化もまったく無批判的であり，かつまたこれと同様な指摘が他の多くの定式化にも当てはまると考える。私の主要課題は，それゆえ，私が帰納の伝統的問題と呼んだものの**背後にあると考える**問題を，あらためてもう一度定式化し直すことであろう。

　今ではもう伝統的になってしまっているところの諸定式化は，歴史的にはごく最近の日付をもつものである。それらは，帰納に対するヒュームの批判と，その批判が常識的知識理論に与えた衝撃とから発生する。

---

　(2)　'Ein Kriterium des empirischen Charakters theoretischer Systeme', *Erkenntnis*, 3, 1933, pp. 426 f.〔「理論体系の経験的性格の基礎」として著書『科学的発見の論理』の新付録＊ⅰ（以下の邦訳の 381—384 頁）に収録〕。

　(3)　*Logik der Forschung*, Julius Springer Verlag, Vienner, 1934　*The Logic of Scientific Discovery*, Hutchinson, London, 1959.〔『科学的発見の論理』大内義一・森博訳，1971—2 年，恒星社厚生閣〕を参照。

第1章 推測的知識：帰納の問題に対する私の解決

私はまず常識的見解を，次いでヒュームの見解を，そしてその次に私自身の問題の定式化と解決を提示したのちに，伝統的定式化のより詳細な議論にたちかえることにする。

1. 帰納の常識的問題

常識的知識理論（「精神のバケツ理論」とも私が呼びもしたもの）は，「われわれの知性のうちには感覚を通じて入り込んでこなかったものはひとつもない」という主張の形で最もよく知られたところの理論である。（この見解はパルメニデスによって——諷刺的な調子で：大方の死すべき人間どもは，迷っている感覚を通じて得ないかぎり，彼らの迷っている知性のうちに何ひとつ持つことはない，と——初めて定式化されたものであることを，私は論証しようと試みた)(4)。

しかしながら，われわれは期待をもち，またある種の規則性（自然の諸法則，諸理論）を強く信じている。このことが，帰納の常識的問題（'Cs'と記す）に導く。

Cs　いかにしてこれらの期待や信念が生じえたのか。

常識的答えはこうである。過去になされた反復的観察によって。われわれは太陽が明日も昇るであろうと信じる。なぜなら，過去においてもそうだったからである。

常識的見解においては，規則性へのわれわれの信念は，それを生み出す原因となっている反復的観察によって正当化されるということが（いかなる問題も生み出すことなく）まったく当然のこととされている。（発生兼正当化——いずれも反復による——は，アリストテレスやキケロ以来の哲学者が「エパゴーゲー」または「インドゥクティオ」(5)〔帰納〕と呼んだものである)。

2. ヒュームの帰納の二つの問題

ヒュームは人間の知識の身分〔資格〕に関心をもった。あるいは彼ならばこういったかもしれないが，われわれのもろもろの信念のうちのどれかを——またどれを——十分理由によって正当化できるかどうかという問題に，関心をもった(6)。

---

(4) 私の『推測と反駁』第3版，1969年への追録8，特に408―12頁を見られたい。
(5) Cicero, *Topica*, X. 42; *De inventione*, Book I; xxxi. 51―xxxv. 61 を参照。
(6) David Hume, *Enquiry Concernig Human Understanding*, ed. L. A. Selby-Bigge, Oxford, 1927, Section V. Part I, p. 46を参照。（私の『推測と反駁』の21頁を見られたい）。

彼は二つの問題を提起した。すなわち，論理的問題 (H_L) と心理学的問題 (H_{Ps}) とを。重要な点の一つは，これら二つの問題に対する彼の二つの答えが，ある点で互いに衝突することである。

ヒュームの論理的問題はこうである。[7]

H_L　われわれがかつて経験したことのある[反復的]諸事例から，いまだ経験したことのない他の諸事例[結論]を推論することを，われわれは正当化しうるか。

H_L に対するヒュームの答えは，こうである：否，反復の数がいかに多かろうと。

ヒュームはまた，もし H_L において，「結論」の前に「**蓋然的な**」を挿入しても，あるいは「諸事例を」という言葉を「諸事例の**蓋然性を**」にとりかえても，論理的事態は**まったく同じ**ままであることを論証した。

ヒュームの心理学的問題はこうである。[8]

H_{Ps}　それにもかかわらず，道理をわきまえたすべての人たちが，彼らのいまだかつて経験したことのない諸事例は彼らがかつて経験した諸事例に一致するであろうと期待し，**信じる**のはなぜであるか。つまり，なぜわれわれは期待し，それに大きな信頼を寄せるのか。

ヒュームの H_{Ps} に対する答えはこうである。「習性または習慣」のゆえに。つまり，われわれは反復によって，また諸観念の連合のメカニズム——それなしにはわれわれが

---

(7) Hume, *Treatise on Human Nature*, ed. Selby-Bigge, Oxford, 1960, Book I, Part III, Section vi. p. 91; Book I, Part III, Section xii, p. 139. [『人性論』大槻春彦訳，岩波文庫，全4冊]。また，カント『プロレゴーメナ』14 頁以下をも参照[理想社版『カント全集』第6巻，1973年および中央公論社『世界の名著32』，「カント」，1973年に所収]。ここのところでカントは，ア・プリオリに妥当する言明の存在についての問題を「ヒュームの問題」と呼んでいる。私の知るかぎりでは，帰納の問題を「ヒュームの問題」と呼んだのは私が最初である。もちろん，そう呼んだ他の人がいたかもしれないけれども。私は「理論体系の経験的性格の基礎」，『認識』誌，3, 1933年，426頁以下，および『探究の論理』，第4節，7頁以下でそう呼んだ。そこのところで私はこう書いた。「もしカントにならって帰納の問題を〈ヒュームの問題〉と呼ぶならば，境界設定の問題は〈カントの問題〉と呼べるであろう」と。(カントは帰納の原理を「ア・プリオリに妥当する」ものと解したという『科学的発見の論理』29 頁でのような若干の注意に支えられた) 私のこの非常に短い指摘は，カント，ヒューム，および帰納の問題のあいだの関係の重要な歴史的解釈のヒントを含んでいた。本書の第2章，98頁以下および 107 頁をも参照されたい。そこでは，これらの点がより詳しく論じられている。

(8) ヒューム『人性論』, 91 頁, 139 頁を参照。

第1章 推測的知識：帰納の問題に対する私の解決　　　7

生き残りえなかったとヒュームがいうところのメカニズム——によって条件づけられているがゆえに。

3. ヒュームの結論の重要な帰結

これらの結論によってヒューム自身——これまでにおける最も合理的な精神の持主の一人——は，懐疑主義者に，そして同時に，信者（非合理主義的認識論の信奉者）にと転向した。反復は——われわれの認知的生活またはわれわれの「知性」を支配しているにもかかわらず——論拠としてはいささかの力も持たないという彼の結論は，論証または推理がわれわれの理性においてごくわずかな役割しか演じないという結論に彼を導いた。われわれの「知識」は信念の性質をもっているものとしてのみならず，また合理的に擁護しえない信念——**非合理的信念**——の性質をもつものとして，その正体をあばかれる。[9]

このような非合理主義的結論は帰納の問題に対する私の解決からは決して出てこないということが，次節および第10節，第11節で明らかにされるであろう。

ヒュームの結論は，ラッセルが1946年に出版した『西洋哲学史』のヒュームに関する章で（またこれに先立つ34年前の，ヒュームに言及することなく帰納の問題をきわめて明晰に述べた『哲学の諸問題』で），[10] さらにいっそう強く，また絶望的に述べられ

---

　(9)　ヒューム以来，幻滅を味った多くの帰納主義者は（幻滅を味った多くのマルクス主義者とまったく同じように）非合理主義者になった。

　(10)　ラッセルの『哲学の諸問題』(1912年およびのちの多くの版)〔『哲学入門』，生松敬三訳，角川文庫；中村秀吉訳，社会思想社，教養文庫〕の第6章（「帰納について」）には，ヒュームの名は出ていない。私が言及したのに最も近い言葉は，第8章（「ア・プリオリな知識はいかにして可能であるか」）にある。そこのところでラッセルはヒュームについて「彼は，原因と結果の関連についてはいかなることもア・プリオリには知りえないという，さらにいっそう懐疑的な命題を導き出した」といっている。疑いなく，因果的期待は生得的な基礎をもっている。これらの期待は，経験に先立っているという意味で，心理学的にア・プリオリである。しかしこのことは，それらの期待がア・プリオリに妥当であるということを意味するものでない。私の『推測と反駁』，47-8頁を参照。〔訳補：「すべての有機体は生得的なもろもろの反応，とりわけ差し迫った出来事に適合した諸反応をもっている。われわれはこれらの反応を，意識的であるという意味合いを含ませずに，「期待」といってよいであろう。……こうして，われわれは期待をもって生れる。ア・プリオリに妥当なものではないけれども，心理学的または発生的にア・プリオリな，つまりあらゆる観察に先立つ「知識」をもって生れる。これらの期待のう

た。ラッセルはヒュームの帰納の処理の仕方についていう。「ヒュームの哲学は，……18世紀の合理性の破産を代表するものである」と。「それゆえ，まったくあるいは主として経験論的である哲学の枠内で，ヒュームに対する解答が存在するかどうかを発見することが重要である。もし存在しないとすれば，**正気と狂気とのあいだにはいかなる知的相違もないことになる**。自分がユデ卵であると信じる狂人も，もっぱら彼が少数派に属しているという理由によってのみ，狂人であると断定しうるにすぎない。……」。

ラッセルはさらに次のような主張にまで進む。もし帰納（あるいは帰納の原理）が正しくないものとして拒否されるならば，「個別的なさまざまな観察から一般的な科学的法則に達しようとするすべての試みは誤りであることになり，ヒュームの懐疑論は経験主義者にとって不可避となってしまう」と。[11]

こうしてラッセルは，H_L に対するヒュームの答えと，(a)合理性，(b)経験主義，(c)科学的手続きとのあいだの衝突を強調する。

もし帰納の問題に対する私の解決が受け入れられるならば，これらすべての衝突が消えてなくなることは，第4節および第10—12節において明らかになろう。私の非帰納的理論と，合理性，経験主義，科学の手続きとのいずれのあいだにも，なんら衝突はない。

4. 帰納の問題への私の接近の仕方

（1）私はヒュームの論述のなかで陰伏的になされている論理的問題と心理学的問題との区別を，きわめて重要なものとみなす。しかし，私が「論理的」と呼びたいと思っているヒュームの見解は，十分なものとは考えられない。彼は**妥当な推論の過程**を，十分

ちで最も重要なものの一つは，規則性を発見することの期待である。この期待は，規則性を探し出そうとする生得的傾向と結びついている。……規則性を見出すことの期待は，心理学的にア・プリオリであるばかりでなく，論理的にもア・プリオリである。それは一切の観察の経験に論理的に先行する。なぜなら，それはいかなる類似性の認知にも先行するからであり，またすべての観察は類似性（または非類似性）の認知を含んでいるからである。しかし，この意味において論理的に先行するにもかかわらず，期待はア・プリオリに妥当するものではない。けだし，それは誤りうるからである。……」。

(11) 引用はバートランド・ラッセル『西洋哲学史』，ロンドン，1946年，698頁以下からのものである（太字は私によるもの）。〔市井三郎訳，みすず書房，1969年，664—5頁〕。

明白に叙述している。だが，彼はそれを「合理的」な**心的過程**とみなしている。

これと反対に私の主要な接近法の一つは，**論理的**問題をとりあげる場合にはいつでも，すべての主観的または心理学的用語を——とりわけ「信念」等々の用語を——**客観的**用語に翻訳することである。たとえば，「信念」という代りに，私は「言明」または「説明的理論」という語を用いる。また「印象」という代りに，私は「観察言明」または「テスト言明」という語を用い，「信念の正当化」の代りに，「ある言明が真であるという主張の正当化」という語を用いる。

物事を客観的または論理的または「形式的」話法で述べるこの手続きは，H_L には適用されるであろうが，H_{Ps} には適用されないであろう。しかしながら：

（2）ひとたび論理的問題 H_L が解決されるならば，その解決は次のような**転移の原理**(principle of transference) にもとづいて，心理学的問題 H_{Ps} にも転移される。すなわち，論理学において真なるものは心理学においても真である，という原理がそれである。(同じような原理は，通常「科学的方法」と呼ばれているものに，したがってまた科学の歴史にも，当てはまるであろう。すなわち，論理学において真なることは，科学的方法においても，また科学の歴史においても真である)。たしかにこれは，認知または思考過程の心理学におけるいささか大胆な推測である。

（3）私の転移の原理がヒュームの非合理主義の排除を保証することは明らかであろう。もし私が転移の原理を破らずに H_{Ps} をも含めて彼の帰納の主要問題に答えることができるならば，論理学と心理学とのあいだには何の衝突もありえず，それゆえわれわれの知性が非合理的であるという結論はありえない。

（4）H_L に対するヒュームの解決と一緒になったこのようなプログラムは，科学的理論と観察との論理的関係について，H_L においていわれる以上のことをいいうるということを含意している。

（5）私の主要な結論の一つはこうである。**論理学**においては反復による帰納といったものはないといった点でヒュームは正しかったがゆえに，転移の原理によって，**心理学**（あるいは科学的方法，あるいは科学の歴史）においては何らそのようなものはありえない。反復による帰納という考えは，誤り——一種の光学的錯覚——にもとづくものである。簡単にいえば，**反復による帰納といったようなものは何ら存在しない。**

5. 帰納の論理的問題：再説と解決

先の第4節の (2) で述べたところにしたがって，私はヒュームの H_L を客観的または論理的話法で述べ直さなければならない。

この目的のために，ヒュームの「われわれがかつて経験した事例」を私は「テスト言明」──つまり，観察可能な出来事を叙述している単称言明（「観察言明」または「基礎言明」）におきかえ，「われわれがいまだ経験しない事例」を「説明的普遍理論」におきかえる。

私はヒュームの帰納の論理的問題を次のように定式化した。

L_1 ある説明的普遍理論が真であるという主張を「経験的理由」によって，つまりある種のテスト言明または観察言明（これは「経験にもとづいて」いるということができる）が真だと仮定することによって，正当化しうるか。

この問題に対する私の答えは，ヒュームの答えと同じである：否，われわれは正当化できない。いかに多くの真なるテスト言明も，ある説明的普遍理論が真であるという主張を正当化しないであろう。[12]

しかしここに，L_1 の一般化である第二の論理的問題 L_2 がある。それは，「真である」という言葉を「真であると，あるいは偽であると」という言葉におきかえるだけで，L_1 から得られる。

L_2 ある説明的普遍理論が真であると，あるいは偽であるという主張は「経験的理由」によって正当化できるか。つまり，テスト言明の真理性の仮定は，普遍理論が真であるという主張か，あるいはそれが偽であるという主張のいずれかを正当化できるか。

この問題に対しては，私の答えは肯定的である：然り，**テスト言明が真であるという仮定は，時として，ある説明的普遍理論が偽であるという主張をば正当化することをわれわれに可能にさせる。**

帰納の問題を生じさせる問題状況に思いをいたすならば，この回答は非常に重要なものとなる。私がいっている問題状況というのは，われわれがある説明の問題──たとえば科学的問題──の解決としての資格を争ういくつかの説明的理論に，したがってまた

---

(12) 説明的理論は，普遍的テスト言明の無限性をさえ本質的に超えている。普遍性の度合の低い法則ですら，そうである。

われわれがそれらのうちからどれかを選ばなければならない，あるいは少なくとも選ぼうとしている事実に，直面しているという状況である。先に見たように，ラッセルは，帰納の問題が解決されなければ（良き）科学理論と狂人の（悪しき）妄想との**優劣をきめる**ことはできないという。ヒュームもまた競合しあっている諸理論を念頭にしていた。「ある人が……銀は鉛よりも溶けやすい，水銀は金より重い，など私の同意できない命題を提示すると仮定しよう……」(13)[とヒュームは書いている]。

この問題状況——いくつかの理論のうちからいずれかを選びとるという問題状況——は，帰納の問題の第三の定式化を示唆する。

L_3 ある理論を他の競合的理論よりも，真または偽に関し，**優先的に選択する**ことは，そのような「経験的理由」によって正当化できるか。

L_2 に対する私の答えに照せば，L_3 に対する答えは明らかである：然り，もしわれわれが幸運ならば，時としてできる。なぜなら，われわれのテスト言明は，競合しあっている諸理論の——すべてではないが——あるものを反駁できる場合が生じうるからである。また，われわれは真なる理論を探求しているのであるから，偽なることが確定されなかった理論を優先的に選ぶべきである。

6. 論理的問題に対する私の解決についてのコメント

私の再定式化によれば，帰納の論理的問題の中心的論点は，**ある「所与の」テスト言明に照しての普遍法則の妥当性**（真理性または虚偽性）である。そこでは「われわれはテスト言明の——つまり観察可能な事象の単称的叙述の——真偽をいかにして決定しうるか」という問題は提起されない。しかし，この後者の問題は帰納の問題の一部とみなされなければならない，と私は考える。それというのも，ヒュームの問題は，われわれが経験した「事例」から経験しない「事例」を推論することが正当化されるか否かということだったからである。ヒュームも，あるいはこの問題についての私以前の他のい(14)かなる論者も，私の知るかぎりでは，ここから**問題をさらに先へ**と進めていかなかった。われわれは「経験された諸事例」を当然なものとして容認できるのか。それらは本当に理論に先行するものであるか。これらのさらに先の問題は，私が帰納の問題を解決

---

(13) 『人性論』，95頁。
(14) 『人性論』，91頁。

することによって導かれていった諸問題の一部であるけれども，そもそもの〔帰納の〕問題をはるかにこえている。(この点は，帰納の問題を解決しようとする場合に哲学者たちがどんなことを求めていたかを考えれば明らかである。**普遍法則を単称言明から導出するのを可能にさせるような「帰納の原理」**がもし見いだしえ，その原理が真であるという主張を正当に擁護できたとすれば，彼らは帰納の問題はすべて解決されたものと考えたであろう)。

(2) L_1 はヒュームの問題を客観的話法に翻訳する企てである。唯一の相違は，ヒュームがわれわれの経験していない未来の(単称的)諸事例について——つまり期待について——語っているのに対し，L_1 が普遍法則または理論について語っていることである。私がこの変更をしたことには，少なくとも三つの理由がある。第一に，論理的観点からすれば，「諸事例」は普遍法則(あるいは少なくとも普遍化されうる言明関数)に相関的なものだからである。第二に，ある「事例」から他の事例を導き出すわれわれの通常の推理方法は，普遍的理論の助けをかりるものだからである。したがってわれわれはヒュームの問題から**普遍的理論の妥当性(その真または偽)の問題**に導かれる。第三に私は，ラッセルと同じく，帰納の問題を**普遍法則または科学の理論**と結びつけようとするからである。

(3) L_1 に対する私の否定的答えは，われわれがすべての法則または理論を，仮定的または推測的なものと，つまり臆測とみなさなければならないということを意味するものと解されるべきである。

この見解は今ではかなりポピュラーであるが，(15)この段階に達するまでにはとても時間がかかった。たとえば，ギルバート・ライル教授(✻)は 1937 年に，他の点ではきわめてすぐれた論文において，(16)はっきりとこの見解に反対した。ライルは「科学のすべて

---

(15) *Australas Journ. of Philos.* 38, 1960, p. 173. におけるストゥヴ氏の論評を参照。
(16) *Arist. Soc. Supplementary Volume* 16, 1937, pp. 36—62. を参照。
(✻) ライル(Gilbert Ryle, 1900—)イギリスの分析哲学者，オクスフォード大学教授。雑誌 Mind の編集長としても著名。彼によれば，一般に哲学的問題なるものは，概念上の混乱，とりわけ範疇誤認(カテゴリー・ミステイク)に由来するものであり，哲学の使命は，こうした混乱を概念分析によって整理，解消(解決でなく)することにある。このような観点から彼は主著『心の概念』(1949年)でデカルト以来の身心問題を論じ，デカルトの身心二元論が精神と身体，精神的活動と身体的活動とを同等とみなしている点で概念上の錯誤におちいっている

の一般的命題が……単に仮説である」というのは間違っていると論じる（36頁）。そして彼は「仮説」という言葉を，私がつねに用いてき今も用いているのとまったく同じ意味で使っている。つまり「真であると推測されるだけの……命題」という意味で使っているのである。彼は私のようなテーゼに反対してこう主張する。「われわれは法則命題をしばしば確信しており，また確信していると断言できる」（38頁）。そして彼は，いくつかの一般的命題は「確立される」という。「これらのものは〈仮説〉でなくて，〈法則〉と呼ばれる」。

ライルのこの見解は，私が『探究の論理』を書いた当時においては実際ほとんど「確立された」標準的見解であったし，現在でも決して死んではいない。私は，アインシュタインの重力理論のゆえに，最初にこの見解に反対した。ニュートンの理論ほどよく「確立された」理論はこれまでになかった。しかし，アインシュタインの理論の身分について人がどう考えるにせよ，アインシュタインの理論はわれわれにニュートンの理論を「単なる」仮説または推測とみるようにはっきり教えた。

第二のこのような実例はハロルド・ユーリーによる1931年の重水素と重水の発見である。その当時においては水と水素と酸素とが化学にとって最も良く知られた実体であり，水素と酸素の原子量はあらゆる化学的測定の最上の標準をなすものであった。これは，少なくとも1910年におけるソディのアイソトープ（同位体）の推測以前には，そして実際にはその後も長きにわたって，**すべての化学者がその真理性をいささかも疑うことのなかった**理論であった。だが，まさにこの確固不動としたところに，ユーリーによる反証が見出され（それゆえまたボーアの理論が裏づけられ）たのであった。

このことが私をして，他の「確立された法則」を，特に帰納主義者の三つの標準的実例を，もっと詳しく調べてみることに向わせた。
(17)

（a） 太陽は24時間に（あるいは脈搏がおよそ90,000打つあいだに）一度昇りかつ沈む。

と指摘した。彼自身は，心的現象を認めながら，大部分のそれを行動の潜在性向とみる行動主義的立場をとる。

(17) 私が講義でしばしば用いたこれらの実例は，第2章(112頁以下および注58) でも用いられた。私は重複をお詫びするが，これら二つの章は独立に書かれたものであり，私はそれぞれの章を自己完結的なものにしておくべきだと思っている。

(b) すべての人間は死ぬものである。

(c) パンは滋養になる。

これらの確立された法則なるものは，それらがそもそもいおうとしていたことの意味においては，三つのケースが三つともすべて実際に反証されたことを，私は見出した。

(a) 第一のケースは，マルセーユ（マッサリア）のピュテアスによって「凍結した海と真夜中の太陽」が発見されたときに，反証された。(a)が「どこに行こうとも，太陽は24時間に一度昇りかつ沈む」といおうとしていたものであることは，ピュテアスの報告が〔でたらめにもほどがあると〕徹底的な不信をもって迎えられたという事実によって，また彼の報告がすべての旅行家の作り話の標本になったという事実によって，立証される。

(b) 第二のケースも，はっきりとではないけれども，反証された。「死ぬもの」(mortal) という述語は，ギリシア語 (thnētos) からの悪訳である。ギリシア語の「トネートス」は単に「死に至る」ではなく「死ぬべき運命の」または「死をまぬがれない」を意味し，また(b)はすべての生成せる被造物がある期間——その長さは被造物の本質の一部であるが，偶然的諸事態によっていささか変りうる——の後に衰退し死ぬべき運命をもっているというアリストテレス理論の一部なのである。しかしこの理論は，バクテリアが死ぬべき運命をもっていない——核分裂による増殖は死でないから——ことの発見によって，またのちには生き物が一般的に衰退し死滅する運命をもつものではない——あらゆる形状は十分に激烈な手段によって殺生できると思われるけれども——ということの認識によって，反証された。（たとえば，ガン細胞は生き続けることができる）。

(c) 第三のヒュームお気に入りのケースは，さして遠からぬ昔フランスの農村で悲劇的な形で生じたごとく，毎日パンを食べている人が麦角病で死んだときに，反証された。いうまでもなく(c)がそもそも意味したのは，古くから確立された手法にしたがって播かれ刈り入れられた麦または穀物から適切に調製された粉でもって適切に焼き固められたパンは，人びとを害せず養うであろう，ということであった。だが，人びとは毒で殺されたのだ。

それゆえ H_L に対するヒュームの否定的答えと L_1 に対する私の否定的答えとは，ライルや常識的知識理論によっていわれるような，単なるこじつけの哲学的態度ではなく，

きわめて実際的な現実にもとづいたものである。ライル教授のそれとよく似た楽観的な調子でストローソン教授はこう書いている。「もし……帰納の問題というものがあるとすれば……そしてヒュームがそれを提出したとすれば，彼はそれを解決したと付け加えられなければならない」——つまり H_{Ps} に対するヒュームの肯定的答えによって。そしてストローソンは次のように叙述することによってこのヒュームの肯定的答えを受け入れているように思われる。「[帰納の]〈基本的規準〉の受け入れは……自然によってわれわれに課せられるものである。……理性は情熱の奴隷であり，奴隷であるべきである」。（ヒュームは「ただ奴隷であるべきである」といった）。[18]

私は現在の議論のための標語として選んだバートランド・ラッセルの『西洋哲学史』699頁からの引用文をこれほどよく例証しているものをいまだかつて見たことがない。

しかし「帰納」——H_L または L_1 に対する肯定的答えという意味での——が帰納的に妥当でなく，背理的でさえあることは明らかである。なぜなら，L_1 に対する肯定的答えは，世界についてのわれわれの科学的説明が大まかに真であることを含意するからである。（L_1 に対する否定的回答にもかかわらず，私はこの点には同意する）。しかしこのことからは，われわれが宇宙のほとんどすべての場所とは大いに異なった環境のうちに不安に位置している非常に利巧な動物——宇宙を，それゆえわれわれの環境を支配している真の規則性をあれこれの方法によって発見しようと雄々しく努める動物——である，という帰結が生じる。いかなる方法をわれわれが用いようとも，われわれが真の規則性を見出すチャンスは乏しく，われわれの理論が多くの誤りを含み，いかなる神秘的な「帰納の規範」——基本的なものであれ他のものであれ——もわれわれをこれらの誤りから防げないであろうことは明らかである。だが，このことこそ，まさに L_1 に対

---

(18) *Philosophical Studies* 9, 1958, no. 1—2, pp. 20f. を見られたい。ヒューム『人性論』，415頁を参照。

(＊) ストローソン (Peter Frederick Strawson, 1919—) イギリスの哲学者。彼は日常言語が事実の叙述のほかに感情や決意の表明やフィクションの創作などに用いられることを指摘し，そのような文について真偽を問うことは「的はずれ」であり，文はそれがどのように使用されるかということを離れて固有の真偽値をもつものでなく，真理値と有意味性とのあいだに区別が立てられなければならないと主張する。彼によれば形式論理学は文のあいだの真偽のつながりを問題にするものだが，真偽を問えるような「言明」と他の文との区別を十分に考慮しなかったために多くの混乱を引き起こしてきたといい，1952年の著書『論理学理論序説』で日常言語の適切な使用法の規則を求め，形式論理との関連を明らかにしようとした。

する私の否定的回答がいっていることなのだ。したがって，肯定的答えはそれ自身の否定を帰結するがゆえに，偽でなければならない。

もし誰かがこの話の筋を道徳化しようとするならば，彼はこういえるであろう。批判的理性は——とりわけ論理にかかわる事柄においては——情熱よりも良いものである，と。しかし私は，いかなるものも何がしかの情熱なしには達成されないであろうということを，進んで認める用意がある。(*)

（4）L_2 は L_1 の一般化にすぎず，また L_3 は L_2 の代替的定式化にすぎない。

（5）L_2 と L_3 に対する私の答えは，ラッセルの発問に対し明確な回答を与える。なぜなら，私はこういえるからである。然り，狂人のたわごとの少なくともいくつかは，経験によって，つまりテスト言明によって，反証されたものとみなしうる，と。（他のものはテスト可能でなく，それゆえ科学の理論とは区別される。このことは，境界設定の問題を生みだす）。(19)

（6）帰納の問題に関する私の最初の論文で強調したように，L_2 に対する最も重要な私の答えは，次のような経験主義の原理のいささか弱い形に合致する。「**経験**」だけが**事実的言明の真または偽についてのわれわれの決定を助けうる**。なぜなら，L_1 および L_1 に対する答えにかんがみれば，われわれは精々のところ理論の偽を決定できるにすぎないということが判明するからである。そしてこの決定は，L_2 に対する答えに照し，実際におこなうことができるのである。

(*) たとえばポパーは 'Die Logik der Sozialwissenschaften', *Kölner Zeitschrift für Soziologie und Sozialpsychologie*, 14, 1962, S. 242. で次のように述べている。「われわれの純科学的な動機や理念は，純粋な真理の探究という理念と同様に，きわめて深く科学外的な，部分的には宗教的な，価値づけに投錨されている。客観的で没評価的な科学者は〔もし存在するとしても〕理想的な科学者ではない。情熱なしには物事もなしえず，純粋科学においてすらやっていけない。＜真理愛＞という言葉は単なる比喩ではないのである」。

(19) 経験科学の言明を非経験的言明から区別することのできる判定基準を見出す問題を，私は「境界設定の問題」と呼んでいる。私の解決は次のような原則である。すなわち，ある言明は，もしそれと矛盾する単称的経験言明（「基礎言明」または「テスト言明」）の（有限な）連言があるならば経験的である，という原則である。孤立した純粋存在言明（「ある時，世界のどこかに，海蛇が存在する」といった）は——もちろんわれわれの経験的問題状況に寄与しうるけれども——経験的でない，というのがこの「境界設定の原則」の帰結である。〔訳注：『科学的発見の論理』，第4節および第15節を参照〕。

(7) 同様に，私の解決と科学の方法とのあいだには，いかなる衝突もない。反対に，われわれはその解決によって批判的方法論の根本に導かれていく。

(8) 私の解決は，帰納の心理学的問題に多くの光を投じるだけでなく（以下の第11節を参照），帰納の問題の伝統的定式化とそれら定式化の弱さの理由をも明らかにする。（以下の第12節と第13節を参照）。

(9) L_1, L_2, L_3 の私の定式化と私の解決は，まったく演繹論理の枠内でのものである。私が論証することは次のことである。ヒュームの問題を一般化することにより，これに L_2 と L_3 を加えることができ，この L_2 と L_3 によってわれわれは L_1 に対する答えよりもより肯定的な答えを定式化できるということ，これである。それというのも，演繹論理の観点からすれば，経験による実証と反証とのあいだには，非対称性が存在するからである(*)。このことは，すでに反証された仮説とまだ反証されない他の仮説との純論理的区別に，そして後者〔まだ反証されない仮説〕を――さらなるテストにとって理論的に最も興味ある対象にさせる理論的観点だけからにしても――優先的に選択することへと導く。

7. 理論の優先選択と真理の探求

L_1 に対するわれわれの否定的答えが，すべてのわれわれの理論は臆測，推測，仮説にとどまるということを意味するものであることをわれわれは知った。われわれがこの純論理的結果をひとたび受け入れるならば，ある推測または仮説を他のものよりもひいきにし優先的に採用する純粋に合理的な論拠――経験的論拠をも含めて――がありうるかどうかという問いが生じる。

この問いはさまざまな仕方で考察できる。私は理論家――真理の，とりわけ真なる説明的理論の，探求者――の観点を，実践的行為人の観点から区別する。つまり，私は**理論的ひいき**と**実用主義的ひいき**とを区別する。本節と次節で，私は理論的ひいきと真理の追求だけを問題にするであろう。実用主義的ひいきと「信頼性」の問題は，ひとつお

(*) 普遍言明の論理的構造から結果する非対称性。つまり，普遍言明は単称言明からは決して導出できないが，これに反して単称言明によって否定はされうるということ。したがって単称言明の真なることから普遍言明の真を実証することはできないけれども，純演繹的推論によって（古典論理学の否定式の助けをかりて）単称言明の真なることから普遍言明の偽なることを論証できる。『科学的発見の論理』邦訳の51頁，85―86頁，328頁，382―3頁などを参照。

いた次の節で論じることにする。

　理論家は真理に，とりわけ真なる理論の発見に本質的に関心をもつ，と私は仮定する。しかし，ある科学的理論が真であるという主張は経験的に――つまりテスト言明によって――決して正当化できないという事実を，それゆえわれわれは最もよくいってもつねにある臆測を他の臆測よりも勝るものとして，暫定的に，優先選択するという問題に直面するという事実を，彼が十分に納得したときには，彼は真なる理論の追求者としての観点から，こう問題を考えるであろう。すなわち，いかなる優先選択の原理をわれわれは採用すべきか。ある理論は他の理論よりも「より良い」ものであるか。

　これらの問いは，次のような考察をもたらす。

　(1) 優先選択の問題は主として，あるいはもっぱら，一組の競争しあっている諸理論，つまり同じ問題に対する解決として提示される諸理論に関して生じるものであることは，明らかである。(以下の(8)をも参照)。

　(2) 真理に関心をもつ理論家は，偽にも関心を寄せざるをえない。ある言明が偽であるということを見出すことは，その否定が真であることを見出すのと同じだからである。したがって理論の反駁はつねに理論的に興味あるものであろう。しかし説明的理論の否定は，立ち替りそれ自体が説明的理論であるのではない（のみならず，理論の否定は通常それを導出するところのテスト言明の「経験的性格」をもたない）。興味あるものではあるが，それは真なる理論を見出そうとする理論家の関心を満たさない。

　(3) もし理論家がこの関心を追求するとすれば，ある理論が理論的に興味ある情報を与えているということとはまったく別に，その理論がどこで崩壊するかを見出すことは，いかなる新しい説明的理論にとっても重要な新しい問題を提起する。いかなる新しい理論も，その反駁された先行理論が成功したところを成功しなければならないだけでなく，またその先行理論が失敗したところ――つまり反駁されたところ――を成功しなければならないであろう。もし新しい理論がこの両者に成功するならば，その理論は少なくとも古い理論よりもより成功的であり，それゆえ「より良い」ものであろう。

　(4) さらに，この新しい理論が時間 t において新しいテストによって反証されないでいるとすれば，この理論は，少なくとも時間 t において，もう一つ別の意味で，反証された理論よりも「より良い」ものであろう。なぜなら，この新しい理論は，反証された理論が説明したすべてのことを説明するだけでなく，さらに，時間 t において偽である

第1章　推測的知識：帰納の問題に対する私の解決

ことが明らかにされなかったのであるから，真であるかもしれないものとみなされなければならないだろうからである。

（5）しかし理論家がこのような理論に価値を認めるのは，その理論の成功やその理論がおそらくは真なる理論であるかもしれないということのゆえばかりでなく，その理論が偽であるかもしれないということのゆえである。この新しい理論はさらなるテスト，つまり新しい意図的反駁の対象として興味があるのである。これらの新しいテストは，もしそれが成功すれば，理論の新しい否定を確定するだけでなく，それとともに次に登場する理論にとっての新しい理論的問題を確定する。

（1）から（5）までの諸論点を次のように要約できる。

理論家はいくつかの理由から反証されていない諸理論に――とりわけそれらのあるものが真である**かもしれない**がゆえに――興味をもつであろう。彼は反証されていない理論を，もしそれが反証された理論の成功と失敗とを説明するならば，反駁された理論よりもまさるものとしてひいきにするであろう。

（6）しかし新しい理論は，すべての反証されていない理論と同じように，偽であるかもしれない。それゆえ理論家は，一組の反証されていない競争者たちのうちに何らかの偽なる理論を看破しようと最善をつくして試みるであろう。彼は偽なる理論を「つかまえ」ようと努めるであろう。つまり彼は，反証されていない任意の理論に関して，もしその理論が偽であるならば破綻をきたすにいたるであろうようなケースまたは状況を考え出そうと努めるであろう。したがって彼は，**厳しい**テストおよび決定的なテスト状況を作り出そうと努めるであろう。このことは，反証する法則を作り出すことに等しい。つまりテストされるべき理論の成功を説明できないかもしれないが，それにもかかわらず**決定的な実験**――その結果にもとづいて，テストされるべき理論か反証する理論かのいずれかを反駁しうる実験――を示唆するような普遍性のレベルの低い法則，を作り出すことである。

（7）この排除の方法（method of elimination）によって，われわれは真なる理論を射当てるかもしれない。しかしいかなる場合においても，その方法は――たとえその理論が真であるとしても――その真理性を確立できない。なぜなら，**可能的に**真なる理論の数は，いかなる時においても，またいかに多くの決定的テストの後にも，無限であり続けるからである。（これは，ヒュームの否定的結論を別様に述べたものである）。もち

ろん，実際に提示される理論は，数において有限であろう。また，われわれがそのすべてを反駁し，新しい理論を思いつきえないといったことがおこりうる。

その反面，**実際に提示された諸理論のうちには**，時間 t において反駁されていない二つ以上の理論がありえ，それゆえそれらのいずれを優先的に選択すべきかがわからないことがありうる。しかし，もし時間 t において複数の理論がこのようにして競合し続けるならば，理論家はいかにしてそれらの諸理論に対して決定的実験——つまり競合しあっている諸理論のうちのあるものを反証し，したがって排除できるような実験——を考案できるかを発見しようと努めるであろう。

（8）上に述べた手続きをふんでいった場合，われわれは次のような一組の理論群に遭遇するかもしれない。すなわちそれらの理論は，少なくとも**いくつかの共通な問題に対して解決を提示している**という意味では互いに競合しあっているのだが，これに加えてそれぞれの理論は他の理論と共有していないいくつかの問題に対する解決を提示している，といった一組の諸理論である。それというのも，われわれは先行者が解決した問題を解決し**かつまた**先行者が解決するのに失敗した問題をも解決している理論を要求するのであるけれども，それぞれにこれらの要求を満たしたうえに，さらに他の理論が解決していないいくつかの問題をも解決しているような二つあるいはそれ以上の新しい競合的な諸理論が提示されることが，いうまでもなくつねに生じうるからである。

（9）任意の時間 t において，理論家は新しいテストにかけるために，競争しあっている諸理論のうちで最もよくテストできるものを見出すことにとりわけ関心をもつであろう。この最もよくテストできる理論は，同時に最大の情報内容と最大の説明力とをもつ理論であろうということを，私は論証した。(*) それは新しいテストにかけるのに最も価する理論，簡単にいうと時間 t において競争しあっている諸理論のうちで「最良」の理論であろう。もしその理論がテストに耐えて生き延びるならば，その理論はまた，すべての先行者をも含めてこれまで考え出された理論のうちで，**最も良くテストされた理論**であろう。

（10）「**最も良い**」理論についてたったいま述べたことにおいて，良き理論はアド・ホックな〔その時々の都合にあわせて特別に仕立てられた〕ものでない，ということが仮

　（*）『科学的発見の論理』，第35節，新付録 * ix（訳書の149頁以下，479頁以下）などを参照。

定されている。アド・ホック性とその反対物——おそらく「大胆さ」と呼びうるもの——の観念は，きわめて重要である。アド・ホックな説明は，独立に——つまり説明されるべき効果とは独立に——テスト可能でない説明である。それらの説明は求めに応じてなされえ，それゆえほとんど理論的興味がない。私はテストの独立性の度合をさまざまなところで論じた。[20] それは興味ある問題であり，単純性と深さの問題に結びついている。それ以来私はまた，それをわれわれが解決しようと取組んでいる**説明の問題**と議論がなされている問題状況とに関係づける，あるいは相関させる必要を強調してきた。[21] それというのも，これらすべての観念は，競争しあっている諸理論の「良さ」の度合にかかわっているからである。さらに，理論の大胆さの度合も，その先行者との関係によって左右される。

重要な点は，私の思うに，きわめて高度の大胆さまたは非アド・ホック性について私が客観的判定基準を与えることができた，ということである。新しい理論は，古い理論が説明したことを説明しなければならないけれども，古い理論を**訂正し**，それゆえ実際には古い理論と**矛盾する**，ということがそれである。すなわち，新しい理論は古い理論を含むものであるが，**しかしただ近似としてだけである**。それゆえ，私はニュートンの理論はケプラーの理論とガリレオの理論の両者に矛盾することを指摘した——ニュートンの理論は後二者を近似として含むという事実のゆえに，**後二者を説明するけれども**。同じように，アインシュタインの理論はニュートンの理論と矛盾する。そして前者は後者を説明し，近似として含んでいる。

(11) 上に述べた方法は，**批判的方法**と呼べよう。それは試行と誤り排除の方法，理論を提示し，それらをわれわれの考案しうる最も厳しいテストにかける方法である。もし，いくつかの限定的仮定のゆえに，有限数の競合的諸理論だけがありうるものとみなされるならば，この方法はすべての他の競争者を〔偽なるものとして〕排除することによって真なる理論の選抜へとわれわれを導くかもしれない。普通には——つまり可能な理論の数が無限な場合には——この方法は諸理論のうちのいずれが真であるかを突き止める

---

(20) 'Naturgesetze und theoretische Systeme' in *Gesetz und Wirklichkeit*, ed. S. Moser, Innsbruck, 1949, pp. 43ff. 'The Aim of Science', *Ratio*, I, 1957. を参照。現在ではそれぞれ，本書の付録と第5章として収められいる。

(21) 『推測と反駁』，241頁を参照。

ことができない。他のいかなる方法をもってしても，それはできないことである。しかし，決定的ではないけれども，この批判的方法は**適用可能**である。

(12)偽なる理論の反証と，(3)で定式化した要求〔新しい理論は古い理論が成功したところを成功し，さらに古い理論が失敗したところを成功しなければならない，という要求〕とを通じての問題の豊富化は，すべての新しい理論の先行者が――新しい理論の観点からすれば――この新しい理論に対する近似の性格をもつことを確実にする。もちろん，反証されたすべての理論にとってかわる「より良い」後継者またはより良い近似――上述の要求を満たしている理論――をわれわれが見出すであろうことを確実たらしめるものは何もない。**われわれがより良い理論に向って進歩しうるであろうことを保証するものは何もない。**

(13)さらに二点をここに追加できる。一つは，これまで述べられたことはいわば**純粋に演繹的な論理**――L_1, L_2, L_3 はこの論理の枠内で提示された――に属するものである，という点である。しかし，これを科学において生じている実際の状況に適用しようとする場合には，われわれは異なった問題に直面する。たとえば，テスト言明と理論との関係は，ここで仮定されているほど明快でないかもしれない。あるいはテスト言明それ自体が批判されうる。この種の問題は，純粋論理を何らかの実際的な状況に**適用**しようとする場合には，つねに生じるであろう。科学との関連においては，それは私が**方法論的規則**と呼んだもの，批判的議論をする場合に守るべき規則にと導く。(*)

他の点は，これらの規則は合理的議論の一般的目的――真理により近く接近していくこと――に従うものとみなしうる，ということである。

8. 験証：不確からしさの長所

(1)私の優先選択の理論は，「より確からしい」仮説をひいきにすることとは何の関係もない。反対に，私は理論のテスト可能性が理論の**情報内容**とともに，それゆえ（確率計算の意味における）理論の**不確からしさ**とともに，増減することを論証した。(**) したがって，「より良き」または「より好ましい，より優先的に選択しうる」仮説は，

　(*) 「方法論的規則」については『科学的発見の論理』の第20節（訳書99―103頁）を参照。

　(**) 『科学的発見の論理』，訳書の149頁，332―8頁を参照。

しばしばより不確かな仮説であろう。(しかし,ジョン・C・ハルサニィのごとく,私がかつて「科学的仮説の選択のための不確かさの判定基準[22]」を提案したというのは誤りである。私はいかなる一般的「判定基準」も持っていないばかりでなく,私が論理的に「より良き」そしてより不確かな仮説をひいきできないことが,きわめてしばしば生じるのだ。なぜなら,誰かがその仮説を実験的に反証するのに成功したからである)。この結論は,いうまでもなく,多くの人たちからつむじまがりの誤ったものとみなされた。しかし私の主要な論点はきわめて単純であり(内容=不確からしさ),この議論はカルナップのような帰納主義と帰納の確率理論をとる何人かの私の論敵たちによってさえ最近では容認されるにいたっている[23]。

(2)すべての確率論的優先選択理論(それゆえすべての確率論的帰納理論)が不条理であるということをはっきり論証しようとして,私は「験証」または「験証度」という観念を独自に導入した[*]。

理論の験証度ということで私が意味したのは,ある理論の――その問題解決の仕方に関しての――(ある時間 t における)批判的議論の状態――その理論のテスト可能性の度合,その理論が服したテストの厳しさ,その理論がどのようにこれらのテストに耐えたか――について評価している簡明な報告である。したがって験証(または験証度)は,**過去の成績について**評価している**報告**である。優先選択と同じように,それは本質的に比較的なものである。一般に,理論 A は,**ある時点 t にいたるまでの批判的議論**(テストを含む)に照して,競合的理論 B よりもより高度の(またはより低度の)験証度をもつ,とだけしかいうことができない。過去の成績だけについての報告であるから,それ

---

(22) John C. Harsanyi, 'Popper's Improbability Criterion for the Choice of Scientific Hypotheses' *Philosophy*, **35**, 1960, pp. 332―40 を参照。なお私の『推測と反駁』の218頁の注を見られたい。〔訳補:その注では,上記のハルサニィの論文が挙げられた後に,こう述べられている。「……ついでながら,私は科学的仮説の選択のためのいかなる〈基準〉も提案していない。すべての選択は危険を含んだ推測にとどまる。さらに,理論家が選ぶのは,(最も容認しうる仮説というよりも)さらなる批判的議論に最も価する仮説である」〕。

(23) Rudolf Carnap, 'Probability and Content Measure', in P.K. Feyerabend and Grover Maxwell (eds.), *Mind, Matter and Method*, Essays in Honour of Herbert Feigl, Univ. of Minnesota Press, Minneapolis, 1966, pp. 248―60. を参照。

(*) 『科学的発見の論理』,第10章「験証」,新付録＊ix「験証,証拠の重み,および統計的テスト」(訳書311頁以下,473頁以下)を参照。

はある理論を他の理論よりも優先的に選択するにいたらせる状況と関係している。**しかしそれは，将来の成績について，あるいは理論の「信頼性」については，何もいわない。**

（もちろんこのことは，誰かがある種のきわめて特殊的なケースにおいて，私あるいは他の誰かの験証度についての定式に数的解釈を与えうるということを論証するのに成功するであろうということに決してさわりにならない）[24]。

私が験証度の定義として提出した定式の主たる目的は，多くの場合において**より不確からしい**（確率計算の意味において不確からしい）仮説がよりましなものであるということを論証すること，そしていかなる場合にこれが成り立ち，いかなる場合に成り立たぬかを論証することであった。このようにして私は，〔理論の〕**好ましさは確率計算の意味における確からしさではありえない**ことを論証しえた。もちろん，好ましい理論をより確からしい理論と**呼んでも**かまわない。言葉によって誤りに導かれないかぎり，**言葉は問題でない。**

要約すればこうなる。われわれは時として，二つの競争しあっている理論 A と B について，次のようにいうことができる。すなわち，時間 t における批判的議論の状態とその議論において入手可能な経験的証拠（テスト言明）に照して，理論 A は理論 B よりも好ましいと，あるいはよりよく験証されると。

明らかに，時間 t における験証度（それは時間 t における好ましさについての言明である）は，将来については——たとえば t よりも後の時点における験証度については——何も述べていない。それは，競争しあっている諸理論の論理的ならびに経験的好ましさに関する，時間 t における議論の状態の報告にすぎない。

（3）私がこの点を強調しなければならないわけは，私の『科学的発見の論理』の次のような文章が，験証を理論の**将来の成績**の指標として私が用いていると解釈された——というよりは誤解された——からである。「仮説の『確率』を論じるかわりに，われわれは仮説がこれまでいかなるテスト，いかなる試錬に耐えたかを確定することに努める

---

[24] ラカトス教授は，私の験証度に数字を実際に割り当てることがもし可能であれば，私の理論を帰納の確率理論の意味における帰納主義的なものにさせるであろうと疑っているようである。どうしてこれがそうなるのか，私にはぜんぜんその理由がわからない。*The Problem of Inductive Logic*, I. Lakatos and A. Musgrave (eds.), North Holland, Amsterdam, 1968, pp. 410—12. を参照。（校正の際の追加：私は自分が〔ラカトスの〕章句を誤解したのだとわかってうれしく思う）。

べきである。つまり，テストに耐えることによって仮説がいかほどまでみずからを生き残るにふさわしいものと証しえたかを確定すべきである。簡単にいうと，われわれは仮説がどれほどまで『験証』されたかを確定しようと努めるべきである」。[25]

ある人びとは，「生き残るにふさわしいものと証明する」という言葉は，私がここでさらなるテストに耐えて**将来に**生き残るにふさわしいということをいおうとしたことを示すものだ，と考えた。[26]私が誰かを誤りに導いたのだとすれば申訳ないが，ダーウィン的比喩を取り違えたのは私ではない，ということだけはいえる。過去において生き残ってきた種が，それゆえに将来に生き残るであろうとは，誰も期待しない。ある時期 t において生き残るのに失敗したすべての種は，その時 t までは生き残ってきたのである。ダーウィン的生存が，これまで生き残ってきた種は引き続き将来も生き残るであろうという予想を含意するものだと主張するのは馬鹿げていよう。（われわれ自身の種が生き残る見込みがきわめて高いと誰がいうであろうか）。

（4）理論 T に属する，あるいはそれから論理的に帰結するが論理的には T よりもずっと弱い，言明 S の験証度について，一つの点をここで付言しておくのが有益であろう。

そのような言明 S は，T よりも少ない情報量をもつであろう。このことは，S，および S から帰結するすべての言明の演繹系 S が，T よりもより少なくテスト可能であり，より少なく験証可能である，ということを意味する。しかし，もし T がよくテストされたものだとすれば，その高度の験証度は T から帰結するすべての言明に，それゆえ s と S とにも当てはまるといえる。たとえ S が，その低い験証可能性のゆえに，それ自体ではそのように高い験証度を決して獲得できないにしても。

この規則は，験証度というものが真理に関しての優先選択を述べるための手段であるという単純な考察によって裏づけできよう。しかし，もしわれわれが理論 T を，真理性へのその主張に関して，優先的に選択するならば，われわれは T とともにそのすべての帰結を優先的に選択しなければならない。なぜなら，もし T が真であるならば，そのすべての帰結は，たとえ個々別々にはよくテストできないにしても，真でなければならないからである。

それゆえ，ニュートンの理論および自転する惑星としての地球の叙述の験証とともに，

---

(25) 『科学的発見の論理』，251頁（訳書，311頁）。
(26) *Mind*, New Series, **69**, 1960, p. 100. を参照。

「太陽はローマにおいて24時間ごとに一度昇る」という言明Sの験証度は非常に増大した，と私は主張する。なぜなら，それ自体ではSはさしてよくテスト可能でないが，ニュートン理論および地球自転の理論はよくテストできるからである。そしてもしこれらの理論が真であれば，Sもまた真であろう。

よくテストされた理論Tから導出できる言明Sは，Tの部分とみなせるかぎり，Tの験証度をもつであろう。またもしSがTからでなく二つの理論T_1とT_2の連言から導出できるならば，Sは二つの理論の部分としての資格において，これら二つの理論のうちのより不十分にテストされた方のものと同じ験証度をもつであろう。しかしそれ自体として取り上げられた場合のSは，非常に低い験証度をもつかもしれない。

(5)私の接近法と，私がずっと以前に「帰納主義的」と命名した接近法との基本的相違は，私が否定的事例または反対実例，反駁，および意図的反駁——簡単にいうと批判——といった**否定的議論**に強調点をおくのに対し，帰納主義者が「肯定的事例」を強調する点にある。彼はこの肯定的事例をもとにして「非論証的な**推論**」をおこない，[27]またこの肯定的事例がそれらの推論の結論の「信頼性」を保証してくれるものと期待する。私の見解では，われわれの科学的知識において「ポジティヴ」たりうるすべてのものは，ある理論が，一定の時点で経験的テストを含む意図的反駁をなすところのわれわれの**批判的議論**の光に照して，他の理論よりもましなものとされるかぎりにおいて**のみ**，ポジティヴなのである。したがって，「ポジティヴ」と呼びうるものでさえ，**否定的方法**に関して**のみ**そうなのである。

この否定的接近法は，多くの問題点を明らかにする。たとえば，何が法則の「肯定的事例」または「支持事例」であるかについて満足のいく説明をしようとする場合に遭遇する諸困難を。

9. 実用主義的優先選択

これまで私は，理論家の好み——もし彼が何らかの好みをもっているとすれば——は「より良き」，つまりより多くテストできる理論，またより良くテストされた理論であろうという理由を論じてきた。もちろん，理論家はいかなる優先選択をする好みももた

---

(27) C.G. Hempel, 'Recent Problems of Induction', in R.G. Clodny (ed.), *Mind and Cosmos*, Pittsburgh Univ. Press, 1966, p. 112.

第1章 推測的知識：帰納の問題に対する私の解決

ないかもしれない。彼は，問題 H_L と L_1 に対するヒュームの，また私の「懐疑的」解決によって勇気をくじかれるかもしれない。彼はこういうかもしれない。もし競争しあっている諸理論のうちから真なる理論を見出すことを確信できないとすれば，上述されたようなものに似たいかなる方法にも——たとえその方法が，**もし**真なる理論が提出された理論のうちにあるとすれば，それは生き残っている，好ましいものとして選択された，験証された諸理論のうちにあるだろう，ということを合理的に確実にさせるとしても——興味がない，と。しかし，より楽天的またはより好奇心のある「純」理論家は，われわれの分析によって勇気づけられ，そのうちの一つが真であるかもしれないという希望をもって——たとえわれわれが何らかの理論を真であると決して確信しえないとしても——繰り返し新しい競争的理論を提出するかもしれない。

それゆえ純理論家には，いくつかの行動の仕方が開かれている。そして彼の好奇心が，われわれの全努力をもってしても不確実さと不完全さはまぬがれないということに対する失望よりも上回っている場合にのみ，彼は試行と誤謬排除の方法のような方法を選ぶであろう。

実践的行為人としての彼については事情が異なる。なぜなら，実践的行為人は，つねにいくつかの多かれ少なかれ明確な選択肢のうちからどれかを選ばなければならないからである。不行為でさえ一種の行為なのだから。

しかし，すべての行為は一組の期待を前提とする。つまり世界についての理論を前提とする。どの理論を行為人は選ぶべきであるか。**合理的選択**といったものがあるのであろうか。

この問いは，**帰納の実用主義的問題**へとわれわれを導いていく。

Pr_1　合理的観点からして，われわれは実際的行為のためにいずれの理論に信頼を託すべきであるか。

Pr_2　合理的観点からして，われわれは実際的行為のためにいずれの理論を優先的に選択すべきであるか。

Pr_1 に対する私の答えはこうである。合理的観点からすれば，われわれはいかなる理論にも「信をおく」べきでない。なぜなら，いかなる理論も真であることが明らかにされなかったからであり，真であることが明らかにされえないからである。

Pr_2 に対する私の答えはこうである。しかしわれわれは行為のための基礎として最も

良くテストされた理論を**優先的に選択すべきである。**

　いいかえると，「絶対的信頼性」は存在しないが，われわれは選ばなければならないのだから，最も良くテストされた理論を選ぶのが「合理的」であろう。この選択は，私の知っているかぎりでの言葉の最も明白な意味において「合理的」であろう。最も良くテストされた理論は，われわれの批判的議論の光に照して，これまで最も良い理論とみなされている理論であり，きちんとおこなわれた批判的議論よりも「合理的」であるいかなるものも私は知らない。

　もちろん，行為のための基礎として最も良くテストされた理論を選ぶことは，言葉のある意味においてわれわれがその理論を「信頼」することである。それゆえ，その理論は，この〔信頼という〕言葉のある意味において，入手しうる最も「信頼のおける」理論とさえいえるであろう。だがこのことは，その理論が「信頼できる」ということをいうものではない。実際的行為においてさえ，何事かがわれわれの期待を裏切りうるということをわれわれはつねに十分予想しているという意味では，少なくともその理論は「信頼でき」ない。

　しかし L_1 および Pr_1 に対するわれわれの否定的回答からわれわれが引き出さなければならないのは，単にこの些末な警告だけではない。むしろ全問題——特に私が伝統的問題と呼んだもの——の理解にとって最も重要な点は，最も良くテストされた理論を行為の基礎として選ぶことの「合理性」にもかかわらず，この選択が実際において成功的な選択であろうと期待する**もっともな理由**にもとづいているという意味での「合理的」な**もの**ではない，ということである。この意味における**もっともな理由はありえず**，そしてまさにこれがヒュームの結論なのである。（このように，H_L, L_1, Pr_1 に対するわれわれ〔ヒュームとポパー〕の答えはすべて一致する）。反対に，たとえわれわれの物理学的理論が真であるとしても，われわれの知っているような世界が，実用主義的に有意義なすべての規則性ともども，次の瞬間に完全に支離滅裂になってしまうかもしれないということは，まったくありうることである。このことは，今日では誰にも明らかなことであろう。しかし私は広島〔に原爆が投下される〕以前にそういった。地方的，部分的，あるいは全体的壊滅の無限に多くの可能性があるのだ。(28)

---

　　(28)　『探究の論理』，第79節（『科学的発見の論理』，253頁以下〔訳書313頁以下〕）を参照。

しかしながら，実用主義的見地からすれば，これらの可能性のほとんどは，それについてわれわれが何事もなしえないがゆえに，明らかに頭を悩ますに価しない。それらは，行為の領域をはるかに超えている。（もちろん私は，原子戦争を，人間の行為の領域を超えた災害のうちに数えない。われわれの大部分は，それについて，神の業についてわれわれの大部分が何事もなしえないのと同様に，何事もなしえないがゆえに，人間の行為の域を超えたものと考えているけれども）。

すべてこれらのことは，たとえわれわれの物理学的理論や生物学的理論が真であるということを確かめえたとしても，成り立つであろう。しかしわれわれにはそれがわからない。反対に，われわれはそれらの理論のうちの最良のものさえ疑う理由をもっている。そしてこのことは，いうまでもなく，災害の無限の可能性にさらなる無限性を加える。

このような考察は，ヒュームと私自身の否定的答えをきわめて重要なものにさせる。それというのも，われわれは今や，われわれの知識理論が余りにも多くのことを証明しないよう気をつけなければならない理由をきわめてはっきり知ることができるからである。もっと正確にいうと，**いかなる知識理論も，なぜわれわれが物事を説明する企てにおいて成功的であるのかを説明しようと企てるべきではない。**

たとえわれわれがこれまで成功的であった——われわれの物理学理論が真であった——と仮定するとしても，われわれはわれわれの宇宙論からこの成功がいかに無限に不確かであるかを学ぶことができる。われわれの宇宙理論は，この世界がほとんど完全に空虚であり，空虚な空間は混沌とした放射で満ちていることを，われわれに告げる。そして空虚でないほとんどすべての場所は，混沌とした塵によって，またはガスによって，または非常に熱い星によって占められている——すべてこれらのものは，物理的知識を獲得するいかなる方法の適用も局所的に不可能にさせるように思われる状態にある。

要約しよう。知識ならびに規則性の探究が失敗するであろうような多くの世界——可能的および現実的世界——が存在する。そしてわれわれが諸科学から現実に知っているような世界においてさえ，生命や知識探究を生じさせ——そして成功させ——るような諸条件の出現は，ほとんど無限に不確かな（蓋然性に乏しい）ように思われる。さらに，もしそのような条件が現われるとしても，それらは再び，宇宙論的にいえばごく短かい時間の後に，消失をまぬかれないであろうと思われる。

10. ヒュームの帰納の心理学的問題についての私の再説の背景

歴史的な順序からいえば，私は，帰納の論理的問題を解決する以前に，ヒュームの帰納の心理学的問題に対する私の解決を見出した。帰納——反復による信念の形成——が神話であるということに私が最初に気づいたのは，ここにおいてであった。最初は動物や子供において，しかしのちには大人においても，私は**規則性への**巨大な**欲求**がはたらいていることを看取した。彼らに規則性を求めさせる欲求，規則性がまったくないところにおいてさえ時として彼らに規則性を経験させる欲求，彼らを自分たちの予期に独断的にすがりつかせる欲求，そしてもし想定された規則性が崩壊するならば彼らを不幸にさせ，彼らを失意狂気のふちに追いこむ欲求を。カントがわれわれの知性はその法則を自然に押しつけるといったとき，彼は正しかった——われわれの知性がいかにしばしばこの企てに失敗するかに彼が気づかなかった点を除けば。われわれが押しつけようとする規則性は**心理学的にア・プリオリ**であるが，しかしカントが考えたようにそれらが**ア・プリオリ**に妥当するものと仮定すべきいささかの理由もない。そのような規則性をわれわれの環境に押しつけようとする欲求は，明らかに生得的なものであり，衝動または本能にもとづいている。われわれの期待に一致するような世界を求める一般的欲求がある。多くのより特殊な欲求，たとえば規則的な社会的反応を求める欲求，叙述的（または他の）言明のための規則をもった言語を学ぼうとする欲求など，がある。このことが私をして最初に，予期，期待は何らの反復なしに，あるいは反復以前に，生じうるという結論に導いた。そしてのちに次のような論理的分析に——つまり，反復は類似性を前提とし，類似性は観点（理論または期待）を前提とするものであるから，期待は上に述べたような仕方でしか生じえない，ということを論証した論理的分析——にと導いた。

こうして私は，習慣形成についてのヒュームの帰納的理論は**論理的理由からして**おそらく真ではありえないであろうと決定した。このことは私を，論理的考察は心理学的考察に移し変えることができる，という認識に導いた。そしてそれはさらに私を，まったく一般的に，論理学において成り立つことは——適切に移し変えがなされるならば——**心理学**においても成り立つという**発見的推測**(heuristic conjecture)にと導いた。（この**発見的原理**は，現在私が「転移の原理」と呼んでいるものである）。私に心理学を放棄

第1章　推測的知識：帰納の問題に対する私の解決

させ，発見の論理へと転じさせたのは，主としてこの結果であったと思う。

このこととはまったく別に，私は心理学は生物学的学科とみなされるべきであると感じた。特に，知識の獲得についてのいかなる心理学的理論もそうみなされるべきだと感じた。

ところで，L_3 についてのわれわれの解決の結果である**優先選択の方法**を人間および動物心理学に移し変えれば，われわれは明らかに試行と誤り排除の方法に達する。さまざまな試行が競合的理論の形成に相当する。誤り排除はテストによる理論の排除または反駁に相当する。

これは私を次の定式に導いた。アインシュタインと（ジェニングスによって叙述されたような）アメーバとの主たる違いは，アインシュタインが誤りの排除を意識的に追求する点である。彼は自分の理論を殺そうと試みる。彼は自分の理論に**意識的に批判的**であり，またこの理由から自分の理論をあいまいにでなく明確に**定式化**しようと試みる。しかしアメーバは，自分の予期または仮説に対して批判的たりえない。アメーバは自分の仮説に面と向いあうことができないので，批判的たりえない。もろもろの仮説はアメーバの部分なのである。（客観的知識だけが批判可能である。主観的知識は，それが客観的になる場合にはじめて，批判可能となる。そして知識はわれわれが自分の考えていることを**述べる**ときに客観的になり，われわれがそれを**書き**，また**印刷**するときに，さらにいっそう客観的になる）。

試行と誤り排除の方法が主として生得的本能にもとづくことは明らかである。またこれらの諸本能のあるものが，何人かの哲学者たちによって「信念」と呼ばれるあいまいな現象と結びついていることも明らかである。

私は自分が信念哲学者でないことをつねづね誇りにしている。私は何よりもまずアイデアに，理論に関心をもつものであり，誰かがそれを信じているかどうかということをさして重要なこととは認めない。そして信念への哲学者の関心は，私が「帰納主義」と呼ぶかの誤った哲学からきているものだと思う。彼らは知識の理論家であるが，主観的経験から出発するので，客観的知識と主観的知識の区別ができない。このことが彼らを，知識を種とするところの類としての信念への信仰に導くのである（明晰性，判明性，ま

---

(29) H. S. Jennings, *The Behaviour of the Lower Organisms*, Columbia University, 1906.

たは活気性, または「十分理由」といった「正当化」あるいは「真理の標識」がその種差をなす)。

E. M. フォースターと同じように(*), 私が信念を信じない理由がここにある。

しかし, 信念に対して警戒的である他の理由, そしてより重要な理由がある。「期待」と呼びうるようなある心理的状態があること, そして今まさに散歩につれていかれようとしている犬の生き生きした期待から, もし十分に長く生きさえしたら自分もいつかは老人になるであろうということを知ってはいるが本当に信じてはいない小学生のほとんど存在しない期待にいたるまでの, 期待の微妙な違いが存在することを, 私は進んで認める用意がある。しかし「信念」という言葉が哲学者によってこの意味における心理的状態を叙述するために用いられているかどうかは疑問である。彼らは信念という語を, 暫時的な状態を表わすためにではなく, われわれの期待の地平をつくりあげているような無数の無意識的な期待をも含んだ, 「固定化した」信念と呼びうるものを表わすために, よりしばしば用いているように思われる。これらのものと, 定式化された仮説とは, それゆえまた「私は……と信じる」という形式の言明とは, はなはだ異なったものである。

ところで, ほとんどすべてのこのような**定式化された**言明は, 批判的に考察できる。そして批判的考察から**生み出される**心理的状態は無意識的期待とはきわめて異なっている, と私には思われる。したがって「固定化した」信念でさえ, それが定式化されるときには, そしてそれが定式化された後に再び, 変化する。もしその批判的考察の結果が「受け入れ」であれば, それは人びとの疑いを抑圧しようと意図する狂信的な受け入れから, 即座に再検討と再改訂をする用意のある, そして反駁の積極的な探究と結びついてさえいる暫定的受け入れにいたるまで, その範囲がまたがりうる。

異なった「信念」のあいだのこのような相違が, 私自身の客観主義的知識理論にとって何らかの重要性があるとは, 私は考えない。しかし帰納の心理学的問題をまっとうに取り上げる者にとっては――私はそうでないが――それらの相違は興味あるものにちがいない。

---

(30) ヒューム『人性論』, 265頁。

(*) *I Believe: The Personal Philosophies of Twenty-Three Eminent Men and Women of Our Time* 1947.(『私は信ずる』, 現代教養文庫, 1957年)に寄せたフォースターの文章は「私は, 信念を信じない」という言葉で始まっている。

11. 帰納の心理学的問題の再説

上に述べた理由から，私は帰納の心理学的問題を，私自身の（客観主義的）知識理論の一部とはみなさない。しかし，転移の原理は次のような問題と答えとを示唆すると私は考える。

Ps_1　もしわれわれが理論を，実用主義的観点からでなく十分な証拠の観点から，批判的に考察するならば，太陽は毎日昇るといった最も良くテストされた理論に関してさえ，その真理の完全な信憑性または確実性の感情をわれわれはつねにもつであろうか。

その答えは，ここでは「否」であると私は考える。ヒュームが説明しようと試みた確実性の感情——強い信念——は，**実用主義的信念**である。つまりそれは，行為および選択肢のうちからの選択と，あるいは規則性へのわれわれの本能的欲求と期待に，密接に結びついたあるもの，である。しかしもしわれわれが，証拠とその証拠がわれわれに断定することを許すものとを反省する立場にあると仮定するならば，太陽は明日ロンドンの上には結局昇らないかもしれない——たとえば，太陽は次の30分以内に爆発するかもしれず，そうなれば明日はないであろうから——ということを認めなければならないであろう。もちろんわれわれはこの可能性を「まじめに」——つまり実用主義的に——考えないであろう。なぜなら，それはいかなる可能な行動をも示唆せず，われわれはそれについてまったく何事もなしえないからである。

かくてわれわれは実用主義的信念の検討にと導かれる。そしてこれらの信念は非常に強いものでありうる。われわれはこう問いを出せよう。

Ps_2　明日があるだろうといった，われわれすべてがもっている「強い実用主義的信念」は，反復の非合理的結果であるか。

私の答えは，「否」である。反復説はいずれにしても支持できない。これらの信念は部分的には生得的なものであり，部分的には試行と誤り排除の方法から結果する生得的信念の変容である。しかしこの方法は，合理的性格をもつものであることをすでにわれわれが論証した優先選択の方法に正確に対応するものであるから，完全に「合理的」である。さらにとりわけ，**科学の諸結果に対する実用主義的信念は，非合理的でない**。批判的議論以上に「合理的」なものはなく，それが科学の方法だからである。科学の何らかの結果を確実なものとして受け入れることは非合理的であろうが，実際的行動をしよ

うとする場合には「それ以上に良い」ものは何もない。より合理的だといえるようないかなる代替的方法もない。

12. 帰納の伝統的問題とあらゆる帰納の原理または規則の無効性

ここで，私が帰納の伝統的な哲学的問題と呼ぶものに立ちもどろう。

私がこの名で呼ぶところの問題は，反復による帰納という常識的見解がヒュームによって異議を申立てられたということの認識から生み出されたものである。しかしこの異議申立ては，当然受け取られてしかるべき深刻さをもってまったく受け取られなかった。ヒュームでさえが，結局のところ，帰納主義者であり続けたのだ。それゆえヒュームによって挑戦されたすべての帰納主義者が，ヒュームの挑戦は帰納主義への挑戦であるということを理解しているとは期待できない。

伝統的問題の基本的図式は，さまざまな仕方で述べることができる。たとえば：

Tr_1 いかにして帰納は正当化しうるか（ヒュームの否定にもかかわらず）。

Tr_2 いかにして帰納の原理（つまり帰納を正当化する非論理的原理）は正当化できるか。

Tr_3 「未来は過去に似ているであろう」とか，あるいはいわゆる「自然の一様性の原理」といった帰納の原理は，いかにして正当化しうるか。

『探究の論理』において手短かに示したように，「綜合的言明はいかにしてア・プリオリに妥当しうるか」というカントの問題は，Tr_1 または Tr_2 を一般化しようとする試みであったと私は考える。私がラッセルを，少なくとも彼のいくつかの側面において，カント主義者とみなすのも，このゆえである。それというのも，彼はあるア・プリオリな正当化によって Tr_2 の解決を見出そうとしたからである。たとえば，『哲学の諸問題』におけるラッセルの Tr_2 の定式化はこうであった。「……いかなる種類の一般的信念が，もし真ならば，太陽は明日昇るであろうという判断を正当化するのに十分であろうか……」。

私の見解からすれば，これらすべて問題はまずく定式化されている。(トマス・リードの帰納の原理，「起りうることは，おそらく，同じような状況においてかつて起ったことと似ているであろう」に暗々裡に含まれているような確率論的考えもそうである)。それらの定式者たちは，ヒュームの論理的批判を十分まっとうに受け取っていない。そ

して彼らは，次のような可能性を決して真剣に考えない。すなわち，われわれが反復による帰納なしにやっていくことができ，またやらなければならないということ，そしてわれわれは実際にそれなしでやっているということ，がそれである。

私の理論に対する私の知っているかぎりでのすべての反対者たちは，私に向ってこういう問いを投げかけるように思われる。お前の理論は帰納の伝統的問題を解決したのかどうか——つまり，お前は帰納的推論を正当化したのかどうか，と。

もちろん私は正当化しなかった。このことから私の批判者たちは，私がヒュームの帰納の問題を解決するのに失敗したという結論を引き出す。

帰納の原理の伝統的定式化が拒否されなければならないということには，いろいろ理由があるが，とりわけ第9節で述べた理由からである。それというのも，伝統的定式化はすべて，われわれの知識の探究がこれまで成功的であったということだけでなく，なぜ成功的であるのかを説明できるということを仮定しているからである。

しかしながら，われわれの知識の探究がこれまで非常に成功的だったと，そしてわれわれがこの宇宙についていささか知っていると仮定してさえ（私もこの仮定を他の人たちとともにしているが），この成功は驚くほど不確かで蓋然性にとぼしく，それゆえ説明しがたいものになる。なぜなら，起りそうにもない不確かな偶然事が果しなく連続したといってみても，それは説明とはいえないからである。（せいぜいわれわれにできることといえば，私の思うに，元素の発生から有機体の発生にいたる，これら偶然事のほとんど信じがたい進化の歴史を探究することである）。

ひとたびこのことが理解されたならば，蓋然性に訴えてみても H_L に対する（それゆえまた L_1 と Pr_1 に対する）答えは変りえないというヒュームの主張がまったく明らかになるだけでなく，一切の「帰納の原理」の無効性が完全に明らかになる。

帰納の原理とは，もしそれが真であるとすれば**規則性へのわれわれの信頼にもっともな理由**を与えるであろうような言明——形而上学的原理と，あるいはア・プリオリに妥当するものと，あるいは蓋然的なものと，あるいは単なる推測とみなされるべき言明のことである。もし「信頼」ということで Pr_2 の意味での，われわれの理論的優先選択の合理性への単なる実用主義的信頼が意味されるのであれば，明らかにいかなる帰納の原理も必要でない。われわれはこの優先選択を正当化するために規則性に——つまり**理論の真理性に**——信をおく必要はないのである。もし，これとは反対に，Pr_1 の意味で

の「信頼」が考えられているのであれば，いかなるそのような帰納の原理も，端的に偽であろう。実際，次の意味においては，帰納の原理は背理的でさえあろう。つまり，帰納の原理はわれわれに科学を信じる権利を与える。ところが今日の科学は，規則性または規則性の諸事例を観察しうるような状況はきわめて特殊的な蓋然性のとぼしい条件のもとでのみ生じうることをわれわれに告げる。事実，科学は，そのような諸条件が宇宙においてほとんどどこにも生ぜず，またもしどこかに（たとえば地球上に）生じるとすれば，宇宙論的観点からすればほんの束の間だけ生じるものである，とわれわれに告げているのである。

明らかにこの批判は，反復にもとづいた帰納的推論を正当化しようとする一切の原理に対して当てはまるだけでなく，試行と誤り排除の方法や他のあらゆる考えうる方法への（Pr_1の意味における）「信頼」を正当化しようとするいかなる原理に対しても当てはまる。

13. 帰納と境界設定の問題を超えて

帰納の問題に対する私の解決が私にもたらされたのは，境界設定（経験科学とエセ科学——特に形而上学——とのあいだの境界設定）の問題を，少なくとも私自身に満足のいくように，解決してからかなり時間がたってからのことであった。

帰納の問題を解決した後ではじめて，私は境界設定の問題を客観的に重要なものだと考えるようになった。それというのも，境界設定の問題は単に科学の定義を与えるものでしかないと私は疑っていたからである。このことが，私に境界設定の問題の意義を疑問視させたように思われる（おそらくは定義に対する私のネガティヴな態度に起因して）。私としては境界設定の問題が科学とエセ科学とに対する私の態度を明確にするために大いに有効ではあることを認めたのだが。

(*) 本書でもポパーは随所で「言葉は問題でない」といい，議論を定義の問題に帰着させようとする態度に厳しい批判をくだしている（たとえば第2章の第11節）が，『科学的発見の論理』の1968年版の追記（訳書541頁）にはこの点が端的に次のように述べられている。「ほとんどの哲学者は定義を重大なものとみなしており，彼らは私が定義を重大なものとはみなさないという私の確言を決して真面目に受取らなかった。私は定義がわれわれの言葉の意味を確定できるとは信じないし，また名辞を定義できるかどうかについてあれこれ思い悩む価値があるとも考えない。……なぜなら，われわれはいかなる場合にも無定義的原始名辞を必要とする

放棄されなければならないのは，ある理論が真であるという主張の正当化という意味での**正当化の探究**である，と私は考えた。**すべての理論は仮説である**。すべての理論は覆えされうる。

その反面，私は真理の探究を放棄するといった提案をしようなどとは少しも考えなかった。理論の批判的議論は，真なる（そして強力な）説明的理論の発見という考えによって一貫されている。そして**われわれはわれわれの優先選択を真理の観念に訴えることによって正当化する**。真理は規制的観念の役割を演じる。偽を排除することによって，**われわれは真理のテストをする**。われわれの推測に正当化——または十分理由——を与えることができないということは，われわれが真理を推測しなかったかもしれないということを意味するものでない。われわれの仮説のあるものは，真であることが十分ありうるのだ。⁽³¹⁾

すべての知識は仮説的であるという洞察は，「十分理由の原理」——「すべての真理には理由が与えられうる」（ライプニッツ）という形での，あるいはもしわれわれが「信ずるいかなる〔十分な〕理由も見出さない」⁽³²⁾ならば，それは信じないことの十分な理由であるというバークリやヒュームの示唆にみられるより強力な形での，「十分理由の原理」——の拒否にと導く。

私が帰納の問題を解決し，それが境界設定の問題と密接に関連していることを理解し

からである。私の立場を要約して次のようにいえよう。理論およびそれらの真理に結びついた問題はきわめて重要だが，言葉やその意味に結びついた問題は重要でない，と」。なお『開いた社会とその敵』第11章，第2節，pp. 9—21 における定義論を参照。

(31) このことはほとんどいう必要のないことである。しかし『哲学百科辞典』，1967年，第3巻，37頁は，「真理そのものは幻想にすぎない」という見解を私のものだとしている。

(32) Berkeley, *Three Dialogues Between Hylas and Philonous*, second Dialogue：「もし私が信じるべき何らの理由も見出しえないならば，それは信じないことの十分な理由であると私には思われる」。ヒュームについては，私の『推測と反駁』の21頁を見られたい（そこでは *Enquiry Concerning Human Understanding*, Section V, Part I が引用されている）。〔訳補：その引用は次のものである。「もし私があなたになぜある特殊な事柄を信じるのかとたずねたら，……あなたはある理由を私に告げるにちがいない。そしてその理由は，それと結びついたある他の事柄であろう。しかしあなたはこのようなやり方で後へ後へと限りなく進んでいくことはできないから，最後にはあなたの記憶や感覚にあらわれるある事実に停止しなければならない。そうでなければ，あなたの信念はまったく基礎がないということを認めなければならない」〕。

たとき，興味ある新しい問題と新しい解決とが，あいついで生じた。

まず第一に，境界設定の問題と上述のような私の解決は，いささか形式的で非現実的であるということを，間もなく私は悟った。**経験的反駁はつねに回避しうるものであった**。どんな理論も批判に対して「免疫にする」ことがつねに可能であった。（私の用語である「便宜主義的策略」と「便宜主義的歪曲」にとって代えられるべきこのすぐれた表現は，ハンス・アルバートに負うものである）。

それゆえ私は**方法論的規則**という考えと批判的接近法――つまり，われわれの理論を反駁に対して免疫にするような方策を避ける接近法――が基本的に重要であるという考えにたちいたった。

同時に私はまた，その反対のもの，つまり**ドグマ的**態度の価値を悟った。誰かが理論を批判に対して防衛しなければならない。そうでなければ，その理論はいとも簡単に，そして科学の成長に寄与しうる前に，屈服してしまうであろう。

次の歩みは，テスト言明，つまり「経験的基礎」への批判的接近法の適用であった。私はすべての観察の，そしてすべての観察言明の，推測的で理論的な性格を強調した。

このことは私をすべての言語は理論に充満しているという見解に導いた。いうまでもなくこの見解は経験主義の根本的修正を意味するものであった。この見解はまた私に批判的態度を合理的態度の特質とみるようにさせた。そして言語の論証的（または批判的）機能の意義の理解へと，つまり批判の道具（オルガノン）としての演繹論理の考えへと，結論の偽から前提の偽へと偽を返送すること（前提の真から結論の真への真の伝達の系（コロラリー））の強調へと，私を導いた。そしてさらに，（信じられた理論とは反対に）**定式化された**理論だけが客観的でありうるという洞察へと，また批判を可能にさせるのはこの定式化または客観性であるという考えへと，そして私の「第三世界」（あるいはジョン・エクルズ卿が好んで用いている呼び方でいえば「世界3」）[33]の理論へと，私を導いた。

これらのものは，新しい接近法が生み出した多くの問題のうちのほんのいくつかのものにすぎない。このほかに，確率論――量子論におけるその役割をも含めて――と結びついた，また私の優先選択理論とダーウィンの自然淘汰の理論との関連といった，より技術的な性格の多くの問題がある。

---

(33) John C. Eccles, *Facing Reality*, Springer-Verlag, Berlin–Heidelberg–New York, 1970.

第2章 常識の二つの顔——常識的実在論への賛成論と常識的知識理論への反対論

1. 哲学への弁明

およそいかなる形態のものであれ哲学にかかわりあいをもつことに対して弁明することが，当今では大いに必要である。一部のマルクス主義者を別にすれば，ほとんどの職業的哲学者は現実への接触を失ってしまったように見える。そしてマルクス主義はどうかといえば——「マルクス主義者はただマルクス主義をさまざまに**解釈**しただけである。しかし重要なことは，それを**変革**することである」(1)。

私の意見では，哲学にとって不面目きわまりないことは，いたるところで自然の世界が——自然の世界だけではないが——われわれを苦しめているにもかかわらず，哲学者が相変らず，時には器用に，時には不器用に，この世界は存在するか否かといった問題について語り続けているということである。彼らは，たとえば，「ある」(ビイング)と「存在する」(エグジスティング)とのあいだに違いがあるかないかといった言語的パズルに，スコラ主義に没頭している(2)。(現代芸術におけるごとく，これらの哲学の世界には何らの規準もないのだ)。

---

* これまで未発表のこの長い論文は，1970年の初めの私のセミナーでおこなった講話の改訂拡大版である。この論文は，私の科学観に対してなされた批判に十分に答えようと意図したものである。私はジョン・ワトキンスのお陰をこうむっている。彼は私の論文の以前の草稿を通読してくれ，重大な誤り——幸いにして私の主要な議論にはかかわりないことがわかったが——を私に指摘してくれた。デーヴィド・ミラーは貴重な時間を惜しみなくさいて私の論文を繰り返し綿密に読んでくれ，少なくとも三つの同じような誤りから私を救ってくれただけでなく，内容や文体の無数の小さな混乱を正してくれた。この点で私は彼に深い恩義をうけている。

(1) もちろんマルクスは（「フォイエルバッハに関するテーゼ」の第11項で）次のようにいったのである：「哲学者は世界をさまざまに解釈しただけである。重要なことは，世界を変革することだ」。本文に引用した才気ある時宜に適した変形は，R・ロッホフートに由来するもののようである。（しかし私は，ロッホフートのすぐれた才気を指摘するに当って，ウィンストン・チャーチルに対する彼のまったく誤った態度には感心できないことを特にはっきり強調せずにはおれない）。

国家社会主義者（ナチスト）たちのあいだにきわめて強かった，そして今また再び失意の若者たち，特に学生たちのあいだに強まりつつある広範な反知性主義的態度が，この種のスコラ主義とまったく同じほど悪いものであることは，いうまでもない。もしかしたら，哲学者や知識人たちの，時としてきわめて才気あるとはいえ，うぬぼれた，まやかしのおしゃべりより，いささか悪いかもしれない。だが，ほんのちょっと悪いにすぎない。それというのも，知識人の寝返りは，ほとんど不可避的な反動として反知性主義を惹起するからである。もし君が若者たちにパンの代りに石を食糧として与えれば，彼らは反乱を起すであろう。たとえそうすることにおいて彼らがパン屋を投石者と取り違えているとしても。

このような状況のもとでは，哲学者であることの，そして特に**実在論**——世界の実在性の主張——といった瑣末であるにちがいないことを（ただついでながらではあるにせよ，私がしようとしているように）再説することの弁明をする必要がある。私の言い訳は何か。

私の言い訳はこうだ。われわれはすべて，気づいているにせよいないにせよ，われわれの哲学をもっている。そして，われわれの哲学は大そう価値のあるものではない。しかしわれわれの哲学はわれわれの行為や生活にしばしば壊滅的な衝撃を与える。ここから，われわれの哲学を批判によって改善していく試みが，ぜひ必要となる。これが，哲学の持続的存在に対して私が与えることのできる唯一の弁明である。

2. 不安定な出発点：常識と批判

科学，哲学，合理的思考は，すべて常識から出発しなければならない。

常識が安全な出発であるからではない。私がここで使っている「常識」という言葉は，きわめてあいまいな言葉である。それというのも，この言葉はあいまいで変化しつつあるもの——多くの人びとの，しばしば適切で真実な，そしてしばしばまた不適切で虚偽なる，直感または意見——を指しているものだからにほかならない。

常識といったあいまいで不安定なものが，どうしてわれわれの出発点となりうるので

---

(2) 私がここで「スコラ主義」といっているのは，深刻切実な問題をもたずに議論をする態度のことである。〔中世のスコラ哲学者の態度をいうのではない〕。中世のスコラ哲学者のあいだには，このような態度は決して広くいきわたってはいなかった。

あろうか。私の答えはこうである。われわれは（たとえばデカルトとか，スピノザ，ロック，バークリ，カントがやったように）これらの「基礎」の上に確実にして堅固なる体系を築こうともくろんだり試みたりするものではないからである。われわれが出発点とする多くの常識的仮定――常識的背景知識と呼びうるもの――は，どんなものでもすべて，つねに論駁を加えることができ，批判することができる。このような仮定（たとえば地球は平らであるといった説）は，しばしば効果的に批判され，否定される。このような場合，常識は訂正によって変容されるか，あるいはある人たちからは短期にわたってか長期にわたって多かれ少なかれ「気違いざた」とみなされるかもしれぬ理論によって乗り越えられ，とってかわられる。もしこのような新しい理論を理解するのに多くの修練が必要とされるならば，その理論はいつまでたっても常識に吸収できないかもしれない。しかしそのような場合ですら，われわれはできるだけ理想に近づこうと努めているのだと主張できる。**すべての科学，すべての哲学は，啓発された常識である。**

それゆえ，われわれはあやふやな出発点から発足し，不安定な基礎の上に建設をするのである。しかし，われわれは進歩していける。われわれは時として，ある批判の後に，自分たちが誤っていたことを悟りうる。われわれは自分たちの誤りから，自分たちが誤りをおかしたということの洞察から，学ぶことができる。

（ついでにいっておくと，私はのちに，常識は知識の理論においてとりわけ誤りに陥りやすかったということを論証するであろう。それというのも，常識的知識理論があるように思われるからである。眼を開き世界を眺めることによって，あるいはより一般的には，観察によって，われわれは世界についての知識を獲得するのだ，という誤った理論がそれである）。

かくて私の第一のテーゼはこうなる。われわれの出発点は常識であり，進歩のためのわれわれの大きな手段は批判である，と。

だが，このテーゼはただちに一つの異論を生み出す。もしわれわれがある理論 T_1 ――常識的性格をもっているにせよいないにせよ――を批判しようとするならば，T_1 を批判するのに必要な基礎または出発点または背景をわれわれに与えるところのある他の理論 T_2 が必要である，ということがいわれてきた。T_1 が非整合的であることを論証できるきわめて特殊な場合（T_1 の偽を論証するために T_1 を用いるといった，いわゆる「内在的批判」と呼ばれるケース）においてのみ，われわれは別のやり方で，つまり不

合理な帰結が T_1 から生じることを示すことによって批判をおこなえるのだ，と。

批判の方法についてのこの批判は妥当でない，と私は考える。(それが申立てていることは，すべての批判は「内在的」であるか「超越的」でなければならず，「超越的批判」の場合には T_2 の真理性を独断的に仮定しなければならないので，われわれは批判的に事を進めていけない，ということである)。なぜなら，実際に起ることは次のようなものだからである。すなわち，もしわれわれが整合的な理論と仮定できる T_1 について何らかの批判をおこなうべきだと感じる場合には，われわれは T_1 が意図しなかった望ましくない諸帰結 (それらが論理的に非整合的であるか否かはさして大きな問題でない) に導くことを論証するか，さもなければ T_1 と衝突する理論 T_2 があり，この T_2 が T_1 を上回る長所をもっていることを論証する，ということがそれである。これが必要とされるすべてである。われわれが競合的諸理論をもつやいなや，批判的または合理的議論のための余地はたっぷりある。われわれはそれら諸理論のもろもろの帰結を探索し，とりわけその弱点——つまり，誤りであるかもしれないとわれわれが考える諸帰結——を発見しようと努める。この種の批判的または合理的議論は，時としてこれら諸理論の一つをはっきり破棄することへと導きうる。これらの批判的議論は，よりしばしば，両方の理論の弱さをさらけださせるのを助けるだけであり，それゆえわれわれにさらにもっと別の理論を生み出せと挑みかかる。

知識の理論の基本的問題は，ここで主張されるような，われわれの理論を成長または進歩させうるこの過程を明確にし，探究することである。

3. 他の接近法との対比

これまで私が述べたことは，まったく瑣末なものと思われるかもしれない。そこで，私の所説に評点を与えるために，これを他の接近法とごく手短かに対比してみることにする。

デカルトは，万事はわれわれの出発点の確実さにかかっている，といったおそらく最初の人であった。この出発点を本当に確実にさせるために，彼は懐疑の方法を提案した。絶対的に疑いえぬものだけを受け入れよ，と。

こうして彼は，自分自身の存在から出発した。自分自身の存在は彼にとって疑いえぬものと思われた。けだし，われわれ自身の存在を疑うことでさえ，疑う者 (疑っている

主体)の存在を前提にしていると思われるからである。

ところで私は，デカルトが彼自身の存在を疑わなかったように，私自身の存在について懐疑的でない。しかし私はまた（デカルトと同様に）私が間もなく死ぬであろうし，私の死は私自身と数名の友人を除いては世界にほとんど差異をきたさないであろう，と考える。明らかに人の生と死の問題は何らかの意義をもつが，しかし私は私自身の存在が終末に達したからといって世界もまた終末に達するということはないであろうと推測する（そして私は，デカルトは同意しただろうと考える）。

これが常識的見解であり，「実在論」と呼びうるものの中心的信条である。（実在論については間もなく詳しく論じる）。

自分自身の存在についての信念が非常に強いものであることを，私は認める。しかし私は，その信念がデカルト的殿堂（体系）に類する一切のものの重みに耐えうるとは認めない。出発プラットフォームとしては，それは余りにも狭すぎる。のみならず私はまた，ついでにいっておけば，デカルトが（無理もなく）信じたようにこの信念を疑いの余地ないものだとは考えない。ヒュー・ラウトリッジの驚異的な書物『エヴェレスト1933』には，自分の行ける以上の高みにまで登ったシェルパの一人キパについての次のような叙述が見出される。「あわれな老キパのうろたえた精神は，自分は死んでしまったのだという観念にいぜんとして頑強にしがみついていた」，と。あわれな老キパの観念が常識であったと，さらには道理にかなったものであったと，私は主張するものでない。しかしそれは，デカルトが主張していたかの直接性または疑う余地なき明確性に疑いを投げかける。いずれにしても，思考している自我の存在を信じることは善き正気な常識であるということを私は進んで認めるけれども，確実性についてのいかなる類似の主張をするつもりはない。私が異議を申立てようと思っているのは，デカルトの出発点の真理性についてではなく，彼が主張しようと試みているこの出発点の十分性と，ついでにいえば，いわれるところのその不可疑性である。

ロック，バークリ，そして「懐疑主義者」のヒュームでさえ，また彼らの後継者たち，とりわけラッセルとムーアは，主観的経験は特に確かであり，それゆえ安定した出発

---

(3) Hugh Routledge, *Everest 1933*, Hodder & Stoughton, London, 1934, p. 143. (私は，かつてオーストリア・アルプスのゾンブリックで稲妻に打たれたとき，おそらくほんの数秒間にすぎなかったであろうが，キパと同じような体験をした)。

点または基礎として適しているという見解をデカルトと共有した。しかし彼らは主として観察的性格の経験に信用をおいた。そしてトマス・リード(*)——私は実在論と常識とへの執着を彼と共有している——は，われわれが外的・客観的実在についてのある直接的で確実な知覚をもっていると考えた。

これと反対に私は，われわれの経験には何ら直接的なものはないと主張する。われわれは，われわれが時間的拡がりをもった・寝ているときや無意識のときにも存在し続ける・自我をもっているということを学ばなければならず，またわれわれ自身と他人の身体について学ばなければならないのだ。それはすべて，解読または解釈である。われわれはすべてのものがわれわれにとってきわめて「直接的」になるほどうまく解読することを学ぶ。モーゼの十戒を学んだ人，あるいはもっと身近かな例をとれば，本を読むことを学んだ人がそうである。本は彼に「直接的に」語りかける。それにもかかわらず，そこには解読の進められていく複雑な過程があることを，われわれは知っている。見かけ上の直接性は，ピアノ演奏や自動車運転の場合とまったく同様に，訓練の結果である。

われわれの解読技能には遺伝的基礎がある，と推測する根拠をわれわれはもっている。ともあれ，われわれは時として，解読において誤りをおかすことがある。特に練習期間中にそうであるが，しかしそのあとでも，特に非常事態が生じた時にそうである。よく

---

(4) G.E. ムーアは偉大な実在論者であった。それというのも，彼は強烈な真理愛をもち，観念論は偽であるとはっきり感じていたからである。不幸にして彼は主観主義的な常識的知識理論を信じ，知覚にもとづいた実在論の証明——存在しえないもの——を見出すことができるという希望を，全生涯にわたって，空しく，抱き続けた。ラッセルは同じような理由のために実在論から実証主義に逆転した。

(*) リード (Thomas Reid 1710—96) はイギリスの哲学者，倫理学者。はじめロックおよびバークリの影響下にあったが，ヒュームが人間本性への信頼にもとづいて理性の根底に習慣的な情意を認めて理性に対する懐疑論を展開したのに反対し，「常識哲学」(philosophy of common sense) の立場から理性の再確立を企てた。彼によれば，われわれの感覚的知覚表象は，われわれの知覚表象と独立した外的世界にその対象が実在するという判断と直接的に結びついているものであって，われわれは観念によってただちにその対象を知覚しうるというリアリズム（実在論）こそ，常識にほかならない。彼は「常識」のうちに直覚的に知られる若干の根本的判断（数学的および論理学的公理，因果律など）が根ざしているとし，これらの判断を「常識の原理」または「自然の真理」と呼んだ。

学習された解読過程の直接性は,誤りなき機能を保証するものではない。たいていの実際的目的にとっては十分な確実性はあっても,絶対的確実性といったものはない。確実性の探求,知識の確実な基礎の探求は放棄されなければならない。

したがって,私は知識の問題を私の先行者たちとは異なった仕方でとらえる。知識の保証と正当化は私の問題ではない。そうではなくて,私の問題は知識の成長である。いかなる意味においてわれわれは知識の成長または進歩を語ることができるのか。そしてまたいかにしてわれわれはそれを達成できるのか。

4. 実在論

実在論は常識に本質的なものである。常識または啓発された常識は,現象と実在とを区別する。(このことは次のような例によって例証できる。「今日は空気がとてもよく澄んでいるので,山が実際よりもずっと近く見える」。あるいは,「彼は労せずしてやっているように見えるが,しかし彼は私にその緊張はほとんど耐えきれぬほどであると告白した」)。しかし常識はまた現象(たとえば鏡の中の映像)が一種の実在性をもつこと,いいかえると表面的な実在性——つまり現象——と深みの実在性とがありうること,を理解している。さらに,多くの種類の実在的事物が存在する。最も明白な種類のものは,食べ物のたぐい(それらは実在感の基礎を生み出すと私は推測する),あるいは石とか木とか人間といったより抵抗のある対象(対象 objectum＝行動のじゃまになるもの)である。しかし,石や木や人間についてのわれわれの経験の主観的解読のようなまったく異なった多くの種類の実在がある。食物や石の味や重さはこれまた別の種類の実在であり,木や人間の身体の諸性質もそうである。この多種類の実在的世界における他の種類の実例は,歯痛,言葉,言語,交通法規,小説,政府の決定,妥当なまたは妥当でない証明,力,力の場,性向,構造,規則性などである。(ここでの私の指摘は,これら多くの種類の対象が相互に関係づけられるかどうか,またどのように関係づけできるか,ということはまったく未解決のままに残してある)。

5. 実在論を支持する議論

私のテーゼは,実在論は証明可能でも反駁可能でもない,というものである。実在論は,論理学と有限算術以外のすべてのものがそうであるのと同じように,証明可能でな

い。しかし，経験科学的理論が反駁可能であるのに対して，実在論は反駁可能でさえない。(実在論はこの反駁不可能性を，多くの哲学的または「形而上学」的理論と，特に観念論と，共有している)。しかし実在論は議論可能であり，しかも議論の重みは圧倒的に実在論に有利である。

　常識は，疑いなく，実在論に組する。もちろん，デカルト以前にさえ——事実，ヘラクレイトス以来——**われわれの日常的世界はひょっとするとまったくわれわれの夢なのではなかろうかという疑問のいくつかの示唆はある。**しかしデカルトやロックでさえ，実在論者であった。実在論と競い合う哲学的理論は，バークリ，ヒューム，カント以前には，まともには存在しなかった。ついでにいっておけば，カントは実在論の証明を提供さえしたのである。しかしそれは妥当な証明ではなかった。そして私は，実在論の妥当な証明が存在しえない理由をはっきりさせることが重要だと考える。

　最も単純なかたちで，観念論者はこういう。世界（私の現在の読者をも含む）はまったく私の夢想である，と。ところで，この理論が（偽であることをあなた方は知っておられるであろうが）反駁可能でないことは明らかである。私の読者であるあなた方があなた方の実在性を私に納得させるために——私に話しかけるとか，私に手紙を書くとか，あるいは私を蹴るとか——どんなことをしてみても，〔観念論に対する〕反駁力をもつ

---

　(5) いうまでもないことだが，これは私の最も古い理論の一つである。たとえば，私の『推測と反駁』の第1章，特に37頁以下を見られたい。ニュートンの理論はフロイトの理論と同様に反駁可能でないといって私の議論に反対する批判家に，私は同意できない。ニュートンの理論は，たとえば，もし地球を除くすべての惑星が現在のように運動し続け，地球がその現在の軌道上を，その近日点から遠ざかるときでさえ，一様の加速度でもって運動するならば，反駁されるであろう。(もちろん，この反駁やその他の反駁に対してどんな理論でも——ハンス・アルバートに由来する用語を使えば——「免疫」にすることができる。私はこのことをすでに1934年の昔に強調したが，それはここでの争点ではない)。ニュートンの，あるいはアインシュタインの理論の反駁可能性は，初等物理学に，また初歩的方法論に属する事実だと私はいいたい。たとえばアインシュタインはこういった。もし赤方偏移効果（強い重力場における原子時計の速力の遅れ）が白色矮星の場合に観察されなかったならば，自分の一般相対性理論は反駁されるであろう，と。フロイトの，あるいはアードラーの，あるいはユンクの精神分析学的理論と両立しえないということが判明するようないかなる論理的に可能な人間行動の叙述も与えることができない。

　(6) いうまでもなく，実証主義，現象主義，そして現象学も，すべてデカルト的出発点の主観主義に汚染されている。

第2章 常識の二つの顔——常識的実在論への賛成論と常識的知識理論への反対論　47

とはおよそ考えられない。なぜなら，私は相変らずこういい続けるであろうから。すなわち，私はあなた方が私に話しかけていると，あるいは私は手紙を受取ったと，あるいは蹴られたと感じたと，夢想しているのだ，と。（これらの答えはすべて，さまざまな仕方で，反論を免疫化する策略だと人はいうかもしれない。たしかにそうなのであって，これは観念論への強力な反論である。しかし，観念論は自己を免疫化している理論であるということは，観念論を反駁することにはならない）。

したがって観念論は反駁不能である。そしてこのことは，もちろん，実在論が証明可能でないことを意味する。しかし私は，実在論が証明不可能であるばかりでなく，観念論と同様に反駁不可能でもあること——つまり，いかなる叙述可能な出来事も，いかなる考えうる経験も，実在論の有効な反駁となりえないということ——を認める用意がある。したがって，この争点においては，非常に多くの争点におけるがごとく，いかな
(7)

---

(7) 実在論が反駁不可能であるということ（私が進んで認めようとするもの）は，疑問視されるかもしれない。すぐれたオーストリアの女性著述家マリー・エブナー・フォン・エッシェンバッハ (1830—1916) は，少女時代の追憶のなかで，彼女が実在論は誤っているのではないかと疑いを抱いたと語っている。おそらく，事物はわれわれが眼をそらすとき消えるであろう。そこで彼女は，突然振り向くことによって，姿を消すトリックのなかの世界を捕えようと試みた。どのようにして無から諸事物が急速に再集合するかがわかるであろうと半ば期待して。失敗するたびに，彼女は失望もし安堵もした。この物語りに若干のコメントを加えることができる。第一に，この子供っぽい実験の報告は，異例的なものではなく，正当的で典型的なものであり，現象と実在との常識的区別の発達に役割を演じる，ということが考えられうる。第二に，（そして私はこの見解を支持したい気がいささかするのだが）その報告は異例的なものであり，たいていの子供は素朴実在論者であるか，あるいは自分たちの記憶にある年齢よりも以前にそうなる，ということが考えられうる。そしてマリー・エブナーはたしかに異例な子供だった。第三に，私はこれとそうかけ離れていないことを経験した——しかも子供の頃にだけでなく，大人として。たとえば，私が完全に忘れてしまったある物を発見するとき，私はしばしば，もし自然がこの物の姿を消させたのだとすれば，誰にもわからなかったであろう，と感じた。（実在にとっては，それが「実際に」存在したということを示す必要は なかった。もし実際に存在しなかったのだとしたら，誰も気づかなかったであろう）。もしマリーが成功したとしたら，これは実在論を反駁したのかどうか，あるいはそれはただ実在論の非常に特殊な形態を反駁したのにすぎないのではないか，といった問題が生じる。私はこの問題に立ち入る必要を感じない。むしろ私は，実在論は反駁不能であるという私の論敵に**勝ちを譲る**。もしこの譲歩が間違いであれば，実在論はそもそも私が主張しようと意図していたよりもテスト可能な**科学的理論にずっと近いものである。**

る決定的議論もありえないであろう。しかし，実在論に有利な議論，あるいはむしろ観念論に反対する議論がある。

（1）おそらく最も強力な議論は，次の二つのものの組合せから成るであろう。(a)実在論は常識の部分である。(b)実在論への反論といわれるものはすべて，言葉の最も軽蔑的な意味において哲学的であるばかりでなく，同時にまた無批判的に受け入れられた常識部分，つまり私が「精神のバケツ理論」と呼んだ常識的知識理論（以下の第12節，第13節を参照）の誤った部分に立脚している。

（2）ある人たちの意見では，科学は今日いささか流行はずれであるけれども——いかんながら，決して無視できぬいろいろな理由から——われわれは科学と実在論との重要な関連を見失ってはならない。エルンスト・マッハとか，現在ではユージン・ウィーグナーのような，実在論者でない科学者がいるという事実にもかかわらず。彼らの議論 (8)(*)
はたった今 (1) で特徴づけた部分にはっきり入るものである。しかし，われわれはしばらくのあいだ原子物理学（量子力学）については忘れることにしよう。そうすれば，われわれはこう主張できる。すなわち，すべてのではないにしても，ほとんどの物理学的，化学的，生物学的理論は，もしそれらが真であるとすれば実在論も真でなければならないという意味において，実在論を意味している，と。ある人たちが「科学的実在論」という言い方をするのも，その理由の一つはここにある。しかし実在論にはそれを（はっ

（8）ウィーグナーについては，特に *The Scientist Speculates*, I.J. Good (ed.), Heinemann, London, 1962, pp. 284—302. を参照。批判については，特に Edward Nelson, *Dynamic Theories of Brownian Motion*, Princeton University Press, 1967, §§ 14—16 を参照。また次の編集書に寄せた私の二つの論文をも見られたい。〔(Quantum Mechanics Without "The Observer"〕, in Maro Bunge (ed.), *Quantum Theory and Reality*, Springer, Berlin, 1967, pp. 7—44; 〔'Particle Annihilation and the Argument of Einstein, Podolsky, and Rosen'〕, in W. Yourgrau and A. van der Werde (eds.), *Perspectives in Quantum Theory, Essays in Honor of Alfred Landé*, M. I. I. Press, 1971.

（*）ウィーグナー（1902—　）は，ハンガリー，ブタペスト生れの物理学者。1937 年にアメリカに帰化した。ベルリン工科大学に学び，27 年に同大学の講師となる。30 年にアメリカに渡り，プリンストン大学の講師を経て，38 年に同大学の理論物理学の教授となった。分子や原子核の理論における群論の応用，固体の凝集エネルギーの計算に対するウィーグナー–ザイツ法の発見，原子核反応の理論などにすぐれた業績をあげた。36 年にノーベル物理学賞を受けた。

第2章　常識の二つの顔——常識的実在論への賛成論と常識的知識理論への反対論

きり）テストしうる可能性が欠けているので，私自身は実在論を「科学的」とではなく，むしろ「形而上学的」と呼んだ方がいいと思っている。(9)

この点をどう考えるにせよ，われわれが科学において企てることは実在を叙述し，また（できるかぎり）説明することであるということには，正当な理由がある。われわれはこれ〔実在の叙述と説明〕を推測的理論の助けをかりて——つまり，われわれが真であると（あるいは真理に近いと）期待する，われわれの生み出しうる最良の理論であるがゆえに（確率計算とのいかなる結びつきももたないかぎりで）「確からしい」と呼びうるとしても，確実なものとして，あるいは（確率計算の意味で）確からしいものとしてさえ確立することのできない理論の助けをかりて——おこなうのである。

「科学的実在論」ということができるようなものとどく近い，すぐれた意味がある。つまり，われわれの採用する手続きは（たとえば反合理主義的態度のために，崩壊されないかぎり）われわれの推測的理論が真理に——つまり実在のある種の事実または側面の真なる叙述に——より近づいていく前進的傾向をもっているという意味での，成功を伴うものである。

（3）しかし，たとえ科学から引き出される一切の論証を落したとしても，なお言語からの論証が残されている。実在論のいかなる議論も，特に実在論への反対論証は，ある言語において定式化されなければならない。ところが，人間の言語は本質的に叙述的（かつ論証的）であり，一意的な叙述はつねに実在論的である。それはあること——現実的かあるいは想像的なある事態——についてのものである。したがってもしその

（9）私の『探究の論理』1934年を参照。その第79節（英語版『科学的発見の論理』の252頁〔訳書313頁〕で，私は自分自身を形而上学的実在論者と叙述している。当時，私は誤って科学の限界を議論可能性の限界と同一視した。私はそのご考えを変え，テスト可能でない（つまり反駁不能な）形而上学の諸理論も合理的に議論可能でありうると論じた。（たとえば1958年に初めて公表され，現在では『推測と反駁』1963年；第4版，1972年〔第8章〕に収められている「科学と形而上学の身分について」を参照）。

（10）ビューラーは（部分的にはW・フォン・フンボルトによって先取りされたが）言語の叙述的機能をはっきり指摘した。私はこのことをさまざまなところで言及し，言語の論証的機能を取り上げる必要を論じた。たとえば（1967年にアムステルダム〔の哲学会〕で報告され，現在は本書の第3章として収録されている）「認識主体なき認識論」を参照。〔訳補：これ以前にも，1949年の論文「伝統の合理的理論めざして」や，1953年の論文「言語と身心問題」——それぞれ『推測と反駁』の第4章と第12章として収録——などで論じられている〕。

事態が想像的なものであれば，その叙述は端的に偽であり，その否定が———タルスキーの意味において———実在の真なる叙述である。このことは観念論または唯我論を論理的に反駁していない。しかし，それは観念論を少なくとも無意義なものにする。合理性，言語，叙述，論証はすべてある実在に関するものであり，それらは相手に語りかけるものである。それらはすべて実在を前提としているのだ。もちろん，実在論を支持するこの議論は，他のいかなる議論とも同様に，論理的に決定的でない。というのは，私はただ，私が叙述的言語と論証を用いていると夢みているにすぎないのかもしれないからである。だが，この実在論を支持する議論は，それにもかかわらず，強く，また合理的である。それは理性そのものと同じほど強い。

（4） 私には，観念論は不条理にみえる。なぜなら，観念論はまた次のようなことをも含意しているからである。つまり，この美しい世界を作り出しているのは私の精神である，と。しかし私は，自分がこの世界の創造者でないことを知っている。結局，「美は見る人の眼のなかにある」という有名な言葉は，おそらくまったく馬鹿げた言葉ではないであろうけれども，美の評価の問題があるということ以上のものを意味していない。レンブラントの自画像の美が私の眼のなかになく，バッハの『情熱』の美が私の耳のなかにないことを，私は知っている。反対に，私の眼や耳がそこにある美のすべてを理解するのには十分でないことを，自分の眼や耳を開いたり閉じたりすることによって，自分に得心させることができる。また，より良い———絵画や音楽の美を私よりもずっと良く鑑賞できる———判定者である他の人びとがいる。実在論を否定することは，誇大妄想狂に等しい（最も広範にひろがった，職業的哲学者の職業病）。

（5） 他の重みのある———決定的ではないが———多くの論証のうちから，私は一つだけをあげよう。それは次のようなものである。もし実在論———特に科学的実在論に近いもの———が真であるならば，それを証明することの不可能性の理由は明白である。われわれの主観的知識，さらに知覚的知識でさえが，行為への性向から成るものであり，それゆえ実在への一種の適応であるということ，そしてわれわれは精々のところ探究者であって，ともあれ誤りをおかしやすいということ，がその理由である。誤りに対する保証は何もない。同時にわれわれの臆見と理論の真偽の全問題は，なんら実在というものがなく夢と幻想とがあるだけだとすれば，明らかに無意味になる。

　要するに，私は実在論を唯一の道理にかなった仮説として———これまでそれにとって

かわるいかなる理にかなった代替物も提示されなかったところの推測として——受け入れることを提案する。私はこの論点について，他のいかなる論点についてと同様に，独断的でありたくない。しかし私は，実証主義，観念主義，現象主義，現象学といった実在論に対する代案を支持して提示されたすべての認識論的議論——それらは主として主観主義的なものである——を知っている。そして私は哲学における**イズム**の議論の敵ではないけれども，私が列挙したイズムを支持してこれまでに提出された（私の知るかぎりでの）すべての哲学的議論は，明らかに誤ったものだと私はみなしている。それらのほとんどは，確実性または確実な地盤なるものの誤った探究の結果である。そして，それらのすべては，言葉の最も悪い意味での典型的な哲学者の誤りである。それらはすべて，いかなるまともな批判にも耐えることのできぬ誤った常識的知識理論の派生物である。（常識は，それ自体に適用される場合，典型的に崩壊する）。

私は本節を，私が現代の最も偉大な人物とみなしている二人のひと——アルバート・アインシュタインとウィンストン・チャーチル——の意見でもってしめくくりたい。

「諸事物——つまり物理学の対象を，……それらに関連する時空構造とともに容認することに何らかの『形而上学的危険』があるとは，私は思わない」とアインシュタインは書いている(11)。

これは，素朴実在論を反駁するバートランド・ラッセルのすぐれた試みを，注意深く，また同情的に分析したあとでのアインシュタインの意見であった。

ウィンストン・チャーチルの見解は，きわめて特徴的で，私の思うに，そのご家の床敷を観念論から実在論に模様変えしたものの，いぜんとして前と同じように見当はずれにとどまっている哲学に対するきわめて公正な論評である。「幸いにも大学教育をうけることのできた私のいとこのなかに」とチャーチルは書いている，「われわれの思考するもの以外には何物も存在しないということを証明する議論でもって常に私をからかう

---

(11) Albert Einstein, 'Remarks on Bertrand Russell's Theory of Knowledge', in P.A. Schilpp (ed.), *The Philosophy of Bertrand Russell*, The Library of Living Philosophers, vol. V. 1944, pp. 290f「バーランド・ラッセルの認識論についての注意」，『アインシュタイン選集』第3巻，1972年，共立出版株式会社，33—40頁）を参照。シルプの291頁の訳は私のものよりもずっと精密であるが，アインシュタインの考えの重要さは，私の非常に自由な訳の試みを許容してくれるものと私は感じた。自由な訳ではあるが，それでもアインシュタインのいおうとしたことに忠実であると私は思っている。

者がいた。……」。チャーチルは続けていう。

　私はいつも次のような昔自分が考えた論法によることにした。……ここにこの大きな太陽の存在は，われわれの肉体的感覚以外になんらそれ以上すぐれた存在根拠もないようにみえる。しかし幸いにも，われわれの肉体的感覚をまったく離れて，太陽の実在をテストする方法がある。……天文学者は……[数学と]純粋な理性によって，いつ何日に黒点が太陽に生じるであろうと予測する。あなたは……観測する。あなたの視覚は，天文学者の計算が立証されたことを，ただちにあなたに告げる。**……これは軍隊で地図を作成するときに用いる，いわゆるクロスベアリングの方法である。われわれは太陽の実在に対する独立の証拠をもったのだ。このとき，もし私の友人が，天文学者が計算の基礎とするデータは必然的に，そもそもは彼らの感覚の証拠から得られたものであると私に告げるならば，私は「否」と答える。それらのデータは，少なくとも理論的には，自動計算器によって——人間の感覚をいかなる段階においてもまじえず，器械の上に落ちる光線によって動かされる計算器で——得られるであろう。**……私は，……太陽は実在であって，また熱い——実際，地獄と同じくらい熱い，と……強調再説する。そして形而上学者がこれを疑うなら，彼らはそこに行って見るべきである，といいたい。[12]

　私はおそらくこう付け加えることができるであろう。すなわち，チャーチルの議論は，特に私が太字で書いた重要な章句は，ただに観念論的で主観主義的な議論に対する妥当な批判であるばかりでなく，主観主義的認識論に対する私の知っている限りでの哲学的に最も健全で最も巧妙な議論だと私は考える，と。私はこのチャーチルの議論を無視しなかったいかなる哲学者も知らない。（私が注意をうながした何人かの私の学生を別にすれば）。この議論はきわめて独創的である。1930年に初版されたのだが，それは（ニュートンの理論によって計画された）自動観測器と計算機の可能性を利用した最も早い哲学的議論の一つである。だが，出版後40年たっても，ウィンストン・チャーチルは今なお認識論者としてまったく知られていない。彼の名は認識論に関する多くの文集（アンソロジー）

---

(12) Winston S. Churchill, *My Early Life—A Roving Commisson*, 1930年10月に初版. 『わが半生』，中村祐生訳，角川文庫）。引用はオダムス・プレス版，ロンドン，1947年，第9章，115頁以下からのもの。(太字は原文にない)。なお，マックミラン版，ロンドン，1944年，131頁以下をも参照。

のいずれにも見出されない。『哲学百科辞典』からさえも洩れているのだ。

もちろん，チャーチルの議論は，主観主義者のまやかしの議論に対するすぐれた反駁にすぎない。**彼は実在論を証明していない**。なぜなら，観念論者は，チャーチルまたはわれわれが計算器やすべてのものをもってする議論を夢みているのだ，とつねに論じることができるからである。しかし私は観念論者のこの議論を，いつどこででもどんな議論に対しても普遍的に適用できるものであるがゆえに，馬鹿げたものとみなす。少なくとも，ある哲学者がまったく新しい議論を生み出さないかぎり，主観主義は将来無視されるであろう，と私は考える。

6. 真理について

哲学におけるわれわれの主要関心事は，真理の探求であるべきである。正当化は目的でない。才気と器用さそのものは，あらずもがなのものである。われわれは最も緊急な問題を発見すべきであり，それらの問題を真なる理論（または真なる言明，または真なる命題——ここではこれらの語を区別する必要はない）を提出することによって，少なくともわれわれの先行者の理論よりも真理にいささかより近い理論を提出することによって，解決しようと試みるべきである。

しかし真理の探求は，われわれが明晰かつ単純に語り，不必要な専門語の使用や複雑化を避ける場合にのみ，可能である。私の意見では，単純性と明晰性をめざすことはすべての知識人の道徳的義務である。明晰性の欠如は罪であり，ぎょぎょううしさは犯罪である。(簡潔さも，刊行物の急増という見地からすれば重要であるが，しかし緊急さはより少なく，また時としては明晰性と両立しない)。しばしばわれわれはこれらの要求に準じて行動することができず，物事を明瞭にわかりやすく述べることができないが，このことはわれわれすべてが哲学者として十分すぐれていないことを示すものにほかならない。

真理は事実（または実在）との対応である，あるいはもっと正確にいうと，理論はそれが事実と対応する場合，その場合にのみ真である，という（アルフレト・タルスキーによって定義され洗練された[13]）常識的理論を，私は受け入れる。

---

(13) A. Tarski, *Logic, Semantics, Metamathematics*, Clarendon Press, Oxford, 1956, pp. 152—278 を参照。(最初にポーランド語で1933年に，ドイツ語で1936年に発表された論

タルスキーのお陰で今日ではほとんど平凡なものとなってしまったところの専門事項に、ここでいささか立ち入ることにする。真と偽とは、本質的には、言明の——つまり、ある言語 L_1（たとえばドイツ語）の（一意的に定式化された）理論または命題（または「有意味な文」）の——性質またはクラスとみなされる。それらの言語についてわれわれはまったく自由に別の言語 Lm （**メタ言語**とも呼ばれる）で語ることができる。もっぱら L_1 に言及するところの Lm の文句は、「メタ言語的」と呼ばれる。

たとえば、'P' をドイツ語 (L_1) の文句 '*Der Mond ist aus grünem Käse gemacht*'〔月はグリーン・チーズで出来ている〕の日本語 (Lm) の名称の省略形とする。（引用符号(' ') を付けることによって、このドイツ語の文句が日本語のメタ言語的名称——いわゆる引用名称——になったことに注意されたい）。そうすると、同一性言明 'P=*"Der Mund ist aus grünem Käse gemacht*"' は、明らかに日本語のメタ言語的言明である。そして「ドイツ語の言明 '*Der Mond ist aus grünem käse gemacht*' は、月がグリーン・チースから出来ているならば、その場合にのみ、事実または現実の事態に対応する」とわれわれはいえる。

さて、もし P が言明であれば、'p' は言明 P によって叙述された事態の日本語叙述の省略形であるという一般的規則を導入する。そうするとわれわれは、より一般的に、「対象言語の文句 P は、p である場合、その場合にのみ、事実に対応する言明である」といえる。

日本語では、「P は L_1 において真である」と、つまり「P はドイツ語において真である」といういい方になる。しかし、真理は言語に相対的な観念ではない。なぜなら、もし P_1 が何らかの言語 L_1 の言明 であり、P_2 が何らかの言語 L_2 の言明であるなら

文〔「形式化された言語における真理概念」〕）。同じものは、*Philosophy and Phenomenological Research* **4**, 1944, pp. 341--76. にある。以下の第9章を参照。

(14) 「有意味な文」（つまり文**プラス**その意味、つまり言明または命題）という表現は、（ウッジャーの訳書における）タルスキーのものである。タルスキーは真理が（単なる）文の——つまり（無意味であるけれども）文法的には正しいある言語または形式的構成（フォーマリズム）の言葉の系列の——性質だという見解を主張していると不当な批判を受けた。しかしながら、実際には、タルスキーはその全著作を通じて、**解釈された言語の真理性についてだけ**論じているのである。私はこの論文で言明、命題、主張、理論に区別を設けることをしない。

(*) 原文では英語がドイツ語のメタ言語になっているが、本訳書では日本語に代えてある。

ば，(たとえば Lm において) 次のことが成り立つからである。すなわち，もし P_2 が L_1 から L_2 への P_1 の翻訳であるならば，P_1 および P_2 は，ともに真であるか，さもなければともに偽であるかのいずれかでなければならない。つまり，それらは同じ真理値をもたなければならない。さらに，もしある言語が否定のはたらきをもつほどに豊かであるならば，その言語はすべての偽言明に対して真言明をもつといえる。(それゆえ，大まかにいえば，否定のはたらきをもつすべての言語においては，偽言明があるのと同じほど「多くの」真言明があるわけである)。

タルスキーの理論は，もし言明 P が**何らかの事実に対応する**ならば **P はまさにいかなる事実に対応するか**を，つまり p という事実に対応するということを，とりわけ明らかにさせる。そしてタルスキーの理論はまた，偽言明の問題をも解決する。なぜなら，偽言明 P が偽であるのは，それが非事実といったある奇妙な実体に対応するから**ではなく**，それが**いかなる事実にも対応しない**からにほかならない。それというのも，偽言明は何らかの実在的な**事実との対応**の特殊な関係を表わしていないからである。にせの事態に対してそれを p と「叙述する」ような関係を表わしているけれども。(「にせの事態」とか「にせの事実」といった言葉を回避することには何の長所もない。にせの事実は端的に実在的でないということを銘記しておりさえすれば)。

言明と事実との対応について語る場合には，メタ言語——つまり，当の言明が語っているところの事実(または事実といわれるもの)について述べることができて，これに加え当の言明について語ることのできる(その言明のある約束的な，または叙述的な名称を用いることによって) メタ言語——が必要であるということを明らかにさせるためにはタルスキーの非凡な才能を必要としたけれども，今日ではまったく自明なものとなった。そしてその逆のこともいえる。ひとたびわれわれが，(a)ある(対象)言語によって叙述された事実と，(b)この(対象)言語の言明について(それらの言明の名称を用い

---

(15) 知られているかぎりでは，すべての自然言語は否定のはたらきをもつ——このはたらきをもたない人工言語が構成されたけれども。(動物心理学者は，これに似たことはネズミにも見出すことができるとさえ主張する。ネズミは特徴的なサインによってテコを押すことやそれらのサインにそもそもの値とは論理的に反対の値を与えるシンボルを理解するのを学ぶというのである。Hans Hörmann, *Psychologie der Sprach*, Berlin, 1967, p. 51 おける R.W. Brown と K.L. Lashley の参考文献を参照)。

ることによって)語ることができるようなメタ言語をもつならば,われわれはまたこのメタ言語において言明と事実との対応について語ることができる。

このようにして言語 L_1 のそれぞれの言明が事実と対応する諸条件を述べることができるようになれば,われわれ は まったく言葉通り,しかし常識と一致して,こう定義できる。言明は,もしそれが事実と対応するならば,その場合にのみ,真である。[16]

これは,タルスキーが指摘しているように,真理の客観主義的または絶対主義的概念である。しかしそれは,「絶対的確実性または保証」をもって語ることをわれわれに許すという意味における絶対主義的なものでない。なぜなら,それはわれわれに真理の判定基準を提供しないからである。反対に,もし L_1 が十分に豊かであるならば(たとえば,もしそれが算術を含むならば),**真理の一般的判定基準は存在しえない**ということをタルスキーは証明できた。極端に貧困な人工言語についてのみ,真理の判定基準が存在しうる。(この点でタルスキーはゲーデルのお陰をこうむっている)。[*]

それゆえ真理の観念は絶対主義的であるけれども,絶対的確実性へのいかなる主張もなしえない。**われわれは真理の追求者であるが,真理の所有者ではないのだ。**[17]

---

(16) タルスキーは,嘘つきのパラドックスを避けるためには常識をこえる予防策が必要なことを論証する。すなわち,われわれは言語 L_1 において「(L_1 において)真」というメタ言語的名辞を使わぬよう注意しなければならない,と。

(*) 「自然数の理論を一部に含むある公理的な理論が無矛盾ならば,その理論のなかには肯定も否定もともにその理論の公理のみからでは証明しえない命題が存在する」というオーストリアの数学者ゲーデル(Kurt Gödel, 1906〜)のいわゆる「不完全性定理」のことをいっている。ゲーデルはこの結果を導くと同時に,その方法を吟味することによって,次の重要な結果をも得た。「自然数の理論を含む形式的体系 S が有限の立場で与えられ,しかも S が無矛盾であるならば,S のなかで形式化されるような論法だけによっては,S の無矛盾性を証明することは不可能である」。つまり,たとえば,自然数論を形式化した体系の無矛盾性を有限の立場で証明するためには,有限の立場では許容されるが形式的自然数論のなかでは許されないある種の論法を必然的に用いなければならない,ということである。1931 年,当時 25 歳であったゲーデルはドイツの科学雑誌に発表した「プリンキピア・マテマティカの形式的に決定不可能な命題と,それに関連する体系について」でこの考えを提出した。この論文は,論理学および数学史上の不滅の金字塔となった。

(17) D.W. ハムリン教授は「科学の性質」についての私の見解を叙述するという私にとって非常に名誉なことをして下さった (Paul Edwards (ed.), *The Encyclopedia of Philosophy,*

7. 真理，真理内容，偽内容

真理の追求においてわれわれがやっていることをはっきりさせるためには，少なくともいくつかの場合においてわれわれが**真理により近づいた**と，あるいは理論 T_1 はある新しい理論 T_2 によって——T_2 が T_1 よりもより真理らしいので——とってかわられる，という直観的主張が根拠づけられなければならない。

理論 T_1 は理論 T_2 よりも真理からかけ離れている，それゆえ T_2 は T_1 よりも真理へのより良き近似（あるいは簡単に，より良き理論）であるという観念は，私自身をも含めて多くの哲学者によって，直観的に用いられてきた。そして真理の観念が多くの哲学者から疑わしいものとみなされてきた（タルスキーの意味論的パラドックスの分析から明らかになったように，全然いわれがないわけではないのだが）のと同じように，真理へのより良き接近または近似，または真理への近さ，あるいは（私が呼んだように）より大きな「**真理らしさ**」(verisimilitude) という観念も疑わしいものとみなされてきた。

これらの疑惑をとくために，そもそもはいずれもタルスキーによって導入された二つの観念——(a)真理の観念，および(b)言明の（論理的）**内容**，つまり言明から論理的に帰結されるすべての言明クラス（タルスキーの通常の呼び方では「帰結クラス」）の概念——を結合することによって，私は**真理らしさ**という論理的概念を導入した。[18]

---

vol. 3, p. 37)．彼の概説の大部分はまったく正しいが，しかし彼が私の見解を「真理そのものは幻想にすぎない」といって要約するとき，彼は私をまったく誤解した。シェイクスピア喜劇の真の作者について，あるいは世界の構造について，絶対的確実性に達することができるということを否認する人たちは，そのことのゆえにシェイクスピアの喜劇の作者そのあるいは世界そのものが「幻想にすぎない」という説をなすものだとされるであろうか。

（真理の概念に私が付与する大きな意義についてのより明確な叙述は，私の著作物のさまざまな個所に，特に本書の第9章に，見出されるであろう）。

[18] 一方における単称言明または言明の有限集合（そのような有限集合はつねに単称言明によっておきかえることができる）の内容または帰結クラスと，他方における公理化不能な（あるいは有限的には公理化可能でない）帰結クラスまたは内容との区別は重要であるが，ここでは論じないことにする。両種の帰結クラスはタルスキーによって「演繹系」と呼ばれる。タルスキー，前掲書，第XII章を参照。タルスキーは帰結クラスの概念を私より数年前に導入した。私は彼より遅れて，独立に，『探究の論理』でこの概念に達した。同書で私はまた，言明 S と両立しない（または言明 S によって「禁じられる」経験的言明のクラスとして言明 S の経験的

すべての言明は内容または帰結クラス——つまりその言明から帰結するすべての言明のクラス——をもつ。（トートロジカルな言明の結帰クラスを、タルスキーにならって、ゼロ・クラスということができるから、トートロジカルな言明はゼロ内容をもつ）。またすべての内容は、すべての真なる帰結だけのクラスから成る部分内容を含んでいる。

ある所与の言明から帰結する（あるいはある所与の演繹糸に属する）トートロジカルでないすべての真言明のクラスを、その言明の**真理内容**と呼べる。

トートロジー（論理的に真なる言明）の真理内容はゼロである。それはトートロジーだけから成っている。すべての他の言明は、**すべての偽言明をも含めて**、ゼロでない真理内容をもっている。

ある言明から帰結する偽言明のクラス——偽であるすべての言明だけから成っている、言明内容の部分クラス——は、（いわば儀礼的に）その言明の「偽内容」と呼べよう。しかしそれらは、「内容」またはタルスキー的帰結クラスの特徴的な性質をもっていない。いかなる偽なる言明からも真なる言明を導出することが論理的に可能なので、それはタルスキー的演繹系ではない。（偽言明と任意の真言明との選言〔「……であるか、あるいは——である」という形式の言明〕は真で、かつ偽言明から帰結するところの言明の一つである）。

真理らしさという観念の綿密な議論の準備のために、私は本節の残りの部分で真理内容と偽内容の直観的観念をもう少し詳しく検討しようと思う。それというのも、言明の**真理らしさ**は、その言明の真理内容と共に増大し、またその偽内容と共に減少するものとして説明されることになるからである。この説明において、私はアルフレト・タルスキーの諸観念、特に彼の**真理理論**と彼の**帰結クラスおよび演繹系の理論**（いずれも先の

内容という、〔帰結クラスの概念と〕密接に関連した概念を導入した。この概念はのちにカルナップによって採用された。特にCarnap, *Logical Foundations of Probability*, 1950. における私の『探究の論理』に対する彼の謝辞を参照。真理らしさの概念を私は1959年あるいは1960年に導入した。『推測と反駁』第3版, 1969年の215頁の脚注を参照。私は『推測と反駁』のなかで「真理-内容」と「偽-内容」という書き方をしたが、今ではこれらの語を名詞として使う場合は（つまり「真理-内容測度」といった語句——稀だと思うが——の場合を除き）ハイフォンをとることにしている。これはFowler, *Modern English Usage*, 1965 の第2版の255頁に掲載されているウィンストン・チャーチルの忠告に従ったものである。

注18で言及した。なお，より詳細な議論については本書の第9章を見られたい）を大幅に利用するであろう。

言明 a の偽内容（a から帰結する偽言明のクラスとは異なるものとしての）を，次のように説明できる。(a)それは内容（またはタルスキー的帰結クラス）である。(b)それは言明 a から帰結するすべての偽言明を含み，(c)それはいかなる真言明も含まない。これをするためには，内容の概念を相対化しさえすればよく，それはきわめて自然なやり方でおこなえる。

言明 a の内容または帰結クラスを名称，'A' で呼ぼう。（したがって一般に X は言明 x の内容である）。タルスキーにならって，論理的に真なる言明の内容を名称 'L' で呼ぼう。L はすべての論理的に真なる言明のクラスであり，すべての内容とすべての言明の共通内容である。われわれは **L はゼロ内容である**，ということができる。

ここで，内容 Y が**与えられた**ときの言明 a の相対的内容について語るために，内容の概念を相対化し，これを記号 'a,Y' で表わす。これは，Y が存在する場合に，あるいは Y の助けをかりて，a から導出できるすべての言明のクラスである。

もし A が言明 a の内容であるならば，相対化された書法で $A=a,L$ といえることは，すぐわかる。言明 a の絶対的内容 A は，「論理学」（＝ゼロ内容）が与えられたときの a の相対的内容に等しい。

推測 a の相対的内容のより興味あるケースは，a,B_t のケースである。ここで B_t は，時点 t におけるわれわれの**背景知識**，つまり時点 t において問題のないものと仮定される知識，である。新しい推測 a において興味あるものは，何よりもまず，相対的内容 a,B である。つまり B を越えている a の内容の部分 である。論理的に真なる言明の内容がゼロであるのとまったく同様に，B が与えられたときの推測 a の内容は，もし a が背景知識だけを含み，それを越えるいかなるものも含んでいないならば，ゼロである。一般に，もし a が B に属するならば，あるいは同じことだが，もし $A \subset B$ ならば，$a,B=0$ といえる。したがって言明 x,Y の相対内容は，Y が存する場合に x が Y を上回るところの情報である。

こうしてわれわれは今や，a の偽内容――A_F で表わす――を，a の**真理内容**（つまり A と T との交わり（共通部分）A_T, この場合 T は真言明のタルスキー的系である）が**与えられた**ときの a の内容と定義できる。つまり，こう**定義**できる。

$$A_F = a, A_T$$

そう定義された A_F は，われわれの要件あるいは適切条件を満たす。(a) A_F は，たとえ相対的内容であるにせよ，内容である。結局のところ，「絶対的」内容も，論理的真理が与えられたときの（あるいは L が論理的に真であると仮定したときの）相対的内容である。(b) A_F は，a から帰結するすべての偽言明を含む。なぜなら，それは真言明をわれわれの（相対的）ゼロと解した場合の，a から帰結するもろもろの言明の演繹系だからである。(c) A_F は，その真言明が内容としてでなくその（相対的）ゼロ内容と解されるという意味において，いかなる真言明をも「含む」ことがない。

内容は時として論理的に比較可能であり，時としてそうでない。諸言明が導出関係にもとづく半順序系をなすのとまったく同様に，内容は不完全関係によって順序づけられた半順序系をなす。A と B との内容は，もし $A \subset B$，または $B \subset A$ ならば，比較可能である。相対的内容については，比較可能性条件はもっと複雑である。

もし X が有限的に公理化可能な内容または演繹系であるならば，X が x の内容であるような言明 x が存在する。

したがって，もし Y が有限的に公理化可能であれば，われわれは次のように書けるであろう。

$$x, Y = x, y$$

ところで，このケースにおいては，x, Y が連言 x, y の絶対的内容マイナス y の絶対的内容に等しいことがわかる。

このような考察から次のことが明らかになる。すなわち，

もし $(A \dotplus B) - B$ が $(C \dotplus D) - D$ と比較可能ならば，a, B と C, D は比較可能である。この場合，'$\dotplus$' はタルスキーの演繹系の加法である。もし両者が公理化可能であれば，$A \dotplus B$ は連言 a, b の内容である。

したがって，比較可能性はこれらの半順序系においては稀であろう。しかし，これらの半順序系が「原則として」——つまり矛盾なく——線形的に順序づけできることを示す方法がある。その方法は，確率の形式的理論の応用である。（私はその適用可能性をここでは公理化可能な系についてだけ主張するが，われわれはそれを公理化不能な系にも拡大できる。以下の第9章をも参照）。

「Y が与えられたときの x の確率」を '$p(x, Y)$' または

第2章 常識の二つの顔——常識的実在論への賛成論と常識的知識理論への反対論　　*61*

$$p(X,Y)$$

と書くことができ，私が他のところで（たとえば私の『科学的発見の論理』新付録*ivおよび*vにおいて）[19]与えた相対的確率の形式的公理を適用できる。その結果はこうである。$p(x,Y)$は0と1とのあいだの数――通常われわれはいかなる数の観念ももたないが――であり，われわれはまったく一般的に次のことを主張できる。

$p(a,B)$と$p(c,D)$とは，**原則的に比較可能**である。普通，われわれは

$$p(a,B) \leqslant p(c,D) \text{ か，それとも } p(a,B) \geqslant p(c,D) \text{ であるか}$$

を決定するのに必要な情報を十分に入手できないけれども，しかしこれらの関係の少なくとも一つが成り立たなければならないということを主張できる。

以上のことから，こう結論される。すなわち，われわれは真理内容と偽内容を確率計算の助けをかりて原則的に比較可能にさせうる，と。

私がさまざまなところで論証したように〔たとえば『科学的発見の論理』第83節，新付録*ixを参照〕，言明aの内容Aは，論理的確率$p(a)$または$p(A)$が小さければ小さいほど，大であろう。なぜなら，言明の伝える情報量が多ければ多いほど，その言明が（いわば，たまたま）真である論理的確率はそれだけ少ないだろうからである。それゆえ，われわれは内容の「測度」（それは主として位相的に，つまり線形的順序の尺度として，用いることができる）を導入できる。

$$ct(a),$$

つまり，aの（絶対的）内容，および相対的測度

$$ct(a,b) \text{ と } ct(a,B)$$

つまり，bまたはBがそれぞれ与えられたときのaの相対的内容である。（もしBが公理化可能ならば，いうまでもなく$ct(a,b)=ct(a,B)$が得られる）。これらの「測度」ctは確率計算の助けをかりて，つまり次の定義の助けをかりて，定義できる。

$$ct(a,B) = 1 - p(a,B).$$

こうしてわれわれは今や，真理内容$ct_T(a)$と偽内容$ct_F(a)$（の測度）を定義する

---

　(19)　私は1954年に初めて内容測度を用い『科学的発見の論理』，400頁〔訳書489—490頁〕を参照），真理内容の測度および偽内容の測度などを『推測と反駁』385頁）で用いた。この論文および第9章で，私は**p; ct; vs**といった**小文字イタリック**によって測度関数を区別する。

ために自由に使える手段をもつ。

$$ct_T(a) = ct(A_T),$$

(この場合にも A_T は，A とあらゆる真言明のタルスキー的系との交わりである)，および

$$ct_F(a) = ct(a, A_T),$$

つまり偽内容（の測度）は，a の A_T の真理内容が与えられているときの，a の相対的内容（の測度），あるいはさらに別の言葉でいえば，a が (1) a から帰結し (2) 真であるところの言明を越えている度合，である。

8. 真理らしさについて

これらの観念の助けをかりて，今やわれわれは，真理らしさということによってわれわれが直観的に意味するものを，もっとはっきり説明できる。すなわち，直観的にいえば，理論 T_1 と理論 T_2 に関し，もし (a) 両者の真理内容と偽内容が（またはそれらの測度が）比較可能で，かつ (b) T_1 の真理内容が T_2 のそれよりも少ないが，偽内容はそうでないか，あるいは (c) T_1 の真理内容が T_2 のそれよりも大きくなく，その偽内容がより大であれば，その場合にのみ，理論 T_1 は T_2 よりも真理らしさがより少ない。簡単に，もし T_2 からより多くの真言明が帰結するがより多くの偽言明を帰結しない，あるいは少なくとも同等に多くの真言明を帰結するがより少ない偽言明を帰結するならば，その場合にのみ，T_2 は真理により近いとわれわれはいう。

一般にわれわれは，ニュートンとアインシュタインの重力理論のような**競合しあっている**理論だけが，それらの（非測度的）内容に関して直観的に比較可能である，といえる。しかし，比較可能でない競合的理論もある。

ニュートンの理論 (N) とアインシュタインの理論 (E) との内容の直観的比較可能性は，次のように確定できる。[20] (a) ニュートンの理論が答えているすべての問題に対して

---

[20] この例は，『イギリス科学哲学雑誌』第 5 巻，1954 年，143 頁以下〔「確証の度合」〕で初めて公表された論文——のちに『科学的発見の論理』第 2 版，新付録 ＊ix に再録された——の注 7 で手短かに論じた。同書の 401 頁〔訳書 491-2 頁〕を参照。それ以来，私は論点をより精緻にした。たとえばファイグル記念論文集，P. Feyerabend and G. Maxwell (eds.), *Mind, Matter and Method*, 1966, pp. 343-53 に寄せた私の論文〔'A Theorem on Truth-

第2章 常識の二つの顔——常識的実在論への賛成論と常識的知識理論への反対論　　63

アインシュタインの理論は，少なくとも同等に正確である答えをもっている。このことは，N の内容（の測度）を，タルスキーの意味よりもいささか広い意味において，E のそれよりも少なく，あるいは等しくさせる。(b)アインシュタインの理論 E が（トートロジカルでない）答えを与えうるのに反しニュートンの理論 N が答えを与えることのできない問題がある。このことは，N の内容をはっきり E の内容よりも小さくさせる。

　それゆえわれわれはこれら二つの理論の内容を直観的に比較でき，アインシュタインの理論はより大きな内容をもつ。（この直観が，内容測度 $ct(N)$ と $ct(E)$ によって生み出されることを論証できる）。このことは，アインシュタインの理論を潜在的にまたは仮により良い理論たらしめる。なぜなら，何らかのテストをおこなう前にさえ，もし真であるとすればその理論はより大きな説明力をもつ，といえるからである。さらにその理論は，われわれにさらに多様なテストを企ててみろと挑戦する。したがってその理論は，事実についてより多く学ぶ新しい機会をわれわれに提供する。アインシュタインの理論の挑戦がなければ，われわれは日蝕中の太陽のまわりの星々のあいだの見かけ上の距離を，あるいは白色矮星の放射する光の赤方偏移を，（＊）（より大きな必要精度をもって）測定することは決してなかったであろう。

　　Content'] を参照。私はこの論文で次のことを論証した。すなわち，もし二つの演繹的理論 X と Y との（非測度的）内容が比較可能ならば，その真理内容も比較可能であり，前者に応じて後者はより大，またはより小である。デーヴィド・ミラーが論証したように，この定理の証明は，かなり簡単におこなえる。重要なのは，次のことを忘れてならないということである。つまり内容，真理内容，偽内容の測度関数は原則として比較可能である（確率は原則として比較可能だから）けれども，競合しあっている諸理論の非測度的内容の比較は，おそらくはただ直観的に比較する以外には，一般的にいって何らの手段もない，ということがそれである。

　　(21) 第一の例において，タルスキーの（非測度的）帰結クラスまたは内容の概念は，もし理論の一つが他を導出するならば，それら諸理論の内容を比較可能にさせる。ここで与えられた一般化は，もし内容の一つが他の内容によって答えることのできるすべての問題を少なくとも同じ正確さでもって答えることができるならば，内容（または内容の測度）の比較を可能にさせる。

　　(＊)　赤方偏移（red shift）とは，スペクトル線の波長が標準的な波長より長い方（赤い方向）へずれる，いいかえれば振動数が小さくなること。アインシュタインは，今までに誰も思いついたこともなく，誰も観測したことのないような事実が，彼の重力理論にはよって予測できるかどうか調べた。もしそのような予測がテストによって裏づけられるならば，彼の重力理論はきわめて高い験証度をうることになるからである。そのようなテストとしてアインシュタインの考えた一つの方法は，光の振動数に対する重力の効果であった。すなわち強力な重力の

これらは，(論理的に) より強い理論——つまり，より大きな内容をもった理論——が実際に**テストされる以前にさえ**もっているところの長所のいくつかである。これらの長所は，その理論を潜在的により良い理論，より挑戦的な理論にさせる。

しかしより強力な理論，より大きな内容をもつ理論はまた，**その偽内容も大きいのでないかぎり，より大きな真理らしさをもつ理論**でもあろう。

この主張は，科学の方法——大胆な推測と意図的な反駁の方法——の論理的基礎をなすものである。理論は大胆であればあるほど，その内容がより大きい。それはまた，より冒険的な理論である。それは，そもそものはじめから偽であろうという蓋然性のより多い理論である。われわれは理論の弱点を発見してその理論を反駁しようと試みる。もしわれわれがその理論を反駁するのに失敗するならば，あるいはもしわれわれの見出す反駁が同時にまたその理論の先行者であったより弱い理論の反駁である場合には，(22) より強力な理論はそのより弱い先行者よりも決してより大きな偽内容をもっておらず，それゆえより大きな真理らしさの度合をもつ，と推測する根拠がわれわれにある。

9. 真理らしさ，および真理の探求

正方形をすべての言明のクラスを表わすものとし，これを真言明(T) と偽言明(F) との二つの相等しい部分領域に分ける。

場はあらゆる周期運動の振動数を変化させる効果があり，強い重力場におかれた原子の出す光を地上で受けとると，地上の同じ原子の出す光にくらべて，青さが弱く赤さが強くなっている，つまり赤方偏移を示し，次式のように波長が変化するという。

$$(\lambda_1-\lambda)/\lambda=G/C(M/R-m/r)$$

ただしλは天体の放射する光の波長，λ_1はその光を地球上で測ったときの波長，Gは引力定数，Cは光速度，MとRおよびmとrは天体と地球のそれぞれの質量と半経である。実際問題としては，mとrは無視できるので，重力によって生じるスペクトル線の赤方偏移は，天体の質量に比例し，その半経に逆比例することになる。しかし，このような予測は1915年頃の実験技術によってテストすることは無理であった。それは約10年ののちにシリウス星の傍の白色矮星（平均半経が小さく—約1万km—密度が高い—$10^4 \sim 10^6$g/cm^3—のが特徴）強い磁場を使って実験され，実際に験証が得られたのはアインシュタインの予測後，半世紀もたってからのことであった。

(22) 触効果についての現況は，少なくともこのケースに当る。テストはEによって予測されたものよりも大きな値を与えるが，Nは，アインシュタインの好都合な解釈にもとづいてさえ，せいぜいEの結果の半分しか予測しない。

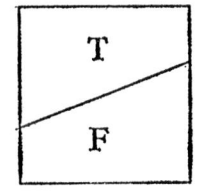

第2章 常識の二つの顔——常識的実在論への賛成論と常識的知識理論への反対論　65

第1図

いまこの配置を少し変え，真言明のクラスを正方形の中心のまわりに集める。

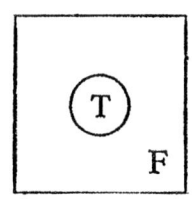

第2図

　科学の課題は，比喩的にいえば，有望と思われる理論または推測を提出するという方法によって，真言明の標的（T）のできるだけ多くを，また偽領域（F）をできるだけ少なく，射撃によってうずめることである。

　真なる理論を推測しようと努めることは，非常に重要である。しかし，真理はわれわれの推測的理論の唯一の重要な性質ではない。なぜなら，平凡で些末なことやトートロジーを提出することには，われわれは特別に関心をもたないからである。「すべてのテーブルはテーブルである」は確実に真である——ニュートンやアインシュタインの重力理論よりもずっと確実に真である——が，しかし何ら知的関心をそそらない。それは，われわれが科学に求めているものではない。ヴィルヘルム・ブッシュはかつて，私が認識論的童謡と呼んだものを作った。[23]

　　2かける2は4，それは本当だ
　　だが，余りにも空虚で，余りにも陳腐だ。
　　私が探しているのは
　　そんなに簡単でない問題への手がかりだ。

---

　(23) Wilhelm Busch, *Schein und Sein*, 1909 から。私の『推測と反駁』の230頁, 注16, および E. Nagel, P. Suppes, and A Tarski (eds.), *Logic, Methodology and Philosophy of Science*, Stanford U.P., 1962, p. 290. を参照。

換言すれば，われわれは単に真理を探しているのではなく，より興味のあるより啓発的な真理を，興味ある問題に解決を与える理論を探しているのだ。もし可能ならば，われわれは深い理論を求める。

われわれは単に標的Tのなかの一点を打ち当てようとするのではなく，標的の領域をできるだけ広く，またできるだけ興味のある部分を打ち当てようと努める。$2×2=4$は真ではあるが，ここで意図されている意味での「真理への良き近似」ではない。それというのも，それは科学の目的を，あるいはその部分さえを，おおうには余りにもわずかな真理しか伝えていないからである。ニュートンの理論は，たとえ偽である（らしい）としても，きわめて多くの興味ある情報的な真帰結を含んでいるがゆえに，真理へのずっと良い近似である。その**真理内容**はきわめて大きい。

無数の真言明があり，それらは非常に異なった価値をもっている。それらを評価する一つの仕方は，論理的なものである。われわれはその**内容**（偽言明のではなく真言明の場合にあっては，真理内容と一致する）の大きさまたは測度を評価する。より多くの情報を伝える言明は，より多くの情報内容または論理的内容をもつ。それは，より良い言明である。真言明の内容が大であるほど，それはわれわれの標的Tへの，つまり「真理」への（もっと正確にいうと，すべての真言明のクラスへの）接近としてより良いものである。なぜなら，われわれは「すべてのテーブルはテーブルである」といったことだけを学ぼうとするのではないからである。真理への接近または近似についてわれわれが語る場合，われわれは「全真理」つまり真言明の全クラス，クラスTを意味しているのである。

ところで，言明が偽である場合も，事情は似ている。すべての一意的な言明は，真または偽である（そのいずれであるかをわれわれが知りえないとしても）。私がここで考えている論理学は，これら二つの真理値だけをもつものであって，そこにはいかなる第三の可能性もない。しかし，ある偽言明は他の偽言明よりも真理により近いことがありうる。「いまは午後9時45分である」は，その言葉が発せられたとき実際には9時48分であるならば，「いまは9時40分である」よりも真理により近いようにみえる。

---

(24) 二つの真理値よりも多くの値をもった「多値」論理学の諸体系がある。しかし，それらは二値体系よりも弱い。特に，形式論理学は批判の道具であるということここで採用した観点（『推測と反駁』64頁を参照）からすれば，そうである。

第2章 常識の二つの顔——常識的実在論への賛成論と常識的知識理論への反対論

しかしこのかたちにおいては，直観的印象は間違っている。二つの言明は両立しがたく，それゆえ（ct のような測度を導入しないかぎり）比較可能でない。しかしこの間違った直観には，いくらかの真理の粒がある。もしこの二つの言明を**期間言明**（次のパラグラフを参照）におきかえるならば，第一のものは実際第二のものよりも真理により近い。

われわれは次のように議論を進めることができる。第一の言明を「いまは午後9時45分と9時48分の**あいだ**である」におきかえ，第二の言明を「いまは午後9時40分と9時48分の**あいだ**である」におきかえる。このようにして，われわれはそれぞれの言明を，連続的な**値の範囲**，**誤差範囲**を認める言明におきかえる。このようにしておきかえられた言明は（第一の言明が第二の言明を伴立するので）比較可能となり，第一のものは実際第二のものよりも真理に近い。そしてこのことは ct とか ct_T といった内容のあらゆる整合的な測度関数にも当てはまるはずである。しかし ct_T のような測度関数をもった系においては，われわれのそもそもの言明は比較可能であるから（そのような体系においてはすべての言明が原則として比較可能である），真理内容測度 ct_T は，第一の言明の ct_T が実際に少なくとも第二の言明のそれと同じ大きさである——あるいは，よりも大きい——と定義できる，とわれわれは結論しうる。そしてこのことは，われわれのそもそもの直観をある程度まで正当化する。

おきかえられた言明における「**あいだ**」という言葉が両界のいずれかを含む，または除くものと解釈できることに注意されたい。もし上界を含むものと解釈すれば，両言明はいずれも真であり，$ct = ct_T$ が二つの言明のいずれにも成り立つ。両言明は真であるが，しかし第一言明は第二言明よりも大きな真理内容をもっているので，より大きな真理らしさをもつ。他方，もし「あいだに」を，上界を除くように解釈するならば，いずれの言明も偽となる（それらは「ほとんど真」と呼べるかもしれないが）。しかしそれらは（非測度的な意味で）比較可能であり，われわれはいぜんとして第一言明は第二言明よりもより大きな真理らしさをもつと主張できる。（私の『推測と反駁』の397頁以下，および『科学的発見の論理』の第37節を参照されたい）。

こうして二値論理学の考え（「すべての一意的な言明は真または偽であり，いかなる第三の可能性もない」）を侵すことなく，われわれは時としてより多くまたはより少なく偽である，あるいは真理からより遠い，または真理により近い，偽言明について語る

ことができる。そしてより高度の，またはより低度の真理らしさという考えは，偽言明と真言明とのいずれにも適用できる。本質的な点は，まったく二値論理学の領域内にある概念たる**真理内容**である。

いいかえると，**真理への近似**という直観的観念は**高度の真理内容**および低度の「偽内容」という観念と同一視できるようにみえる。

この点は二つの理由から重要である。それは真理への近似という直観的観念を用いることについて何人かの論理学者が抱いた疑念を解消する。またそれは，科学の目的は真理へのより良き近似またはより大きな真理らしさという意味における真理である，と言うことを可能にさせる。

10. 真理および目的としての真理らしさ

科学の目的は真理らしさであるということは，科学の目的は真理であるというより単純な定式を上回る相当な長所をもっている。後者は，すべてのテーブルはテーブルであるとか，1+1=2 といった疑いなき真理を述べることによってその目的が完全に達せられるという示唆を含んでいる。明らかに，これら言明のいずれも真である。そしてまったく同じように明白に，両者のいずれも何らかの種類の科学的業績に入るとはいえない。

さらに，科学者がめざすのは，ニュートンやアインシュタインの重力理論のような理論である。われわれはこれらの理論の真理性の問題に大きな関心をもつが，たとえそれらの理論が偽であると信じる理由をわれわれがもつとしても，これらの理論はなおその関心を保持し続ける。ニュートンは自分の理論が本当に最終的なものだとは決して信じなかったし，アインシュタインは自分の理論を真なる理論――1916年から1955年の彼の死にいたるまで探究し続けた統一場の理論――への良き近似以上のものとは決して考えなかった。すべてこれらのことは，「真理の探求」という観念が満足なものであるのは，(a)「真理」ということですべての真言明の集合を意味する――つまり，われわれの達成しえぬ目標集合が T（タルスキーの真言明のクラス）である――場合，また(b)われわれの探求において偽言明を，もしそれらが「余りにも偽」でなく（「余りにも大きな偽内容をもっていない」），また大きな真理内容を含んでいるならば，近似として認めることを意味する場合だけである，ということを示している。

したがって真理らしさの探求は，真理の探求よりも，より明白で，より現実に即した

目的である。しかし私はもう少し多くのことをいおうとするものである。経験科学においてはわれわれが実際に真理に達したという主張をするに足る十分にすぐれた論拠を決してもちえないが、真理に向って前進しえたと、つまり理論 T_2 はその先行者 T_1 よりも、少なくともすべての知られた合理的論拠に照して、まさるものであると、主張するための強力にして合理的にすぐれた論拠をもちうるということを私は示そうと思っている。

さらに、われわれは科学の方法、および科学の歴史の大部分を、真理により近づいていくための合理的手続きとして説明できる。（さらに重要な解明は、帰納の問題との関連における真理らしさの観念の助けをかりて達成できる。特に以下の第32節を参照）。

11. 真理および真理らしさの観念についてのコメント

真理らしさの観念の正当性についての私の擁護論は、しばしば甚だしく誤解された。これらの誤解を避けるために、すべての理論が推測的であるばかりでなく、理論についてのすべての評価も——真理らしさの観点からする諸理論の比較をも含めて——推測的である、という私の見解に留意するよう勧告できる。

私の科学理論にとって最も重要なこの点が誤解されてきたことは不思議である。しばしば強調したように、私は理論のすべての評価を**それら理論の批判的議論の状態の評価**であると考える。それゆえ私は、明晰さは、それなしに批判的議論が不可能であるがゆえに、知的価値だと信じている。しかし、正確さまたは精密さがそれ自体において知的価値であるとは、私は信じない。反対に、われわれの直面している問題（それはつねに競合しあっている諸理論の相違を識別する問題である）が要求する以上に正確または精密であろうと決して努めるべきでない。この理由ゆえに私は、定義に関心をもたないことを強調してきた。すべての定義は無定義的名辞を用いなければならないから、われわれがある名辞を原始名辞として用いるかあるいは定義された名辞として用いるかは、一般に、問題でない。

しからばなぜ私は、真理らしさが定義できる、あるいは他の語（真理内容、偽内容、そして最後には論理的確率）に還元できるということを論証しようと努めたのか。

ある人たちは、私の目的が正確さまたは精密さのようなものである、あるいは確率だとさえ、考えた。彼らは、私が諸理論に適用でき・それら理論の真理らしさ（あるい

は少なくともそれらの真理内容，あるいは験証の度合）を数値的用語で示すような数値的関係を見出そうとしたのだ，と考えた。

　実際には，これらのことほど私の目的からかけ離れたものはない。真理らしさの度合，真理内容または偽内容の測度（または験証の度合，あるいは論理的確率の度合さえ）が，（0または1といった）特定の限界ケースにおける以外は，数値的に決定できるとは私は考えていない。また，測度関数の導入はすべての理論を原則的に，あるいは理論上，比較可能にさせるけれども，実際の適用においては，われわれは非測定的でいわば質的な，あるいは一般論理的な基礎にもとづいて比較可能であるような稀なケース——たとえば論理的により強いのとより弱い**競合的理論**，つまり同じ問題の解決をめざした諸理論，のケース——をたよりにするものだと私は考える。実際の比較のためには，われわれはこれらのケースにまったく依存する（確率のような測度関数は，それらの独立変項を原則として**一般的に**比較可能にさせるので），と逆説的にいえるかもしれない。

　しからば，真理らしさが論理的確率の用語によって定義できるということを論証しようとする私の企ての眼目は何なのか，と人は問うかもしれない。私の目的は，タルスキーが真理についてなしとげたのと似たようなことを，真理らしさについて（精密さのより低いレベルで）なしとげようとすることである。タルスキーの業績は，真理は事実との対応であるという，疑念をもたれてきたが，私の意見ではいかなる批判的な常識的実在論にとってもいかなる批判的な科学理論にとってもきわめて必要な常識的観念を復権させたことにある。科学は事実または実在との対応という意味における真理をめざすものである，といえると私は思う。そして私はまた，ニュートンの理論がケプラーの理論よりも真理へのより良き近似であるのとまったく同様に，相対性理論はニュートンの理論よりも真理へのより良き近似であると——あるいは，そうわれわれは推測すると——（アインシュタインや他の科学者たちとともに）いおうと思う。そして，真理への近さとか真理らしさの観念が論理的な思い違いであるとか「無意味」であるといった心配をすることなく，これらのことをいえると私は思う。換言すれば，私の目的は，科学の目的を叙述するために私が必要とする，また規制的原理として（たとえただ無意識的で直観的にではあるにせよ）すべての批判的な科学的議論の根底にあると私の主張するところの，常識的観念を復権させることである。

　私の見るところでは，（有限位数の形式化された言語に関して）真理を定義する方法

を発明したタルスキーの主たる業績は，真理つまり実在との対応という——アリストテレス以降に疑問視されてきた——概念を復権させた点にある。疑念の余地ない（非意味論的な）論理的概念を用いてそれを定義することにより，彼はその正当性を確立した。これをなしとげて，彼はまた，有限位数をもつ形式化された言語に関して真理の——明示的な定義をこの場合には与えることができないけれども——実質的に等値な概念を，公理のやり方で，導入することが可能であるということを論証した。私の意見では，彼はこれによって，形式化されていない日常的または常識的言語（これは無限位数をもつ）における——二律排反(アンチノミー)を避けるように注意をはらうことによってそれらをいささか人工的にしさえすれば——真理の無定義的観念の批判的使用を復権した。私はこのような言語を批判的常識言語といおうと思う。私はタルスキーが1935年に，形式化された言語の構成に際しては自然言語の使用が——無批判的な使用をすれば二律排反にいたるとしても——不可避的であるということを，いかに力をこめて強調したかを覚えている。それゆえわれわれは，日常言語を使いながら日常言語をいわば改革しなければならない。かつてノイラートが船の比喩を用いて，「われわれは自分の乗っている船を沈ませないようにしながらその船を作りなおさなければならないのだ」といったように。(25) 私の見るところでは，批判的常識はまさにこのような事態にあるのだ。

12. 誤った常識的知識理論

常識はつねにわれわれの出発点である，と私はいった。しかし常識は批判されなければならない。そして，予想されたであろうように，常識は自分自身を省察する段になると，あまりかんばしくない。実際，常識的知識の常識的理論は，あどけないほど乱雑である。しかしそれは，ごく最近の哲学的知識理論に対してさえ構築基礎を与えたのである。

常識的理論は単純である。〔それはこう主張する〕。もし君なり私なりが世界についてまだ知られていないあることを知ろうと思えば，眼を開いてあたりを見回わさなければ

---

(25) Otto Neurath, *Erkenntnis* 3, 1932, p. 206 を参照。W.V. クワインは，このノイラートの注意を繰り返し指摘した。たとえば W.V. Quine, *Word and Object*, M.I.T. Press, 1960, p. 3; *Ontological Reality and Other Essays*, Coloumbia U.P., 1969, pp. 16, 84, and 127. で。

ならない。そして耳をすまし、さまざまな物音、特に他の人びとが立てる音を聞きとらなければならぬ。それゆえ、われわれのさまざまな感覚は、われわれの**知識の源泉**——われわれの精神への源泉または入口である。

私はこの理論をしばしば精神のバケツ理論と呼んだ。精神のバケツ理論は次の図によって最もよく表わされる。

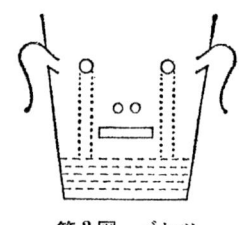

第3図　バケツ

われわれの精神は、もともとは空の、あるいは多かれ少なかれ空のバケツであり、このバケツの中に、われわれの感覚を通じて（おそらくはバケツを満たすための通水孔を通じて上から）中味が入ってき、積り、消化される。

哲学の世界では、この理論は精神の白紙理論（タブラ・ラサ・セオリー）というより高貴な名称でよく知られている。われわれの心は何も書かれていない石板であって、感覚がその上に自分たちの通信文を刻み込む。しかし白紙理論の主要点はバケツ理論を越えている。私がいっているのは、白紙理論が人間の心は生れたときにはまったく空っぽであると強調する点である。われわれの議論にとっては、二つの理論のあいだのこの不一致点はさして重要でない。それというのも、われわれが自分たちのバケツの中に、ある「生得的観念」を——おそらく知能的な子供の場合はより多く、低能な場合はより少なく——もって生れたかどうかは、問題でないからである。バケツ理論の重要な主張は、われわれが学習することの——全部ではないにしても——ほとんどは感覚の広場への経験の参加を通じて学びとるものであり、したがってすべての経験は**われわれの感覚を通じて受取った通信文から成っている**、というものである。

このようなかたちにおいて、このまったく誤った理論は、今なおきわめて活発に活動している。それは今なお教育理論において、あるいはまた「情報理論」において——ここでは今はもうバケツは生れたとき空でなく、コンピューター・プログラムを具備して

いると認められるが——役割を演じている。

　バケツ理論はそのあらゆる説明においてまったく素朴であり，かつまた完全に誤っている，というのが私の主張である。そしてあれこれのかたちでのこのバケツ理論の無意識的仮定は，今なお有力な条件反射理論を提示しているところのいわゆる行動主義者やその他のきわめて評判高い諸理論に，とりわけ破滅的な影響を今なお及ぼしている。

　精神のバケツ理論で具合の悪い多くの点のうちで，とりわけうまくないのは，次のことどもである。

　(1)　知識はわれわれのバケツの中の物あるいは物のようなもの（観念，印象，感覚，感覚所与，要素，原初経験，あるいは——いささかましだが——分子的経験または「形態（ゲシュタルト）」といったもの）から成っていると考えられる。

　(2)　知識は，何もりもまず，われわれの**うち**にある。それは，われわれに届いた，そしてわれわれが吸収しとげた情報から成っている。

　(3)　**直接的**知識というものがある。つまり，われわれのうちに入りこんだ，そしてまだ未消化なままの情報の純粋で混りもののない要素である。いかなる知識も，これ以上に要素的で確実でありえない。

　この(3)は，次のように細かく説明することができる。

　(3a)　すべての誤謬，すべての誤った知識は——常識的理論によれば——これらの究極的または「所与」の情報要素を誤解によって，あるいは他の諸要素と不当に結びつけることによって，悪質化させる悪しき知識消化から生じる。誤謬の源泉は，純粋または所与の情報要素へわれわれの主観を混入させることにある。純粋な情報要素そのものは誤りをまぬかれているばかりでなく，あらゆる真理の規準であり，それゆえそれらのものがあるいは誤っているのではあるまいかといった問いを発することさえまったく的はずれであろう。

　(3b)　それゆえ知識は，それが誤りからまぬかれているかぎり，本質的に受動的に摂取された知識である。これに反して，誤謬はつねにわれわれによって積極的に（かならずしも意図的にではないけれども）生み出される。「所与」への干渉によってか，あるいは他の誤った処置によって。完全な頭脳は決して誤つことがないであろう。

　(3c)　所与の要素を純粋にそのまま受け入れるという以上のことをした知識は，それゆえ，確実性の規準をなす所与のまたは要素的な知識よりも，つねに不確実である。も

し私が何事かを疑わしく思うならば，私はふたたびわが眼を見開き，一切の偏見を排して汚れのない眼でもって観察しなければならない。私は自分の心を誤謬の源泉のけがれから浄化しなければならない。

(4) それにもかかわらず，われわれはいささか高次の知識——単なる所与または単なる要素をこえた知識——をもつ実際的必要がある。けだしわれわれが必要とするのは，とりわけ，手もとにあるデータを差し迫った今にも生じようとしている諸要素と結びつけることによって予想を確立する知識だからである。この高度の知識は，**観念または要素の連合**によって確立される。

(5) 諸観念または諸要素は，それらが一緒に生じる場合に連結づけられ，また——とりわけ重要なことだが——**連合は反復によって強化される**。

(6) このようにして**期待**が確立される。(もし観念 a が観念 b と強く結びついているならば，a の生起は b の〔生起の〕大きな期待を生み出す)。

(7) 同じようにして，**信念**が生じる。真の信念は，間違いのない確実な連合の信念であり，誤った信念は，過去において時々一緒に生じはしたものの絶えず間違いなく一緒に繰り返さないところの諸観念間の連合を信じることである。

要するに，私が常識的知識理論と呼ぶものは，ロック，バークリ，ヒュームの経験論と非常に近いものであり，また多くの現代の実証主義者や経験主義者のそれとさして異ならない。

13. 常識的知識理論の批判

ほとんどすべてのことが，常識的知識理論においては間違っている。しかしおそらく決定的な誤りは，デューイのいった**確実性の探求**なるものにわれわれはたずさわっているのだといった想定である。

この想定が所与または要素，あるいは感覚所与または感覚印象または直接経験といったものを一切の知識の確実な基礎として選抜するという考えにと導いていくのだ。しかしまったくそんなものではなく，これら所与や要素は決して存在しない。それらは期待にあふれた哲学者たちの発明品であって，彼らはこれをまんまと心理学者に遺贈するのに成功したのである。

事実はどうなのか。子供と同じように，われわれは環境からわれわれに発せられる混

第2章 常識の二つの顔——常識的実在論への賛成論と常識的知識理論への反対論

沌とした通信文を解読することを学ぶのである。われわれはそれらをふるいにかけ，その大部分を無視し，われわれにとって今すぐにか，あるいは成熟の過程でそれへの準備をととのえている未来において，生物学的に重要であるものを選び抜くことを学ぶ。

われわれに届く通信文の解読の学習は，きわめてこみいっている。それは生得的な性向にもとづいている。われわれは通信文を首尾一貫していて部分的に規則正しいまたは秩序のある体系に——「実在」に——関連づけようとする生得的性向をもっている，と私は推測する。換言すれば，実在についてのわれわれの主観的知識は，成熟しつつある生得的性向から成り立っている。（ついでにいっておけば，このことは，私の意見では，実在論を支持する有力な論拠として用いうるように精緻に構成できる）。この点がどうあれ，われわれは**試行と誤り排除**によって解読を学ぶのであり，われわれは解読された通信文をあたかも「直接的」または「所与」であるかのようにきわめてうまくまた迅速に経験するようになるけれども，そこにはつねにいくつかの誤りが含まれているものであって，これらの誤りは通常はきわめて複雑で相当効果的な特殊なメカニズムによって訂正されるのである。

それゆえ，絶対に確実だとされる「所与」とか真なるデータという全物語りは，常識の一部ではあるが，誤った理論である。

われわれが多くのものを，あたかもわれわれに直接与えられるもののごとくに，そしてまったく確実であるかのように，経験することを私は認める。これは，多くの内蔵された点検装置をそなえた，ウィンストン・チャーチルなら「クロス・ベアリング」と呼んだであろうものをおこなうところのわれわれの精巧な解読装置——解読においてわれわれがおかす非常に多くの誤りの排除をうまくやってのけ，それゆえわれわれが直接性を体験するようなケースにおいてはほとんどわれわれが誤りをおかさないシステム——のおかげである。しかし私は，これらのうまく適応した諸経験が何らかの意味において信頼性または確実性の「所与」規準と同一視されるべきことを否定する。事実，これらのケースは，「直接性」または「確実性」の規準を確立するものではないし，またわれわれが直接的知覚において決して誤ちをおかさないということを立証するものでない。それは生物学的システムとしてのわれわれの信じがたいほどの能力に端的に負っているのだ。（熟練した写真家はめったに露出を間違えることはないであろう。これは彼の**訓練**によるものであって，彼の写真が「所与」または「真理の規準」と，あるいは「正し

い露出の規準」と解しうるという事実によるものでない)。

われわれのほとんどは良き観察者であり，また良き知覚者である。しかしこれは生物学的理論によって説明されるべき問題であって，直接的または直観的知識についての何らかの**独断論**のための基礎として受取られるべきものでない。結局のところ，われわれはすべて時として失敗するものであり，われわれは自分たちが誤りをおかしやすいものであることを決して忘れてはならない。

14. 主観主義的知識理論の批判

これらすべてのことは，もちろん，観念論または主観主義的知識理論を反駁していない。なぜなら，私が知覚の心理学（または生理学）についていったことはすべて，〔観念論者にいわせると〕単なる夢かもしれないのだから。

しかし，主観主義的および観念論的理論に反対する，私がこれまでに用いなかった，非常にすぐれた議論がある。それはこうである。

ほとんどの主観主義者は，バークリとともに，自分たちの理論が実際的な点においてはすべて実在論と，特に科学と一致する，と主張する。ただし，と彼らはいう，科学はわれわれに真理の規準を明らかにするものでなく，予測の完全な手段であるにすぎない。(神の与える啓示以外には) いかなる確実性の規準もありえない，と[26]。しかし，そのご，生理学が登場し，われわれの「所与」は真理または確実性の規準であるどころか誤りをおかしやすいものであると予言する。それゆえ，もしこのかたちの主観主義的道具主義が真であるとすれば，それは自分自身の反駁にと導く。それゆえ，それは真でありえない。

もちろんこの議論は，われわれはただ観念論を反駁したと夢みているにすぎないのだと答えるであろう観念論者を反駁しない。

私はことのついでに，「素朴実在論」に対するラッセルの形の上でこれとよく似た反論——アインシュタインをいたく刺激した，受け入れがたい議論——を挙げることができる。それはこうであった。「観察者が自分は石を観察しているのだと思っているとき，彼は実際には，もし物理学［生理学］が信じるに足るものとすれば，石が彼自身に及ぼす効果を観察しているのである。それゆえ，科学はみずからと相抗争するように思われる。……素朴実在論は物理学へと導く。そして物理学は，もしそれが正しいとすれば，

---

(26) 私の『推測と反駁』の第3章および第6章を参照。

素朴実在論が偽であることを明らかにしている。それゆえ，素朴実在論は，もしそれが正しいとすれば，偽である。結局，素朴実在論は偽である」[27]。

ラッセルの議論は，私が太字で記した章句が誤りであるので，受け入れがたい。**観察者が石を観察しているとき，彼は石が彼に及ぼす効果を観察しているのではない。**（彼は傷ついた足指を観察することによって石が彼に及ぼす効果を観察するかもしれないが）。たとえ彼が石から彼に届く信号のあるものを解読するにしてもである。ラッセルの議論は，次のような議論と同じ水準のものである。「読者が自分はラッセルの本を読んでいると思っているとき，彼は実際には自分自身に及ぼすラッセルの効果を観察しているのであり，それゆえラッセルを読んでいるのではない」。ラッセルを読むこと（つまり解読すること）は部分的にはラッセルのテキストの観察にもとづいている，というのが真相である。しかし，ここには分析に価する問題は何もない。われわれはすべて，読書というものがいくつかの種類のことどもをいっぺんにおこなう複雑な過程であることを，知っている。

私はこれらのおこないを手際よく追求していくことに価値があるとは思わない。そして何らかの新しい議論が提示されるまでは，私は素朴に実在論を受け入れるであろう，と反復する。

15. 常識的知識理論の前ダーウィン的性格

常識的知識理論は，すべての点で根本的に誤っている。その基本的な誤りは，おそらく次のようにきれいに片付けられるであろう。

(1) 主観的意味での知識は存在する。それは性向および期待から成っている。

(2) しかし客観的意味での知識，人間的知識も存在する。それは批判的議論にかけることのできる言語的に定式化された期待から成っている。

(3) 常識的理論は(1)と(2)との相違がきわめて重要な意義をもつことを認識できない。主観的知識はさまざまな手段によって——たとえば，当の主観的知識や性向の持ち主を排除する（殺す）ことによって——変えることはできるけれども，批判にかけられない。

---

(27) Bertrand Russell, *An Inquiry into Meaning and Truth*, Allen & Unwin, London, 1940, pp. 14f. を参照。（太字は原文にない）。またP.A. Schilpp (ed.), *The Philosophy of Bertrand Russell*, 1944, pp. 282f. におけるアインシュタインの論文をも参照。

それゆえ主観的意味における知識は，有機体のダーウィン的変異と消去の方法によってより良き適応をとげる。これと反対に，客観的知識は言語的に定式化された推測を排除する（殺す）ことによって変化し成長できる。「担い手」は生きのびることができる——もし彼が自己批判的な人間であれば，彼は自身自身の推測を排除することさえできる。

相違は，言語的に定式化された理論が**批判的に議論できる**ということである。

(4) この最も重要な誤りを別にしても，常識的理論は別の点で誤っている。常識的理論は，本質的に，知識の発生の理論である。バケツ理論は知識の獲得——主として受動的な知識の獲得——の理論であり，それゆえまた私が**知識の成長**と呼ぶものの理論でもある。**しかし，知識の成長の理論としては，それはまったく誤っている。**

(5) 白紙理論は前ダーウィン的である。生物学に多少とも通じているすべての人にとっては，われわれの性向の大部分が生得的である——われわれがそれをもって生れたという意味においてか（たとえば呼吸をするとか飲み込むといった性向），あるいは成熟の過程で環境によって性向の発達が誘発される（たとえば言語を学ぶ性向）という意味において，生得的である——ということは明らかであるにちがいない。

(6) しかしたとえわれわれが白紙理論について一切のことを忘れ，バケツは誕生時に半ば満たされてあり，またバケツは成熟にともなってその構成を変えると仮定するとしても，その理論はいぜんとしてきわめて誤りに導きやすい。すべての主観的知識は性向的であるからばかりでなく，主としてそれが連合的タイプ（または条件反射的タイプ）の性向でないという理由からである。私の立場をはっきりとラディカルに表現すれば，こうである。**連合とか条件反射といったものは存在しない。すべての反射は条件づけられたものでない。**「条件づけられた」反射のように思われているものは，誤った出発——つまり試行錯誤過程におけるもろもろの誤り——を部分的にか全体的にか排除する修正の結果である。

16. 進化論的認識論の概要

私の知っているかぎりでは，「進化論的認識論」という用語は，私の友人のドナルド・

---

(28) 白紙理論の歴史についての若干の論評は，私の『推測と反駁』の第3版（1969年および1972年）におけるパルメニデスについての新付録に見出される。

T・カムプベルに由来する。その考え方はダーウィン後的なものであって、19世紀の末にまで——J.M. ボールドウィン、C. ルロイド・モーガン、H.S. ジェニングスといった思想家にまで——さかのぼる。
(*)

私自身の接近法は、これらの人たちの影響の大部分からはいささか独立していた。私の最初の著書をかく以前の数年間に、私はダーウィンはいうまでもなく、ルロイド・モーガンやジェニングスを非常な興味をもって読んだけれども、しかし多くの他の哲学者と同じように、私は知識についての二つの問題の区別に大きな強調点をおいた。一方における知識の発生または歴史と、他方における知識の真理性、妥当性、および「正当化」の問題である。(それゆえ私は、たとえば1934年のプラーグにおける哲学会でこう強調した。「科学理論は決して『正当化』または実証づけできない。しかしそれにもかかわらず、仮説Aは、ある条件のもとで、仮説B以上のことをやりとげる。……」)。[29] 真理または妥当性の問題は、**ある理論を他の理論以上にひいきにすることの論理的正当化**（私が可能だと信じる唯一の「正当化」）を排除するものではないけれども、**すべての発生的、歴史的、心理学的問題とはっきり区別されなければならない**、と非常に早くから強調しさえした。
(**)

しかし私は『探究の論理』を書きつつあった頃すでに、認識論者は発生論者に対して優先権を主張できるという結論に達していた。妥当性および真理への接近という問題の論理的研究は、発生的・歴史的研究にとって、また心理学的研究にとってさえ、最大の重要性をもちうる。その研究は、いかなる場合にも、後者のタイプの問いに対して論理的に先行する。知識の歴史の研究が科学的発見の論理学者に多くの重要な問題を提示す

(*) ボールドウィン (James Mark Baldwin 1861—1934) は、アメリカの心理学者、哲学者。心理学に進化論をとり入れ、児童心理学、社会心理学を研究した。主著に『発達と進化』(1902年) がある。モーガン (Conwy Lloyd Morgan 1852—1936) はイギリスの科学者、哲学者。進化論の影響のもとに動物学、心理学、地質学などの研究を試み、今日の比較心理学の先駆者となった。主著『創発的進化』(1923年) では、自然はつねに新しい未知な要素を加えて発展するとし、物質過程に心理要素が現われるゆえんを論じた。ジェニングス (Herbert Spencer Jennings 1868—1947) はアメリカの動物学者。遺伝学および下等動物の行動についての研究で業績をあげた。

(29) *Erkenntnis*, **5**, 1935, pp. 170ff. を参照。〔これを収録してある〕私の『科学的発見の論理』、315頁〔訳書、385頁〕をも参照。

(**) たとえば『科学的発見の論理』、第2節〔訳書35頁〕を参照。

るにしても。⁽³⁰⁾

このように，認識論の指導理念は事実的なものでなく論理的なものであると私は主張するけれども，それにもかかわらず認識論のすべての事例およびその問題の多くは知識の発生の研究によって示唆されうるので，私はここで進化論的認識論について語るわけである。

この態度は，常識理論の態度と，またたとえばデカルト，ロック，バークリ，ヒューム，リードの古典的認識論の態度と，まさに正反対のものである。デカルトおよびリードにとっては，真理は観念の起源によって保証されるものであり，究極的には神によって管理される。無知は罪悪であるという考えの痕跡は，ロックとバークリのなかにだけでなく，ヒュームとリードのなかにさえも見出される。彼らにとっては，われわれの観念，印象または知覚の直接性が，それらの真理性の神的な証印であり，その信者に最も確実な保証を与えるものだが，これに反して私の見解ではわれわれが時として諸理論を真であると，あるいは「直接的に」真であるとさえみなすのは，それらの理論が真でありかつまたわれわれの知的装備がそれら理論の困難のレベルにうまく適合させられるからである。しかしわれわれはある理論または信念が真理であるという主張を，いわれるところの信念の直接性という理由によって，決して「正当化」または「権利づけ」できない。これは，私の見解では，馬の前に車をつけるものである。直接性なるものは，理論が真であるということの，また（部分的にはその理論が真であるゆえに）われわれにとって非常に有用であるという生物学的事実の，結果であることはありうる。だが，直接性が真理を確立するとか，真理の判定基準であると主張するのは，**観念論の根本的誤謬**である。⁽³¹⁾

---

(30) 論理学において成り立つことは発生論または心理学においても成り立たねばならず，したがって論理学の結論は心理学にも，より一般的には生物学にも適用できるという事実に言及する場合，私はしばしばこれを「転移の原理」といっている。本書の第1章の論文「推測的知識」，7頁以下を参照。

(31) すべての知識および知識の成長——われわれの諸観念の変種の発生——をもたらすものはわれわれ自身であり，これらの自己産出した諸観念がなければいかなる知識もなかったであろう，ということを強調している点において認識論的観念論者は正しいと私は思う。しかし彼は，環境との衝突を通じてのこれら諸変種の排除ということがなかったならば新しい観念へのいかなる刺激もなかったばかりでなく，いかなる物事の知識も決してなかったであろう，ということを見落した点で誤っている。(『推測と反駁』，特に117頁を参照)。それゆえ，われわ

科学的実在論から出発すれば，われわれの行為が環境にうまく適合しなかったならば，われわれが生きのびられないであろうことはきわめて明白である。「信念」は期待と，また行動への用意(レディニス)と密接に結びついているので，われわれのより実践的な諸信念の多くは，われわれが生き続けているかぎり，真であるらしいといえる。それらの諸信念は，常識の——信頼できる，真の，または確実なものでは決してないけれども，つねによき出発点であるところの常識の——よりドグマ的な部分になる。

しかしながらわれわれはまた，最も成功的な動物たちのあるものが死滅したこと，そして過去の成功がなんら未来の成功を保証するものでないこと，を知っている。これは事実である。そしてわれわれはこの事実について多少のことをなしうるであろうけれども，明らかに多くのことはなしえない。私がこの点を指摘するわけは，過去の生物学的成功が決して未来の生物学的成功を保証しないことを，はっきりさせるためである。したがって，生物学者にとっては，諸理論が過去において成功的だったということは，未来における成功のいかなる保証を与えるものでもない。

実情はどうなのか。過去において反証された理論が，その反証にもかかわらず，有用なものとして存続することはありうる。たとえば，われわれはケプラーの法則を多くの目的のために使うことができる。しかし，過去において反証された理論は，**真ではない**であろう。そしてわれわれは生物学的または道具的成功を求めるだけではないのだ。科学においては，われわれは**真理を探求する**のである。

進化論の中心問題は，次のものである。この理論にしたがえば，変化する環境にうまく適応できない動物は死滅する。したがって（ある時まで）生きのびてきた動物は，うまく適応したにちがいない。この定式は，いささか同語反復的である。なぜかというと，「その時までうまく適応した」ということは「これまで生きのびさせた諸能力をもつ」というのとほとんど同じことを意味するからである。いいかえると，ダーウィン主義のかなりの部分は，経験的理論の性質をもったものでなく，**論理的自明の理**である。

れの「感覚」の混沌として不分明な一群に法則—観念，規則—を押しつけ，これによってそれらのうちに秩序をもたらすのはわれわれの知性である，としたカントは正しかった。カントが誤ったのは，われわれがこの法則付与にめったに成功しないということ，われわれがなんべんも試行錯誤を繰り返し試みるということ，そのあげくにもたらされる結果——世界についてのわれわれの知識——はわれわれの自己産出した観念と抵抗する実在との両者に等しく負うものであること，を認識しなかった点である。

ダーウィン主義における経験的なものとそうでないものとをはっきりさせよう。一定の構造をもった環境の存在は，経験的である。この環境は変化するが，長い期間にわたってそう急速にでなく，またそう激烈にでなく変化するということは，経験的である。もし変化が余りにも激烈であれば，太陽は爆発して明日には新星になるかもしれず，地上の全生命と全適応は終りになるであろう。簡単にいうと，生命と環境へのゆっくりした（「ゆっくり」がここで何を意味するにせよ）適応が可能であるような世界における諸条件の存在を説明するいかなるものも，論理学には存在しない。

しかし，環境的変化と変化する諸条件に敏感な生物有機体が与えられたとし，その有機体の諸性質と変化する環境とのあいだにいかなる予定調和もないと仮定すれば，(32) われわれはおよそ次のようなことがいえる。有機体が変異を生み出し——それらのあるものは差し迫った変化への適応である——それゆえ可変性をそなえている場合にのみ，それらの有機体は生きのびることができる。このようにしてわれわれは，変化する世界のうちに生きている有機体を見出すかぎり，たまたま生きているそれらの有機体は彼らの環境にかなりうまく適応しているのだと認めるであろう。もし適応の過程が十分に長くおこなわれたとすれば，その適応の速さ，巧みさ，複雑さは，われわれに驚異的なものと映じるかもしれない。しかし，このような結果に導く試行と誤り排除の方法は経験的方法でなく，**状況の論理**に属するものといえる。これは，私の思うに，ダーウィン主義における論理的またはア・プリオリな要素を説明する（いささか簡単にすぎるであろうが）。

叙述的および論証的言語(33)の発明がもたらした巨大な生物学的進歩を，今や前よりもいっそうはっきりと認識できる。理論の言語的定式化は，それらの理論を保持している種族そのものを排除することなく，当の理論を批判し，排除することを可能にさせる。

---

(32) 次のごとき所見は，この場合，興味がある。K. ローレンツは *Evolution and Modification of Behavior*, Methuen, London, 1966, pp. 103f. でこう書いている。「学習活動がはっきりやっているような，適応性を規則正しく立証する修正能力はすべて，系統発生的に獲得された情報にもとづく動作手順の編成化（プログラミング）を前提としている。このことを否定するためには，有機体と環境とのあいだに予定調和があるという仮定をしなければならない」。以下の注34をも参照。

(33) 人間的言語のさまざまな機能については，たとえば，私の『推測と反駁』の134頁以下，および本書の以下の第3, 4, 6章を参照されたい。

これが，その第一の業績である。第二の業績は，理論に対してわれわれがとる意識的で体系的な批判的態度である。この批判的態度とともに，科学が始まる。アメーバとアインシュタインとの相違は，両者がいずれも試行と誤り排除の方法を用いるにもかかわらず，アメーバが誤りを嫌うのに対し，アインシュタインは誤りによって好奇心をそそられるという点にある。彼は誤りを発見しそれを排除することによって学んでいこうという態度で自分の誤りを意識的に探索する。科学の方法は，批判的方法なのである。

このように，進化論的認識論は，進化と認識論の両者を，それらが科学的方法と一致するかぎりにおいて，より良くわれわれに理解させる。この進化論的認識論によって，われわれは進化と認識論とを論理的基礎にもとづいてより良く理解できるようになる。

17. 背景知識と問題

科学の目的は，真理らしさの増大である。すでに論じたように，白紙理論は不条理である。生命の進化および有機体の発展のあらゆる段階において，われわれは性向および期待というかたちでのある種の知識の存在を仮定しなければならない。

したがって，**あらゆる知識の成長は，以前の知識の修正にある**。つまり，従来の理論の変更か，さもなければ大規模な廃棄によっておこなわれる。知識は決して無から出発するのではなく，つねにさまざまな困難，さまざまな問題と一緒になった背景知識――その時点において自明なものとみなされる知識――から始まるものである。これらの問題は，通常，一方におけるわれわれの背景知識のうちに内在する予期と，他方におけるわれわれの観察やそれによって示唆された仮説といったような新しい知見とのあいだの，衝突から生じる。

18. 観察をも含めて，あらゆる知識には理論が浸透している

さまざまなかたちにおける主観的知識は，性向的で予期的なものである。それは**有機体**のもろもろの性向から成っており，これらの性向は有機体の組織の最も重要な側面である。あるタイプの有機体は今日では水中でしか生きることができず，他のタイプの有機体は陸上でしか生きることができない。彼らはそうしてこれまで生存してきたので，彼らと環境との関係が彼らの「知識」の本質的部分を決定している。もし算定をすることが不条理でないとすれば，有機体の知識1,000のうちの999までは遺伝的または生得

的なものであり，残りの1単位だけがこの生得的知識の修正から成り立っている，と私はいうであろう。加うるに，これらの修正に必要な柔軟性もこれまた生得的なものだ，と私はいいたい。

ここから，次のような基本的定理が帰結する。

すべての獲得された知識，すべての学習は，以前に存在していたある形態の知識または性向の，そして究極的には生得的な性向の，修正（もしくは廃棄）から成っている。[34]

ここからただちに第二の定理が帰結する。

知識のすべての成長は，真理により近く接近しようという希望をもって変革される既存の知識の改善にある。

われわれのすべての性向は，ある意味で不変なあるいはゆっくり変化する環境的諸条件への適応であるから，「理論」という言葉を十分広義にとれば，それらの性向は**理論に満たされたもの**ということができる。私の考えるところでは，観察はどんなものであれすべて，それが決定をくだそうとするところの一組の典型的な諸状況——もろもろの規則性——とつねに結びついている。そして私はさらにそれ以上のことを主張できると思う。予見的な理論を遺伝的に取り込んでいないような感覚器官は存在しない，と。猫の眼は，多数の典型的な状況に対し，眼の構造のなかに準備され内蔵されている機構によって独特な仕方で反応する。この機構は，眼が識別しなければならない生物学的に最も重要な諸状況に照応している。それゆえ，これらの諸状況を識別する性向は感覚器官に内蔵されているのであり，またそれとともに眼を用いてこれらの諸状況を，**そしてこれらの諸状況だけを有意義な状況だと識別するための理論が内蔵されているのである**。[35]

われわれのすべての感覚がこのようにして理論に満たされているという事実は，バケツ理論，ならびにわれわれの知識を観念に，あるいは有機体のインプットに基礎づけようと企てるすべての理論の根本的な失敗をきわめてはっきりと示すものである。それら

---

(34) 行動主義者やそのほかの反理論主義者たちの反論に対する「生得的」または「生れつきの」知識に関する効果的な防御論については，先の注32で引用した Konard Lorenz, *Evolution and Modification of Behaviour* を参照。

(35) たとえば，T.N. Wiesel and P.H. Hubel, 'Single-cell Responses in Striate Cortex of Kittens Deprived of Vision in One Eye', *Journal of Neurophysiology*, 26, pp. 1003—17における諸実験を参照。

が主張するようなものとは反対に，**何が有意義なインプットとして吸収（または反応）されえ，何が無意義なものとして無視されるか**は，有機体の生得的構造（「プログラム」）に完全に依存する。

19. 主観主義的認識論についての追想

ここに到達した観点からすれば，まったく無問題だと思われるものを，つまりわれわれの「**直接的**」**観察経験**を，出発点として選ぶことを提唱する一切の主観主義的認識論は，まったく根拠なきものとして拒否されなければならない。たしかに，これらの経験は，一般的には，まったく「良く」また成功的である（そうでなければ，われわれは生きのびなかったであろう）。しかし，それらの経験は直接的なものではないし，また絶対的に信頼できるものでもない。

観察的経験をわれわれの仮の出発点——真理または確実性への到達を何ら約束するものでない，常識と同じような，出発点——にしてはならない理由は少しもないように思われる。われわれが批判的態度をもっているかぎり，どこからいかに出発するかは，さして重要な問題でない。しかしここに到達した立場（おそらくはラッセルが「素朴実在論」と呼ぶところのもの）から出発すれば，われわれは物理学と生物学を介して，次のような結論に達する。すなわち，**われわれの観察は，**環境からわれわれに届く信号の，**きわめて複雑な，そして驚くほどすぐれてはいるが必ずしも信用のおけない，解読である**，と。それゆえ，観察は真理の規準という意味での出発点に高められてはならない。

したがって，外見上無前提であるかのようなかたちをとった主観主義的認識論または白紙理論は，完全に崩壊する。そのようなものに代えて，われわれは認識主体，観察者が重要ではあるがごく限られた役割しか演じない知識理論を作り上げなければならない。

20. 客観的意味における知識

常識的知識理論，そしてこれとともに少なくともボルツァーノおよびフレーゲにいたるまでのすべての哲学者は，ただ一種類の知識——ある認識主体によって所有される知識——だけが存在するということを，誤って当然のこととみなした。

私はこの種の知識を「**主観的知識**」と呼ぼうと思う。のちに見るように，**正真正銘の，混り物のない，純粋な主観的知識といったものはまったく存在しない**のだけれども。

主観的知識の理論は，きわめて古いものである。しかし，それはデカルトとともに明示的になる。〔デカルトによれば〕「認識」は活動であり，認識主体を前提とする。**認識する者は主観的自我である。**

ところで，私は二種類の知識を区別しようと思う。主観的知識（これは有機体の性向から成り立っているものなので，有機体的知識と呼んだ方がよいであろう）と，われわれの理論，推測の論理的内容（あるいはそういいたければ，われわれの遺伝暗号(*)の論理的内容）から成っている客観的知識または客観的意味での知識とがそれである。

客観的知識の例は，雑誌や書物に公表され図書館に保存されている諸理論，そのような理論についての討論，そのような理論との関連において指摘される困難や問題などである。
(36)

われわれは物理的世界を「世界1」，われわれの意識的経験の世界を「世界2」，書物，図書館，コンピューターの記憶などの論理的**内容**の世界を「世界3」と呼ぶことができる。

この世界3について，私はいくつかの主張をもっている。

(1) 発見される以前に，また意識されるようになる以前に，つまりそれに相当する何らかのものが世界2に現われる以前に，存在していた世界3において，われわれは新し

---

(36) 私はこの点を私の「認識主体なき認識論」(1968年にアムステルダムでおこなわれた「論理学，方法論，科学哲学の第3回国際会議」での報告)，および「客観的精神の理論について」(1968年にウィーンでおこなわれた第14回国際哲学会議での報告)においてやや詳しく論じた。これらの論文は，現在では本書の第3章および第4章として再録されている。またジョン・エクルズ卿のすぐれた書物 Facing Reality, Springer, Berlin, 1970, 特にその第10章と第11章でなされている重要な議論をも参照。デーヴィド・ミラーは私の世界3とF.R.リーヴィスの「第三領域」との密接な類似性を私に注意してくれた。リーヴィスの講演『二つの文化？』，1962年，特に28頁を参照。

(*) 遺伝暗号 (genetic code)——すべての生物は世代から世代にわたって，たえずそれぞれの種類によって一定の数の対になった染色体（人間の場合は23個）を維持しており，この一組の染色体はゲノムと呼ばれ，それぞれの種類の生物の特性をあらわすのにぎりぎり必要な遺伝子のセットであるが，このゲノムに含まれているデオキシリボ核酸 (DNA) の分子はその構造のなかにそれぞれの種類の生物個体の将来の発展と成熟したときの体の働きの型を決める暗号をしまいこんでいる。これが「遺伝暗号」であって，どの生物も受精卵が発生して体を作り上げるあいだに，この暗号を解読して細胞の増殖を調節し，形質の異なるいろいろな細胞を作り，それらの細胞は適当に配列されて機能的な構成をもつ個体が完成する。

いもろもろの問題を発見できる。例：われわれは素数を発見し，その結果として素数の系列は無限であるか否かというユークリッドの問題が生じる。

(2) それゆえ，ある意味で世界3は**自律的**である。この世界においてわれわれは，世界1において地理的発見をなしうるのと同じようなぐあいに，理論的諸発見をすることができる。

(3) 主要テーゼ：ほとんどすべてのわれわれの主観的知識（世界2の知識）は世界3に，つまり（少なくとも仮に）**言語的に定式化された**理論に，依存している。例：きわめて重要なものであるわれわれの「直接的自我意識」や「自我の認識」は，きわめて大幅に世界3の理論に，つまりわれわれの身体についてのまたわれわれが眠りにおちいったり無意識になってもいぜんとして身体は存続するということについての理論に，またわれわれの時間（その直線性）の理論に，われわれがさまざまな度合の明確さでもって過去の経験の記憶を掘り起こすことができるという理論などに，依存している。眠りにおちいったあとで目覚めるというわれわれの予期は，これらの理論と結びついている。完全な自我意識はこれらすべての（世界3に属する）理論に依存しているものであって，動物は感情，情緒，記憶，それゆえ意識をもつけれども，完全な自我意識はもっておらず，この自我意識は人間的言語と特殊人間的な世界3の発達の結果の一つである，と私は主張する。

21. 確実性の探求と常識的知識理論の主要弱点

常識的知識理論は世界3の存在に気づいておらず，それゆえ客観的意味における知識の存在を見落している。この点はこの理論の大きな弱点であるが，しかし最大の弱点ではない。

常識的知識理論の最大の弱点と私がみなすものを説明するために，私はまず，この知識理論に特徴的な二つの言明(a)と(b)とを定式化しよう。

(a) 知識は特別な種類の信念または意見である。それは心の特殊な状態である。

(b) ある種の信念または心の状態が「単なる」信念以上のものであるためには，またそれが知識の一項目であるという主張を正当におこなうことができるためには，その知識の一項目が**確実に真**であるということを確証するにたる**十分な理由**をその信念の保持者はもっていなければならない，とわれわれは要求する。

この二つの定式のうち(a)は，容認しうる生物学的理論の一部分——わずかな部分——になるように簡単に定式化しなおすことができる。なぜなら，われわれは次のようにいえるからである。

(a′) 主観的知識は一種の性向であり，その性向を有機体は時として信念とか意見とか心の状態といったかたちで意識するようになる。

これは完全に容認できる言明であり，(a)がいおうとしたことをより正確に述べたにすぎないといえるであろう。さらに(a′)は，客観的知識つまり世界3に属する知識を最重視する知識理論と完全に両立しうる。

(b′) については，まったく事情が異なる。客観的知識を考慮に入れるやいなや，せいぜいのところ客観的知識のほんのわずかな部分だけにしか確実な真理とみなすための十分理由のようなものを与えることができない，とわれわれはいわなければならない。**立証可能な知識**といいうるもの，そして形式論理学および（有限）算術の命題を含んでいる（といえばいえる）部分は，（あるにしても）わずかである。

その小部分以外のすべてのもの——客観的知識のうちで断然最も重要な部分であり，かつまた物理学や生理学といった自然諸科学を構成している部分——は，本質的に推測的で仮説的な性格のものである。これらの仮説を真であると，ましてや確実に真であると主張しうる十分理由などというものは，まったく存在しない。

それゆえ(b)は，たとえ常識的知識理論の枠を拡げて客観的知識をとりこめるようにしようとする場合でも，客観的知識として容認されうるものは立証可能な知識（もしそういうものがあるとすれば）だけに限られる，ということを言い表わしているのである。「科学的知識」と呼びうるもろもろの理論のきわめて広大にして重要な全分野は，その推測的性格ゆえに，まったく知識としての資格を与えられないであろう。なぜなら，常識的知識理論によれば，知識は**資格の認定された信念**——確実に真であると資格づけられた信念——だからである。そして推測的知識の広大にして重要な分野に欠如しているのは，まさにこの種の資格なのだ。

実際，もしこのようにして常識的理論の側から事態に接近していくとすれば，「推測的知識」という言葉は言語矛盾だと主張されるかもしれない。それというのも，常識的理論はその主観主義にまったく徹していないからである。それどころか，「十分理由」という観念は，そもそもは疑いなく客観主義的観念であった。そもそも要求されたもの

は，問題になっている当の知識の項目を〔客観的に〕証明または立証するのに十分な理由であった。それゆえ(b)は実に立証可能な知識という客観主義的観念を主観主義的な世界2，性向または「信念」の世界に延長したものであることがわかる。その結果，(a')と同じようなやり方での，すべての適切な一般化または客観主義的翻訳(b')は，客観的知識を立証可能な知識に限定しなければならないであろう。それゆえ推測的知識を棄てなければならないであろう。だがこれとともに，最も重要な知識の部類である科学的知識と一切の認識論の中心問題とが棄て去られなければならなくなるであろう。

　これが，私の思うに，常識的認識論の最大の弱点である。常識的認識論は客観的知識と主観的知識との区別を無視しているばかりでなく，立証可能な客観的知識をあらゆる知識の範型として意識的または無意識的に受け入れている。それというのも，われわれが「真にして確実な知識」を「単なる意見」または「単なる信念」から区別するための完全な「十分理由」をもつのは，実際にそのような知識においてだけだからである。(37)

　しかしながら，常識的認識論は本質的には主観主義的なままにとどまっている。したがって常識的認識論は主観的な十分理由のようなもの——つまり主観的ではあるけれども確実かつ間違いなく真であり，それゆえ知識として合格しうるような種類の個人的経験または信念または意見——を認めるという困難におちいる。

　その困難は大きい。というのは，一体どのようにしてわれわれは信念の領域内部に区別をなしうるのか。真または十分理由を認定できる標識ないし基準は何か。信念の強さ（ヒューム）によってか——それはほとんど合理的に支持できない——，さもなければ信念の明晰さと判明さ——これは信念の神的な起源のしるしとして（デカルトによって）擁護される——によって，あるいはもっとあけすけにいうと，その起源または発生によって，つまり知識の「源泉」によって，である。このようにして常識的認識論は「所与の」（啓示された？）知識についてのある認定基準の容認に——感覚所与または感覚データに，あるいは直接性の感情に，あるいは直観に，といきつく。その基準は，誤りをまぬかれていることを保証する起源の純潔さであり，したがって内容の純潔さで

---

(37) たとえば，常識的認識論に特徴的な処置の好例がある。つまり，不十分な部分が客観的論理学から取り上げられ，（おそらくは無意識的に）心理学に移されるのである。観念連合説の場合がまったくそうなのであるが，そこでは二つの連合された「観念」はそもそもは定言命題の「名辞」だったのであり，連合は連辞だったのである。（ロックの「観念の結合または分離」を考えよ）。

ある。[38]

　だが，これらすべての基準は明らかにインチキである。生物学者はわれわれの感覚器官が不成功であるよりもずっとしばしば成功的であることを認めるであろうし，また彼は感覚器官の効率の良さをダーウィン主義的議論によって説明しさえするかもしれない。しかし彼は，それらの器官がつねにまたは必然的に成功するとか，真理の判定基準として信用できるものであるということを否定するであろう。それらの「直接性」は見かけ上のものにすぎない。それは感覚器官の働きの驚くほどの円滑さと能率の良さの別面にほかならない。だが実際には，それらはシステムに内蔵されたきわめて複雑な制御機構を用いてきわめて間接的な仕方で作動しているのである。

　したがって，われわれの知識の全分野には，絶対的確実性といったようなものは何一つ存在しない。しかし(b)説は，知識の探求を確実性の探求と同一視している。(b)が常識的認識論の最大の弱点であるもう一つの別の理由は，これである。

　われわれがしなければならないことは，客観的な科学的知識が推測的なものであるという事実から出発し，次いで主観的知識の分野にその相似物を探すことである。この相似物は簡単に確認できる。主観的知識は，きわめて複雑で入り組んだ・しかし（健康な有機体においては）驚くほど正確な適応装置の一部であり，客観的な推測的知識と同じように，主として試行と誤り排除の方法によって，推測・反駁・自己修正（「自動修正」）によって作動する，というのが私のテーゼである。

　常識はこの装置の一部分であり，それゆえその身分は他の外見的に「直接的な」知識のそれと**まったく異ならない**。（この点でトマス・リードは正しかった。彼は直接性からの論証の力を非常に過大評価したけれども）。

22. 確実性についての分析的注意

　私は言葉または概念の定義とか言語分析には少しも興味をもっていない。しかし「確実性」という言葉に関連して，ほとんど価値のないことが非常に多く語られてきたので，

---

　(38)　知識の源泉の教説と誤謬の問題に関するいささか異なった説明については，私の講演 'On the Sources of Knowledge and Ignorance', *Proceedings of the British Academy*, **46**, 1960を参照。（『推測と反駁』第3版，1969年，〔第1章〕，3—30頁に収録）。〔吉村融訳『近代認識論の神話：知と無知の源泉について』，『自由』第5巻第1号，1963年，92—107頁（抄訳）〕。

第2章 常識の二つの顔——常識的実在論への賛成論と常識的知識理論への反対論　　91

明確にするためにここで若干のことを述べざるをえない。

　簡単に,「実際的目的にとって確実にして十分な」ということを意味する確実性の常識的観念がある。私が自分の腕時計——それは非常に信用できるものである——を眺め, 8時を示していることを知り, チクタク音を立てている(時計が止っていないしるし)のを聞くことができれば, 私は時刻が8時にかなり近いということを「合理的に確信」し, あるいは「あらゆる実際的目的にとって確実」だと考える。私が1冊の本を買い20ペンスの釣銭をもらったとき, 私は2個の貨幣が偽造でないと「まったく確信」している。(これについての私の「理由」は非常に複雑である。その理由は, 10ペニー貨の鋳造を贋金造りにとってやるに価しないものにさせてしまったインフレーションに関係している。たとえ当の貨幣が, フロリン貨幣〔イギリスで1849年以来現在まで使われているシリング銀貨〕を偽造することがもうけになった古き良き時代からの旧貨でありえたとしても)。

　もし誰かが私に,「あなたの手にしている貨幣が10ペニー貨であると確信しますか」とたずねるならば, 私は**おそらくそれにもう一度眼をやり**,「はい」と答えるであろう。しかし, 運命が私の判断の真理性にかかっているとすれば, 私は次の銀行にいき, その貨幣をよく調べてくれるように金銭出納係に頼む労をとるだろうと思う。そしてもし一人の男の生命がそれにかかっているとすれば, 私はイギリス銀行の出納主任のところにいき, 本物であることを証明してくれるよう頼みさえするであろう。

　一体, 私は何をいおうとしているのか。信念の「確実性」は信念の強さの問題でなく, **状況**の問題であり, その生じうる帰結についてのわれわれの予期の問題である, ということである。すべてのことは, 信念の真偽にまつわる重要さいかんにかかっている。

　「信念」は, われわれの実際の日常生活と結びついている。**われわれは, 自分の信念にもとづいて行動する**。(行動主義者なら,「信念」とはわれわれがそれに従って行動するところのものである, というかもしれない)。このようなわけで, かなり低度の確実性でたいていの場合は事足りる。しかし, もし多くのことがわれわれの信念にかかっているならば, **信念の強さだけでなく**, その生物学的全機能も変る。

　命題に対するわれわれの信念の度合を, 賭け事においてわれわれが受け入れる用意のある勝算によって測定できると考える主観主義的確率理論がある。[39]

---

　(39)　この理論はしばしば F. P. ラムジイに帰せられるが, しかしカントに見出すことがで

この理論は信じがたいほど素朴である。もし私が賭けを好むとすれば，またもし賭け金が高くないならば，私はどんな勝算をも受け入れるかもしれない。もし賭け金が非常に高ければ，私は賭けをまったく受け入れないかもしれない。もし，たとえば私の最良の友人の生命がかけられているので，私が賭けから逃れられないならば，私は最も瑣末な命題を改めて確かめる必要を感じるかもしれない。

ポケットの中の私の手について，私は自分の両手にそれぞれ5本の指があることをまったく「確信」している。しかし，もし私の最良の友人の生命がこの命題の真理いかんにかかっているとすれば，私の指のどれかが奇跡的に失われなかったことを「二倍」念を入れて確かめるために，ポケットから手を引き出すかもしれない（またそうすべきだと考える）。

とどのつまりはどうなのか。「絶対的確実性」は極限的観念であり，経験されたあるいは主観的な「確実性」は信念の度合または証拠に依存するだけでなく，また状況にも――賭けられるものの重要さにも――依存する，ということである。さらに，瑣末な真であることのわかっている命題に有利な証拠でさえ，もし賭けられるものが十分に重要であるならば，根本的に再検査されるかもしれない。このことは，確実性の最も確かなものについてさえ改良を加えることが不可能でない，ということを示すものである。「確実性」は――率直な意味における――信念の測度ではない。むしろそれは，不安定な状況に相関した信念の測度である。というのは，われわれが行為している状況の一般的緊急性はさまざまな側面をもち，私はその側面の一つから他のものへと転移できるからである。それゆえ，十分な確実性は最大または極限の性格をもたない。そこにはもっとずっと安全である確実性がつねにありうる。

世界3における妥当で単純な証明を別にすれば，客観的確実性はまったく存在しない。世界2における確実性は，つねに経験の陰影であり，「証拠」にだけでなくわれわれが行動している問題状況の深刻さといった他の多くのことどもに（あるいは単に「神経」に）依存しているところの信念の強さの陰影にすぎない。

これとの関連において，行為の拒否がそれ自体行為に等しいような多くの状況が存在することを理解することが重要である。日常生活においては，われわれは絶えず行動しなければならず，つねに不完全な確実性にもとづいて行動せざるをえない（完全な確実

きる。〔カント『純粋理性批判』第2版の852頁。なお本訳書の第3章の注11を参照〕。

第2章 常識の二つの顔——常識的実在論への賛成論と常識的知識理論への反対論　93

性といったものはほとんど存在しないからである)。通常, われわれが行動する場合に依拠する証拠は, きわめてそそくさとした検査をして受け入れられる。そして**良き科学の特徴である競合的諸理論の批判的討論は, われわれが実生活において完全に満足しているような種類のものをはるかに越えている。**

(科学——それは本質的に批判的である——はまたより推測的であり, 自分自身について日常生活よりも確信的でない。それというのも, 普通なら〔自明のものとして問題にされない〕われわれの背景知識の一部であったかもしれないものを, 意識的に問題の俎上にのせるのだから)。

しかしこのことは, すぐれた科学的思考家がわれわれの論証における抜け穴を看破しえないような段階に, われわれがいつの日にか到達するということを意味しない：これまで誰も考えつかず, それゆえ誰も排除しようとも取り入れようとも企てなかった可能性。

客観的知識の観点からすれば, それゆえすべての理論は推測的なものにとどまる。実際生活の観点からすれば, われわれが確実なものとみなしそれに従って行動するのに慣れているいかなるものよりも, 理論はずっとよく議論でき, 批判でき, テストできる。

すべての客観的知識は客観的に推測的であるというテーゼと, われわれが知識の大部分を「実際的に確かな」ものとしてばかりでなくきわめて高度に資格づけられた意味において確かなものとして——つまり, われわれがたえず自分たちの生活を託している多くの理論(床は崩れ落ちないであろうとか, われわれは毒蛇にかまれないであろうといった)よりもずっとよくテストされたものとして——受け入れているという事実とのあいだには, 何の矛盾もない。

理論は真か偽であって, 単に道具なのではない。しかし, 理論はもちろん道具でもある。われわれがある理論についての批判的議論(テストをも含む)の報告に照して, その理論の採否を決意しようとする場合には, 理論は実践または応用科学にとってと同様に, 個人的には君にとっても私にとっても, 道具である。もしわれわれがこれらのテストについての報告を受け取り, そのテストのあれこれをわれわれ自身で繰り返すとすれば, われわれはこれらの報告と結果とをわれわれの個人的な主観的確信を形成するさいに, またわれわれの個人的信念を支える確実性の度合を決定するさいに, 用いうる。

(これは転移の原理を説明する一つの仕方である。つまり, われわれは個人的な主観的
(40)

信念の形成にさいして客観的知識を用いるのである。そして個人的な主観的信念はある意味においてつねに非合理的なものだといえるけれども、そこには合理性とのいかなるヒューム的抗争もないことを、この客観的知識の使用は示すものである)。

23. 科学の方法

私は科学が用いてみずからを前進させていく自己修正的方法なるものについて、きわめてしばしば述べてきた。それは次のようにごく簡単に要約できる。すなわち、**科学の方法は大胆な推測とそれを反駁しようとする巧妙で厳しい試みの方法である**。

大胆な推測は、大きな内容をもった理論である——少なくともその理論によって取って替られ無用にされるであろう（とわれわれが期待する）理論よりも大きな内容をもった理論である。

われわれの推測が大胆でなければならないということは、私が科学の目的と真理への接近について述べたことから直接的に帰結する。大胆さ、または大きな内容は、〔まず第一に〕大きな真理内容と結びつけられる。それゆえ、当初は偽内容を無視してよい。

しかし真理内容の増大は、それ自体においては真理らしさの増大を**保証**するのに十分でない。内容の増大は純論理的な事柄であり、また真理内容の増大は内容の増大に付随するものであるから、科学的討論に——特に経験的テストに——ゆだねられる唯一の部分は、偽内容も増加したかどうかという点である。したがって真理らしさのわれわれの競争的探究は、特に経験的観念からすれば、偽内容の競争的比較（ある人たちが背理とみなす事実）にと転じる。（かつてチャーチルがいったように）戦争には決して無傷の勝利というものはないということが、科学においても成り立つように思われる。

われわれの理論が負けないということを、われわれは決して絶対的に確信できない。われわれになしうるすべては、われわれの最良の理論の偽内容を探索することである。われわれは理論を反駁しようと試みることによって、つまりわれわれのあらゆる客観的知識とわれわれのあらゆる才智に照してそれを厳しくテストしようと試みることによって、われわれは理論の偽内容を探索する。もちろんたとえ理論がこれらすべてのテストを通過するとしても、その理論が偽でありうる可能性はつねに残っている。われわれの真理らしさの探究はこの点を考慮に入れている。しかし、**もし理論がこれらすべてのテ**

---

(40) 第16節の脚注30を参照。

ストを通過するならば，先行者よりも大きな真理内容をもっていることのわかっている**われわれの理論が決してより大きな偽内容をもたないであろうと推測する正当な理由をわれわれはもちうる**。特にその先行者が反駁されたところにおいて，われわれが新しい理論を反駁するのに失敗するならば，われわれはこのことを，**この新しい理論が古い理論よりも真理へのより良き近似であると推測する**客観的理由の一つとして主張できる。

24. 批判的議論，合理的優先選択，われわれの選択と予測の分析的性格の問題

このように見るならば，科学的理論のテストは，理論を批判的に議論することの一部である。あるいは，テストは理論の合理的議論の一部である，といってもよい。けだし，この文脈において私は「合理的」の同義語として「批判的」以上に良いものを知らないからである。批判的議論は，ある理論が真であるという主張に対する十分理由を決して確立できない。それはわれわれの知識が真知であるという主張を決して「正当化」できない。しかし批判的議論は，もしわれわれが幸運ならば，次のような主張をすることへの十分理由を確立できる。

「この理論は現在のところ，徹底的な批判的議論と厳しく巧妙なテストに照してみて，これまでの最良の（最も強力な，最も良くテストされた）理論だと思われる。それゆえこの理論は，競争しあっているもろもろの理論のうちで真理に最も近い理論だと思われる」。

一言でいえば，こうである。われわれはある理論を——つまりそれが真であるということがわかるという主張を——決して合理的に正当化できないが，しかしもしわれわれが幸運であれば，一つの理論を一連の競合的な諸理論のうちから暫定的に，つまり議論の現状に照して，優先選択することを合理的に正当化できる。そしてわれわれの正当化は，その理論が真であるという主張ではないけれども，議論の現段階においてはその理論がこれまで提出された一切の競合的理論よりも**真理のより良き近似**であるあらゆる徴候がある，という主張であることはできる。

二つの競合的仮説 h_1 と h_2 とを考えよう。関連のある重要な実験結果やその他の観察的結果の議論をも含めた，時間 t におけるこれら仮説の議論の状態についてのある叙述を d_t と略記する。

議論 d_t に照した h_1 の**検証の度合**が h_2 のそれに劣るという言明を

(1) $$c(h_1, d_t) < c(h_2, d_t)$$

で表わす。そして(1)がどのような種類の主張であるかを問うことにしよう。

実際，もし $c(h_1, d_t)$ が時間 t とともに変化し，しかも考えうるかぎりの速さで変化しうるというものでしかないならば，(1)はいささか不確実な主張であろう。多くの場合，(1)が真であるか偽であるかは，まったく意見の問題にすぎないであろう。

しかし，「理想的な」状態を仮定することにしよう。つまり，長期間にわたった議論が安定した結果に落ちついたと，特にすべての証拠要素について意見の一致をみたものと仮定しよう。そしてかなりの期間にわたって時間 t につれいかなる意見変化も生じないものと仮定しよう。

このような状態のもとでは d_t の証拠要素そのものはいうまでもなく経験的なものであるが，d_t〔ある仮説に関する時間 t における議論の状態についての叙述〕が十分に明示的であるとすれば，言明(1)は**論理的**または（あなた方がこの用語を嫌いでなければ）「**分析的**」でありうることがわかる。このことは，時間 t における議論が証拠は h_1 を反駁しているということで合意に達し，$c(h_1, d_t)$ が負の値をとることになるのに対し，証拠は h_2 を支持するので $c(h_2, d_t)$ が正の値をとる，という場合に特に明らかである。たとえば，h_1 をケプラーの理論とし，h_2 をアインシュタインの理論とする。ケプラーの理論は時間 t において（ニュートンの摂動のゆえに）反駁されるものと意見が一致し，アインシュタインの理論は時間 t において証拠によって支持されるものと意見が一致しうる。もし d_t がこのような結論を必然的に生みだすほど十分に明示的であるならば，

(1) $$c(h_1, d_t) < c(h_2, d_t)$$

は，ある不特定の負数はある不特定の正数よりも小であるという言明に等しいものであり，これは「論理的」または「分析的」ということのできる種類の言明である。

もちろん，他のケースもあるであろう。たとえば，もし 'd_t' が「1910年5月12日における議論の状態」といったような単なる名称にすぎないならば，事情は異なる。しかし，二つの既知の大きさの比較の結果は分析的であるといわれるのとまったく同様に，二つの検証の度合の比較の結果は，もし十分よく知られたものであれば，分析的なものであるとわれわれはいうことができる。

しかし比較の結果が十分よく知られている場合にのみ，それは合理的な優先選択の基

第2章 常識の二つの顔——常識的実在論への賛成論と常識的知識理論への反対論　　97

礎になりうるといえる。つまり(1)が成り立つ場合にだけ，われわれは h_2 を h_1 よりも合理的に**優選先択できる**といえる。

上に説明された意味において h_2 が h_1 よりも**合理的に優先選択できる**場合に，どういうことが生じるかをさらに検討しよう。つまり，そのような場合われわれは，理論的予測ならびにそれらの予測を利用するもろもろの実際的決定を，h_1 にではなく h_2 にもとづいておこなうであろう。

すべてこれらのことは，私には簡単でかなり瑣末なことのように思われる。しかしそれは次のような理由から批判されてきた。

もし(1)が分析的であれば，h_1 よりも h_2 を優先的に選択するという決定も分析的であり，それゆえ h_1 よりも h_2 をひいきにすることからは**いかなる新しい綜合予測も出てこない**，と。

私の験証理論に対しサルモン教授が最初に提出した批判は次のように要約できると（余り確信はないが）思う。すなわち，叙述された全階梯は分析的である——この場合にはいかなる綜合的な科学的予測もありえない——か，さもなければ綜合的な科学的予測がある——この場合には，ある階梯は分析的でありえず，正真正銘に綜合的または拡張(アムプリエイティヴ)的でなければならず，それゆえ帰納的でなければならない，というものである。

h_2 は———般に容認されるように——綜合的であり，すべての（トートロジカルでない）**予測は不等式(1)からではなく h_2 から導出される**という私の見解に対する批判としては，この議論は妥当でないということを私は示そうと思う。批判に答えるには，これで十分である。なぜ h_1 よりも h_2 を優先的に選択するのかという問いは，d_t への関連づけによって答えられるべきものである。この d_t も，もし十分に明細で具体的であるならば，非分析的なものである。

われわれを h_2 の選択に導いた動機が，h_2 の綜合的性格を変えうるものではない。その動機は——通常の心理学的動機とは異なり——**合理的に正当化できる選好**である。論理的で分析的な命題がそこにおいて役割を演じる理由もここにある。もしそういいたければ，その動機を「分析的」と呼ぶこともできる。しかし h_2 **を選択する**これらの分析的**動機**は，h_2 を真たらしめるものでは決してない。「分析的」なものたらしめないことはいうまでもない。それらの動機は，せいぜいのところ，h_2 が時間 t において競争しあっている諸仮説のうちで最も真理らしいということを**推測する**論理的に決定的でない論拠で

ある。

25. 科学：批判と創意をつうじての知識の成長

　私は科学を人間精神の最も偉大な創造物の一つだとみる。それは叙述的および論証的言語の創出に，あるいは書法の発明に比較しうる一段階である。それは，われわれの説明的神話が意識的で一貫した批判にさらされるようになり，われわれが新しい神話を発明するように挑発される一段階である。（それは，さまざまなタイプの可変異性が排除による進化の対象となった，生命の発生の初期の時代における推測的段階に比較しうる）。

　批判のずっと以前に，知識の——遺伝暗号に織り込まれた知識の——成長があった。言語は説明的神話の創造と変化とを可能にさせる。これは文字言語によってさらに促進される。しかし，暴力的な生存競争における誤謬排除を非暴力的な合理的批判にとってかえ，殺りく（世界1）と威嚇（世界2）を世界3のインパーソナルな議論にとってかえるのを可能にさせるのは，科学だけである。

帰納についての追考

26. 因果律と帰納についてのヒュームの問題

　これまで私は**帰納**について[41]——言葉だけでなく，いわれるところの現象についても——言及することすらせずに，認識論と知識の成長を促進するために科学において用いられる方法とを概説することができた。このことは重要だと私は思う。帰納は支離滅裂であり，また帰納の問題は否定的にではあるがはっきりと解決できるので，帰納は認識論および科学の方法と知識の成長において何らの肝要な役割をも演じないことが判明する。

　私は『探求の論理』で「もしカントにならって帰納の問題をヒュームの問題と呼ぶならば，境界設定の問題は『カントの問題』と呼べるであろう」と書いた。[42] この文句は，

---

　(41) 第2章はこの「追考」をも含めて，現在では本書の第1章となっている報告よりも以前に書かれたものである。第1章の（バートランド・ラッセルの『西洋哲学史』，ロンドン，1946年，699頁から引用した）標語がここでも（特に第29節にとって）非常に役立っているという事実からもわかるように，両章には若干の重複がある。しかし第1章と第2章，特にこの「追考」は，いくつかの点で相互補完的でもある。

私の知るかぎりでは帰納の問題をヒュームの問題と呼んだ最初のものである。カント自身は、たったいま上に引用した文句のなかで私がいっているようにみえるものとは反対に帰納の問題をヒュームの問題とは呼ばなかった。

実際は、こうだったのである。カントはそもそもは**因果律**の認識論的身分の問題について「ヒュームの問題」という名称を導入したのであった。⁽⁴³⁾次いで彼は、綜合命題がア・プリオリに妥当しうるか否かという全問題を包括するために、この名称を一般化した。それというのも、彼は因果律の原理をア・プリオリに妥当する綜合的原理のうちで最も重要なものとみなしたからである。

私は別様に進んだ。私は因果律の問題に対するヒューム自身の考え方を無益なものとみなした。それは、とても支持できない彼の経験主義的心理学――彼流の精神のバケツ理論：その主観主義的で心理主義的な内容は、私が客観的知識の理論に対する貢献として重要だと認めるものをほとんど含んでいない――に主としてもとづくものであった。しかしヒュームの主観主義的論考のどまんなかに押し入ってみて、私は客観的知識の理論にとって貴重な価値をもつ宝石のごときものとみなせる一つのものを見出した。すなわち、帰納は妥当な議論ないし正当な推理方法たりうるという主張に対する単純率直な論理的反駁がそれである。

帰納の無効性についてのヒュームのこの議論は、同時に因果的連結の存在に対する彼の反証の核心でもあった。しかし、このようなものとしては、私は彼の議論を非常に有意義なものだとも妥当なものだとも認めなかった。

それゆえ私にとっては、カントが「ヒュームの問題」と呼んだもの、つまり因果律の問題、は二つの部分に分れる。すなわち、**因果の問題**（私がカントとヒュームのいずれにも賛成できなかったもの）と、論理学的側面に関するかぎり私が完全に賛同できた**帰納の問題**とに。（帰納の問題には心理学的側面もあり、この点については、いうまでもないことだが、私はヒュームと意見を異にした）。

私の次の歩みは、カントの問題状況をもっと綿密に調べることであった。そこで私が

---

(42) 私の「理論体系の経験的性格の基準」、『認識』誌、第3巻、1933年、426頁以下、および私の『科学的発見の論理』第4節（第3パラグラフ）、英語版第2版、1968年、34頁；ドイツ語第3版、1969年、9頁〔訳書、39頁〕を参照。

(43) カント『プロレゴーメナ』、初版、14頁以下。

見出したことは，決定的なのは，カントが因果性の原理を彼の綜合的諸原因のうちでア・プリオリなものと考えたということでなく，カントの因果性の原理の用い方である，ということであった。というのは，彼はそれを**帰納の原理**として用いたからである。

帰納は無限後退におちいるがゆえに妥当でないことをヒュームは論証した。ところで，カントの分析（および私のア・プリオリに妥当する綜合的原理の拒否）に照して，私は次の定式化に達した。すなわち，**帰納は無限後退かさもなければア・プリオリズムにおちいるがゆえに妥当でない。**

これが，私の『探究の論理』の議論の出発点となった定式であった。そしてこのことが私に全争点の論理的核心——帰納の問題——を「ヒュームの問題」と命名させるにいたらせたのである。因果性（およびその一般化）の問題を「ヒュームの問題」と呼んだカントにこの名称の出所を帰することによって。

しかし私は——せめて手短かにでも——もっと立ち入って論じるべきだと感じる。ヒュームは常識人である，と私は思う。みずから『人性論』のなかで指摘しているように，彼は確信ある常識的実在論者である。彼を実在について「懐疑的」にさせ，かのラディカルなかたちの観念論——「中性的一元論」（とマッハやラッセルが呼んだもの）にと彼を追いやったのは，彼の悪しき半面，彼の常識的認識論，彼流の精神のバケツ理論にほかならない。ロックとバークリがそうなのだが，おそらくヒュームは彼ら以上に，強固な実在論的常識から出発するものの常識的認識論によって観念論哲学の邪道におちいらされる哲学者の典型である。その観念論は彼の心を二つに引き裂くのだが，それにもかかわらず彼はそれを合理的に不可避なものと認めるのだ。それは常識的実在論と常識的認識論——感覚主義的経験論を不条理な観念論（ある種の哲学者だけが受け入れうるような，しかしヒュームのような合理的な人にはほとんど受け入れえないような，観念論）にと追いやる常識的認識論——とのあいだの精神分裂病である。

この精神分裂病は，ヒュームによって次のような有名な章句のなかできわめてはっきり表明される。

「懐疑的疑惑は，このような主題についての深遠で強烈な省察から自然に［常識的に］生じる。それゆえ，疑惑と対立する省察にせよ，あるいは疑惑に符合する省察にせよ，省察を進めれば進めるほど，疑惑はつねに増大する。不注意と怠慢とだけが，われわれに何らかの救済を与えてくれる。この理由によって，私は不注意と怠慢とをまった

く当てにしている。そして，読者の考えが現在の瞬間にどのようなものであるにせよ，**一時間後には外部世界と内部世界の二つの世界が存在すると信じるであろうということを私は当然のこととみなす**」[44]。

しかしヒュームは，自分の知識論が哲学的に深遠で真なるものであるということを確立した，と完全に確信していた。彼がそう考えていたことを示すために，私は非常に多くの文句のうちから，外部世界の存在を信じる「誤り」に反論を加えている『人性論』[45]のなかの次の文句を引用する。

「すべてこれらのことから，物体の外的存在をわれわれに確信させるには，感覚以外のいかなる能力も必要としないと推論することができるかもしれない。しかしながら，この推論を妨げるには，ただ次の三点を考察するだけで足りる。**第一に**，適切にいえば，われわれが四肢身体を注視するとき，われわれが知覚するのは身体ではなくて，感覚によって入ってくるある種の印象である，ということである。**第二に**，音，味，匂いなどは，通常心によって連続した独立性質とみなされるが，なんら拡がりのうちに存在するものとはみえず，したがって身体外にあるものとして感覚に現われることができない。なぜ音，味，匂いに場所を付与するのかという理由については，あとで考察しよう。**第三に**，われわれの視覚さえ距離を，つまり（いわば）外在性を，ある種の推理と経験となしに直接的にわれわれに告げることはない。この点は，最も合理的な哲学者の承認するところである」。

これは，まぎれのないバケツ理論である。われわれの知識は「**感覚によって入ってくる**」知覚または印象から成っている。そしてこれらのものは，ひとたび知識を構成するや，われわれの内部になければならず，そこにはいかなる距離も外在性もありえない〔とヒュームは主張しているのである〕。

（もちろん，この哲学の深遠さは，すべて誤りである。ひとたびわれわれが常識の第一の部分，つまり実在論から出発すれば，われわれが外部世界の信号を解読するのを助けてくれる感覚器官をそなえた動物である，ということがわかる。われわれはこの解読

---

[44] ヒューム『人性論』，第1巻，第4部，第2節；セルビ・ビック版，218頁（太字は私によるもの）。

[45] 『人性論』，第1巻，第4部，第2節；セルビ・ビック版，190頁以下，終りから二番目のパラグラフを参照。

を，われわれの全「外的」身体と実際に協働させて，驚くほどうまくやる。しかしこのことは，ここでのわれわれの問題でない）。

私はヒュームの精神分裂と彼の理論のなかでバケツ理論が演じる圧倒的役割を手短かにスケッチした。この背景をふまえて，私は彼の因果律の理論をこれから説明する。

この理論はこみいっていて首尾一貫していないので，私はその一側面だけを強調するであろう。

ヒュームは因果性を次の二つのものとみなしている。(a)**出来事間の関係**として，(b)「**必然的結合**」（ヒュームは大文字で書いている）(46)として。

しかし（と彼はいう），ここにおいて「この必然的結合の本性を発見するために私が再び事態をくまなく調べる」とき，私は「接近および継起……以外の(47)」いかなる関係も見出せない，と。必然性の概念にはいかなる感覚的基礎もない。その観念は無根拠である。〔こうヒュームはいう〕。

観察できるものでそれに最も近いものは，**規則的な継起**である。だが，もし二つの出来事の規則的な継起が「必然的」であるならば，**それは観察された諸事例のあいだにばかりでなく，まだ観察されていない諸事物のあいだにも，確実に生起しなければならないであろう**〔とヒュームはいう〕。この議論の仕方は，本質的には，帰納の論理的問題がヒュームの主観主義的な因果性の議論に，必然性の観念の起源または基礎についての彼のバケツ理論的探究に，入り込んでいるものなのである。

私はこの種の探究をまったくの見当はずれだと考える。しかし私は**帰納の論理的問題**（ヒュームは決してこういう言葉を使っていないが）の彼の定式化と処理法を無欠の宝玉とみなす。特徴的な文句の一つを引用しよう。

「もしひとたびこれら二つの原理を，つまり，それ自体において考察すればいかなる事物のうちにも自己を越えた結論をくだす理由をわれわれに提供できるものはないという原理と，諸対象の頻繁または恒常的な結びつきを観察したのちにおいてすら，われわれはかつて経験した諸対象を越えたいかなる対象に関するいかなる推論をくだす理由ももたないという原理を，人びとに十分納得させれば……(48)」。ヒュームがわれわれに納得

---

(46) ヒューム『人性論』，第1巻，第3部，第2節；セルビ・ビック版，77頁。
(47) 前掲同所。
(48) ヒューム『人性論』，第1巻，第3部，第12節；セルビ・ビック版，139頁。

させようとするこれら「二つの原理」は，彼の**帰納の問題の否定的解決**を含んでいる。これらの原理（および多くの類似の文句）は，もはや原因結果とか必然的結合について語っていない。それらは，私の判断によれば，バケツの心理学的泥のなかに埋蔵された論理的宝石である。そしてこの基本的発見に対してヒュームに敬意を表するために，私は，「ヒュームの問題」というカントの用語の意味をいささか変え，それを因果性の問題にではなく，帰納の問題に与えたのである。

この意味において，ヒュームの帰納の論理的問題は，観察された事例から――それがいかに多数であれ――いまだ観察されていない事例を推論する権利がわれわれにあるかどうかという問題である。つまり「既知の」（容認された）言明から――それがいかに多数であれ――「未知の」（いまだ容認されぬ）言明を推論する権利がわれわれにあるかどうかという問題である。この問題に対するヒュームの答えは，明らかに否定的である。そして彼が指摘するように，その答えは，われわれの推論が結合の必然性についてではなく，いまだ観察されていない結合の単なる蓋然性についてであったとしても，いぜん否定的なものにとどまる。蓋然性へのこの拡大は『人性論』のなかでこう定式化される。「いかなる点においても疑問の余地のないものと私が考えるこの説明にしたがえば，蓋然性はかつて経験した諸事物といまだ経験しない事物との類似性の仮定にもとづいている。それゆえ，この仮定が［逆に］蓋然性から生じることは不可能である」。[49]

蓋然論的帰納に対する反論は，のちにみるように，純粋に形式的なものである。そして，それは私が『科学的発見の論理』1959年のなかで引用したヒュームの『要約』の文章においてよりいっそう明白である。[50] すなわち，ヒュームは帰納的推論に反対する彼の論拠が，われわれが結合の「必然性」n を推論しようとするのであれ，単にその「蓋然性」p を推論しようとするのであれ，同じものであることを論証している。（記

---

(49) 『人性論』，第1巻，第3部，第6節；セルビ・ビック版，90頁。
(50) 『科学的発見の論理』，1959年，369頁〔訳書，449―450頁。「アダムが彼の全科学をもってしても，自然の経過がつねに一様に同じでなければならぬことを**証明しえなかった**であろうことは明らかである。……いや，むしろ私は，さらにもっと次のように主張したい。彼は未来が過去に一致するはずだということを，いかなる**蓋然的論証**によっても決して証明しえなかったであろう，と。すべての蓋然的論証は，未来と過去とのあいだには一致があると仮定したうえでなされているものであって，それゆえ決してそれ自体を証明できない」］。この文句は帰納に関してだけのものであるが，その前に引用されている『人性論』91頁からの文は原因と結果の議論でもって始まっている。

号 'n' と 'p' とは，ヒュームの議論において互いに代替できる変項であろう）。[51]

ヒュームが完全に解決したと私の断定する（彼の解決は否定的であるが）この帰納の論理的問題のほかに，何人かの人たちが「ヒュームの帰納の問題」と呼ぶ，別の帰納の論理的問題がある。それは，帰納的推論（少なくとも蓋然的なそれ）が妥当であると，あるいは妥当でありうると論証することはいかにしてできるか，という問題である。

この問題は，私が「ヒュームの問題」と呼んだものに対する肯定的解決があるということを無批判的に前提しているがゆえに，典型的な混乱である。だが，ヒュームはいかなる肯定的解決も存在しないことを証明したのだ。

最後に，ヒュームの帰納の**心理学的問題**がある。それはこう表現できよう。なぜ大多数の人びとは，そしてまた完全に合理的な人びとも，帰納の妥当性を信じるのか。ヒュームの答えは，本書の第1章の標語においてラッセルが示唆しているところのものである。すなわち，連合の心理学的メカニズムが，習慣または慣習によって，過去に起ったことは将来においても起るであろうと彼らに信じさせるからである。これは生物学的に有用なメカニズムである——それなしにはわれわれは生きることができなかったであろう——が，しかし何らの合理的基礎ももたない。したがって人間は非合理的な動物であるばかりでなく，われわれが合理的だと考えた部分——**人間の知識**，実際的知識をも含めて——は，まったく非合理的である。

それゆえ，ヒュームの帰納の論理的問題の否定的解決と彼の心理学的問題の肯定的解決とのあいだの衝突は，経験主義ならびに合理主義の両者を破滅させた。

27. ヒュームの帰納の論理的問題が彼の因果性の問題よりも深遠である理由

ヒュームの因果性の問題と私が彼の帰納の問題と呼んだものとのいずれがより深遠な問題であるかという問いについては，すぐさまいささか論争が生じうるであろう。

もし因果性の問題が肯定的に解決されたならば——もしわれわれが原因と結果との必

---

(51) ストゥヴは次の論文で私の主張に異議を唱えている。D. Stove, 'Hume, Probability, and Induction', in *The Philosophical Review*, Apr. 1965; *Philosophy Today*, 3, pp. 212—32に再録。しかしヒュームの議論は（nをpでおきかえても何らの相違も生じないと彼が論じているという意味で）形式的なものであるから，ストゥヴが正しいことはありえない。

然的結びつきの存在を論証できるならば——帰納の問題も解決されるであろう，しかも肯定的に，と主張できるかもしれない。したがって，因果性の問題はより深遠な問題である，という人がいるかもしれない。

私はこれと正反対の主張をする。帰納の問題は否定的に解決される。われわれは規則性に対する信念の真理性を決して正当化できない。しかしわれわれは規則性を推測として，仮説として絶えず用いている。そしてわれわれは時として，ある推測をその競争者のあるものよりもまさるものとしてひいきにする正当な理由をもつ，と。

少なくとも，推測の光に照して，われわれは原因と結果とをヒュームがやったよりもずっとよく説明できるだけでなく，「必然的な因果的結びつき」を構成しているものを説明することさえできる。

ある推測された規則性とわれわれの推測から予測を導出することを可能にさせるある初期条件とが与えられるならば，われわれはその条件を（推測された）原因と呼び，予測された出来事を（推測された）結果と呼ぶ。そして論理的必然性によってそれらを結びつける推測は，長きにわたって探求された原因と結果とのあいだの（推測的な）必然的結びつきである。（この全体は，私が『探究の論理』の第12節でいったように，「因果的説明」と呼ぶことができる）。

このことは，因果性の問題に対するヒュームの否定的解決のやり方でよりも，帰納の問題に対する彼の否定的解決のやり方でもってやった方が，ずっと多くのものが得られるということを示すものである。それゆえわれわれは，後者の問題を「より深遠な」問題，前者の「背後に」ある問題だということができる。

28. カントの調停：客観的知識

カントは，帰納の問題のヒュームの否定的解決はニュートン力学の基礎の合理性を破壊するものであると解した。彼は，自分と同時代のすべての教養ある人たちと同じように，ニュートン力学の真理性を疑わなかった。ヒュームの分析はニュートンの理論を「慣習」または「習慣」に還元した。——これはまったく容認できぬ立場である。

ヒュームは帰納が無限後退におちいるおそれのあることを論証した。カントは，ヒュームがその経験主義的独断論のためにア・プリオリに妥当する因果性の原理（より正確には，帰納の原理）が存在する可能性を考えなかった，と指摘する。これが（『探究の

論理』の第1節で説明したように）カントのとった，そして彼ののちにバートランド・ラッセルのとった立場であった。両者はいずれもヒュームの非合理主義から人間の合理性を救おうと試みた。

カントは一切の文を，その論理的形式にしたがって，分析的な文と綜合的な文とに分けた。分析的な文とは，論理学だけの助けをかりて真偽を決定できる文である。彼はさらにそれらを，ア・プリオリな妥当性とア・ポステリオリな妥当性にしたがって分割した。それらの真偽の主張が経験的な裏づけを必要としない（ア・プリオリ）か，あるいはそれを必要とする（ア・ポステリオリ）かにしたがって。

定義によって，すべての分析的な文はア・プリオリであるから，われわれは次のような表を得る。

言 明 の 区 分

| | | 論理形式にしたがって ||
		分析的	綜合的
真偽主張の基礎にしたがって	ア・プリオリ	+	?
	ア・ポステリオリ	−	+

（矢印は「もし——ならば，——」を意味する。たとえば「もし分析的ならば，ア・プリオリ」）。

表は，分析性がア・プリオリの性格を含意し，それゆえア・ポステリオリな性格が綜合性を含意することを示している。しかしこの表は未解決の問題を残している。ア・プリオリに妥当する綜合的言明はあるのか，ないのか。カントはあるといい，算術，幾何学，因果性の原理（およびニュートン物理学の主要部分）を綜合的でア・プリオリに妥当するものだと主張した。

これは彼にとってヒュームの問題を解決するものであった。だが，それは支持しうる理論であったか。いかにして（たとえば）因果性の原理はア・プリオリに確証されえたのか。

ここでカントは彼の「コペルニクス的転回」を持ち込んだ。**法則を発明し，それを感覚の泥沼に押しつけ，かくして自然の秩序をうみだすのは，人間の知性であった。**

これは大胆な理論であった。だが，ニュートン力学がア・プリオリに妥当なものでなく，驚くべき仮説（推測）であることがひとたび理解されるや，カントのこの理論は崩

壊した。

　常識的実在論の観点からすれば，カントの着想のかなりの部分は，そのまま保持しうるであろう。自然の諸法則はわれわれの発明**であり**，それらは動物の作ったものであり人間の作ったものであって，ア・プリオリに妥当するものではないが，発生的にはア・プリオリである。われわれはこれらの法則を自然に押しつけようと**試みる**。きわめてしばしばわれわれは失敗し，われわれの誤った推測のために死滅する。しかし時として，われわれはわれわれの推測によって生き残るに十分なほど真理に接近する。そして人間的水準においては，叙述的ならびに論証的言語が自由に使える場合には，われわれは自分たちの推測を体系的に批判できる。これが，科学の方法である。

　この解決に向ってカントがなした偉大な貢献を理解することは重要である。知識の理論における主観主義をカントは十分に廃棄しなかったけれども。おそらく最大の前進は，彼の先行者たちがいぜんとして感覚とか印象とか信念とかを主として語っていたところで，彼がつねに科学理論，言明，命題，原理について議論し，それらに対する賛否の論証をおこなったことだった。

29. ヒュームの背理の解決：合理性の回復 [52]

　帰納の問題を「ヒュームの問題」と呼んだ一節を私が書いた時からこのかた，この用語法は広く一般に採用されてきた。私以前に誰かが帰納の問題を「ヒュームの問題」と呼んだかどうか見つけようと文献を調べてみたが無駄だった。私が見出したすべての事例は，（ラッセルとかフォン・ライトのような）私の書物を多少とも注意深く読んだ著述家たちに帰着させることができた。もちろん，私はもっと以前の何人かの著述家たちを見落したかもしれず，またある問題の名称を導入したことの優先権を主張することほど重要さの少ないものはないであろう。私がこれに言及したのは，ただ，まったく異なった問題を「ヒュームの問題」と呼ぶことが流行的になったからであり，何人かの後の著述家たちは，「ヒュームの帰納の問題」は私がそう呼んだものとは実際には異なったものなのだ，と私を説き伏せようとしたからである。

---

　(52) この節は（他のいくつかの節と同様に）本書の第1章と部分的に重複する。しかし私はそのままにしておいた。それというのも，この節はいくつかの点で第1章を補完するものと私には思われるからである。（先の注41をも見られたい）。

明らかに、この名称でもって呼ばれるかもしれぬさまざまな異なった問題がある。私は二つのグループについて触れようと思う。[53]

グループA。いかにしてわれわれは帰納を正当化できるか。

グループB。いったい、帰納は正当化できるのか。また、正当化できると考えるべき何らかの理由があるのか。

グループBがより基本的な問いであることは、ただちにわかるであろう。もしそれが明白な否定的答えでもって解決されるならば、グループAの問いは生じえないからである。

私は、グループBの問いを、このような〔否定的〕意味において解決した、と主張する。いいかえると、私はヒュームの帰納の問題をそのより深遠なかたちにおいて解決したと主張する。私がこのことをはっきり述べるわけは、何人かの哲学者たちがグループAだけを「ヒュームの帰納の問題」と呼び、ヒュームの帰納の問題は**解決不能**であるという主張を誤って私のものとしたからである。[54] 私は否定的にではあるけれども帰納の問題を完全に解決した、というのが私の主張であったのに。

ヒュームの帰納の問題は、二つの要素から成っている。

(a) 個別的な証拠から規則または一般化の真理性を、あるいは少なくともその蓋然的真理性を、確実に、あるいは少なくとも蓋然的に、確立したという主張の妥当性の正当化の問題。

(b) 帰納は反復と結びついている(そして反復は連合の強化と結びついている)とい

---

(53) ジョン・ワトキンスは私に「グループC」——帰納(つまり反復にもとづいたあるもの)は、正当化されるにせよされないにせよ、**不可欠**のものであるか——があると指摘した。不可欠であるというのが「ヒュームの仮定したものである」(とワトキンスはいう)。まさにこの仮定を私は否定し、それによってヒュームの問題を解決しているのである。

われわれが世界3において仮定する必要のあるすべては、実在論である。世界2においては、われわれは行動することを余儀なくされ、したがって通常は正当化されうる以上のものを信じるが、しかしわれわれはいぜんとして競合的諸理論のうちの最良のものを選ぶ。これが実在論の帰結である。ワトキンスはグループCが三つのうちで最も基本的なグループだと考えているが、私はなぜそうでなければならないのかの理由がわからない。それというのも、選択はある意味で不可欠であるけれども、帰納はそうでないからである。(私はワトキンスを誤解しなかったものと信じる)。

(54) G.J. Warnock, Review of 'Logic of Scientific Discovery', *Mind*, New Series, **69**, 1960, p. 100. を参照。

第2章 常識の二つの顔——常識的実在論への賛成論と常識的知識理論への反対論

うテーゼ。

いうまでもなく人は自分の好むものを何であれ「帰納」と呼ぶことができる。人は私の批判と知識の成長の理論を，私の帰納の理論と呼ぶことができる。しかしそのような呼び方は，明確さにほとんど寄与せず，混乱を大きくするだけであろうと私は考える。それというのも，二つの要素のうち，帰納は妥当な推論かどうか——つまり帰納された命題の真理性を支持する妥当な主張を生み出すかどうか——という問い(a)は，ヒュームの問題と彼の否定的な（論理的）答えに特徴的なものだと私には思われるからであり，また(b)反復と連合の要素はヒュームの問題に特徴的なものであり，彼の答えの肯定的な（心理学的）部分を可能にさせるものだと私には思われるからである。

というのは，ヒュームは(a)と(b)とによって提起された問題を，二つの本質的に異なった仕方で答えたからである。

(a′) 帰納は，推論としては完全に無効である，と彼はいった。（ある「証拠」の過去の反復といった）過去についての言明からの一般化の推論を支持するような論理的論証はまったく存在しない。

(b′) 論理的妥当性が欠如しているにもかかわらず，帰納は実生活において不可欠の役割を演じている，と彼はいった。われわれは反復に信頼をおいて生活している。反復によって強化される連合は，われわれの知性の主要なメカニズムであって，われわれはそれによって生活し，また行為している。

それゆえ，ここに背理(パラドックス)がある。**われわれの知性でさえ，合理的に働かない。合理的に擁護できない習慣が，われわれの思考とわれわれの行動を導く主要な力なのだ。**

これが，あらゆる時代のうちで最も合理的な思想家の一人であるヒュームを合理主義の放棄へと導き，人間は理性をそなえたものでなく盲目的な習慣の産物であると見るにいたらせた。

ラッセルによれば，近代人の神経分裂病はヒュームのこの背理のせいである。この点についてラッセルが正しかろうと正しくなかろうと，私はこの背理を解決したと主張する。

その背理の解決は，こうである。われわれは合理的に，それゆえヒュームによって妥当でないものと確証された帰納原理に反して，推理するだけでなく，われわれはまた合理的に行動する。つまり帰納にしたがってではなく，理性にしたがって行動する。われ

われは反復または「習慣」にもとづいて行動するのではなく、先きに見たように、正当な合理的根拠をもつ、われわれの諸理論のうちで最もよくテストされた理論にもとづいて行動する。もちろん、理論が真であると信じる正当な理由ではなく、真理または真理らしさの観点から最も採用価値のある理論——競合的諸理論のうちで最良の理論、真理への最も良き近似——だと信じる正当な理由である。ヒュームにとっての中心問題は、われわれは理性にしたがって行動するか否か、というものであった。そして私の答えは「然り」である。

この答えとともに、ヒュームの背理は解消する。彼は妥当な帰納の可能性に対する論理的批判において正しかった。彼が誤りをおかしたのは、彼の心理学においてであった。つまり、われわれは習慣にもとづいて行動するものであり、習慣はまったく反復の結果である、という彼の信念においてであった。

ヒュームの背理のこの解決は、もちろん、われわれがまったく合理的な被造物であるというものではない。それはただ、われわれの人間的素質における合理性と実際行動とのあいだには何らの抗争もないといっているだけである。

もちろん、次のことが付言されなければならない。すなわち、われわれの実際行動の合理的規準は、知識の最前線において適用される規準のはるか後方におくれていることがしばしばであり、われわれの大部分は知識の最前線で起っていることを理解しないので、とうの昔に棄て去られた理論にもとづいてしばしば行動する。しかし、これらの注意は追求するに価するものだとは、私は考えない。

30. 帰納の問題と結びついた混乱

ヒューム自身、帰納の問題を原因と結果とのあいだの必然的結合の問題と混同した。そしてカントは、因果法則のア・プリオリな妥当性の問題に形而上学の最も基本的な問題の一つを認めた。しかしヒュームには、彼が帰納の問題ならびにその解決を定式化したことに対して、栄誉が与えられなければならない。(そして、私の知るかぎりでは、私がこの点での彼の功を認めた最初の人であることを、私は誇りに思う)。彼は、たとえば、こう書いている。われわれは「いまだかつて経験したことのない諸事例が、かつて経験した諸事例に似ている [らしい]」と信じるいかなる理由ももたない、と。

―――――――――――
(55) ヒューム『人性論』、1739—40年、第1巻、第3部、第vi節；セルビィビック版、89頁。

この定式化は、ヒュームの思考の明晰さをきわめてしばしば混乱させる因果的必然性の問題から、このうえなくはっきり分離されている。またその定式化は、過去から未来への推論という人を惑わせる要素からも完全にまぬかれている。仮定されているすべては、われわれがある種の事例が真実であるという経験的証拠をもっているということであり、このことは他の諸事例（過去におけるのであれ、未来におけるのであれ）について類似の経験を結論する、あるいは外挿する、権利をわれわれに与えるものではないと主張される。

これが、そのまったき純粋さにおいて、私がヒュームの「帰納の［論理的］問題」と命名したものである。

ヒュームの答えは、このうえなく明白である。すなわち、いかに諸条件が類似していようとも、一つのケースから他のケースへの推論を許す論拠はまったくない、と。この点に関しては、私は彼に完全に同意する。

しかしながら、ヒュームがわれわれは実際には反復または習慣にもとづいてこのような推論をしているのだと考えるとき、彼は誤っていると私は信じる。彼の心理学は素朴だと私は主張する。(56) われわれが実際におこなっていることは、（しばしばローレンツ的「刻印づけ」(*)のかたちでの）結論への、つまりまったく不確かな仮説への、飛躍である。われわれがしばしばすがりつくこれらの仮説は、もしわれわれがそれらを訂正することができなければ、それらといっしょにわれわれは滅んでしまうかもしれないのだが、人

（太字はヒュームのもの）。なお、私の『科学的発見の論理』、特に先の注50で参照を求めた369頁をも見られたい。

(56) ヒュームの心理学と同じほど悪いが論理学と衝突しない他の心理学がありうる。さらに、論理学によって実際に支配される心理学がある、と私は主張する。すなわち、試行と誤り排除の合理的心理学がそれである。

(*) 刻印づけ (imprinting, Prägung), 刷り込みともいう。学習のおこなわれる時期は種によって確立していることがあり、ガチョウやカモの雛は生れるとすぐ親鳥のあとを追うようになるが、人工的に孵化された雛は、最初に出会った動物ならば、他の鳥でも人間でもその後を追うようになり、その後、追いかけるものを自己と同種の鳥に置き直すことはできない。つまりこのような鳥の雛は自分の種属がどのように見えるかを生後に学ばなければならないのだが、この学習は生後1分またはそれ以下の秒単位の短時間のあいだにおこなわれ、その後はこの行動型を変えることができないので、ローレンツはこれを「刻印づけ」と名づけた。これらの事実は学習そのものに生得的な側面の存在することを示すものであり、学習の研究のみならず、本能の研究においても重要な事実である。

間的水準においては，もしこれらの仮説が書体で定式化され批判にさらされるならば，とりわけ訂正は可能である。

われわれが習慣や反復によって動かされる非合理的傾向をもっているという主張は，もしわれわれが滅びるまいとすれば訂正しなければならないかもしれぬ大胆な仮説を徹底的にためそうとする衝動をもっているという主張とは，まったく異なったものである。第一のものは，典型的にラマルク主義的な教化の手続きを叙述している。第二のものは，ダーウィン主義的な淘汰の手続きを叙述している。第一のものは，ヒュームが観察したように，非合理的である。これに反して，第二のものは，何ら非合理的なものを含んでいないと思われる。

31. 帰結を正当化するという誤った問題から何が残るか。

グループAの誤った問題——帰納を正当化する問題——は「自然の一様性」によって，つまり太陽が毎日（24時間に一度，あるいは約90,000脈博のうちに一度）昇るという事実によって，すべての人間およびすべての動物は死をまぬがれぬという事実によって[57]，またパンは滋養になるというヒュームの有名な実例によって，強い感銘を受ける人たちから提起される。しかし，これら三例はすべて，それらがそもそも意味したかたちにおいては，反証されている[58]。

「太陽は毎日昇る」は，「どこへ君が行こうとも，太陽は毎日昇る」ということをいったものだった。これがそもそもの意味であったことは，マルセーユのピュテアス——極圏をまわり，「氷結した海と真夜中の太陽」を叙述した最初の旅行家——が，数世紀の長きにわたって嘘つきの典型にされ，「旅行家の作り話」という言葉が彼から派生したという事実によって明らかにされる。アリストテレスはすべての人間の死に至る不可

---

(57) ギリシア語のトネートス（thnētos）はしばしば「死にいく」（mortal）と訳されるけれども，実際は「死すべく運命づけられた」（fated to die）を意味する。それゆえ「すべての人間は死にいく（mortal）ものである」は，「すべての人間は死をまぬかれない」（are bound to die）と訳した方が良い。そしてこの意味においては，この言明は妥当であるということができない。なぜなら，この言明は「すべての生成せる生物は（本質的に）死をまぬかれない」から導出されるものだが，後者はバクテリアによって反証されるからである。

(58) 私はこれらの例を私の講義でしばしば用いてきた。そして私はそれらを第1章（11頁以下および注17）で再び使った。しかし私は両章を独立に読めるようにさせるために，これらの重複をそのままにしておくことにした。

避的運命を，一切の生成したもの，特に一切の生物は消滅しなければならないということから導き出した——ニワトリの心臓を今日まで試験管の中で半世紀以上も鼓動させ続けてきた生物学者にとっては，もはや一般的には受け入れられないテーゼ。そしてパンは滋養になるというヒュームの例は，通常の仕方で焼かれたパンが麦角中毒の発生によってフランスの一村を跡形もなく実際に滅ぼし去ったとき，悲劇的なかたちで反証された。

しかし，それだけなのか。そうである。太陽が明日ロンドンのうえに昇るであろうとわれわれが常識的に確信していることは，(哲学者が何といおうとも) 明々白々たる事実である。しかし，われわれはそれが確実にそうだとは知っていない。そうならないかもしれぬ無数の可能性がある。それを信じるための肯定的理由をわれわれに与えようと試みる者は，問題をまだ把握していないのである。たしかにわれわれはすべて，ヒューム主義者であろうとなかろうと，太陽が引き続き昇るであろうと希望している。たしかにこの希望は必要な——行動のために，生活のために必要な——希望である。しかし必要な希望でさえ——われわれに信じる気持を起しうるけれども——客観的な知識でない。

いいかえると，今なお哲学者によって帰納の諸規則ならびにそれらの信頼性の標準的実例として用いられているこれらの規則の信頼性は，真理へのまったく良き近似のように見えるけれども，偽なのである。

しかしこのことは，**いわゆる帰納の信頼しがたきこと**を示すものにほかならない。反復による生粋の帰納といったものは存在しない。帰納のように見えるものは，良くテストされ・良く裏づけられた・そして理性と常識に合致する・仮説的推理なのである。なぜなら，そこには験証の方法——反駁が可能と思われるところで理論を反駁しようとする真剣な試み——があるからである。もしこの反駁の試みが失敗すれば，その理論は，合理的理由にもとづいて，真理への良き近似——少なくともその理論の先行者よりも良い理論——であると推測できる。

しかしわれわれは安全保証のようなものを得ることはできないのか。帰納に，反復の無数のケースに，保証を得ることができないのか。

答えは否である。（これはヒュームがいったことである)。常識的保証は簡単に得ることができる——反復によってというよりも，むしろ厳しいテストによって。太陽は明日ロンドンのうえに昇るであろうと，しばらくのあいだはパンは私を養い続けるであろうがやがて私は死ぬであろうと，私は誰でもと同様に確信している。しかし私は理論家と

して，他の事態が起りうることを知っている。太陽はヨーロッパのすべてのところに日毎に昇らないこと，バクテリアは必ずしも死なず分裂すること，パン・水・空気・われわれの最も日常的で信頼しうる環境が猛毒を含有しうること（そして間もなく含有するおそれがあること），さえ私は知っている。

人はまたこういう問いも出せる。なぜわれわれは理論の作成に成功するのか。答えはこうである。われわれはこれまで成功してきた，そして明日は失敗するかもしれない，と。われわれが成功するにちがいないということを論証しているすべての議論は，余りにも多くのことを証明しすぎるものであろう。われわれのなしうるすべては，生活のための，そしてわれわれの知識が冒険に成功するための，諸条件がいまのところ好適であるようにみえる宇宙の一部にわれわれが生きている，という推測である。しかし，われわれが何事かを知っているとすれば，この宇宙の他のほとんどすべてのところでは，生活と知識にとっての諸条件がきわめて不適であるということをも，われわれは知っている。なぜなら，われわれの宇宙論は世界がほとんどすべてのところで完全に空虚であり，空虚でないところはほとんどいたるところ余りにも暑いことを，われわれに告げるからである。

そして馬車が数世紀の長きにわたってロンドンに毎日見られたという事実は，それらが消えてなくなり自動車にとってかわられることを妨げなかった。外見上の「自然の一様性」は，まったく信頼できない。そして自然法則は変化しないとわれわれはいうことができるけれども，このようにいうことは，われわれの世界には変化しないある抽象的な関連が存在しているということ（これらの関連が何であるかをわれわれは知っておらず，せいぜい推測するのだということを認めるならば，このことはまったく瑣末なことである），そしてわれわれはそれらの関連を「自然法則」と呼ぶのだという言い方をするのとほとんど紙一重の相違しかない。

32. 動的懐疑主義：ヒュームとの対決

ここで擁護した立場は，近代において，少なくとも宗教戦争以来，「懐疑主義」と呼ばれてきたものと，根本的に異なる。なぜなら，近代においては，懐疑主義は知識の可能性に関して悲観(ペシミスティック)的な理論といえるからである。しかし本章で提案された見解は，**知識の成長の，それゆえ知識の可能性を希望をもって支持する**ものである。それは，常識が知識にとって本質的なものとみなした確実性の性質を除去し，確実性と知識の両者は

第2章 常識の二つの顔——常識的実在論への賛成論と常識的知識理論への反対論　　115

常識的理論が想定したものとは違うものであるということを明らかにする。知識の無限の成長の可能性を信じる者を，懐疑主義者とはほとんどいえないであろう。

反面，キケロやセクストス・エンペイリコスのような何人かの古典的懐疑主義者は，ここで擁護した立場からそう遠く離れていなかった。「スケプシス」は「批判的探究」とよく訳しうるものであったし（稀ではあるけれども），また「動的懐疑主義」は「力強い批判的研究」と，また「希望をもった批判的探究」とさえ，――希望自体は完全な合理的基礎をほとんどもっていないが――同一視することができた。それはたしかに，何物も知られえないところで知ろうとする願望とは，ほとんど何の関係もない。

　これとの関連において，われわれの出発点――常識プラス批判的議論――に立ちかえり，次のような結果を思い出すことはいささか重要だと思われる。すなわち，常識は実在論――おそらくは「科学的実在論」とそうかけ離れていないもの――を含んでいるということ，そして実在論に反対するすべての既知の議論は批判的に支持できないもの⁽⁵⁹⁾――あるいは，もっと正確にいうと，常識の最も弱い部分（つまり常識的知識論）の筋の通らぬ馬鹿げた誤り――であることが判明する，ということがそれである。それゆえ，われわれは実在論を放棄するいかなる理由もない。

　だが，このことは，私の「希望をもった懐疑主義」の立場が，特にデーヴィド・ヒュームの懐疑主義の立場とくらべ，根本的に相異なっていることを意味する。

　ヒュームは次のように主張する。

(1) 帰納（つまり反復による帰納）は，合理的にまったく妥当でない。

(2) 事実として，われわれは行動において（したがってまたわれわれの信念において）完全に混沌的ではないある実在の存在に信用をおいている。

(3) われわれのこの信頼は，(1)にかんがみ，まったく非合理的である。

---

(59) 実在論と決して衝突しないような一種の観念論の一つの妥当な議論――つまり，人間的知識は人間の産物であり，われわれのすべての理論はわれわれ自身の発明にかかわるものであるという議論を，私はこれらの議論のうちに含めてはいない。先の注31，および『推測と反駁』の117頁を参照。〔「もろもろの理論はわれわれ自身の発明品であり，われわれ自身の観念である。それらは，われわれに付与されるものではなくて，われわれの自製の思考手段である。観念論者はこの点をはっきりと認識した。しかしわれわれの作った理論のあるものは，実在と衝突しうる。そして衝突したとき，そこに実在があるのだということを，われわれの観念が誤りうるという事実をわれわれに思い起させるあるものがあるのだということを，われわれは知る。実在論者が正しい理由はこれである」〕。

(4) それゆえ人間の本性は本質的に非合理的である。

私はヒュームのテーゼ(1)と(2)を完全に受け入れる。しかし私は彼のテーゼ(3)、非合理性テーゼを拒否する。私がそうできるわけは、私は(2)を(1)に基礎づけようとせず、実在論というものを、われわれが絶望して放棄する理由の少しもない常識の、これまで批判的に傷つけられたことのない部分として主張するからである。ヒュームは彼の誤った常識的知識理論のゆえに、(2)を合理的に受け入れることができるのは、われわれがそれ〔実在の存在〕を「知っている」——つまりそれを信じる十分理由をわれわれがもっている——場合だけである、と信じた。そして彼は、このような信念は**事実として**帰納に（彼が非合理的なものとして正しく拒否した帰納に）もとづいている、と考えた。しかし、ヒューム的な十分理由をもつ知識が存在するだけでなく、客観的な推測的知識（および先きの第20節で論じた、その主観的相似物）も存在する。われわれの常識的実在観の身分は、ヒュームが安全なものとして容認した直接的知覚または感覚印象の身分と本質的に異なっている。(60) それは推測的知識である。そしてそれは、試行と誤り排除の方法によってわれわれの有機的装具の一部となる。したがって、(2)を(1)に基礎づける理由は少しもないし、また(2)を、それに対する筋の通った批判的反対論拠の欠如ということ以外に〔もっと積極的な〕肯定的支持論拠を与える必要があるものとみなすわれはさらさらない。

要約すると、われわれはヒュームがやったように、帰納から実在論へと論じる必要はない。実在論の推測には何ら非合理的なものは存在しない。ヒュームが妥当なものと信じた、実在論に反対する一般的議論は、彼の誤った常識的認識論の一部である。

それゆえわれわれは、ヒュームのテーゼ(3)と(4)とを完全に拒否できる。

(3)と(4)について、さらに次のような主張ができる。われわれは実在論を**希望をもって**信じており、この希望をもつことは合理的なものでない、なぜなら、すべての生命の究極的破滅をわれわれに予見させる「科学的実在論」には、少なくともいくつかの論拠があるからである。

しかしこのことでさえ、ヒュームのテーゼ(3)と(4)とを支持するものでない。なぜなら、われわれが生き——行為と決定とがたえずわれわれに課せられ——るかぎり、希望することは非合理的でないからである。

---

(60) この点でトマス・リードは正しかった。先の第21節の末尾を参照。

33. 偶然事の不確からしさからする議論の分析

先に（第22節で）手短かに述べたように，「**合理的信念**」の測度としての主観的確率は，知識の理論に寄与する何ものをももたぬ誤りだと私には思われる。

しかし何物も言葉に左右されるものでないから，私がこの論文で「良き」（または「最良の」）推測と呼んだものを「確からしい」推測（または既知の推測のうちで最も確からしい推測）と呼ぶことに——「確からしさ」という言葉が確率計算の意味に解されるのでないかぎり——私はもちろん反対しない。なぜなら，確率計算における確からしさは，私の意見では，仮説の良さとは何のかかわりもないからである。（すでに説明したように，仮説の**不確からしさ**だけが，仮説内容の，したがって仮説の良さの一側面の，測度として用いうる）。

しかしながら，次のような，確率計算と結びつけることのできるかすかに説得的な粒をもった古い議論がある。

仮説Hがあり，この仮説が論理的にきわめて不確かであると，つまりそれが非常に多くの内容をもち，これまでまったく関連づけられなかった多くの分野にわたって主張しているとする。（例；アインシュタインの重力理論は，ニュートンの惑星運動だけでなく，水星の軌道のわずかな偏差，重い物体の傍を通る光線の軌道に現われる効果，強い重力場において放射されるスペクトル線の赤方偏移をも予測した）。これらすべての予測が成功的にテストされるならば，次のような議論は直観的に健全で道理にかなったもののようにみえる。

(1) 理論がこれらのまったくありそうにもない予測を予測するということは，その理論が真でないかぎり，**ほとんど偶然ではありえない**。ここから次のような主張がなされる。その理論が真であることの確からしさは，偶然事の集積に負うているこれら予測の成功の不確からしさと同じほど，大きい，と。

私はこの議論(1)が，このかたちにおいて完全に妥当なものとみなすことができるとは考えない。しかしそれにもかかわらず，私はその議論には一理があると思う。この議論をもう少し詳しく調べてみよう。

議論(1)を妥当なものと仮定する。そうするとわれわれは，理論が真であることの確からしさを「1 マイナス その理論が偶然的にのみ実証される確からしさ」として計算

できるであろう。そしてもし予測された効果が論理的に非常に蓋然性にとぼしいとすると——たとえば，予測効果の数値的大きさが非常に正確にまた正しく予測されているので——これら非常に小さい数の積が1から引かれるべきであろう。いいかえると，この計算方法によってわれわれは，蓋然性（確からしさ）は1に非常に近いという正当な推測をうるであろう。[61]

この議論は一見するともっとものように思われる。しかしそれは，明らかに無効である。ニュートンの理論 (N) をとる。問題にしている当の議論にしたがえば，このニュートンの理論は非常に多くの正確な予測をしているので，1に非常に近い確率を得るであろう。アイシュタインの理論 (E) は，さらにいっそう大きな確率を得るだろう。しかし確率計算によれば，われわれは次式を得る（「または」を 'v' と書く）。

$$p(N \lor E) = p(N) + p(E) - p(NE)$$

これらの理論 [N と E] は両立しえないから，$p(NE)=0$ であり，われわれは次式を得る。

$$p(N \lor E) = p(N) + p(E) \approx 2$$

（すなわち，2に非常に近い）。これは不条理である。

問題の解決は，議論(1)が見かけ倒しの推理である，ということである。なぜなら，次のことが可能だからである。

(2) ありそうにもない観測結果との良き一致は，偶然でもなければ理論の真理性によるものでもなく，単に理論の**真理らしさ**によるものである。

この議論(2)は，多くの競合的な諸理論が，まったくの偶然によって一致するということが直観的にきわめてありそうにない多くの徴細な点において，一致する理由を説明するであろう。[62]

それゆえ議論(1)は，次のようにもう少し正しく表現できる。

(1′) 真理らしさといったものがあり，理論と事実とのあいだの偶然的にはきわめて

---

(61) この議論は，いささか異なったかたちにおいてではあるが，古いものである。その痕跡は Aristotle, *Nicomachean Ethics* [『ニコマコス倫理学』高田三郎訳，岩波文庫]，および Theon of Smyrna, *Liber de Astronomica*, ed. Th. H. Martin, Paris, 1949, p. 293 に見出せる。

(62) 私がかつてこの議論を公表したことがあるかどうか定かでないが，しかし1930年頃私が初めて考えた議論であったということは覚えている。

ありそうにもない一致は，その理論が（かなり）高度の真理らしさをもっているということの標識と解釈できる。一般的にいえば，ありそうにもない点についてのより良き一致は，より大きな真理らしさの表示と解釈しうる。

この議論に対しては，さして反対できないと私は考える。この議論が別の帰納理論にと発展させられるのを好まないけれども。しかし私は，理論の験証の度合（それは理論が通過したテストの厳しさの測度のようなものである）が，単純に理論の真理らしさの測度と解釈できないことを，はっきりさせておきたいと思う。せいぜいのところ，験証の度合は（私が初めて真理らしさの概念を導入した1960年と1963年において説明したように——たとえば『推測と反駁』の243頁以下を参照），時間 t においてそう見えるところの真理らしさの**標識**にすぎない。理論が厳しくテストされた度合について，私は「験証」という用語を導入した。それは主として比較のために用いられるべきものである。たとえば，E は N よりも厳しくテストされる。理論の験証の度合は，つねに時間の指標をもつ。それは，理論が時間 t において良くテストされたと思われる度合である。これは理論の真理らしさの測度ではありえないが，しかし他の理論に比較して時間 t においてその真理らしさがいかほど**あらわれている**かの表示と解することができる。したがって験証の度合は，議論の一定段階において，二つの理論のその時の外見上の真理への近似性に関し，二つの理論のいずれかを優先的に選択するための手引きである。しかしこれはただ，提示された諸理論のうちの一つが——**議論の光に照して**——真理により近いものと**みえる**ということをわれわれに告げるにすぎない。

34. 要約：批判的常識哲学

先にわれわれは，批判的哲学が出発点の問題を提起する必要を認めた。われわれはどこから出発すべきか。この問いは重要なようにみえる。というのは，始めが悪ければ最も悪い結果が生れる危険があるようにみえるからである。

この出発点に関して，ほとんどの古典的なまた現代の哲学者たちが支持した見解と，出発点については本気になって身を入れない常識的哲学として私がここで提示した見解とは，それぞれ互いに根本的に異なっている。私はここで，その主要な差異を表の形で要約しようと思う。

| 以前の哲学者たち | 私の批判的見解 |

(1) われわれの出発点の選択は，決定的に重要である。われわれはそもそもの出発において誤りにおちいらぬよう気をつけなければならない。

(2) われわれの出発点は，もし可能ならば，真にして確実であるべきである。

(3) それは自我の個人的経験のうちに（主観主義），あるいは行動の純粋な叙述のうちに（客観主義）[63]見出すことができる。

(4) この種の主観主義かこの種の客観主義のいずれかを受け入れることによって哲学者たちは**常識的知識論の一形態**——常識の最弱点をなすものといってよい一理論——を無批判的に受け入れた。

(5) 主観主義者が受け入れた理論は，われわれがもちうる最も確実な知識はわれわれ自身およびわれわれの観察的または知覚的経験に関するものである，という理論である。（知覚的経験の確実性を強調する点では，主観主義者と客観主義者とは一致する）。

(6) われわれの明晰かつ判明な感覚とか感覚所与といったような，それにもとづいて知識を構築できる堅固な事実が存在

(1′) われわれの出発点の選択は，決定的に重要なものではない。なぜなら，出発点は，他のすべてのものと同様に，批判でき修正できるからである。

(2′) そのような出発点を見出すいかなる方法もない。

(3′) それは主観主義のうちにも客観主義のうちにも見出せないから，両方から出発し，両方を批判するのが最も良いかもしれない。

(4′) 常識から出発するのが賢明であり，当を得ている。常識を内容にして構成された見解がいかにあいまいであるにしても。しかし常識の名において主張されうるすべてのものに対して批判的であるべきである。

(5′) ちょっと批判的に反省すればわかるように，すべてのわれわれの知識は理論に満たされており，また（ほとんど）すべての知識は推測的な性格のものである。

(6′) すべての知識は理論に満たされているものであるから，知識はすべて砂上に構築される。しかしそれは，批判的に

---

[63] この形態の客観主義は，通常，「行動主義」または「操作主義」と呼ばれるものである。これについては本論文では詳しく論じない。

第2章 常識の二つの顔——常識的実在論への賛成論と常識的知識理論への反対論

する：直接経験は偽でありえない。

(7) これが常識的知識論の明白な結論である。

(8) しかし常識的知識論は，つねに実在論の一形態から出発し，つねに認識論的観念論か操作主義のいずれかの泥沼に終る。

(9) 実在論から出発し主観主義に終った常識は，みずからを反証する。（これはカントの見解の一部だといえる）。

より深く掘り進むことによって，またいかなるいわゆる「所与」をも自明なものと受け取らぬことによって，改善できる。

(7′) 常識的知識論が誤っているのは，この点である。それは知識の間接的で推測的な性格を見落している。われわれの感覚器官でさえも（それら器官が伝達することの解釈はいうまでもなく）すべて理論に満たされたものであり，また——健康な有機体にあってはほんの時たまにであるが——誤りをまぬかれない。

(8′) 実在論およびその（生物学的）知識論でさえ一つの推測であることを，われわれは認める。そして実在論は観念論よりもずっと良い推測であるとわれわれは主張する。

(9′) 常識的知識論は自己矛盾的なものとして論破される。しかしこのことは，世界についての常識的理論，つまり実在論に支障をきたさない。

常識的理論を一つの統合的全体——実在論プラス常識的認識論——に保とうとする試みは，崩壊せざるをえない。したがって，出発点について懐疑的な態度をとる方法によって，常識的理論は少なくとも二つの部分——実在論と認識論——に分裂し，後者は拒否され，前者を利用する客観的理論におきかえることができる。

第3章 認識主体なき認識論

告白から始めることをお許しいただく。私は非常に幸福な哲学者であるけれども，講義の生涯を送ったあとで，自分が講義で伝えることのできるものについて何らの幻想ももっていない。このようなわけで，私はこの講演であなた方を納得させようとはさらさら試みない。そうするかわりに，私はあなた方に挑戦し，できればあなた方を挑発させようと試みる。

1. 認識論および第三世界についての三つのテーゼ

この講演の題目を「**プラトン的世界の理論**」または「**客観的精神の理論**」とすることによって，私はプラトンとヘーゲルに対する私の反対的態度を聞きおよんでいる人たちに衝撃を与えることができたかもしれない。

この講演の主題は，より良い名称がないので私がしばしば「**第三世界**」と呼んでいるものである。この表現を説明するために，「世界」とか「宇宙」という言葉をあまり深刻にとらずに，われわれが次の三つの世界または宇宙を区別できることを，私は指摘したい。すなわち，第一は，物理的対象または物理的状態の世界。第二に，意識の状態または心的状態，または行動性向の世界。そして第三に，**思考の**，とりわけ科学および詩的思考と芸術作品の，**客観的内容の世界**，がそれである。

したがって，私の理論はいくつかの決定的な点でプラトンおよびヘーゲルの理論と根本的に異なっているけれども，私が「第三世界」と呼ぶものはプラトンの形相またはイデアの理論と，それゆえまたヘーゲルの客観的精神と，たしかに多くの共通点をもっている。さらに，私の理論はボルツァーノの理論とも異なっているけれども，しかしボル

---

* 1967年8月25日から9月2日にかけての「論理学，方法論，科学哲学の第3回国際会議」で，8月25日におこなった講演。B. ファン・ロートセラールと J.F. スタールの編集によるこの会議の報告集，アムステルダム，1968年，333—73頁に初出。

(*) ボルツァーノ (Bernhard Bolzano 1781—1848) は古オーストリア（チェコスロヴァキア）の哲学者，数学者，論理学者。ヘルバルト学派を介してライプニッツ哲学をもとにし，

ツァーノの命題自体の世界および真理自体の世界の理論と多くの共通点をもっている。私の第三世界はフレーゲの客観的思考内容の世界と最もよく似ている。われわれの世界をこれとは別の仕方で列挙できないであろうとか，ぜんぜん列挙できないというのが私の見解ないし議論の主旨ではない。特にわれわれは三つの世界以上に区別することができるであろう。私の「第三世界」という用語は，単に便宜的なものにすぎない。

第三世界の存在を主張することによって私は，私が「**信念哲学者**」と呼ぶ人たち，つまりデカルト，ロック，バークリ，ヒューム，カント，またはラッセルのように，われわれの主観的信念とその基礎または起源に関心をもつ人たち，を挑発させたいと思う。これらの哲学者たちに反対して私は，われわれの問題はより良きまたより大胆な理論を発見することであり，**信念ではなく〔理論の〕批判的選択**が重要なのだ，と主張する。

しかしながら，私はまず最初に，自分が実在論者であることを告白しておきたいと思う。私は，素朴実在論者といささか同じように，物理的世界と意識の状態の世界が存在し，これら二つの世界が相互作用するものであると考える。そして私は，これからより十分に説明するような意味において第三の世界が存在すると信じる。

私の「第三世界」の住人のうちには，特に，**理論的体系**がいる。しかしそれとまったく同じほど重要な住人は，**問題および問題状況**である。そして私は，この第三世界の最も重要な住人は**批判的討論**，および——物理的状態または意識の状態との類比(アナロジー)において——**討論の状態または批判的議論の状態**と呼びうるもの，およびもちろんのことながら雑誌・書物・叢書の内容だと主張したい。

客観的第三世界のテーゼに対するほとんどの反対者でも，問題，推測，理論，議論，雑誌，書物が存在することはもちろん認めるであろう。しかし彼らは通常，すべてこれらのものは本質的には主観的な心的状態の，あるいは行動性向の，記号的または言語的表現である，という。そしてさらに，これらのものは**伝達**の手段——つまり他人に同じような心的状態または行動性向を喚び起すための記号的または言語的手段——であると

ドイツ観念論に反対の立場から，純粋客観主義的，非歴史的論理学を立てた。カントール以前に集合論への第一歩を踏み出した。彼のいう「命題自体」(Satz an sich) とは，その言明が真か偽か，誰かによって言葉で述べられているか否か，また精神のうちでだけ思考されているか否かにかかわりなく，あるものが存在しているか否かの言明。それは，外的存在としての言明された命題とも，内的な心理作用としての思考された命題とも異なる。たとえば「四角は丸い」も命題自体である。これは，フッサールなどの意味 (Sinn) の思想に影響を与えた。

第3章 認識主体なき認識論

いう。

この見解に反対して私はしばしば，これらのものとその内容とを第二世界に属させることはできない，と主張してきた。

第三世界の（多かれ少なかれ）**独立的な存在**についての私の標準的議論の一つを[1]，ここに繰り返すことにしよう。

実験(1)。われわれのあらゆる機械と道具が破壊され，また機械や道具とそれらの使い方とについてのわれわれの主観的知識をも含めて一切のわれわれの主観的学識が破壊される。しかし**諸々の蔵書とそれから学習するわれわれの能力**は生き残る。明らかに，多くの被害ののちに，われわれの世界は再びまた運転を開始できる。

実験(2)。前と同じように，機械と道具が破壊され，また機械や道具とそれらの使い方についてのわれわれの主観的知識をも含めてのわれわれの主観的学識が破壊される。しかしこのたびは，**すべての蔵書も破壊される**。したがって書物から学習するわれわれの能力は役に立たなくなる。

もしあなた方がこれらの二つの実験について考えてみるならば，第三世界の実在性，意義，自律性の度合が（第二世界および第一世界におよぼす第三世界の効果とともに）いささかよりはっきりしてくるであろう。なぜなら，第二のケースにおいては，数千年のあいだわれわれの文明の再現は決してないであろうからである。

この講演で私は，認識論にかかわる三つの主要テーゼを擁護しようと思う。認識論を私は**科学的知識**の理論と解している。

私の第一テーゼはこうである。伝統的認識論は主観的意味における――「私は知る」とか「私は考える」という言葉の日常的用法の意味における――知識や思考を研究してきた。これは認識論の研究者を見当はずれに導いた，と私は主張する。科学的知識を研究しようとしながら，彼らは実際には科学的知識とは何のかかわりもないものを研究した。それというのも，**科学的知識**は，「私は知る」という言葉の日常的用法の意味における知識ではまったくないからである。「私は知る」という意味における知識は，私が「第二世界」と呼ぶもの，**主体**の世界，に属するのに対し，科学的知識は第三世界に，客観的理論・客観的問題・客観的議論の世界に属する。

---

(1) この議論は Popper, 1962, vol. ii のものを改作したものである。同書の108頁を参照。（本章での参照文献の詳細は，章末150―2頁の「文献リスト」にあげられている）。

したがって，ロック，バークリ，ヒューム，およびラッセルの伝統的認識論は言葉のかなり厳密な意味において見当はずれである，というのが私の第一テーゼである。現代の認識論の大部分もまた見当はずれである。というのがこのテーゼの系である。これには現代認識論理学が含まれる。もしそれが科学的知識の理論をめざしているのだと仮定すれば，であるが。しかしながら，いかなる認識論理学者も，自分は**科学的知識の理論**に寄与することをめざすものではないと明言することによって，私の批判から完全に自分を免疫にさせることが簡単にできる。

私の第一テーゼは，知識または思考が二つの異なった意味において存在しているということを含意している。(1)心または意識の状態，あるいは行動ないし行為への性向から成る，**主観的意味における知識または思考**と，(2)問題・理論・議論そのものから成る，**客観的意味における知識または思考**とがそれである。この客観的意味における知識は，知っているというなんぴとの主張からもまったく独立している。それはまた，なんぴとの信念または同意し主張し行為する性向からも独立している。客観的意味における知識は，認識**者のいない知識**である。それは**認識主体なき知識**である。

客観的意味における思考について，フレーゲ(*)はこう書いた。「**思考**ということによって私は，考えるという主観的行為でなく，その**客観的内容を解す**る(2)」と。

思考の二つの意味とそれらの相互関係は，ハイティング(**)(1962，p.195.) からのきわめて説得力ある次の引用文によって例証できる。彼は連続体論の発見というブロウアー(***)の行為について，こう述べている。

(*) フレーゲ (Gottlob Frege 1848—1925) はドイツの数学者，論理学者，哲学者。数学は論理学によって構成されるべきものであるという論理主義にもとづいて，自然数論の厳密な導出を試み，そのための必要から命題論理学と述語論理学の厳密な定式化をおこなった。意味論の分野でも，数学に関連して独自の見解を展開し，現代の意味論の源泉をなしている。石本新訳編『論理思想の革命』，東海大学出版会．1972年を参照。

(2) Frege, 1892, p.32. を参照。太字は私のもの。

(**) ハイティング (Arend Heyting 1898—) は現代イギリスの論理学者，数理哲学者。直観主義の論理を記号化し，従来の論理との関係を明らかにした。

(***) ブロウアー(Luitzen Egbertus Brouwer 1881—1966) はオランダの数学者で，数学基礎論における直観主義の創始者。彼によれば数学的存在は数学を考える精神とは独立に存在するそれ自体の存在でなく，人間の精神が自由選択系列 (freiwerdende Wahlfolge) の媒体である時間において 2—1 (Zwei-Eins) の直観にもとづいて「実際に構成する」かぎりにおいてのみ「存在」するものである。このような立場から彼は数学で用いられる論理に鋭い批判の

「もし帰納的関数が以前に発明されていたとしたら，彼［ブロウアー］はおそらく——私の思うに不幸なことであったろうが——選択系列という観念を作り出さなかったであろう」。

この引用文は一方においてブロウアーのある**主観的な思考過程**について言及しており，もし**客観的な問題状況**が異なっていたとしたら（不幸なことであったであろうが）そのような思考過程は生じなかったかもしれない，といっている。したがってハイティングは，ブロウアーの主観的思考過程へのある種の可能な**影響**を指摘し，また彼はこれらの主観的思考過程の価値に関して自分の意見を表明しているのである。ところで興味あるのは，影響は，影響**としては**主観的たらざるをえない，ということである。ブロウアーが帰納的関数を主観的に認知していた場合にはじめて，自由選択系列の発明が妨げられるという不幸な結果が生じえたであろう。

他方，ハイティングからの引用文は，二つの思考または理論の**客観的内容**のあいだの一定の客観的関係を示唆している。ハイティングはブロウアーの頭脳過程の主観的条件または電気化学に触れずに，**数学における客観的問題状況**と，これらの客観的な諸問題の解決に心を傾けたブロウアーの主観的思考行為へのその可能的な影響について言及している。私はこの点を次のように叙述しようと思う。ハイティングの指摘はブロウアーの発明の客観的または第三世界な**状況論理**についてのものであり，第三世界の状況が第二世界に影響を及ぼしうることを含意しているものである，と。同じように，もしブロ

目を向け，その結果として「排中律」の無制限な使用は不当であると主張した。たとえば，彼の立場からすると，「性質Pをもつ自然数は，存在するかしないかいずれかである」という命題は，その性質Pをもつ自然数が実際に構成されるか，または性質Pをもつ自然数が存在すると仮定して矛盾を導く証明が実際に示されたときにだけ正しい。どちらの事実も未確定の場合には，上の命題は真とも偽ともいえない。つまり排中律は必ずしも成立せず，したがって一般的論理法則とはいえないのである。また，ある命題Aの否定を仮定して矛盾を導く二重否定による証明を，彼は拒否する。Aの二重否定が証明されたとき，通常はこれをもってAが正しいと主張される（背理法）のであるが，たとえばAを「どんなxについても性質Eをもつxが存在する」という存在命題だとすると，その二重否定「どんなxについても性質Eが属さないことがないならば，性質Eをもつようなxが存在する」は，Aをみたすxがないとすると矛盾するということを意味するが，しかしそれだけからは「すべての」を含む存在命題Aをみたすxを実際に構成することができないから，Aの二重否定→Aは論理法則とは認めがたい，というわけである。カントの数理哲学に由来するこの禁欲的な構成主義は激しい議論をよびおこし，数学基礎論を深める機縁となった。（この訳注は本章の第6節と関連させて読まれたい）。

ウアーが自由選択系列を発明しなかったら不幸であったろうというハイティングの示唆は、ブロウアーの思考の**客観的内容**が価値のあるまた興味のあるものであった——つまりそれが第三世界の客観的問題状況を変化させたという点で価値のある、また興味あるものであった——ということを述べているものである。

事態を簡単にいいあらわすとこうなる。もし私が「ブロウアーの思考はカントによって影響された」とか、「ブロウアーはカントの空間論を拒否した」というとすれば、私は少なくとも部分的には主観的意味における思考の行為について語っているのである。「影響」という言葉は思考諸過程または思考の諸行為の前後関係をあらわしている。しかしながら、もし私が「ブロウアーの思考はカントの思考といちじるしく異なっている」というならば、私が主として内容について語っていることはきわめて明白である。そして最後に、もし私が「ブロウアーの思考はラッセルの思考と両立しえない」というとすれば、「**両立しえない**」といった**論理的用語**を使うことによって、私が「思考」という言葉をフレーゲのいう客観的意味においてだけ用いていること、また私が理論の客観的内容または論理的内容についてだけ語っていることを、私は一意的に明らかにさせている。

日常言語が不幸にして第二世界における「思考」と第三世界の意味における「思考」について別個の名辞をもっていないのとまったく同様に、それに対応した「私は知っている」と「知識」との二つの意味について日常言語は別個の名辞をもちあわせていない。

この両方の意味が存在することを示すために、私はまず三つの主観的または第二世界的な例をあげよう。

(1) 「私は君が私を挑発させようとしているのを**知っている**が、しかし私は挑発にのらない」。

(2) 「フェルマの最終定理(*)がまだ証明されていないことを私は**知っている**が、私はそ

(*) フェルマ (Pierre de Fermat 1601—1665) はフランスの数学者で、数論研究により近代整数論の端緒をひらき、解析幾何学をはじめ、微積分学の先駆者となった。「フェルマの大定理」または「最終定理」とは「n を 2 より大きい自然数とするとき、$x^n+y^n=z^n$ は整数解 $x, y, z (xyz\neq o)$ をもたない」という命題である。フェルマはディオパントスの数論のラテン訳を発行したとき (1621年)、その手控本の余白にピタゴラスの定理に関連して上の結果を記した後に、続いて「その証明を記すにはこの欄外は狭すぎる」という有名な言葉を残した。彼自身が果して証明していたかどうかはわからないが、そのご幾多の数学者の努力にもかかわらず

第3章 認識主体なき認識論

れがいつか証明されるであろうと信じている」。

(3) 『オクスフォード英語辞典』の「知識」の項から。**知識**は「気づいているまたは知っている状態」。

次に，三つの客観的または第三世界的な例をあげよう。

(1) 『オクスフォード英語辞典』の「知識」の項から。**知識**は「学問の分野，科学，学芸」。

(2) 「**数学的知識**の現状を考えれば，フェルマの最終定理が決定不能である〔一般的な解答手続きの有無を見出せない〕ことはありうるように思われる」。

(3) 「このテーゼが**知識に対する**独創的で有意義な**寄与**であることを私は保証する」。

これらのごくありふれた諸例は，私が「客観的意味における知識」ということで何を意味したかをはっきりさせるためのものでしかない。私が『オクスフォード英語辞典』を引用したことは，言語分析の容認と解されたり，言語分析の唱導者たちの欲求を満足させようとする企てと解されてはならない。この引用は，「日常言語」が私のいう第三世界の客観的意味における「知識」をも包含していることを証明しようとしてなされたものではない。事実，『オクスフォード英語辞典』のなかに「知識」の語の客観的用法の実例を見出して私は驚いた。(「知る」のいくつかの少なくとも部分的に客観的な用法を見出して，私はさらにいっそう驚いた：「区別すること。……(物，場所，人を) よく見知っていること。……理解すること」。これらの用法が部分的に客観的でありうることは，以下での論述から明らかになるであろう)[(3)]。いずれにせよ，私の諸例は論証として意図されたものでなく，もっぱら例示として意図されたものである。

これまで論証せずにただ例証だけしてきた私の**第一テーゼ**は，こうであった。第二世界に，あるいは主観的意味における知識にもっぱら注意を向けた伝統的認識論は，科学的知識の研究とは何のかかわりもないものである。

私の**第二テーゼ**はこうである。認識論にとって重要で有意義なものは，科学的問題と問題状況の，科学的推測 (私はこれを科学的仮説または理論の単なる別語と解する) の，

---

n のいくつかの個々の場合に定理が証明されたほかは，今日なお一般的には証明されておらず，また反例もあげられていない。しかしこの研究の副産物として整数論に大きな進歩がもたらされたことは特筆に価する。

(3) 以下の第7・1節を参照されたい。

科学的討論の，批判的議論の，議論において証拠の演じる役割の，それゆえ科学的な雑誌や書物の，実験と科学的議論におけるその評価の，研究である。簡単にいうと，客観的知識の**大幅に自律的な**第三世界の研究が，認識論にとって決定的重要性をもつということである。

私の第二テーゼに述べられた認識論的研究は，科学者たちが自分らの推測を真であると，あるいは「知る」という言葉の主観的意味においてそれらの推測を「知っている」と，あるいはそれらを信じているとめったに主張しないことを明らかにする。一般に科学者たちは知っているという主張をしないけれども，彼らはその研究プログラムにおいて，何が実り豊かであり何が実り豊かでないか，いかなる研究方向が客観的知識の第三世界におけるさらに進んだ成果を約束するか，についての推測にもとづいて行動する。いいかえると科学者は，**客観的知識の第三世界**の目前に差し迫った**発展**に有望であるものについての推測にもとづいて，あるいはそういいたければ**主観的信念**（というのは行動の主観的基礎をそう呼べるから）にもとづいて行動する。

このことは，（主観主義的認識論の無意義性についての）私の**第一テーゼ**と（客観主義的認識論の有意義性についての）私の**第二テーゼ**の両方に有利な論拠を提供する，と私は思う。

しかし私は**第三のテーゼ**をもっている。それはこういうものである。第三世界を研究する客観主義的認識論は，主観的意識の第二世界を，とりわけ科学者の主観的思考過程を明らかにするのをおおいに助けることができる。しかし，**その逆は真でない**〔第二世界の研究が第三世界の研究を助けるとはいえない〕。

以上が，私の三つの主要テーゼである。

私の三つの主要テーゼに加えて，私は三つの援助テーゼを提示する。

そのテーゼの第一は，第三世界はクモの巣に比較しうる人間的動物の自然的産物である，というものである。

第二の援助テーゼ（そして私の思うに，ほとんど決定的なテーゼ）は，第三世界はわれわれが絶えず働きかけ，また働きかけられるものではあるけれども，大幅に**自律的**である，というものである。つまり第三世界は，われわれの産物であるとともにわれわれに——第二世界の，さらには第一世界の住人**としての**われわれに——対し強力なフィードバック効果をもつという事実にもかかわらず，自律的である。

第三の援助テーゼは，こうである。客観的知識が成長するのはわれわれ自身と第三世界との相互作用を通じてであり，知識の成長と生物学的成長——つまり動植物の進化——とのあいだには密接な類似性がある。

2. 第三世界への生物学的アプローチ

本節で私は，自律的世界の存在を一種の生物学的または進化論的議論によって擁護しようと思う。

生物学者は諸動物の行動に関心を向けることができる。しかしまた彼は，クモの巣とか，スズメバチやアリの作った巣，アナグマの穴，ビーバーの作ったダム，森のなかの動物たちの作った小径といった，動物たちが産出した**生命のない構造**のあるものに関心を向けることができる。

これらの構造の研究から生じる問題の二つの主要な部類を私は区別しようと思う。その第一の部類は，動物たちによって**用いられる方法**，またはこれらの構造を作り上げるときの**動物たちの行動の仕方**に関する問題から成る。それゆえ第一の部類は，**生産の営みに関する問題**，動物たちの行動性向に，また動物とその産出物との関係に，関する問題から成っている。第二の部類の問題は，**構造そのもの**に関するものである。それは，構造のうちに用いられている諸素材の化学に，それら構造の幾何学的および物理学的性質に，特殊な環境条件によって左右されるそれらの進化的変化に，そしてまたそのような環境的諸条件へのそれら構造の依存または適応に関するものである。また構造の諸性質から動物の行動へのフィードバック関係も，**非常に重要である**。この第二の問題群——つまり構造そのもの——を扱う場合，われわれは諸構造をそれらの生物学的**機能**の観点から考察しなければならないであろう。したがって第一部類のうちのある問題は，われわれが第二部類の問題を論議する場合に疑いなく生じてくるであろう。たとえば，「この巣はいかにして作られたか」とか，「その構造のいかなる側面が典型的（それゆえおそらく伝統的または遺伝的）であり，いかなる側面が特殊諸条件に順応した変形であるか」といった問題がそれである。

最後にあげた私の問題例が示しているように，第一部類の諸問題——つまり構造の産出の問題——は，時としては第二部類の問題によって提案されるであろう。そうならざるをえないのは，両部類の問題は**そのような構造が存在するという事実**，それ自体第二

の部類に属するところの事実に依存しているからである。したがって**構造そのものの存在**が両部類の問題を生み出すといえるであろう。第二部類の問題——構造そのものに関する問題——は，より基本的だといえる。それが第一部類から前提としているすべては，その構造がある動物によって何らかの仕方で**産出される**という単なる事実にすぎない。

ところで，これらの単純な考察は，いうまでもなく**人間活動の産物**——家とか道具とか芸術作品といったものにも適用できる。

われわれにとって特に重要なのは，われわれが「言語」と呼ぶもの，およびわれわれが「科学」と呼んでいるものへの適用である。[(4)]

これらの生物学的考察と私の講演の主題との関連は，私の三つの重要テーゼを再定式することによって明らかにできる。私の第一テーゼは次のようにいいあらわせる。すなわち，哲学における現在の問題状況にあっては，二つの部類の問題—— 一方における生産問題と，他方における産出された構造そのものの問題と——の相違をはっきり認識することほど重要なことはない，と。私の第二テーゼは，第二部類の問題，つまり産出物そのものに関する問題はほとんどすべての点において第一部類の問題（産出の問題）よりもいっそう重要である，というものである。私の第三テーゼはこうである。第二部類の問題は生産問題の理解にとって基本的である：第一印象とは反対に，われわれは生産行為を研究することによって生産物について学びうるよりも，生産物そのものを研究することによって生産行動についてずっと多くのことを学ぶことができる。この第三のテーゼは，反行動主義的かつ反心理学的テーゼといえる。

「知識」と呼びうるものに適用すると，私のテーゼは次のように定式化できる。

(1) 一方における科学的知識に対する個人的貢献と結びついた諸問題と，他方における科学的理論や科学的論証のようなさまざまな産物の構造と結びついた諸問題との差異を，われわれはつねにはっきり自覚しなければならない。

(2) 生産物の研究は，生産の研究よりも，生産およびその方法の理解にとってさえ，ずっと重要である，ということをわれわれは認識すべきである。

(3) われわれは諸理論ならびにそれらに対して提示された賛成または反対の議論を研究することによって，いかなる直接行動主義的な，または心理学的な，または社会学的なアプローチによるよりも，発見法・方法論について，また研究の心理学についてさえ，

---

(4) これらの「人工物」については，Hayek, 1967, p.111. を参照。

ずっと多くを学ぶことができる。一般に，われわれは産物の研究から行動と心理について非常に多くのものを学ぶことができる。

以下で私は，産物——理論および論証——の側からするアプローチを，「客観的」アプローチまたは「第三世界」アプローチと呼ぶことにする。そして科学的知識に対する行動主義的，心理学的，社会学的アプローチを，「主観的」アプローチまたは「第二世界」アプローチと呼ぶことにする。

主観的アプローチの魅力は，それが**因果的**であるという事実に主としてもとづいている。私が優先性を主張する客観的諸構造が，人間の行動によって原因づけられていることを私は認める。因果的であるので，主観的アプローチは，原因からでなくいわば結果から出発するところの客観的アプローチよりも科学的であるように見えるかもしれない。

客観的構造が行動の所産であることを私は認めるけれども，その議論は誤っていると私は主張する。すべての科学において，通常のアプローチは結果から原因へと進むものである。結果は問題を——説明されるべき問題，被説明項を——生み出し，科学者はその問題をば，仮説を構成することによって解決しようと試みる。

客観的所産に力点をおいた私の三つの主要テーゼは，それゆえ，目的論的でも非科学的でもない。

3. 第三世界の客観性と自律性

知識に対して誤った主観的アプローチがとられる主たる理由の一つは，本は読者がなければ何物でもないという感覚である：理解されてはじめて，本は本当に本となる：そうでなければ，本は黒い斑点のあるただの紙である〔といった考えである〕。

この見解は多くの点で誤っている。スズメバチの巣は，住まわれなくなって置き去りにされた後でさえ，スズメバチの巣である。鳥の巣は，たとえ住まわれなくなったとしても，鳥の巣である。同じように，本は（今日容易に生じうるように）たとえ決して読まれなくとも，本——ある種のタイプの産物——であり続ける。

さらに本は，あるいは叢書でさえ，誰かある人によって書かれたものであることを要しない。たとえば，対数の本のシリーズは，コンピューターによって産出され印刷されうる。それは対数の書物のうちで最良のシリーズであるかもしれない——それは小数点以下15位までの対数を含んでいるかもしれない。それは方々の図書館に送られるかもし

れないが，利用するには余りにも煩わしいと認められるかもしれない。少なくとも，誰かがそれを使用するまでには多くの年月が空しく過ぎるかもしれない。そして（数学的定理を表わしている）そのなかの多くの図表は，人間が地球上に生きているうちには決して省りみられないかもしれない。しかしこれらの図表のそれぞれは，私が「客観的知識」と呼ぶものを含んでいる。そして私がそれをこの名称で呼ぶ資格があるかないかという問題は，まったく重要でない。

対数の本についてのこの例は，こじつけに思われるかもしれない。しかし，そうではない。ほとんどすべての書物がこのようなものなのだ，と私はいわなければならぬ。それは真または偽の，役に立つまたは役に立たない客観的知識を含んでいる。そして，誰かがいつかそれを読み，その内容を本当に理解するかどうかは，ほとんど偶然的である。書物を分別をもって読む人は，稀れ人である。しかしたとえ彼がより月並な人間であったとしても，そこにはつねにたくさんの誤った理解と誤った解釈があるだろう。そして白紙上の黒い斑点を書物に，あるいは客観的意味における知識の一例に変じるのは，このような誤解の現実的なそしていささか偶然的な回避ではない。むしろ，もっと抽象的なものである。ある物を本にさせるのは，理解される可能性または潜在性，理解され解釈される，あるいは誤って理解され誤って解釈される，その潜在傾向的性格である。そしてこの潜在性または性向は，決して現実化または実現化されることがなくても存在しうる。

このことをもっとはっきり知るために，人類が絶滅したあとにいくつかの本または叢書が，ある文明化されたわれわれの後継者たち（彼らが文明化されるにいたった地上の動物であるか外界からの来訪者であるかは問題でない）によって発見されると想像しよう。それらの書物は解読されるかもしれない。議論のために，それらが以前には決して読まれたことのなかった対数表であるとしよう。このことは，ある物を本たらしめるうえで本質的なものが，思考的動物による作成ということでもなければそれが実際に読まれ解釈されたという事実でもないこと，それが解読されるかもしれないということで十分であること，を明らかにする。

それゆえ私は，客観的知識の第三世界に属するためには書物は——原則的に，または事実上——誰かによって理解されることが可能でなければならない，と認める。しかし，私はそれ以上のことを認めない。

第3章　認識主体なき認識論

こうしてわれわれは，書物そのものの，理論そのものの，問題状況そのものの，論証そのものの，等々の一種のプラトン的（またはボルツァーノ的）第三世界が存在する，ということができる。そして私は，この第三世界は人間的産物であるけれども，そこには人間によって生み出されたり理解されることの決してなかった，また決して生み出されたり理解されえぬ，多くの理論そのもの，論証そのもの，問題状況そのものが存在する，と主張する。

このような問題状況の第三世界が存在するという主張は，多くの人びとにきわめて形而上学的で疑わしいものと映じるであろう。しかしこの主張は，その生物学的類似物を指摘することによって擁護できる。たとえば，それは鳥の巣の領域にその十分な類似物をもっている。数年前，私は庭園用の贈物をもらった——鳥の巣箱である。もちろん，それは人間の作ったもので，鳥の作ったものではない——われわれの例示した対数表が人間の産物というよりはコンピューターの産物であったのとまったく同様に。

しかし鳥の世界の脈絡(コンテクスト)においては，それは客観的問題状況の一部であり，客観的な機会であった。数年のあいだ，鳥たちは巣箱に気づきさえしないようであった。しかし数年後，巣箱はある青い小鳥によって注意深く調べあげられ，彼らはそのなかに巣を作りはじめさえしたが，じきに放棄した。明らかにここには理解可能な機会があった。特に価値があるものではないように思われるけれども。いずれにせよ，ここには問題状況があった。そして問題は別の年に他の鳥によって解決されるかもしれない。そうでなければ，別の箱がより適切だとわかるかもしれない。その反面，最も適切な箱は，それが使われる前に，取り除かれてしまうかもしれない。箱の適切性の問題は，明らかに客観的な問題である。そして，その箱が使われるかどうかは，部分的には偶然的である。すべての生態学的棲所についてもそうである。それらは潜在的なものであり，そのようなものとして客観的な仕方で研究されうる。これらの潜在的可能性が何らかの生物有機体によって現実化されるかどうかという問題とは独立に。細菌学者はある種のバクテリアまたはカビの培養のためのそのような生態学的棲所をどのようにして作成するかを知っている。それが使用され住まわれるようになるかどうかということは，別の問題である。

現実的または潜在的な理論，書物，論証の客観的世界の大部分は，実際に生み出された書物や論証の意図せぬ副産物として生じる。それらは人間的言語の副産物である，ともいえる。言語そのものは，鳥の巣と同じように，他の目的をめざした諸行為の意図せ

ぬ副産物である。

　ジャングルのなかのけもの道はどのようにして生じるのであろうか。ある動物は水場を得るために下やぶを押し分けて通るかもしれない。他の動物たちはその同じ踏み跡を利用することを簡単に気づくかもしれない。こうしてその踏み跡は利用されることによって広げられ，改善されるかもしれない。それは計画されたものではない——それは容易で素早い運動のための必要の意図せぬ結果である。このようにして道は——人間の場合においてさえ——そもそも作られるのであり，言語やその他もろもろの有用な制度が生み出されるのであって，それらの存在や発展はその有用性に負うているのである。これらの産物や制度は計画され意図されたものでなく，またそれらが存在する以前にはおそらくそれらに対する欲求さえなかったかもしれないのである。しかしそれらは新しい欲求，または新しい一連の目的を生み出しうる。動物や人間の目的構造は「所与」のものでなく，ある種のフィードバック・メカニズムによって，以前の目的から，そしてめざされたあるいはめざされなかったもろもろの結果から，発展するものである。⁽⁵⁾

　このようにして，可能性または潜在性の新しい全世界——大幅に**自律的**な世界——が生み出される。

　きわめて明白な実例は，庭である。十分注意して計画された場合でさえ，庭は部分的に予期せぬ具合になるのが普通である。しかしたとえ計画された通りになったとしても，計画されたもろもろの事物のあいだのいくつかの相互関係が可能性の，可能な新しい目的の，そして新しい**問題**の，全世界を生み出す。

　言語の，推測・理論・論証の世界——簡単にいうと，客観的知識の世界——は，人間の創造にかかわるものであると同時に大幅に自律的なこのような世界のうちで，最も重要なものの一つである。

　自律性の観念は，私の第三世界の理論にとって中枢的なものである。第三世界は人間の産物であり，人間の創造物であるけれども，それは翻って逆に，他の動物の生産物がそうであるように，それ自身の**自律性の領域**を生み出す。

　実例は無数にある。最も注目すべき実例，そして少なくともわれわれの標準的な例として心にとどめておくべき実例は，自然数論に見出せる。

---

　　(5) Hayek, 1967, 第6章，特に96頁；100頁，注12；Descartes, 1637, cp. 1931, p. 89；Popper, 1960, p. 65；1966, section xxiv（つまり本書の284—6頁）を参照。

第3章 認識主体なき認識論

クロネッカー(*)には失礼ながら、私は自然数の系列は人間の構成物であるとするブロウアーに賛成する。しかし、われわれがこの自然数の系列を生み出すのであるけれども、生み出された自然数の系列は翻ってそれ自身の自律的な問題を生み出す。偶数と奇数の区別は、われわれによって生み出されるものでない。素数は、もちろん、同じようにわれわれが生み出そうと意図せずに生み出された自律的で客観的な事実である。これらのケースにおいて、われわれによって**発見**される多くの事実があることは明らかである。ゴルトバッハの推測(**)のようなもろもろの推測がある。そしてこれらの推測は間接的にはわれわれの創造の対象にかかわるものであるけれども、直接的にはわれわれの創造物からともかくも生れ出た、そしてわれわれが制御を加えたり影響を及ぼしたりすることのできぬ、問題と事実とに属する。それらの推測は動かしがたい事実であり、それらについての真理はしばしば発見しがたい。

このことは、第三世界はわれわれによって創造されたものであるけれども大幅に自律的であると私がいう場合に意味したことを例証する。

しかしその自律性は〔絶対かつ完全なものでなく〕部分的なものにすぎない。新しい問題は新しい創造または構成——帰納的関数とかブロウアーの自由選択系列といった——に導き、こうして第三世界に新しい対象を加えうる。そしてすべてのこのような歩みは、**新しい意図しなかった諸事実**、**新しい予期しなかった問題**を、そしてまたしばしば**新しい反証**を生み出すであろう(6)。

そこにはまた、われわれの創作物からわれわれ自身への、第三世界から第二世界への、

(*) クロネッカー (Leopold Kronecker 1823—1891) はドイツの数学者。数に関する理論を正の整数(自然数)の理論に還元し、これによって数学全体を厳密に構成すべきであると主張した。「自然数は神が創りたもうた。その他は人の業である」とは彼の有名な言葉である。ポパーが「クロネッカーには失礼ながら」といっているのはこの点である。

(**) ゴルトバッハの推測とは、ドイツの数学者C.ゴルトバッハ (1690—1767) とL.オイラー (1707—1783) とのあいだにかわされた手紙のなかにある、正の整数を素数の和で表わすとの予想である。すなわち、6以上の偶数は2個の素数の和で表わされ、9以上の奇数は3個の素数の和で表わされるという予想である。十分大きな奇数が3個の素数の和で表わされることは、ヴィノグラドフ (1937) によって初めて証明された。偶数の場合は今日なお未解決であるが、密度0の偶数を除いて偶数が2つの素数の和で表わされることがT.エスターマン(1938)らによって証明された。

(6) 後者の一例はラカトスの「概念伸張的反駁」である。Lakatos, 1963—4を参照。

最も重要なフィードバック効果がある。それというのも，新たに生じる問題は新しい創造へとわれわれを刺激するからである。

この過程は，次のようないささか過度に単純化された図式によって叙述できる（私の1966年の文献〔本書の第6章に当る〕，特に以下の274頁を参照されたい）。

$$P_1 \to TT \to EE \to P_2$$

つまり，われわれはある問題 P_1 から出発し，暫定的解決または暫定的理論 TT に進む。これは（部分的にか全体的にか）誤ったものでありうる。いかなる場合にも，それは批判的議論または実験的テストから成る誤り排除 EE のふるいにかけられるであろう。いずれにせよ，新しい問題 P_2 がわれわれ自身の創造的活動から生れる。そしてこれらの新しい問題は一般にわれわれによって意図的に生み出されるのでなく，どんなにしても生み出すことを避けられない新しい関係分野から，われわれがほとんどそうするつもりがなくても自動的に発生する。

第三世界の自律性と，第三世界の第二および第一世界へのフィードバックとは，知識の成長の最も重要な事実である。

われわれの生物学的考察を押し進めていけば，この考察がダーウィン的進化の理論にとって一般的な重要性をもつことが簡単にわかる。この考察は，われわれがいかにして困難な状況を自力で乗り越えて進んでいくか，を説明する。あるいはもっと知識人向きの用語法でいえば，この考察は「創発」(*)を説明する。

4. 言語，批判，第三世界

われわれ自身および特にわれわれの頭脳へのきわめて重要なフィードバック効果をもった人間的創造物のうちで最も重要なものは，人間言語のより高次の諸機能，とりわけ**叙述的機能**と**論証的機能**である。

(*) 創発 (Emergence) とは，一般に進化論で用いられる概念で，先行与件から予測したり説明したりすることが不可能な発展をいう。イギリスの哲学者 G.H. ルイス (1817—79) がその著『生命と心の問題』(4巻，1874—79) のなかで「創発的特性」の概念を導入し，それにもとづいて C.L. モーガンが『創発的進化』(1923) で提唱した概念。生物の進化の歴史のなかで，生物の発生，神経系をそなえた生物の出現，人間の出現などのいくつかの段階において，先行の諸状態に基礎はおいているものの，それらからは直接予測することができないような飛躍が認められる，というのがモーガンの主張で，これらを創発の典型例と考えた。

第3章 認識主体なき認識論

　人間の言語は二つの低次の言語機能を動物言語と共有している。すなわち，(1)自己表出機能と(2)信号的機能とがそれである。言語の表出的機能または徴候的機能は明白である。すべての動物言語は，ある有機体の〔内的〕状態を外部的に表わしているものである。信号的または解発的機能も明白である。他の有機体に反応を誘発しうるものでないかぎり，われわれはいかなる徴候をも言語的と呼ばない。

　すべての動物的言語とすべての言語的現象は，これら二つの低次機能を共有している。しかし人間の言語は，多くの他の機能をもっている[7]。まことに奇妙なことに，より高次の諸機能のうち最も重要なものが，ほとんどすべての哲学者によって無視されてきた。なぜこのような奇妙なことが生じたかといえば，より高次の機能が存在する場合には二つのより低次の機能がつねに存在し，それゆえすべての言語現象をより低次の機能によって「**表現**」または「**伝達**」として説明することがつねに可能であるということからである。

　人間言語の二つの最も重要な高次機能は，(3)**叙述的**機能と，(4)**論証的**機能である[8]。

　人間言語の叙述的機能とともに，**真理**という，つまり事実に合致する叙述という規制的観念が生じる[9]。

　さらなる規制的または評価的観念は，内容，真理内容，および真理らしさである[10]。

　人間言語の論証的機能は叙述的機能を前提とする。論証は，基本的に，叙述に関するものである。論証は真理，内容，真理らしさという規制的諸観念の見地から叙述を批判するものである。

---

　(7)　たとえば，助言的，奨励的，虚構的，などの諸機能。

　(8)　Popper, 1963, 特に第4章と第12章, および134頁, 293頁, 295頁でのBühler, 1934への言及を参照。ビューラーは低次諸機能と叙述的機能との決定的相違を論じた最初の人であった。のちに私は，私の批判理論の帰結として，叙述的機能と論証的機能との決定的差異を見出した。Popper, 1966, section xiv and note 47をも参照。また本書の以下の265頁をも見られたい。

　(9)　現代論理学の偉大な発見の一つは，アルフレト・タルスキーの真理の（客観的）対応理論（真理＝事実との対応）の再確立である。私の本論はすべてをこの理論に負うている。しかし，いうまでもなく，私は本論文でおかされるいかなる誤りにもタルスキーをまきぞえにしようとは思わない。

　(10)　先の注および Popper, 1962a, 特に 292頁 ; Popper, 1963, chapter 10 and Addenda; また本書の先の53—71頁および以下の第9章を参照。

ところで，ここでは次の二点がとりわけ重要である。

(1) 身体外的叙述言語——道具のように，身体の外部に発展する言語——の発展がなければ，われわれの批判的討論にとって**いかなる対象も**存在しえない。しかし叙述的言語の（そしてさらに，書かれた言語の）発展とともに，言語的第三世界が発生しうる。合理的批判の問題と規準とが発展しうるのは，このようにしてのみであり，またこの第三世界においてのみである。

(2) われわれの人間性，われわれの理性は，言語の高次機能のこの発展のおかげである。それというのも，われわれの推理力は批判的論証の力にほかならないからである。

この第二点は，**表現**と**伝達**に焦点をおいたあらゆる人間言語理論が軽薄で無価値であることを示している。のちに見るように，自己を表現しようとする傾向をもつ——としばしばいわれる——人間有機体は，その構造においてきわめて大幅に言語の二つの高次機能の発現に依存しているのである。

言語の論証的機能の進化とともに，批判はさらなる成長の主要手段となる。（論理学は**批判の道具**とみなしうる。私の1963年の文献の64頁を参照）。言語の高次機能の自律的世界は，科学の世界となる。そして本来的には動物の世界にも原始人の世界にも当てはまる図式

$$P_1 \to TT \to EE \to P_2$$

は，体系的な**合理的批判**による誤り排除を通じての知識の成長の図式になる。それは，合理的討論による真理と内容の探求の図式になる。それはわれわれが困難な事態を自力で乗り越えて進んでいく仕方を叙述している。それは進化的創発の，**選択と合理的手段とをもってする**われわれの**自己超越**の，合理的叙述を与える。

要するに，「知識」の意味は，あらゆる言葉の意味と同様に，重要でないけれども，その〔知識という〕言葉の異なった意味を区別することは重要である。

(1) 行動へのある種の生得的な性向，およびそれらの後天的修正から成る主観的知識。

(2) 客観的知識，たとえば推測的理論，未解決の問題，問題状況，論証などから成る科学的知識。

科学におけるすべての仕事は，客観的知識の成長をめざした仕事である。われわれは，大寺院を建築するために働き続ける石工のごとく，客観的知識の成長を増大させつつある労働者なのである。

われわれの〔科学的〕仕事は，人間のすべての仕事と同じように，誤りをおかしやすいものである。われわれは絶えず誤りをおかす。そしてわれわれには達成できないかもしれぬ客観的規準——真理，内容，妥当性，その他の諸規準——がある。

言語，問題の定式化，新しい問題状況の発見，競合的な諸理論，議論による相互批判——すべてこれらのものは，科学的成長にとっての不可欠の手段である。(動物的言語がもっていない) 人間言語の最も重要な機能または次元は，叙述的機能と論証的機能である。これらの機能の成長は，われわれの行動の意図せぬ結果であるけれども，いうまでもなくわれわれが作り出すものである。このようにして豊かにされた言語の枠内においてのみ，はじめて批判的議論と客観的意味における知識が可能となる。

第三世界の進化がわれわれ自身に——われわれの頭脳，われわれの伝統（もし誰かがアダムの出発したところから出発するとしたら，彼はアダムがなしとげた以上のことをなしとげないであろう），われわれの行動性向（つまりわれわれの信念），およびわれわれの行動に——及ぼす反作用またはフィードバック効果は，いくら大きく評価しても評価しすぎない。[11]

すべてこれとは反対に，**伝統的認識論**は第二世界に関心をよせる。つまり，ある種の信念——知覚にもとづいた信念といった，正当と認められうる信念——としての知識に関心をもつ。その結果，この種の信念哲学は，科学者が自分たちの理論を批判し，その理論を殺すという決定的現象を説明できない（また説明しようとさえ試みない）。**科学者は自分たちの偽なる理論を排除しようと努める。彼らは，自分たちの代りに理論を死なせようと努める。信仰者は——動物であれ人間であれ——彼の誤った信念とともに滅びるのだ。**

5. 歴史的論評

5.1. プラトンと新プラトン主義

---

(11) 信念は賭けに対する積極的な態度によって測定できるという説は，1771年において周知なものとみなされた。Kant, 1778, p. 852. を参照。〔「誰かの主張するところが，単なる我見であるか，それとも……彼の確固たる信念であるかを吟味する普通の試金石は賭である。誰でもしばしば自分の主張を自信に満ちた不敵な傲岸さをもって言明するが，……全生涯の幸運をそれに賭けねばならぬことを考えると，われわれの昂然たる判断はたちまち萎縮し，極度に臆病になり，かくてはじめて，われわれの信念がそこまでいたらないことを発見するのである」〕。

われわれすべてが知っているように，プラトンは第三世界の発見者であった。ホワイトヘッドが評したごとく，すべての西洋哲学はプラトンへの脚注から成っている。

私はプラトンについて三つの短評だけを加えようと思う。そのうち二つは批判的なものである。

(1) プラトンは第三世界を発見しただけでなく，第三世界がわれわれ自身に及ぼす影響またはフィードバックの役割をも発見した。彼は，われわれが彼の第三世界の諸観念をとらえようと試みるものであること，またそれらの諸観念を説明として用いることを理解した。

(2) プラトンの第三世界は神的なものであった。それは不変であり，またいうまでもなく真であった。したがって彼の第三世界と私の第三世界とのあいだには，大きな懸隔がある。私の第三世界は人間によって作られたものであり，変化するものである。それは真なる理論だけでなく偽なる理論も，また特に未解決の問題，推測および反駁を含んでいる。

そして，対話的議論の巨匠プラトンが議論を単に第三世界にいたる道としか認めなかったのに対し，私は議論を第三世界の最も重要な住人とみなす。未解決の問題がそうであることはいうまでもない。

(3) プラトンは形相またはイデアの第三世界がわれわれに究極的説明（つまり本質による説明――私の1963年の文献，第3章を参照）を提供すると信じた。それゆえ彼はたとえばこう書いている。「もし絶対的な美の観念のほかに何か美しいものがあれば，それはただ絶対的美の観念に与っている**からこそ美しいのである。そしてこのような説明はすべてのものに当てはまる**」（プラトン『パイドン』100C）。

これが究極的説明の理論である。つまり，その説明項をさらにそれ以上説明することのできぬ，また説明する必要もないところの説明の理論である。そしてそれは，**本質による説明**，つまり実体化された言葉による説明の理論である。

その結果プラトンは，第三世界の諸対象を非物質的事物のような，あるいはおそらくは星または星座のような――われわれの心によっては触れがたいけれども，凝視でき，直観しうる――ものと想定した。第三世界の住人――形相またはイデア――が，理論または議論または問題でなく，事物の概念，事物の本質または本性になったのも，このためである。

第3章　認識主体なき認識論

これは哲学の歴史にきわめて広範な影響を与えた。プラトンから今日にいたるまで、ほとんどの哲学者は名目論者であるか、さもなければ本質主義者——と私が呼ぶもの——であった。[12] 彼らは理論の真偽よりも言葉の(本質的)意味により多くの関心をはらう。私は問題をしばしば次のような表のかたちであらわした。

観　念 つまり	
指示項または名辞 または概念	言明または命題 または理論
言　葉	主　張
において定式化されえ、それらは	
有　意　味	真
でありえ、それらの	
意　味	真　理　性
は	
定　義	導　出
によって	
無定義概念	原　始　命　題
のそれに還元されうる	
このような手段によって、それらの 意　味　　　　　　　　　真　理 を（還元でなく）確立しようとする 企ては、無限後退におちいる	

右辺にくらべ、**表の左辺は重要でない**、というのが私の主張である。われわれが関心をはらうべきものは、理論、真理、論証である。もしきわめて多くの哲学者や科学者が今なお理論や理論体系（およびそれらの真理性、または言明の真理性の問題）にくらべ概念や概念体系（およびそれらの意味、または言葉の意味の問題）の方が重要だと考えているとすれば、彼らはプラトンのおかした大きな誤りから今なお被害をうけているのである。[13] なぜなら、概念は、部分的には理論を定式化する手段であり、部分的には理論を要約する手段だからである。いかなる場合においても、概念の意義は主として道具的な

---

(12) Watkins, 1965, chapter VIII, especially pp. 145 f., and Popper, 1959, pp. 420–2; 1963, pp. 18ff., 262, 297f. を参照。

(13) その誤りは伝統的なものであって、「普遍名辞の問題」として知られている。これは「理論の問題」または「すべての人間言語の理論的内容の問題」におきかえられるべきである。

ものである。そしてもろもろの概念はつねに他の概念によっておきかえることができる。

　思考の内容と対象は，ストア主義および新プラトン主義において重要な役割を演じたように思われる。プロティノスは経験的世界とプラトンの形相またはイデアの世界とのあいだのプラトンの区別を保存した。しかしプロティノスは，アリストテレスと同様にプラトンの世界を神の意識のうちに位置づけることによってその世界の超越性を破壊した。(14)

　プロティノスは，第一基体（一なるもの）と第二基体（神的な知性）との区別がなされていないといってアリストテレスを批判した。しかし彼は神的な思考の行為をそれら自身の内容または対象と同一視することにおいてアリストテレスに従った。そして彼は，プラトンの可知的世界の形相またはイデアを神的な知性の意識の内在的状態と解することによって，この見解を仕上げた。(15)

5.2. ヘーゲル

　ヘーゲルは一種のプラトン主義者（というよりも新プラトン主義者）であり，またプ

Popper, 1959, 第4節（新注＊1とともに）および第25節を参照。

　ついでにいっておくと，有名な三つの立場——*universale ante rem*（普遍は個物の先に），*in re*（個物のなかにある普遍），*post rem*（普遍は個物の後に）——のうち，最後のものは，その通常の意味においては，反第三世界であり，言語を表現として説明しようとするものであって，これに対し第一の（プラトン的）ものが親第三世界であることは明らかである。（アリストテレス的）中間の立場（*in re*）に反第三世界であるか，さもなければ第三世界の問題を無視するものであるといえることは，はなはだ興味深い。したがってそれは，概念主義の攪乱的な影響を証言するものである。

　(14) アリストテレス『形而上学』XII (Λ)，7：1072 b 21以下；および9：1074 b15から1075 a 4を参照。この章句（ロスはこれを「神的な思考は，それ自体であるところの最も神的な対象と関係しなければならない」と要約する）は，プラトンへの暗黙的な批判を含んでいる。プラトン的観念とのその類似性は，25行以下において特に明白である：「それは最も神的で最も尊いものを思考しており，またそれは変化しない。なぜなら，変化はより悪いものへの変化であろうから……」。（またアリストテレス『デ・アニマ』429b27 ff. 特に 430a4 〔「理性自身も，思考される対象と同様に思考されるものである。なぜなら，質料をもたないものにおいては，思考するものと思考されるものとは同一であるからである。すなわち，理論的な知識とこのような理論的な仕方で知られる対象は同一であるからである」〕を参照）。

　(15) プロティノス『エンネアデス』，II. 4. 4 (1883, p.153, 3); 111. 8. 11 (1883, p. 346, 6); V. 3. 2—5; V 9. 5—8; VI. 5. 2; VI. 6. 6—7. を参照。

ラトン同様に,一種のヘラクレイトス主義者であった。彼はイデアの世界を変化し進化しつつあるものと考えたプラトン主義者であった。プラトンの「形相」または「イデア」は客観的なものであり,主観的な心の意識的な観念とは何のかかわりもないものであった。それらは神的な,不変の,天的な(アリストテレスの意味における現世外の)世界に住うものであった。これと反対にヘーゲルの理念(イデー)は,プロティノスのそれと同様に,意識的な現象であった。理念はみずから思考し,ある種の意識・ある種の心または「精神」を宿している思考であり,この精神とともに変化し進化するものであった。ヘーゲルの「客観精神」と「絶対精神」が変化をこうむるものであるということは,彼の「精神」がプラトンのイデアの世界(またはボルツァーノの「言明それ自体」の世界)よりも,私の第三世界により類似している唯一の点である。

　ヘーゲルの「客観精神」および「絶対精神」と私の「第三世界」との最も重要な相違は,以下の諸点である。

　(1) ヘーゲルによれば,(芸術的創作品に含まれている)客観精神と(哲学に含まれている)絶対精神とはいずれも人間の生産物から成るものなのだけれども,人間が創造的なのではない。人間を動かすのは実体化された客観精神であり,宇宙の神的な自己意識である。「諸個人は……道具である」,つまり時代精神の道具なのであって,その時代精神の仕事,その「実質的な業務」は「諸個人とは独立に準備され,指定されている」

(Hegel, 1830, 第551節を参照)。それゆえ,私が第三世界の自律性とそのフィードバック効果と呼んだものは,ヘーゲルによって全能なものにさせられることになる。この点は彼の体系の諸側面の一つにすぎないのだが,ここに彼の神学的背景がはっきり現われている。これとは反対に私は,個人の創造的要素,人間とその作品とのあいだの相互(ギヴ・アンド・テイク)作用の関係こそ最も重要なものだ,と主張する。ヘーゲルにおいては,この点が,時代精神がみずからを表現する媒介となるものは偉人であるという教説にと堕落する。

　(2) ヘーゲルの弁証法と私の進化図式
$$P_1 \to TT \to EE \to P_2$$
とのあいだのある種の表面的な類似性にもかかわらず,そこには根本的な相違がある。私の図式は誤りの排除ということを通じてはたらくものであり,科学のレベルにおいては真理の探求という規制的観念のもとでの意識的批判を通じてはたらくものである。

　批判は,いうまでもなく,矛盾の探索と矛盾の排除にある。矛盾を排除するという要

求によって生み出される困難は，新しい問題（P_2）を構成する。それゆえ誤りの排除はわれわれの知識の――客観的意味における知識の――客観的成長をもたらす。それは客観的真理らしさの増大にと導く。それは（絶対的）真理への接近を可能にさせる。

他方，ヘーゲルは相対主義者である。[16] ヘーゲルは，われわれの課題を矛盾の排除という目的をもってする矛盾の探索だとは考えない。それというのも彼は，矛盾は無矛盾の理論体系と同じほど（あるいは，より以上に）良いものだと考えるからである。矛盾は精神が自己発展をとげていく仕組みを与えるものなのだ。それゆえ合理的批判はヘーゲル的自動運動にあっては，人間の創造性がそうであるのと同様に，いかなる役割も演じない。[17]

(3) プラトンが彼の実体化されたイデアをある神的な天界に住わせたのに対し，ヘーゲルは彼の精神（ガイスト）をある神的な意識にと人間化する。人間の観念がある人間的意識を宿しているように，理念（イデー）はある神的な意識を宿している。彼の教説は一貫して，精神は意識であるばかりでなく自我である，というものである。これと反対に私の第三世界は，人間の意識とはいかなる類似性もない。また，第三世界の住人は人間の意識の諸産物であるけれども，意識的観念とか主観的意味における思考とはまったく異なっている。

5.3. ボルツァーノとフレーゲ

ボルツァーノの言明それ自体と真理それ自体なるものは，明らかに，私の第三世界の住人である。しかし彼は，それらのものが世界の爾余の部分とどのような関係に立つものであるかについては，少しも明らかにしなかった。[18]

見方によれば，この点がボルツァーノの中心的難点をなすものであって，私はこの点を，第三世界の身分と自律性をば動物の産物のそれと比較することによって，また第三世界が人間言語の高次機能に由来する事情を指摘することによって，解決しようと試みた。

---

(16) Popper, 1963, chapter 15; Popper, 1962, 第2巻の追録，「事実，規準，真理：相対主義に対するさらなる批判」を参照。

(17) Lakatos 1963—4, p. 234, note 1 （抜刷の59頁）を参照。

(18) Bolzano, 1837, vol. i, § 19, p. 78. では，言明（と真理）それ自体はなんらの現存（'Dasein'），存在，または実在性ももたない，と述べられている。しかし彼はまた，言明それ自体は単に「述べられたもの，したがってそれを述べた人を前提にしているもの」にとどまるものではない，ともいっている。

フレーゲについては，彼が思考の主観的行為または主観的意味における思考と客観的思考または思考内容とをはっきり区別していることに，少しの疑問の余地もない。[19]

たしかに，文の従属節と間接言明とへの彼の関心は，彼を現代認識論理学の父たらしめた。[20] しかし彼は私がこれから（以下の第7節で）提示しようとする認識論理学の批判によって決してそこなわれはしないと私は考える。私の知りうるかぎりでは，彼は科学的知識の理論という意味での認識論をそのような文脈で考えていたのではなかった。

5.4. 経験主義

経験主義——たとえばロック，バークリ，ヒュームの経験主義——は，その歴史的文脈において理解されなければならない。その主要問題は，簡単にいうと，宗教　対　非宗教であった。あるいは，もっと正確にいうと，科学的知識に対比されるキリスト教の正当化または正当づけ可能性であった。

知識が一貫して一種の信念——証拠によって，特に知覚証拠，われわれの感覚の証拠によって正当化された信念——とみなされた理由もそこにある。

科学と宗教の関係に関しての彼らの立場はそれぞれ非常に異なっているけれども，ロック，バークリ，ヒュームは，[21] 証拠の不十分な一切の命題——特に存在含意をもった命題——は拒否されるべきであり，われわれが十分証拠をもち，われわれの感覚の証拠によって証明または実証できる命題だけを受け入れなければならないという主張において，本質的に一致している。

この立場は，いろいろな仕方で分析できる。いささか大まかな分析は，次のような等式の連鎖であろう。それらの大部分はイギリス経験論者たちからの章句によって，またバートランド・ラッセルからの章句によってさえ，[22] 裏づけることができる。

p は感覚経験によって実証または立証される＝われわれが p を信じるのに十分な理由または正当な根拠が存在する＝われわれは p が真であると信じる，または判断する，または断定する，または裁可する，または知る＝p は真である＝p.

---

(19) 先の第1節における Frege, 1892, p. 32 からの引用文，および Frege, 1894を参照。

(20) この道はフレーゲから Russell, 1922, p. 19. と Wittgenstein, 1922, 5. 542とにいたる。

(21) バークリの立場については，Popper, 1963, 第3章の第1節および第6章を参照。

証拠または証明と，証明されるべき主張とを鎔接するこの立場についての一つの注目すべきことは，この立場をとる者はすべて排中律〔「AはBでもなく，またBでないものでもないということはない」〕を拒否せざるをえないということである。というのは，pでもなく非pでもないということが，入手しうる証拠によって十分に支持または証明できる事態が生じうることは明らかだからである。(事実，それは実際に正常な事態であろう)。しかし，この点はブロウアー以前には誰によっても気づかれなかったように思われる。

この排中律を拒否することに失敗した点は，とりわけバークリにおいて顕著である。それというのも，もし

　　　　　　　存在する＝知覚する

ならば，実在についてのいかなる言明の真理性も知覚言明によってのみ確立されうるからである。しかしバークリは，デカルトとまったく同じように，彼の『対話』において，「信じる理由がなければ」われわれはpを拒否すべきであると示唆する。しかしながら，そのような理由の欠如は，非pを信じる理由の欠如と両立しうるのだ。[23]

6. ブロウアーの認識論に対する評価と批判

本節で私はL.E.J.ブロウアーに敬意を表したいと思う。[24]

---

(22) Russell, 1906—7, p. 45:「真理は信念の性質である」。Russell, 1910:「私は＜信念＞と＜判断＞という言葉を同義的に用いる」(p. 172, footnote)；あるいは「判断は……判断がかかわりをもつ他のさまざまな名辞に対する心の複合的関係である」(p. 180)。彼は「知覚はつねに真である（夢や幻想においてさえ）」とも主張する (p. 181)。あるいは Russell, 1959, p. 183 を参照：「……しかし知識の理論および真理の定義の見地からすれば，重要なのは信念を表現している文である」。また Russell, 1922, pp. 19f. および Ducasse, 1940, pp. 701—11. におけるデュカスの「認識的態度」を参照。ラッセルとデュカスがいずれも主観的または第二世界的意味における知識を研究する伝統的認識論者に属していることは明らかである。

(23) ハイラスとフィロノウスの第二対話 (Berkeley, 1949, p. 218, 15目以下) を参照：「もし信じるべきいかなる理由も見出しえないならば，それはいかなる事物の存在も信じないことの十分理由であると私には思われる」。Descartes 1637, Part IV （第一パラグラフ）を参照：「もしいささかでも疑わしい理由が見出しうるならば，いかなる意見でも明らかに偽なるものとして拒否されるべきである」。

(24) ブロウアーについてのこの節は，私のこの論文が報告された会議の開催される少し前

第3章　認識主体なき認識論

　私が数学者としてのブロウアーを賞賛しようとすることは僭越であろう。ましてや批判しようと試みることはいっそう僭越であろう。しかし，彼の認識論と彼の直観主義的数理哲学の批判を試みることは許されであろう。もし私があえてそうするとすれば，それはブロウアーの考えの明確化とさらなる発展に，たとえいささかなりとも，寄与せんとしてのことである。

　〔アムステルダム大学〕教授就任公開講義（1912年）において，ブロウアーはカントから出発する。カントの幾何学の直観哲学——彼の空間に関する純粋直観の理論——は非ユークリッド幾何学に照して放棄されなければならない，とブロウアーはいう。しかし——と彼はいう——われわれは幾何学を算術化できるから，それには及ばない。われわれはカントの算術理論と，算術は時間の純粋直観に基礎づけられるという彼の説にきっぱりとわれわれの立場をとることができる〔とブロウアーはいう〕。

　このブロウアーの立場はもはや維持できないと私は思う。というのは，カントの空間理論が非ユークリッド幾何学によって打ち破られるといえるとすれば，われわれは彼の時間理論は特殊相対性理論によって打ち破られるといわざるをえないからである。カントはただ一つの時間だけが存在し，（絶対的）同時性の直観的観念が時間にとって決定的である，とはっきりいっているのだから。[25]

　ハイティングの評言といささか似た仕方で，[26] こういえるかもしれない。もしブロウアーがその時にアインシュタインの時間の相対化と非ユークリッド幾何学の類似性を知っていたならば，ブロウアーは直観主義的数学についての彼の認識論的ならびに哲学的考

──────────
に死んだこの偉大な数学者かつ哲学者に敬意を表するために挿入されたものである。ブロウアー（およびカント）の直観主義的数理哲学になじみのない人たちは，この節をとばして第7節に進んでかまわない。

　(25)　「先験的感性論」(Kant, 1778, pp. 46f. ケムプ-スミスの英訳74頁以下) において，カントは (1) 項で同時性の先験的（ア・プリオリ）な性格を，(3) および (4) 項でただ**一つの時間だけ**がありうることを，そして (4) 項で時間は**推論的概念でなく**，「直観の一純粋形式」（あるいは，より正確にいうと，感性的直観の純粋形式）であることを強論している。70頁（ケムプ-スミス版，90頁）の結論の前の最終パラグラフで，彼は時間と空間の直観は知的直観ではないとはっきり述べている。〔訳者補：「われわれは時間と空間との直観の仕方を人間の感性にのみ限る必要はないであろう。……しかし，この直観の仕方はやはり感性的であることには変りはない。それというのも，この直観はまさに派生的直観であって根源的直観でなく，したがって知的直観ではないからである」〕。

　(26)　先の第1節におけるハイティングからの引用文を参照。

えを展開しなかったかもしれない，と。ハイティングを敷衍していえば，これは不幸なことであったろうが。

しかし，ブロウアーが特殊相対性理論からひどく感銘をうけたであろうということは，ありそうにないことである。彼はカントを自分の直観主義の先駆者としてあげるのをやめたかもしれない。しかし彼は彼自身の**個人的時間理論**——われわれ自身の熟知している直接的経験の時間理論を保持しえたであろう。(Brouwer, 1949を参照)。そしてこの理論は相対性理論によって決してそこなわれない。カントの理論はそこなわれたとしても。

それゆえ，われわれはブロウアーをカント主義者として扱う必要はない。だが，われわれは彼をカントからそう簡単に引き離すことはできない。それというのも，ブロウアーの直観の観念と彼の「直観」という語の用法は，そのカント的背景を分析することなしには十分に理解できないからである。

カントにとって，**直観は知識の源泉である**。そして「純粋」直観（「時間と空間の純粋直観」）は知識の確かな源泉である。その源泉から**絶対的確実性**が生じる。カントからこの認識論的理論をはっきり取り入れているブロウアーを理解するうえで最も重要なのは，この点である。

この理論には歴史がある。カントはこの理論をプロティノス，聖トマス，デカルト，その他から受け継いだ。本来，直観とは，いうまでもなく，知覚を意味した。それは，われわれがある対象を眺めるあるいは凝視するときにわれわれが見るまたは知覚するところのものである。しかし，少なくともプロティノス以後，一方における**直観**と他方における**推論的思考**との対置づけが発展した。直観はすべてのものを一目で，ぱっと，無時間的に知る神の道であり，推論的思考は人間の道である。討論の場合におけるごとく，われわれは時間をかけて一歩一歩論証する。

ところで，カントは（デカルトに反対して）次のように主張した。すなわち，われわれは知的直観の能力をもっておらず，このためわれわれの知性——われわれの概念——は，われわれの感覚（感覚的直観）によってわれわれに与えられる素材に適用されるか，さもなければ**「われわれの時間と空間の純粋直観によって構成された概念」**[27]でないかぎ

---

(27) Kant, 1778, p. 741：「概念を構成するということは，その概念に対応するこのア・プリオリな直観［「純粋直観」］を示すことを意味する」を参照。また747頁：「概念による理

り，空虚な，または分析的なものにとどまる，と。このような仕方でのみ，われわれは綜合的知識をア・プリオリに獲得できる。われわれの知性は本質的に推論的である。それは論理によって進まざるをえず，論理は空虚なもの——「分析的」——である。

カントによれば，感覚的直観は純粋直観を前提とする。われわれの感覚は，その知覚を時間と空間の枠組に整序しなければ働くことができない。それゆえ時間と空間は，一切の感覚的直観に先行する。そして時間と空間の理論——算術と幾何学——は，ア・プリオリに妥当する。それらのア・プリオリな妥当性の源泉は**純粋直観**の人間的能力であって，その能力はこの分野だけに厳密に限定されており，また知的または推論的思考の仕方とははっきり異なったものである。

カントは，数学の公理は純粋直観にもとづいたものであるという説を支持した(Kant, 1778, pp. 760f.)。数学の諸公理は，「わかる」または「知る」ということの非感覚的な仕方において，真であると「わかる」または「知る」ことができる。これに加えて，**純粋直観は幾何学における**（また数学一般における）**あらゆる証明の各段階に含まれている**。証明をたどるためには，われわれは（描かれた）図形を見る必要がある。この「見る」は，感覚的直観でなくて，純粋直観である。このことは，たとえその図形がきわめて荒っぽく描かれていたとしてもしばしば説得的たりうるという事実によって，また三角形の作図が**その一つの作図において無数の可能な変形——あらゆる形と大きさの三角形**——をわれわれに示しうるという事実によって，明らかである。

同じような考察は，算術にも当てはまる。カントによれば，算術は数をかぞえることにもとづいている。そしてかぞえる過程は，翻って，時間の純粋直観に本質的にもとづいている。

ところで，数学的知識の源泉についてのこの理論は，そのカント的形態においては重大な困難におちいる。たとえカントのいうすべてのことを認めるにしても，謎が残る。なぜなら，ユークリッド幾何学は，純粋直観を用いているにせよいないにせよ，確実に知的論証を，論理的演繹を用いているからである。**数学が推論的思考を用いているとい**

性の推論的使用と概念の構成による直観的使用との相違がいかに大きなものであるかを明らかにしようと努めてきた」を参照。751頁で「概念の構成」がさらに説明される。「われわれは同形的綜合のやり方で**対象そのものを創造する**のと同様に，時間と空間のア・プリオリな直観においてわれわれの概念を規定することができる」（太字は私のもの）。

うことを否定するのは不可能である。ユークリッドの議論は諸命題と全巻とをつうじて一歩一歩進んでいく。それはただ一つの直観的ひらめきによって考えられたのではない。議論のために，例外なくあらゆる個々の段階において純粋直観が必要であると認めるとしても（われわれ現代人にとってはこのような承認はしがたいが），ユークリッドの段階をふんでの推論的で論理的な導出の手続きはまったく紛れもないものであり，また一般によく知られていることなので（スピノザ，ニュートン），カントがこれを無視しえたということは信じがたい。事実カントは，これらすべてのことをよく知っていた。しかし彼の立場は，(1)「先験的感性論」が「先験的論理学」に先立つという彼の『純粋理性批判』の構造によって，また(2)直観的思考と推論的思考との鋭い区別（支持しがたい鋭い区別と私はいいたい）によって，余儀なくされたものであった。こういう次第だから，カントが幾何学と算術から推論的論証を排除したことには，単に空隙だけでなく，矛盾があるといいたくなるであろう。

　これがそうでないことは，空隙を満たしたブロウアーによって論証された。私がいっているのは，**一方における数学と他方における言語および論理学との関係についてのブロウアーの理論**のことである。

　ブロウアーは，**数学そのものとその言語的表現および伝達とのあいだに鋭い区別**をすることによって，その問題を解決した。数学そのものを彼は言語外的活動，特にわれわれの時間の純粋直観にもとづいた知的構成の活動とみた。この構成によって，われわれはわれわれの直観のうちに，われわれの心のうちに数学の諸対象を創りだし，そのあとで，——それらの創出のあとで——これらの対象を叙述し，他人に伝えようと試みることができる。それゆえ言語的な叙述と，論理をもってする推論的論証は，本質的に数学的活動のあとにくる。それらはつねに，数学の対象——証明といった——が構成されたあとにくる。

　これは，われわれがカントの『純粋理性批判』のなかに摘発した問題を解決する。一見してカントにおける矛盾とみえるものが，次のような理論によって，つまりわれわれは二つのレベル——直観的で知的な，数学にとって本質的な一つのレベルと，推論的で言語的な，伝達にとってだけ本質的な他のレベル——とをはっきり区別しなければならないという理論によって，きわめて巧妙に除去される。

　すべての偉大な理論と同じように，このブロウアーの理論は，その実り豊かさによっ

てその理論が価値あるものであることを示している。それは哲学と数学における三つ一組になった大問題を一挙に解決した。

(1)**認識論的問題**。数学的確実性の源泉，数学的明証性の性質，数学的証明の性質，に関する認識論的問題。これらの問題は，それぞれ，直観は知識の源泉であるという理論によって，われわれはわれわれが構成した数学的対象を直観的に知りうるという理論によって，数学的証明は構成のあとに続く構成（つまり構成の構成）であるという理論によって，解決された。

(2)**存在論的問題**。数学的諸対象の性質とそれら対象の存在様式の性質についての存在論的問題。これらの問題は，二つの側面をもつ一理論によって解決された。すなわち，一面には**構成主義**があり，他の一面にはすべての数学的対象を私が「第二世界」と呼ぶもののなかにおく**唯心論**があるところの理論によって解決された。数学的諸対象は人間の心の構成物であり，それらはもっぱら人間の心のなかの構成物として存在する。それらの客観性――それらの対象としての性格，およびそれらの存在の客観性――は，ひとえに，それらの構成をいつでも意のままに繰り返すことができるという点にある。

こうしてブロウアーは彼の教授就任講義において，こう示唆することができた。直観主義者にとっては数学的対象は人間の心のうちに存在するものであるが，形式主義者にとってはそれらは「紙の上に」存するものである，と。[29]

(3)**方法論的問題**。数学的証明に関する方法論的問題。われわれはきわめて素朴に数学への二つの主要な関心のもたれ方を区別できる。一人の数学者は主として定理に――数学的命題の真偽に――関心をもちうる。他の数学者は主として証明に――あれこれの定理の証明の存在に，またその証明の性格に――関心をもちうる。もし第一の関心が優越しているならば（たとえばポーヤ(*)の場合がそうであるように思われる），それは通

---

(29) Brouwer, 1912, の第三パラグラフの末尾を参照。ブロウアーはそこのところで，数学の存在についてではなく，「数学的精確さ」の存在について語っている。それゆえ，実際には，その章句は存在論的問題(2)についてよりも問題(1)と(3)によりぴったり当てはまる。しかしそれが(2)への適用をも意図されていたことは疑いえない。その章句はドレスデンの訳でこうなっている：「数学的精確さはどこに存在するかという問いに対する答えは，〔直観主義者と形式主義者とでは〕相異なる。……直観主義者は，人間の知性のうちに，という。形式主義者は，紙の上に，という」。

(*) ポーヤ (György Polya, 1887―) は現代ハンガリーの数学者。1928年以来，チューリヒ国立工業大学教授。関数論の研究がある。

常数学的「事実」の発見への関心と，したがってプラトン化された数学的発見法と結びついている。もし第二の種類の関心が優越しているならば，証明は単に数学的対象についての定理を確実にするための手段であるにとどまらず，数学的対象そのものである。ブロウアーの場合がそうであった，と私には思われる。証明であったところのもろもろの構成は，数学的対象の創出と確定であったばかりでなく，同時にそれ自体が数学的対象——おそらくは最も重要な対象——であった。それゆえ，定理を主張することは，それの証明の存在を主張することであり，定理を否定することは反証——つまり定理の不条理性の証明——の存在を主張することであった。このことは直ちに，ブロウアーの排中律の拒否へと，間接証明〔二重否定による証明：「どんな x に対しても性質 E が属しないことがないならば，性質 E をもつような x が存在する」〕の拒否，および数学的存在は問題になっている当の数学的対象を実際に構成すること——いわば眼に見えるようにすること——によってのみ証明できるという主張にと導く。

またそれはブロウアーの「プラトニズム」——つまり数学的諸対象は私が「自律的」存在様式と呼んだものをもち，それらはわれわれによって構成されることがなかったとしても，したがって存在することが証明されなかったとしても，存在するという主張——の拒否にと導く。

これまで私はブロウアーの認識論を，それがカントの数理哲学における困難を解決する企てに発するものであるという推測によって主として理解しようと試みてきた。これから私は本節のタイトルにおいて宣言したこと——ブロウアーの認識論の評価と批判——に進む。

本章の観点からすれば，ブロウアーが数学——そしておそらくは第三世界を加えると私は思う——が人間によって創出されるものであると認めたことは，彼の大きな業績の一つである。

この考えはまったく根本的に反プラトン的なので，ブロウアーがそれを一種のプラトン主義と結びつけうると考えなかったのは十分理解できる。私が〔一種のプラトン主義と〕いっているのは，先の第3節で概説した数学および第三世界の（部分的）**自律性**の理論である。

哲学的観点からみたブロウアーの他の大きな業績は，彼の反形式主義——数学的対象は，われわれがそれについて語りうる以前に存在していなければならないという彼の認

第3章 認識主体なき認識論　　　155

識――である。

　しかし，本節で先に論じた数理哲学の三つ一組の主要問題に対するブロウアーの解決に移ることにしよう。

　(1′)　**認識論的問題**：直観一般，および特殊的には時間の理論。

　私は「直観主義」という名称を変えることを提案するものでない。その名称は疑いなく保存されるであろうから，直観を絶対に誤つことなき知識の源泉とする誤った哲学を放棄することがより重要である。

　知識にはいかなる権威的な源泉もなく，またとりわけ信頼しうるいかなる「源泉」もない。「直観」をも含めてすべてのものがインスピレーションの源泉として歓迎される。特に，もしそれがわれわれに新しい問題を示唆するならば。しかし，いかなるものも安全を保証されておらず，われわれはすべて誤りを犯しやすいものである。

　加うるに，直観と推論的思考とのカントの鋭い区別は支持できない。「直観」は，それが何であるにせよ，主としてわれわれの文化的発展の，また推論的思考におけるわれわれの努力の，産物である。われわれすべてが共有している（そして同じような知的装備をそなえているにもかかわらず動物にはおそらく分有されていない）一つの標準的タイプの純粋直観というカントの考えは，ほとんど容認できない。なぜなら，推論的思考に修練をつんだ後では，われわれの直観的把握は以前のものとはまったく異なってくるからである。

　すべてこのことは，われわれの時間の直観にも当てはまる。ホピィ・インディアンと彼らのわれわれとはまったく異なった時間直観についてのベンジャミン・リー・ウォーフの報告を私は個人としては説得力あるものと認める。しかしたとえこの報告が正しく

――――――――――
　　(30)　私はこの問題を，現在では Popper, 1963, の序説になっている私の講演「知識と無知の源泉について」のなかでかなり詳しく扱った。

　　(31)　'An American Indian Model of Universe' in Whorf, 1956. を参照。

　　(＊)　ウォーフ (Benjamin Lee Whorf, 1897―1941) は，アメリカの言語学者。アズテク語の研究やマヤ文字の解読に成果をあげ，またインディアンの言語と文化を調査した。言語相対主義の立場をとり，サピア＝ウォーフの仮説を立てた。ポパーが参照を求めている論文は，1936年頃に書かれたもので，死後に見出された。それは次のような書出しで始まっている。「ホピィ言語と彼自身の社会の文化しか知っていないホピィ人が，時間と空間とについてのわれわれ自身がもっているのと同じようなそして普遍的なものだと一般的に想定されている観念（しばしば直観とみなされる観念）をもっていると仮定するのは，まったく根拠のないことだ

ないとしても（私はそういうことはないと思うが），それはカントもブロウアーもまったく考えてもみなかったことがありうるということを示している。ウォーフが正しいとすれば，われわれの直観的時間把握——われわれの時間関係の「見」方——は，部分的にはわれわれの言語とそのなかに具現されている理論ならびに神話に依存したものである。つまり，**われわれヨーロッパ人の時間直観は，推論的思考に力点をおくギリシァに淵源するわれわれの文明に大いに負うものであろう。**

ともあれ，われわれの時間直観は，われわれの理論が変るにつれて変化しうる。ニュートン，カント，ラプラスの直観は，アインシュタインの直観と異なる。また，粒子物理学における時間の役割は，連続体の，特に光学の物理学におけるそれと異なる。粒子物理学はカミソリの刃のように拡がりのない瞬間，過去を未来から分かつ「時間点」，したがって拡がりのない瞬間（の一連続体）から成っている時間座標，および任意のそのような拡がりのない瞬間においてもその「状態」が与えられうる世界を示唆するが，光学における事態は非常に異なっている。諸部分が相当の空間的距離をへだてて協同する光学においては，空間的に拡がりのある格子（グリッド）があるのとまったく同様に，そこには諸部分が相当の時間距離をへだてて協同する時間的に拡がりをもつ出来事（さまざまな振動数をもった波）がある。それゆえ，光学によれば，**物理学においてはある時間瞬間における世界の状態はありえない。**この議論はわれわれの直観にたいへんな差異を生み出すであろうし，事実また生み出す。心理学のまやかしの現在と呼ばれてきたものは，まやかしでも心理学に限られるものでもなく，正真正銘のものであり，またすでに物理学において起っている。[(32)]

と私は思う。特にホピィ人は，世界における万物が未来から現在を経て過去に等比率で進んでいくといった，あるいは画像を逆にして，観察者が過去から未来にと連続的に遠ざかっていく継続の流れのなかに運ばれていくといった，円滑に流れていく連続としての時間の一般的観念または直観をなんらもっていない。長期にわたる注意深い研究と分析をしてわかることは，ホピィ言語が，われわれが「時間」と呼ぶもの，あるいは過去・現在・未来，あるいは存続ないし持続，あるいは運動学的なものとしての（つまり連続的並進運動としての）運動について直接的に言及するような……いかなる言葉，文法形式，表現または構成も含んでいない，ということである」。——なお，サピア＝ウォーフ『文化人類学と言語学』池上嘉彦訳，弘文堂，1971年に収録された論文を参照。

(32) Gomprich, 1964, 特に297頁を参照：「もしわれわれがこの考えをその論理的結論まで追求していこうとすれば，時点は無意味な点として示すことさえできないであろう。それと

それゆえ，知識の絶対確実な源泉としての直観の一般理論は神話であるばかりでなく，とりわけわれわれの時間直観は，われわれの空間直観とまったく同様に，ブロウアー自身の承認にしたがって，批判と修正を必要とする。

ここでの主要点を私はラカトスの数理哲学のおかげをこうむっている。それは，数学は（自然科学ばかりでなく）推測の批判と大胆なインフォーマルな証明をつうじて成長する，というものである。このことは，これらの推測と証明の言語的定式化，したがって第三世界におけるそれらの身分を前提とする。最初はただ前言語的対象の叙述を伝達するための手段にすぎなかった言語が，それによって数学においてさえ科学的活動の**本質的部分**となり，翻って第三世界の部分になる。そして言語には（メタ言語の階層に形式化されると否とにかかわらず）層またはレベルが存在する。

もし直観主義的認識論が正しいとすれば，数学的能力というものはなんら問題にならないであろう。（カントの理論が正しいとすれば，われわれは——あるいは，もっと正確にいうとプラトンと彼の学派は——なぜユークリッドがでるまでしかく長く待たなければならなかったのか理解できないであろう）。しかし，それが問題なのである。というのは，すぐれて能力のある直観主義的数学者たちでさえ，いくつかの困難な点において意見を異にしうるからである。意見を異にしているどちらが正しいかを探索することは，われわれにとって必要でない。いやしくも直観主義的構成が批判されうるなら，生じた問題は**本質的な仕方で論証的言語を用いることによってのみ解決できる**，ということを指摘すれば十分である。もちろん，言語の本質的な批判的使用は，直観主義的数学によっ

いうのも，光は振動数をもっているからである」。（この議論は境界条件を考察することによって裏づけできる）。

(33) Popper, 1963, の第2章の注63が付されているパラグラフでの，ニュートン物理学をア・プリオリなものとするカントの見解に対する私のこれに対応する指摘を参照。〔「カントの理論によれば，『純粋自然科学』は可能であるばかりでなく，……われわれの知性の必然的結果となる。……それゆえ問題はもはやニュートンがいかにして彼の発見をなしえたのかということではなくて，他のすべての人たちがいかにして発見するのに失敗しえたのか，ということになる。われわれの知的消化メカニズムがもっとずっと以前に作動しなかったのはどうしてなのか。これはカントの考えの明らかに不条理な帰結である」〕。

(34) Brouwer, 1951, pp. 357—8 についての Kleene and Vesley, 1965, pp. 176—83におけるスティーヴン・C・クリーネの論評を参照。ここでクリーネは Brouwer, 1949, p. 1248でのブロウアーの注に照して批判している。

て禁止された論証（あとで見るように，これには問題があるが）の使用をわれわれに犯させるものではない。ここでの私の論点は，ただ次のことである。いやしくも提出された直観主義的な数学的構成の容認可能性が疑問にされうるならば——もちろん疑問にされうるのだが——言語は原則として無しで済ましえた伝達の単なる手段以上のものとなる。すなわち，言語はむしろ批判的議論の不可欠の手段となる。したがって「主体が構成するということとは関連がないという意味において客観的である」[35]のは，もはやただ直観主義的構成だけではない。むしろ客観性は，直観主義的数学のそれでさえ，すべての科学の客観性がそうであるように，その議論の批判可能性にかかっている。だがこのことは，言語が議論の，批判的討論の，手段として不可欠になることを意味する[36]。

この理由のゆえに，私はブロウアーの主観主義的認識論と，彼の本質主義的数学の哲学的正当化とを，誤りとみなす。構成，批判，「直観」，そして彼が考慮に入れていない伝統，のあいだには相互作用があるのだ。

しかしながら私は，言語の身分についての誤った見解においてさえブロウアーが部分的に正しかったことを認めるのにやぶさかでない。数学をも含めてすべての科学の客観性は，その批判可能性と，それゆえその言語的形式化と不可分に結びついているけれども，数学は形式的言語ゲームにすぎないというテーゼに，いいかえると言語外的数学的対象つまり思考（あるいは私の見解では，より正確には，思考内容）といったものなど存在しないというテーゼに，強く反対した点でブロウアーは正しかった。彼が強調したように，数学的言述はこれらの対象**についての**ものであり，またこの意味で数学的言語はこれらの対象にとって第二次的なものである。しかしこのことは，われわれが言語なしで数学を構成できるということを意味しない。不断の批判的制御なしにはいかなる構成もありえず，われわれの構成を言語的形式に表現してそれらを第三世界の対象として扱うことなしには，いかなる批判もありえない。第三世界は言語的形式の世界と同一ではないけれども，第三世界は言証的言語と共に生じる。それは言語の副産物である。このことは，ひとたびわれわれの構成が問題になるや，体系化されまた公理化された言語も問題になりうる理由，また形式化が数学的構成の一部門になりうる理由，を説明する。これは，私の思うに，マイヒル教授が**「われわれの形式化はわれわれの直観を矯正し，**

---

(35) Heyting in Lakatos, 1967, p. 173.
(36) Lakatos, 1963—4, 特に229—35頁を参照。

第3章　認識主体なき認識論　　　　　　*159*

われわれの直観はわれわれの形式化を形成する[37]」というときに，彼がいわんとしていることである．この言葉を特に引用するに価するものたらしめているものは，もしこれがブロウアー的な直観主義的証明との関連でなされたとすれば，実にブロウアーの認識論の修正を与えると思われる点である．

　(2')　**存在論的問題**．数学の対象がその存在を部分的に言語に負うということは，ブロウアー自身によってしばしば認められた．たとえば彼は 1924 年にこう書いた．「数学は記号の，または有限系列の記号の，無限系列を基礎にしている[38]」．この言葉は，言語の優先性の承認として読まれる必要はない．疑いなく中心的用語は「系列」であり，系列の考えは時間の直観にもとづくものであって，この直観を基礎にした構成にもとづいている．しかしこの言葉は，構成をおこなううえで記号が必要であることをブロウアーが気づいていたことを示している．私自身の見解は，推論的思考(つまり言語的論証の系列)はわれわれの時間の意識に，また系列的秩序のわれわれの直観の発達に，最も強力な影響力をもっている，というものである．この見解はブロウアーの構成主義と衝突しない．しかしそれは，彼の主観主義と唯心論に衝突する．なぜなら，数学の対象は今や客観的第三世界の市民となりうるからである．そもそもはわれわれによって構成されたのだけれども——第三世界はわれわれの所産として発生する——思考内容はそれら自身の意図せぬ結果を生み出す．われわれが構成する自然数の系列は，素数を生み出し，——われわれがそれを**発見する**——そしてこれら素数は翻ってわれわれが夢想もしなかった問題を生み出す．**数学的発見が可能となるのはこうしてである**．さらに，われわれの発見する最も重要な数学的対象——第三世界の最も多産的な市民——は，**問題**であり，新しい種類の**批判的議論**である．こうして新しい種類の数学的存在が発生する．問題の存在：新しい種類の直観——われわれに問題を悟らせ，問題を解決するに先立ってその問題をわれわれに理解させるところの直観——が．(ブロウアー自身の連続体の中心問題を考えよ)．

　言語および推論的思考がより直接的な直観的構成と相互作用する仕方(直観的構成が実現するものと想定された，かの絶対的な明証的確実性の理想を壊滅させるところの相互作用)を，ハイティングはきわめて啓発的に叙述した．私が単に刺激を受けただけでなく鼓舞された彼の章句の初めの部分を引用しよう．「数学において何が直観的に明ら

---

(37)　J. Myhill, 1967, p. 175 (太字は私のもの)．また Lakatos, (1963—4) を参照．
(38)　Brouwer, 1924, p. 244.

かであるかは直観的に明らかでないことが立証された。明証性の度合の〔高い段階から低い段階へと〕下降していく尺度を構成することさえ可能である。最高の段階は $2+2=4$ といった主張のそれである。$1002+2=1004$ はより低い段階に属する。われわれはこれを実際に算えることによってではなく，一般に $(n+2)+2=n+4$ であることを示す推論によって論証する。……［このような言明は］すでに含意の性格をもっている：『もし自然数 n が構成されるならば，$(n+2)+2=n+4$ によって表わせる構成をもたらすことができる』。[39] われわれの現在の文脈においては，ハイティングの「明証性の段階」は第二次的関心事である。第一の関心事は，直観的構成と，われわれをどうしても推論的に——それゆえ論理的に——推理せざるをえなくさせるところの言語的定式化とのあいだの不可避的な相互作用についての彼のすぐれて単純かつ明快な分析である。問題点は，ハイティングが続けて次のように書くとき，浮彫りにされる。「このレベルは自由変数計算において形式化される」。

　ブロウアーと数学的プラトン主義について，こう最終的結論をくだせる。第三世界の自律性は否定できぬものであり，これとともにブロウアーの等式「存在する＝構成する」は放棄されなければならない。少なくとも問題についてはそうである。このことは，直観主義の論理の問題をあらためて考察することへわれわれを導きうる。**直観主義的証明規準を放棄することなく**，テーゼとそれの証拠とをはっきり区別することは，批判的な合理的議論にとって重要であろう。しかしこの区別は，**証拠または証明と証明されるべき主張との融合から結果する直観主義的論理によって破壊される**。[40]

　(3′) **方法論的問題**。ブロウアーの直観主義的数学のそもそもの動機は，安全性を確保することであった。つまり，より安全な証明方法の探究，実際には誤つことなき確実な方法の探究であった。もしより安全な証明を得ようと欲するならば，論証的議論の容認可能性に関してより厳しくなければならない。より弱い手段，より弱い仮定を用いなければならぬ。ブロウアーは古典論理学の論理的手段よりも弱い論理的手段の使用にみずからを限定した。[41] より弱い手段によって定理を証明することは，きわめて興味ある課

---

(39) Heyting, 1962, p. 195. を参照。

(40) 先の第5.4節を参照。

(41) これらの指摘は，古典論理学の一部である直観主義の論理学についてだけ当てはまるものであって，直観主義的数学は古典数学の部分ではない。Kleene and Vesley, 1965. p. 70 における「ブロウアーの原理」についてのクリーネの論評を特に参照。

題であり，数学的問題の大きな源泉の一つである（またつねにそうであった）。それゆえこれが直観主義的方法論の関心事となる。

しかしこのことは証明についてだけ当てはまる，と私はいいたい。批判にとっては，反駁にとっては，われわれは貧困な論理学を必要としない。証明の道具は弱くとどめるべきであるが，批判の道具は強くなければならぬ。批判においてわれわれは不可能性の証明に限ろうとはしない。われわれはわれわれの批判の不可謬性を主張しない。そしてわれわれは，ある理論が反直観的な帰結をもつことを論証できれば，しばしば満足する。批判の道具においては，弱さとけちは何ら美徳でない。強い批判に耐えうるということが理論の美徳なのだから。（それゆえ，直観主義的構成の妥当性の批判的論争——メタ論争——において十全な古典論理学が容認されうるということは，もっともらしく思われる）。

7. 論理学，確率論，物理学における主観主義

第5節で，特に経験主義について，述べたことにかんがみれば，第三世界の無視——およびその結果としての主観主義的認識論——が現代思想に今なお広くいきわたっていることは驚くに当らない。ブロウアーの数学と何ら関係のないところにおいてさえ，しばしば主観主義的傾向がさまざまな専門分野内に見出される。私はここでは，論理学，確率論，物理学におけるいくつかのこのような傾向について触れてみたい。

7.1. 認識論理学

認識論理学は，「a は p を知っている」とか「a はその p を知っている」や「a は p を信じる」とか「a はその p を信じる」といった定式を扱う。それは通常次のように記号化される。

$$\text{`}Kap\text{'} \text{ または } \text{`}Bap\text{'}$$

この場合，'K' および 'B' はそれぞれ知るおよび信じることの関係を表わし，a は知るまたは信じる主体を，p は知られまたは信じられる命題または事態を表わす。

第1節における私の第一テーゼは，次のことを含意している。すなわち，かかるものは科学的知識と何の関係もなく，科学者（'S' で表わす）は知りもしなければ信じもしない，と。しからば，彼は何をするのか。私はごく簡単なリストを示したい。

「S は p を理解しようと努める」。
「S は p に代りうるものを考えようと試みる」。
「S は p の批判を考えようと努める」。
「S は p に対する実験的テストを企てる」。
「S は p を公理化しようと試みる」。
「S は p を q から導出しようと試みる」。
「S は p が q から導出できないことを論証しようと試みる」。
「S は p から生じる新しい問題 x を提案する」。
「S は p から生じる問題 x の新しい解決を提案する」。
「S は問題 x についての自分の最新の解決を批判する」。

　このリストはもっと長く続けることができよう。このリストは，その性格において，「S は p を知っている」とか「S は p を信じる」とか，あるいは「S は p を誤って信じる」とか「S は p を疑う」とさえ，へだたること遠い。事実，われわれが批判することなく疑いえ，疑うことなく批判しうるということは，きわめて重要な点である。(われわれがそうできることは，ポアンカレによって『科学と仮説』において認められた。『科学と仮説』はこの点においてラッセルの『外部世界についてのわれわれの知識』と対置できる)。

7.2. 確率論

　確率計算の分野以上に主観主義的認識論が強く保持されているところはどこにもない。この計算はブール代数の(それゆえ命題論理学の)一般化である。それは**無知の，または不確かな主観的知識の計算**として，主観的な意味に今なお広く解釈されている。しかしこの解釈は，確率の計算をも含めてブール代数を**確実な知識の――主観的意味における確実な知識の――計算**と解釈することに等しい。これはごくわずかのベイズ派の人びと(確率計算の主観的解釈の唱導者が今日自称しているような)しかよしとしない帰結である。

　確率計算のこの主観的解釈を私は〔『探究の論理』1934年以来〕33年間にわたって論駁してきた。基本的には，それは「雪は白い」という言明よりも「私は雪が白いということを知っている」という言明により大きな認識論的価値を付与する認識哲学から発

している。

「私に入手しうるあらゆる証拠に照してみて，私は雪が白いと信じることが合理的だと信じる」という言明にどうしてもっと大きな認識価値を与えようとしないのか，私にはぜんぜんその理由がわからない。同じことは，もちろん，確率言明についてもいえるであろう。

7.3. 物理学

主観的アプローチは，およそ1926年以来(※)，科学において大いに進行した。まずそれは量子力学を接収した。この分野で主観的アプローチがきわめて有力になったので，その反対者たちは黙してしかるべき鈍間とみなされた。次いでそれは統計力学を接収した。ここではジラードが1929年に，われわれは物理的エントロピー増加により主観的情報の代償を払わなければならない，という今日ではほとんど普遍的に受け入れられた見解を提示した。この見解は，物理的エントロピーが知識の欠如したがって主観的概念であり，知識または情報は物理的ネゲントロピー（負のエントロピー）に等しいという証明と解釈された。この発展は，情報回路の完全に客観的な理論として出発した情報理論における平行的な発展によって適切に対抗されたが，しかしそれものちにはジラードの主観主義的情報概念と結びつけられた。

こうして主観主義的知識理論が大手を振って科学に入ってきた。そのそもそもの入り口は確率の主観主義的理論であった。しかし災害は統計力学，エントロピー理論に，量子力学に，そして情報理論にと拡がった。

この講演でこれらすべての主観主義的理論を反駁することは，もちろん，可能でない。私がこれらの諸理論と長年にわたって闘ってきたこと（ごく最近では私の1967年の文献で）を指摘する以上のことを私はできない。しかし私はいかなる幻想も抱いていない。（ブンゲが1967年の文献で期待した）潮の流れが変るには――もし変るとすればだが

(※) 1926年はエルヴィン・シュレーディンガー (Erwin Schrödinger, 1887—1961) が「波動力学」(「シュレーディンガー方程式」)を提示し物理学界に世界的なセンセーションをまきおこし，またマックス・ボルン (Max Born, 1882—1970) がシュレーディンガーの波動関数は電子という実体そのものを叙述しているのではなく，電子という微粒子がどこにある確率がどれくらい大きいか小さいかを示しているのだと主張して「波動力学の確率的解釈」を打ち出した年である。

——長い年月がかかるかもしれない。

最後に二つだけ指摘しておきたい点がある。第一に，客観主義的見地からする認識論または発見の論理と，それが発見の生物学にある光明を投じうる理由を，私は示そうと思う。第二に，この講演の最終節において，同じく客観主義的観点から発見の心理学がどう見られるかを示そうと思う。

8. 発見の論理と生物学

認識論は，客観主義的観点からすると，知識の成長の理論となる。それは問題解決の，あるいはいいかえると競合的な推測的諸理論の構成，批判的議論，評価，決定的テストの，理論となる。

競争しあっている諸理論に関しては，「容認」について語るよりも，それら諸理論の「評価」またはそれの理論の一つの「優先選択」について語る方がよいと，私は現在考えている。言葉は問題でない。「容認」という言葉の使用は，すべての容認が暫定的なものであり，信念と同じように，客観的でインパーソナルな意義よりも一時的でパーソナルな意義をもつものであるということを銘記しているかぎり，有害でない。[42]

競争しあっている諸理論の評価は，部分的にはテストに先行し（もしそういいたければア・プリオリ，しかし「ア・プリオリに妥当」という意味をもつカント的用語の意味においてではない），また部分的にはテストに後行する（ア・ポステリオリ，再び妥当性を意味しないという意味において）。テストに先行するのは，理論の（経験的）内容であり，それは理論の（実質的な）説明力——つまり既存の問題（その当の理論を生み出させ，**さまざまな理論を競合させている**ところの問題）を解決する力に密接に関連している。

ある既存の問題群に関してのみ，諸理論は（ア・プリオリに）評価でき，それらの価値を比較できる。諸理論の単純性もまた，それらの諸理論が解決を競い合っているところの問題に関してのみ比較できる。

内容と実質的説明力は，諸理論のア・プリオリな評価にとっての最も重要な規制的観

---

(42) たとえば，私はラカトスが彼の 'Changes in the Problem of Inductive Logic', §3 (Lakatos, 1968) で「容認1」および「容認2」という言葉を使っていることにいささかも反対しない。

念である。それらは理論のテスト可能性の度合と密接に関連している。

諸理論のア・ポステリオリな評価にとって最も重要な観念は，真理，または（より入手しやすい比較概念を必要とするので）私が「真理への近さ」または「真理らしさ」と名づけたものである。(43) 重要なことは，内容のない理論が真でありうる（トートロジーのように）のに反して，真理らしさは真理内容の規制的観念——つまり理論の興味あり重要な真帰結の量という観念を基礎にしている，という点である。それゆえ，トートロジーは真であるけれども，ゼロ**真理内容**とゼロ真理らしさをもつ。もちろん，トートロジーは確率1をもつ。一般的にいえば，内容とテスト可能性と真理らしさとは，**不確からしさ**によって測ることができる。(44)

理論のア・ポステリオリな評価は，その理論がいかに厳しく精巧なテストに耐えたかということにまったくかかっている。しかし厳しいテストは，翻って，〔理論の〕高度のア・プリオリなテスト可能性または内容を前提とする。したがって理論のア・ポステリオリな評価は，理論のア・プリオリな価値に大きく依存する。ア・プリオリに興味のない——ほとんど内容のない——理論は，テストするまでもない。けだし，それらの理論の低度のテスト可能性は，それらの理論を本当に意義のある興味あるテストにかける可能性をア・プリオリに閉め出しているからである。

これと反対に，高度にテスト可能な理論は，たとえこれらのテストを通過するのに失敗するとしても，興味があり，重要である。われわれはそれらの失敗から非常に多くのことを学ぶことができる。それらの失敗は実り豊かでありうる。なぜなら，その失敗は，いかにしてより良い理論を構成するかを実際に示唆しうるからである。

しかしア・プリオリな評価の基本的重要性についてのこれらすべての強調は，究極的には，高度のア・ポステリオリな価値への——高度の真理内容と真理らしさをもつ理論（もちろんそれらの理論はつねに推測的または仮説的または暫定的なものにとどまるけれども）への——われわれの関心に由来するものと解釈できるであろう。われわれがめざしているのは，知的に興味あり高度にテスト可能であるばかりでなく，競争者たちよ

---

(43) Popper, 1963, 特に第10章，第3節，および付録6。また Popper, 1962a, 特に292頁を参照。本書の22—32頁をも見られたい。

(44) Popper, 'A theorem on truth coentent' in Feyerabend and Maxwell, 1966を参照。

りも厳しいテストをよりよく実際に通過した理論である。それゆえ，問題をより良く解決している理論，反駁によってそれらの推測的性格があからさまになることがあれば新しい予期せぬ，そして実り多い問題を生み出すところの理論である。

それゆえ，われわれはこういえる。科学は問題と共に始まり，ここから，もろもろの競合的な諸理論にと進み，これらの理論を**批判的に**評価するものである，と。特に有意義なのは，諸理論の真理らしさの評価である。これは厳しい批判的テストを要求し，それゆえ高度のテスト可能性を前提とする。そしてテスト可能性は理論の内容に依存し，それゆえア・プリオリに評価できる。

ほとんどの場合，そして最も興味ある場合，理論は最後には崩壊し，新しい問題が生じるであろう。そして成しとげられた前進は，原初の問題と，理論の崩壊から結果する新しい問題とのあいだの知的隔たりによって評価できる。

このサイクルは，われわれが繰り返し用いた図式によって再び叙述できる。

$$P_1 \to TT \to EE \to P_2;$$

つまり，問題 P_1 ──暫定的理論〔TT〕──評価による誤り排除〔EE〕──問題 P_2 という図式である。

評価はつねに**批判的**であり，その目的は誤りの発見と**誤りの排除**である。知識の成長──または学習過程──は，反復的または集積的な過程でなく，誤り排除の過程である。それはラマルク的訓練(インストラクション)でなくダーウィン的淘汰である。

これが客観的観点からする認識論──つまり客観的知識の成長をめざす方法または論理──の簡単な叙述である。しかしそれは第三世界の成長を叙述しているものであるが，生物学的進化の叙述とも解釈できる。動物は，そして植物さえも，問題解決者である。彼らは，競合的な暫定的諸解決と誤り排除の方法によって，自分たちの問題を解決する。

動植物が彼らの解剖学的構造と行動とに具現化している暫定的解決は，理論の生物学的相似物である。そして，その逆のこともいえる。理論は（ミツバチの巣のような多くの身体外的産物や，特にクモの巣のような身体外的道具がそうであるように）身体内的諸器官やそれらの機能の仕方に照応する。理論とまったく同じように，諸器官やその機能は，われわれが住む世界への暫定的適応である。そして理論と，あるいは道具とまったく同じように，新しい器官とその機能は，そしてまた新しい種類の行動は，それらの変化に手をかすところの第一世界のうえに影響を及ぼす。（新しい暫定的解釈──理論，

器官，新しい種類の行動——は，新しい仮の生態学的棲所を発見しえ，それゆえ仮の棲所が現実の生棲所にと変りうる）。新しい行動または器官は，新しい問題の発現にも導きうる。そしてこのようにして彼らは新しい生物学的諸価値の創出をも含めて進化のさらなるコースに影響を与えうる。

　すべてこれらのことは，感覚器官にも当てはまる。感覚器官は，とりわけ，理論に似た期待を具現している。眼のような感覚器官は，ある種の選択された環境的出来事に——眼が「期待する」ような出来事に，そしてそのような出来事だけに——反応する準備ができている。理論（および先入見）と同じように，感覚器官は一般に他の出来事には——それらの器官が理解しないもの，それらに解釈できないもの（その有機体が解決しようとしているいかなる特殊的な問題にも対応しないので）には——盲目である。[(45)]

　われわれの感覚知覚を「所与」として，ある帰納的過程によってそれらから理論を構成しなければならぬ「データ」として解釈する古典的認識論は，前ダーウィン的としかいいようがない。それは，いわれるところのデータなるものが実際には適応的反応であり，それゆえ理論や先入見を含み，理論と同じように推測的期待に満たされている解釈であるという事実を無視している。純粋な観察言語など決してありえない（なぜなら，すべての言語は理論と神話に満たされているから）のとまったく同様に，純粋な知覚，純粋なデータなどといったものは決してありえないという事実を，古典的認識論は見落している。われわれの眼が〔見ることを〕予期または予想しなかったものに対して盲目

---

(45) Lakatos and Musgrave, 1968, p. 163. における私の論評を参照。〔訳補：これは G. マックスウェルの報告「科学的方法論と知覚の因果的理論」に対する討論においてポパーがおこなった批判的コメントで，その大要はこうである。「G. マックスウェルが一つの解決をもたらそうとした，いわゆる知覚の認識論的問題は，私の思うに，知識の基礎または源泉を観察に見出そうとする誤った企てにもとづいている。……素朴実在論が批判されたとき，「感覚所与」なるものが確実性の究極の核心として導入された。しかし，感覚所与といったものはまったく存在しない。それというのも，われわれは**つねに**理論を操作しているからであり，それらのあるものはわれわれの生理にさえ具現されているからである。そして感覚器官は理論に類似したものである。進化論的見解にしたがえば，感覚器官は現実の外的世界にわれわれ自身を適応させる企てにおいて発達する。科学理論はわれわれが身体外に発達させる器官であり，器官はわれわれが身体内に発達させる理論である。完全に非理論的で矯正しえない感覚所与といった観念が誤りである理由の一つがここにある。われわれは解釈の理論的要素から離れて観察することは決してできない。われわれはつねに解釈しているのである。つまりわれわれは，意識的，無意識的，また生理的水準において理論化しているのである。……」〕。

的であるのとまったく同様に，われわれの言語は予期しなかったものを叙述できない。（われわれの感覚器官が身体内的にも身体外的にも成長できるのと同様に，われわれの言語は成長できるけれども）。

理論や期待がわれわれの感覚器官に内蔵されているという事実のこの考察は，帰納の認識論がその第一歩を踏み出す前にさえ崩壊することを示すものである。感覚所与または知覚から出発して，それらの上にわれわれの理論を作りあげることはできない。けだし理論（または期待——つまり言語的に定式化された理論の生物学的先行物）の上に作りあげられていないような感覚所与とか知覚といったものは存在しないからである。それゆえ，「データ」はなんら理論の基礎ではないし，またなんら理論を保証するものでもない。それらはわれわれのいかなる理論または「先入見」以上にも確実なものではなく，どちらかといえばずっと不確実なものである（議論のために，感覚所与が存在し，哲学者のでっちあげでないと仮定してのことであるが）。感覚器官は原始的で無批判的に受け入れられた理論——科学的理論よりもずっとわずかしか厳しくテストされない理論——に相当するものを含んでいる。さらに，データを叙述するための，理論から自由な言語などというものは存在しない。けだし，神話（つまり原始的理論）は言語と共に生じるものだからである。問題をもたず，理論に相当する暫定的解決をもたぬ生物は，動物にも植物にも，いない。感覚所与をもたぬ生命はたしかにありえ，またありそうに思えるけれども（少なくとも植物には）。

こうして生命は，科学的発見と同じように，古い問題から新しい夢想もしなかった問題の発見へと進む。そしてこの過程——発明と選択の過程——は，それ自体のうちに創発の合理的理論を含んでいる。新しい段階へ導いていく創発の歩みは，まず第一に，古い問題（P_1）の暫定的な理論的解決（TT）の誤り排除（EE）によって生み出される新しい問題（P_2）である。

9. 発見，ヒューマニズム，自己超越

ヒューマニストにとっては，われわれのアプローチは重要なものであろう。なぜなら，それはわれわれ自身——主体——とわれわれの努力の対象（増大していく客観的知識，増大していく第三世界）との関係についての新しい見方を示唆するからである。

知識を主観的な心と知られた対象との関係——ラッセルによって「信念」または「判

断」と呼ばれた関係——と解釈する古い主観的アプローチは，私が客観的知識とみなすものを単に心的状態の**あらわれ**または**表現**だとした。このアプローチは，芸術の表現主義理論と非常に類似しているので，認識論的表現主義とよべよう。人間の作品は彼の内的状態の表現とみなされる。力点はまったく因果関係と，次のような容認はされるが過大に評価された事実——つまり客観的知識の世界は，絵画または音楽の世界と同様に，人間によって創り出されるという事実——におかれる。

この見解は，非常に異なった見解によっておきかえられるべきである。第三世界，客観的知識の世界（あるいはより一般的にいえば客観的精神の世界）が人工的なものだということは認められなければならない。しかしこの世界が大幅に自律的に存在すること，この世界がみずからの問題，特に成長の問題と結びついた問題を生み出すということ，われわれすべての者に——最も独創的な創造的思想家にさえ——及ぼす第三世界の衝撃は，われわれのうちの誰かが第三世界に及ぼしうる衝撃をずばぬけて上回っているということは，強調されなければならない。

だが，こういったきりで止めてしまうのは，誤りであろう。私が最も重要な点とみなしているのは，第三世界の完全な自律性と匿名性ではない。われわれがつねにほとんどのものをわれわれの先行者たちと彼らが作り出した伝統とに負うていること，それゆえわれわれが第三世界に特にわれわれの合理性を——すなわち，われわれの主観的精神，批判的ならびに自己批判的思考の仕方の実践とそれに対応した性向を——負うているという，たしかに非常に重要な点でもない。これらすべてのことよりもさらに重要なのは，われわれ自身とわれわれの作品との関係，およびこの関係からわれわれのために得られうるものである，と私はいいたい。

表現主義者は，彼がなしうるすべては自分の才能を作品の中に表現することだと信じている。作家の心的または心理的状態にしたがって，結果は良くもなれば悪くもなるものだ，と。

これに対して私は，すべてのことはわれわれ自身とわれわれの作品とのあいだのやりとり（ギヴ・アンド・テイク）に依存する，と主張する。われわれが第三世界に寄与する産物に，また意識的な自己批判によって拡大されうる不断のフィードバックに依存する。生命，進化，知的成長についての信じがたい事実は，まさにこのやりとりの方法，われわれの行為とその結果とのあいだのこの相互作用であり，これによってわれわれは不断にわれわれ自身を，わ

れわれの能力・才能を超越していく。

この自己超越は、あらゆる生命とあらゆる進化の、特に人間の進化の、最も顕著で重要な事実である。

前人間的段階では、もちろんそれはしかく明白でなく、したがって自己表現のようなものとみちがわれるかもしれない。しかし人間的水準においては、自己超越はよほどのことがなければ見落すことができない。子供たちに生じることが、われわれの諸理論に生じる。彼らは自分たちの生みの親から大幅に独立していくようになる。そして子供たちに生じることが、われわれの理論にも生じる。われわれがそもそも理論に与えたものよりもずっと多くの知識を、われわれは理論から手に入れることができる。

学習の過程、主観的知識の成長の過程は、つねに基本的に同一である。それは**想像力に富む批判**である。われわれの経験を超えた状況を考えようと努めることによって、われわれに「所与」としてあるいは「習慣」としてあらわれうるもの（あるいは哲学者たちが叙述しうるもの）の普遍性または構造的必然性を批判することによって、新しい状況——つまり**テスト状況、批判的状況**——を見出し、構成し、発明しようと努めることによって、そしてわれわれの先入見と習慣的仮定を探し出し、看破し、挑戦しようと努めることによって、われわれはわれわれの局部的で一時的な環境を越えていく。

こうしてわれわれは、われわれの無知の泥沼から自力ではいあがる。われわれは空中にロープを投げ、それをよじ登っていく——もしロープがいかにあぶなっかしいものであれ何らかの小枝をとらえるならば。

われわれの努力を動物やアメーバのそれと異ならしめるものは、ただ、われわれのロープが批判的議論の第三世界——言語の、客観的知識の世界——に支えをもちうるということだけである。このことは、われわれの競合しあっている諸理論のうちのあるものを棄て去ることをわれわれに可能にさせる。そしてもしわれわれが幸運ならば、われわれの誤った理論のあるもの（そしてそれらの大部分は誤ったものである）を生き延ばすのに成功しうる。これに反してアメーバは、その理論、その信念、その習慣と共に死滅する。

このような観点から見れば、生活は問題解決であり、発見である。つまり、われわれの想像力において考えられたもろもろの可能性を徹底的に調べてみるというやり方による新しい事実の、新しい可能性の、発見である。人間の水準においては、この徹底的調

査は，われわれの第一世界ならびにおそらくはわれわれの第二世界を，第三世界の理論のうちにより成功的に表わそうとする試みによって，われわれの問題に関連のある真理——より十分な，より完全な，より興味のある，論理的により強い，より有意義な，真理——により接近しようと試みることによって，ほとんどまったく第二世界においてなされる。

　第二世界と呼びうるもの——心の世界——は，人間的水準においては，ますます第一世界と第三世界との結び環となる。第一世界におけるすべてのわれわれの行動は，第三世界についてのわれわれの第二世界の把握によって影響される。第三世界（「客観的精神」）を理解することなしに人間の心および人間の自我を理解しえない理由，そして第三世界を第二世界の単なる表現として，あるいは第二世界を第三世界の単なる反映として，解することの不可能な理由もそこにある。

　学識のある理論家たちによっては不十分にしか区別されてこなかった「学ぶ」という動詞には，三つの意味がある。「発見する」，「模倣する」，「習慣づける」がそれである。これら三つはすべて，発見の諸形態とみなすことができ，またこれら三つはすべて，チャンスの（あまり重要でなく，また通常非常に過大評価される）要素を含んだ試行錯誤の方法を用いている。「習慣づけること」は，最小限の発見を含んでいる——しかしそれはさらなる発見の準備をする。またその外見上の反復的性格は誤りに導きやすい。

　知識を学習，または獲得，または生産するこれらすべてのやり方において，方法はラマルク的というよりもダーウィン的である。それは反復による訓練ではなく，淘汰である。（しかしラマルク主義はダーウィン主義への一種の近似であり，それゆえ淘汰の諸所産は，ラマルク的適応の，反復をつうじての訓練の，産物であるかのようにしばしばみえることを，われわれは見落してはならない。ダーウィン主義はラマルク主義を模擬（シミュレート）している，とわれわれはいえる）。しかし，淘汰は双刃の剣である。環境がわれわれを淘汰し変化させるだけでない——われわれもまた，主として新しい生態学的適所を発見することによって，環境を選択し変化させる。人間的水準においては，われわれはこれをすべての新しい客観的世界——第三世界，客観的な新しい暫定的な諸目的と諸価値を包含する客観的な暫定的知識の世界——との協同によっておこなう。われわれは心の状態をこの世界に表現することによってその世界を淘冶または「訓練」するのではない。またこの世界がわれわれを訓練するのでもない。われわれ自身と第三世界の両者が，相

互的な戦いと淘汰によって成長するのである。このことは，酵素や遺伝子の水準においても当てはまると思われる。遺伝暗号は訓練または命令によってよりも，むしろ選択または拒否によって作用するものと推測される。そしてそれは，われわれの理論の明晰で批判的な言語に至るまで，あらゆる水準によく当てはまると思われる。

　これをより十分に説明するために，有機体の体系を，その内的状況（特に遺伝的装備）とその外的状況（環境）によって境界づけられた一定の領域または範囲内で「自由」——つまり決定づけられていない——であった暫定的行動の客観的産物または結果として見ることができる。成功よりも不成功が，自然淘汰によって，成功的な反応の仕方のかなりの固定化へと導く。遺伝暗号は同じ方法によって——つまり直接的な刺激や教導によってよりもある種の潜在的な化学的合成の防止または排除によって——蛋白質の合成を導くと推測される。このことは，選択をつうじての遺伝暗号の発明を理解しうるようにさせるであろう。それは，外見上の訓練を禁止に，誤り排除の結果にと変えるであろう。そして理論と同じように，遺伝暗号は淘汰の結果であるばかりでなく，選択または禁止または干渉によって作動するものであろう。もちろん，これは一つの推測である。しかし，魅惑的な推測だと私はいいたい。

文　　献

ARISTOTLE, *Methaphysics*. 〔『形而上学』, 出隆訳, 岩波文庫〕
―― *De Anima*. 〔『デ・アニマ（霊魂論）』, 村治能就訳, 河出版「世界の大思想2」, 1969年〕
BERKELEY, *Three Dialogues Between Hylas and Philonous*, in: *Works*, eds. Luce and Jessop, vol. ii, 1949.
BOLZANO, B., *Wissenschaftslehre*, 1837.
BROUWER, L. E. J., Inaugural lecture, 14 October 1912; transl. A. Dresden, *Bull. Am. Math. Soc. 20*, 1914, 81—96.
―― *Math. Ann. 93*, 1924.
――Mathematik, Wissenschaft und Sprache [Vortraggehalten in Wien am 10. III, 1928], in *Monatsh. Math. Phys. 36*, 1929, 353—64.
――Consciousness, Philosophy, and Mathematics, in: *Proc. 10th Intern. Congress of Philosophy*, 1949, vol. i, fascicule ii.
――On Order in the Continuum, and the Relation of Truth to Non-Contradictory, *Kon. Ned. Acad. Recht. Wet. Proc.* Sect. Sci. *54*, 1951.
BÜHLER, K., *Sprachtheorie*, 1934.
BUNGE, M., *Quantum Theory and Reality*, 1967.
DESCARTES, R., *Discourse de la methode*, 1637; transl. E. S. Haldane and G. R. T. Ross,

vol. i, 1931. 〔『方法叙説』, 落合太郎訳, 岩波文庫〕。
DUCASSE, C. J., *J. Phil. 37*, 1940.
FEYERABEND and MAXWELL, eds., *Mind, Matter and Method, Essays in Philosophy and Science in Honor of Herbert Feigl*, 1966.
FREGE, G., Ueber Sinn und Bedeutung, *Z. Phil. und phil. Kritik, 100*, 1892, 25—50.
——Review of Husserl, 1891, *Z. Phil. und phil. Kritik, 103*, 1894, 313—32.
——Der Gedanke. *Beiträge zur Philosophie d. deutschen Idealismus*, I, 1918.
GOMBRICH, E. H., Moment and Movement in Art, *J. Warburg and Court. Inst. 27*, 1964.
GOMPERZ, H., *Weltanschauungslehre*, vol. ii/I, 1908.
——*Über Sinn und Sinngebilde, Verstehen und Erkennen*, 1929.
HAYEK, F. A., *The Constitution of Liberty*, 1960.
——*Studies in Philosophy, Politics, and Economics*, 1967.
HEGEL, G. W. F., *Enzyklopädie der philosophischen Wissenschaften*, third edn., 1830. 〔『精神哲学』, 船山信一訳, 岩波文庫〕。
HEINEMANN, F., *Plotinus*, 1921.
HENRY, P., Plotinus' Place in the History of Thought, in: *Plotinus, the Enneads*, transl. S. MacKenna, second edn., 1956.
HEYTING, A., After thirty years, in: *Logic, Methodology and Philosophy of Science*, eds. E. Nagel, P. Suppes and A. Tarski, 1962, pp. 194ff.
——*Intuitionism*, 1966.
——Informal rigour and intuitionism, in: LAKATOS, 1967.
HUSSERL, E., *Philosophie der Arithmetik*, 1891.
——*Logiche Untersuchungen*, vol. i, second edn., 1913. 〔『論理学研究』, 立松弘孝訳, みすず書房, 1908年〕。
KANT, I., *Kritik der reinen Vernunft*, first edn. 1770, second edn. 1778. 〔『純粋理性批判』, 高峯一愚訳, 河出版『世界の大思想10』, 1965年〕。
KLEENE, C., and R. VESLEY, *The Foundations of Intuitionistic Mathematics*, Amsterdam, North-Holland Publ. Co., 1965.
LAKATOS, I., Proofs and Refutations, *Brit. J. Phil. of Sci. 14*, 1963—4.
——editor, *Problems in the Philosophy of Mathematics*. Amsterdam, North-Holland Publ. Co., 1967.
——editor, *The Problem of Inductive Logic*, Amsterdam, North-Holland Publ. Co., 1968.
——and A. MUSGRAVE, eds., *Problems in the Philosophy of Science*, Amsterdam, North-Holland Publ. Co., 1968.
MYHILL, J., Remarks on Continuity and the Thinking Subject, in: LAKATOS, 1967.
PLATO, *Phaedo*. 〔『パイドン』, 藤沢令雄訳, 筑摩書房『世界文学大系3』, 1959年〕。
PLOTINUS, *Enneades*, ed. R. Volkmann, 1883, 1884.
POPPER, K. R., *Logik der Forschung*, 1834, *The Logic of Scientific Discovery*, 1959 and later edns. 〔『科学的発見の論理』, 大内義一・森博訳, 恒星社厚生閣, 1971年〕。
——*The Poverty of Historicism*, second edn., 1960. 〔『歴史主義の貧困』, 久野収・市井三郎訳, 中央公論社, 1961年〕。
——*The Open Society and its Enemies*, fourth edn. 1962 and later edns. 〔『自由社会の哲

学とその論敵』,武田弘道訳,世界思想社,1973年]。
——Some Comments on Truth and the Growth of Knowledge, in: *Logic, Methodology and Philosophy of Science*, eds. E. Nagel, P. Suppes and A. Tarski, 1962*a*.
——*Conjectures and Refutations*, 1963 and later edns.
——*Of Clouds and Clocks*, 1966. (現在では本書の第6章)
——Quantum Mechanics Without 'The Observer', in: *Quantum Theory and Reality*, ed. Mario Bunge, 1967.
——On the Theory of the Objective Mind, in: *Akten des XIV. Internationalen Kongresses für Philosophie in Wien*, vol. i, 1968. (現在では本章の第4章)
——A Pluralist Approach to the Philosophy of History, in: *Roads to Freedom, Essays in Honour of Friedrich A. von Hayek*, 1969, pp. 181 ff.
——Eine objektive Theorie des historischen Verstehens, *Schweizer Monatshefte*, *50*, 1970, pp. 207ff.
RUSSELL, B., On the Nature of Truth, in: *Aristotelian Soc. Proc.* 7, 1906—7, pp. 28—49.
RUSSELL, B., *Philosophical Essays*, 1910.
——Introduction to WITTIGENSTEINS *Tractatus*, 1922. 〔末尾の邦訳書に所収〕。
——*My Philosophical Development*, 1959. 〔『私の哲学的発展』,野田又夫訳,みすず版『ラッセル著作集別巻』,1960年〕。
WATKINS, J. W. N., *Hobbes's System of Ideas*, 1965.
WHORF, B. L., *Language, Thought and Reality*, 1956.
WITTGENSTEIN, L., *Tractatus Logico-Philosophicus*, 1922. 〔『論理哲学論』,山元一郎訳,中央公論社『世界の名著58』,1971年〕。

第4章 客観的精神の理論について

　哲学者としてのわれわれの主要課題は，想像力に富み同時に論証的で批判的な——なるべく方法論的に興味のある——諸理論を産み出すことをつうじて，われわれの世界の描像を豊かにすることである。西洋哲学は，大体のところ，身心二元論の主題とそれに結びついた方法の問題のヴァリエーションである世界像から成り立っている。この西洋的な二元論的主題からの主たる離反は，この二元論をある種の一元論にとって代えようとする企てであった。これらの企ては成功しなかったし，かつまたその一元論的異議の仮面の背後にはいぜんとしてなお身心二元論が伏在している，と私には思われる。

1. 多元論と第三世界のテーゼ

　しかしながら，一元論的変反だけでなく，いくつかの**多元論的**離反もあった。このことは，多神論やその一神論的変形を考えれば，ほとんど明白である。だが哲学者にとっては世界についてのさまざまな宗教的解釈が身心二元論に対する正真正銘の代替物を提供しているかどうか疑わしく思われるかもしれない。神なるものは，多数であれ少数であれ，われわれ自身とは対照的に，不死なる身体を恵まれている心であるか，さもなければ純粋な心である。

　しかし何人かの哲学者は，**第三世界**の存在を指摘することによって，哲学的多元論への重要な端緒を開いた。私が考えているのは，プラトン，ストア派，そしてライプニッツ，そしてボルツァーノ，フレーゲなど何人かの近代の哲学者たち，である。(しかし強い一元論的傾向を具現したヘーゲルは考えていない)。

　プラトンの形相またはイデアの世界は，多くの点で，宗教的世界であり，より高次の実在の世界であった。しかしそれは，人格的な神々の世界でも意識の世界でもなく，ま

　＊　ウィーンで1968年9月28日に（短縮されたドイツ語の草稿で）おこなわれた講演。*Akten des XIV Internationalen Kongresses für Philosophie*, vol. i, Vienna 1968, pp. 25—53. から転載。現在含まれている若干の追加資料は，*Schweizer Monatshefte*, 50. Jahr, Heft 3, 1970, pp. 207—15に初出。

たある意識内容から成り立っているものでもなかった。それは，物理的世界と心の世界とに加えて存在するところの客観的で自律的な第三の世界であった。

プラトンの形相またはイデアは身体とも心とも異なるだけでなく，「心のなかの観念」つまり意識的または無意識的経験とも異なるものであるとするプラトン解釈家たちの意見に，私は従う。プラトンの形相またはイデアは，独自の第三世界をなすものである。たしかにプラトンの形相またはイデアは，思考の事実的または可能的対象——知性によって把握しうるもの——である。だが，プラトンにとっては，これらの知性によって把握しうるものは，物理的物体である**可視的なもの**——つまり視覚の事実的または可能的対象——と同様に客観的である。[1]

それゆえプラトン主義は身体と心の二元論を超えている。それは三部に分れた世界，あるいは私の好むいい方をすれば第三世界，を導入する。

しかし私はここではプラトンについては論じないことにする。むしろ私は多元論について論じようと思う。そしてたとえ私や他の者がこの多元論をプラトンに帰することにおいて誤っているとしても，その場合でもなお私は，二元論的図式を真に超えている哲学の一実例としてプラトンの形相またはイデア説についての周知の**解釈**に訴えることができるであろう。

私はプラトン主義者でもヘーゲル主義者でもないけれども，この多元論的哲学を私の議論の出発点にしようと思う。[2]

この多元論的哲学にあっては，世界は少なくとも三つの存在論的に区別される部分世界から成り立っている。あるいは私はこういおうと思うのだが，そこには三つの世界がある。その第一は，物理的世界つまり物理的状態の世界，第二は心的世界または心的状態の世界，第三は知性によって把握しうるものの世界，または**客観的意味における観念**

---

(1) プラトンの「見うるもの」(horaton)と「思考しうるもの」(noēton)との区別については，たとえば，プラトンの『国家』509Eを見られたい（『テアイテトス』185D以下を参照）眼の生理学は，可視的なものを視覚的に知覚する過程が**可知的なもの**の精巧な解釈と非常によく似ていることを明らかにした。（カントはこの点の多くを先取りしたといえる）。

(2) ヘーゲルは，アリストテレスにならって，プラトンの第三世界を拒否した。彼は思考過程と思考の対象とを融合した。こうして彼は客観的精神におぞましくも意識性を付与し，それを神格化した。（特に，アリストテレス『形而上学』1072b 18—30からのきわめて適切な引用をしているヘーゲルの『エンチクロペディア』〔第3部『精神哲学』〕の末尾を参照。

の世界である。それは思考の可能的対象の世界である。つまり，諸理論そのものとそれらの論理的諸関係の，論証そのものの，そして問題状況そのものの，世界である。

この多元論的哲学の基本的問題の一つは，これら三つの「世界」のあいだの関係に関するものである。三つの世界は，最初の二つの世界が相互作用でき，最後の二つの世界が相互作用できるように関係づけられている。(3) それゆえ第二世界，主観的または個人的経験の世界は，他の二つの世界のそれぞれと相互作用する。第一世界と第三世界とは，第二世界つまり主観的または個人的経験の世界の仲介がなければ相互作用できない。

2. 三つの世界のあいだの因果関係

このような仕方で——つまり第一世界と第三世界とのあいだの仲介者としての第二世界によって——三つの世界の関係を叙述し説明することはきわめて重要だと，私には思われる。ほとんど述べられたことはなかったけれども，この見解は三世界理論のうちにはっきり含まれていたと私には思われる。この理論によれば，人間の心は「見る」ということの文字通りの意味で——つまり眼がその過程に参与するという意味で——物体を見ることができる。人間の心はまた，算術的または幾何学的対象（数または幾何学的図形）を「見る」または「とらえる」ことができる。しかしこの意味における「見る」または「とらえる」は比喩的な仕方で用いられているけれども，それにもかかわらず心とその可知的な対象との現実的な関係を表示している。そしてその関係は，文字通りの意味における「見ること」ときわめて類似している。したがって心は，第一世界と第三世界との両者の対象と結びつきうる。

これらの結びつきによって，心は第一世界と第三世界とのあいだに**間接的な**結びつきを確立する。この結びつきは最高度の重要性をもつ。数学的・科学的諸理論が第一世界に巨大な影響を及ぼすことを，本気で否定することはできない。たとえば，これら諸理論——ついでながら，自分たちの理論のうちに内在するいかなる技術的可能性にも気づかなかったかもしれない他の人びとによって，そもそもは展開された諸理論——のある

---

(3) 私はここで「相互作用」という言葉を，身心並行説を排除しないほどに，広義に使っている。私はこの問題をここで論じるつもりはない。（他のところで私は相互作用主義について論じた。たとえば私の『推測と反駁』1963年，1965年，1969年の第12章〔「言語と身心問題」〕および第13章〔「身心問題についての覚え書」〕を見られたい）。

結果を適用することによって第一世界に変化をもたらす技術者の介入によって，こういうことが生じる。それゆえ，これらの可能性は理論そのもののなかに，客観的観念そのもののなかに，隠されていたのである。そしてその可能性は，これらの観念を**理解**しようと試みた人たちによって，理論のなかに発見されたのである。

この議論は，もし周到に展開されるならば，すべての三つの世界の客観的実在性を立証すると私には思われる。さらにこの議論は，個人的経験の主観的な心的世界が存在するというテーゼ（行動主義者によって否定されたテーゼ）ばかりでなく，第三世界の対象を把握することが第二世界の主要機能であるというテーゼをも裏づけると，私には思われる。これは，われわれすべてのものがおこなっていることである。言語を学ぶことは人間であることの本質的部分であり，このことは**客観的思考内容**（とフレーゲが呼んだもの）(4) を把握することを学ぶことを本質的に意味する。

いつの日かわれわれは人間の心を第三世界の諸対象と相互作用するための——それらを理解し，それらに寄与し，それらに参与するための，そしてそれらを第一世界に関係づけるための——器官とみることによって心理学を大変革しなければならないであろう，と私は考える。

3. 第三世界の客観性

第三世界，というよりはそれに属する諸対象，プラトンが発見した形相またはイデアは，主観的観念または思考過程と，つまり心的過程と，第三世界にではなく第二世界に属する諸対象と，きわめてしばしば思い違いされてきた。

この誤りには長い歴史がある。それはプラトン自身と共に始まる。それというのも，プラトンは彼のイデアの第三世界的性格をはっきり認めたけれども，第三世界が数7とか数77といった普遍概念または観念だけでなく，「7かける11は77である」といった数学的真理または命題(5)，および「7かける11は66である」といった偽命題さえ，そしてこれに加えてあらゆる種類の非数学的命題または理論を含むことを，まだ理解していなかったように思われるからである。

---

(4) Gottlob Frege, 'Über Sinn und Bedeutung', *Zeitschrift für Philosophie und philosophische Kritik, 100* 1892, p. 32. を参照：「私は思考ということによって，考えるという主観的行為でなくて，その客観的内容を解する」。

(5) プラトンにとって真理と命題が（通常は）第三世界的観念でなく，心的行為（『テアイ

第4章 客観的精神の理論について

これらの諸点は，驚くほど精細な言語哲学を発展させたストア学派によって最初に洞察された。彼らが理解したごとく，人間の言語は三つの世界すべてに属する。言語が身体的行動または物的記号から成り立っているかぎり，それは第一世界に属する。言葉が主観的または心理的状態を表現しているかぎり，あるいは言語を会得または理解することがわれわれの主観的状態の変化を意味するかぎり，それは第二世界に属する。言語が情報を含んでいるかぎり，言語があることをいいまたは述べまたは叙述しているかぎり，そして他のことを導出しうる，あるいは他のことと一致もしくは衝突する何からの有意義なメッセージまたは何らかの意味を伝えているかぎり，言語は第三世界に属する。**もろもろの理論，命題，言明は，最も重要な第三世界の言語的実体である。**

もしわれわれが「私はパピルスの上に書かれたあるものを見た」とか「私はブロンズに刻まれたあるものを見た」というとすれば，われわれは第一世界に属しているものとしての言語的諸実体のことをいっているのである。この場合，われわれはそのメッセージを読めるということを含意していない。もしわれわれが「おこなわれた演説のまじめさと確信に非常に感銘をうけた」とか「これは言明というよりは怒りの爆発だ」というならば，われわれは第二世界に属するものとしての言語的実体についていっているのである。もしわれわれが「しかしジェイムズは今日，ジョンが昨日いったことのまったく正反対のことをいった」とか「ジェイムズのいうことからは，ジョンが誤っているとい

テトス』186Aで叙述された「似ている」，「同じ」，「異なる」等々の観念をとらえる心的行為と同様な）であるということは，『テアイテトス』189E以下で示唆されていると思われる。そこのところでプラトンは「思考は，心がいかなる対象についてであれ自分自身を相手にしておこなうところの話しである」といっている。無言の話（真および偽），肯定，否定，臆見に力点がおかれている『ソフィスト』263E--264Bを参照。しかし『パイドロス』247D--249Bでは真理は心によってとらえられた第三世界の住人の一人である。

(6) ストア学派の哲学者たちは唯物論者であった。彼らは心を「生命の息」と同一視することによって，心を身体の一部とみなした。（ディオゲネス・ラエルティオス，vi 156以下）。推理力を彼らは身体の「指導的部分」として叙述した（セクストス『諸学者たちへの論駁』vii 39以下）。しかしながらこの理論は，身心二元論の特殊形態と解釈することもできる。なぜなら，それは身心問題の特殊解決を提示しているからである。もしこれら二つの世界（あるいは第一世界の二つの部分）に**「いわれたこと」**（レクトン）**の内容を加えるならば，われわれは第三世界のストア版に達する。**

(7) （善とか誠実といった）心の状態の観念は，ストア学派的なものだと思われる。もちろんそれは，息の，したがって身体の，状態として解釈される。セクストス，前掲同所を参照。

うことがはっきり帰結する」というならば，あるいはもしわれわれがプラトン主義について，あるいは量子論について語るならば，われわれはある客観的意味について，ある**客観的な論理的内容**についていっているのである。つまりわれわれはいわれたり書かれたことのなかに伝えられた情報ないしメッセージの第三世界的意義についていっているのである。

われわれがいっていることの（第三世界的）客観的論理的**内容**と，われわれがそれについて語っているところの**対象**との重要な区別を初めてしたのは，ストア学派であった。これらの対象は，翻って，三つの世界のいずれかに属することができる：われわれは第一に物理的世界について（物理的事物か物理的状態について）語りうる，あるいは第二にわれわれの主観的な心の状態（ある理論についてのわれわれの理解をも含めて）について，あるいは第三にある算術的命題やその真偽といった，ある理論の内容について語りうる。

第三世界的意味における談話についていう場合には，「表現」とか「伝達」といった用語を避けるようにすべきだということは，きわめて当を得た勧告だと私には思われる。それというのも，「表現」や「伝達」は本質的に心理学的用語であり，その主観主義的または個人的含蓄は，思考の第三世界的内容を第二世界的思考過程と解釈しようとする誘惑が非常に強い分野においては，危険だからである。

興味あるのは，ストア学派が第三世界の理論をただ単にプラトン的イデアから理論または命題に拡大しただけでない点である。彼らはまた，宣言的言明や主張といった第三世界的言語的実体に加えて，問題，論証，論証的探究といったもの，さらには命令，警告，祈禱，協定，およびいうまでもなく詩や物語りをも含めた。彼らはまた個人の誠実さの状態と理論または命題——つまり第三世界的述語「客観的に真」が適用されるところの理論または命題——の真理性とを区別した。

4. 人工的産物としての第三世界

われわれは，概して，哲学者の二つのグループを区別できる。第一のグループは，プラトンのように自律的な第三世界を認め，それを超人間的で，神的かつ永遠なものとみなす哲学者たちから成っている。第二のグループは，ロック，ミル，ディルタイ，コリングウッドのように，言語やそれが「表現し」「伝達する」ものは人工的なものであると

指摘し，このゆえに言語的なすべてのものを第一および第二世界の一部とみ，第三世界が存在するといういかなる考えをも拒否する哲学者たちから成る。興味あるのは，人文科学のほとんどの研究者が，第三世界を拒否するこの第二のグループに属することである。

第一のグループ，プラトン主義者たちは，われわれが永遠的真実性——ある命題は時間を超越して永遠的に真であるか偽であるかである——について語りうるという事実によって支持される。このことは決定的であると思われる。永遠的真実性は，人間が存在する以前に真であったにちがいない。それゆえ永遠的真実性はわれわれの作るものではありえない。

第二のグループのメンバーは，永遠的真実性がわれわれ自身の作り出すものでありえないことに同意する。しかし彼は，このことから，永遠的真実性は「リアル」でありえないと結論する。「リアル」なのは，ただ「真」という述語の**われわれの用法**および少なくともある文脈においてわれわれが「真」を時間から独立した述語として用いるという事実だけである。この種の用法は——と彼らは論じるかもしれない——さして驚くべきことでない。ペーターの父親ポールが，ある時にペーターよりも重く，数年後にはそうでないということがありうるが，このようなことは二片の金属については，一方がきっちり，1ポンドの重さがあり，他方がきっちり2ポンドの重さをもち続けるかぎり，決しておこりえない。この場合，「きっちり」という述語は，言明との関連における「真」という述語と同じ役割を演じている。事実われわれは，「きっちり」を「真に」と取り替えることができる。しかし誰も重さが人工的でありうることを否定しないであろう，とこれらの哲学者は指摘するかもしれない。

これらの二つのグループの哲学者たちのいずれの立場とも異なった立場をとることが可能だと私は考える。**第三世界の実在性あるいは（そう呼んでいいと思うのだが）自律性を認めると同時に，第三世界が人間的活動の産物であると認めることが可能だと私は考える。**第三世界は人工的なものであり，また非常に明瞭な意味において同時に超人間的なものだと認めることができる。(8) 第三世界はその作者たちを超越している。

第三世界が虚構でなく「実際に」存在することは，それが第二世界を媒介にして第一

---

(8) 人工的ではあるけれども，(私が解するような)第三世界は，その内容が思考の現実的対象というよりは仮想的対象であるという点で，また無限な仮想的対象の有限数だけが思考の現実的対象となるにすぎないという意味において，超人間的なものである。しかしながら，こ

世界に及ぼす巨大な効果を考えるとき，明らかになるであろう。われわれの無機的・有機的環境に及ぼす送電理論や原子論の衝撃を，あるいはボートを作るか飛行機を作るかについての決定に及ぼす経済理論の衝撃を考えるだけで十分である。

私がここに採用している立場にしたがえば，第三世界（人間の言語はこの一部である）は，ハチミツがミツバチの産物でありクモの巣がクモの産物であるのとまったく同様に，人間の産物である。**言語と同じように**（またハチミツと同じように）人間の言語および第三世界の大部分は，生物学的その他の諸問題の解決ではあろうが，**人間的行為の計画されざる所産である。**[9]

数の理論について考えてみよう。私は（クロネッカーと異なり）自然数でさえ人間の

れらの対象を，たとえばアリストテレス，プロティノス，ヘーゲルがやったように超人間的意識をもった思考と解釈しないよう気をつけなければならない。（先の注2を参照）。真理の超人間的性格については，私の『推測と反駁』1963年の29頁以下を参照。

(9) 私の『推測と反駁』1963年，134頁以下 と 295頁で，また私の「雲と時計」1966年（本書の265—9頁）で述べた，人間的言語の低次機能と高次機能についてのカール・ビューラーの理論および私の理論展開を参照。またF. A. Hayek, *Studies in Philosophy, Politics and Economics*, 1967, 特に第3章，第4章および第6章をも参照。簡単にいうと，ビューラーは動物的言語と人間的言語がつねに**表現**（有機体の状態の表示）および**伝達**（信号）であるというかぎりにおいて類似的であると指摘する。しかし人間的言語は，それに加えて，高次の機能をもっているので，異なってもいる。つまり人間的言語は叙述的であることができる。私は，人間的言語には他のより高次の諸機能，特に決定的な重要性をもつ機能——**論証的または批判的機能**があることを指摘した。

重要なのは，この理論が低次的諸機能はつねに存在していることを強調している点である。（それゆえこの理論は，R. G. コリングウッドがその著『芸術の原理』1938年，262頁以下〔近藤重明訳，勁草書房，1972年〕でI. A. リチャーズ『文芸批評の諸原理』第2版，1926年の言語理論に対しておこなっている批判によっては，痛手を受けない）。

意図的人間行為の意図せぬ結果の意義に関しては，ハイエクの前掲書，100頁，特に注12を参照。言語の起源に関して，デカルトがすでに出来ている踏み跡を使用することの意図せぬ結果として「天下の公道」が発展し改善されることを叙述している『方法叙説』第2版（ホールデーンとロスの英訳版，第1巻，89頁）の章句——言語の発展にも移すことのできる理論——に私の注意をはじめて向けさせたのは，ハイエクだった（と私は思う）。私は意識的行為の意図せぬ結果の問題を『歴史法則主義の貧困』1944年，1957年，65頁でやや詳しく論じた。（同書はハイエクの『科学の反革命』1942年，1952年より遅れて出版されたが，1942年以前に書かれたものである）。その個所の注で私はヒュームと「設計されたのではない諸制度がもつ道具的性格……についてのダーウィン主義的説明」に言及している。また私の『開いた社会とそ

作品であり，人間言語と人間の思考の産物だと信じている。しかしかかる数は，人間によって発音されたりコンピューターによって使われたりするであろうものをはるかにこえて無数にある。またこれらの数のあいだには，われわれが真または偽であると断言しうるものをはるかにこえた無数の真等式と偽等式とがある。

しかしさらにいっそう興味あることは，予期せぬ新しい問題が自然数の系列の意図せぬ副産物として生じることである。たとえば，素数の未解決の問題（たとえばゴルトバッハの推測）がそれである。これらの問題は，明らかに**自律的**である。それらはいかなる意味においてもわれわれによって作られるのではない。それらは，われわれによって**発見**されるのである。そして，この意味においてそれらの問題は，発見される以前に，未発見の状態で存在する。さらに，少なくともこれら未解決の問題のあるものは，解決不能かもしれない。

これらのまたはその他の問題を解決しようとする試みにおいて，われわれは新しい理論を発明しうる。これらの理論は，これまた，われわれによって産出されるものである。それらはわれわれの批判的で創造的な思考の産物である（これらの思考は，他の既存の第三世界の諸理論の助けを大いに受けている）。しかしわれわれがそれらの理論を産み出した瞬間，これらの理論は新しい，意図せぬ，また予期せぬ問題，自律的な問題，発見されるべき問題を生み出す。

このことは，われわれの産物として起源するところの第三世界が，その存在論的身分を要求しうる自律的なものである，という理由を説明する。それは，われわれが第三世界に働きかけ，それに追加し，あるいはその成長を助けうる——よしんばこの第三世界のほんの一隅すらをマスターできるいかなる人物もいないとしても——理由を説明する。われわれすべては，この第三世界の成長に寄与する。しかしわれわれの個人的貢献のほとんどすべては，眼にもとまらぬほど徴々たるものである。われわれすべては，この世界を把握しようと試みる。そしてわれわれの誰もが，この第三世界と接触をもたずには生きていけない。それというのも，われわれすべては，言葉を用いるものであり，これ

の敵』1945年，特に第2巻，第14章，93—8頁，および323頁以下の注でも，私はこの問題を論じた。（これらの批判については，私はHayek, *Studies in Philosophy*, p. 100, note 12 に負うている）。また（1967年にアムステルダムでなされた）私の講演「認識主体なき認識論」——現在は本書の第3章として収録されている——をも参照。

なしにはわれわれはほとんど人間的でありえないだろうからである。しかし第三世界はいかなる個人の把握をもはるかにこえて成長したばかりでなく，(解決不能な問題が存在するという事実によって示されるごとく)すべての人間の把握をもはるかにこえて成長した。第三世界がわれわれに及ぼす作用は，われわれの創造的行為が第三世界に及ぼす作用よりも，われわれの成長にとって，また第三世界の成長にとってさえ，より重要なものとなった。なぜなら，第三世界の成長のほとんどすべては，フィードバック効果に――自律的問題（その多くは決してマスターされえない）の発見の衝撃に――もとづくものだからである。そして，そこには新しい問題を発見するという挑戦的な課題がつねに存在するであろう。けだし，無数の問題がつねに発見されぬままに残るであろうから。第三世界の自律性にもかかわらず，またそれゆえに，そこにはつねに独創的で創造的な仕事のための余地があるであろう。

5. 理解の問題

私がこの論文で客観的第三世界の自律的存在についていくつかの根拠を示したのは，人文科学(ヒューマニティズ)（「精神科学」，「道徳・精神科学」）の研究者によっておおいに論じられてきた理解の理論（「解釈学」）に寄与しようと思ってのことである。ここで私は，人文科学の中心問題をなすものは第三世界に属する諸対象を理解することである，という仮定から出発するであろう。この見解は，人文科学の（語が示すように）ほとんどすべての研究者によって，特に理解の問題に関心をもつ人たちに受け入れられた基本的教説から根本的に離反するものと思われる。私がいっているのは，いうまでもなく，われわれの理解の

---

(10) 話すということの劇的な発見のもつ人間化力は，ヘレン・ケラーによって最も感動的かつ説得的に叙述された。言語のもつとりわけ人間化する機能のうちで，論証的（または批判的）機能が私には最も重要な機能だと思われる。それは，人間的合理性と呼ばれるものの基礎である。

(11) なぜなら，整数の算術におけるすべての真命題の（完全な）系が，公理化可能でなく，また本質的に決定不能であることは，論証できるからである(A. Tarski, A. Mostowski, R. M. Robinson, *Undecidable Theories*, Amsterdam, 1953: 特に60頁以下の注13を参照)。算術には無限に多くの未解決の問題がつねに存在するであろうということが帰結する。われわれの心の状態から大幅に独立している第三世界についてそのような予期せぬ発見をわれわれがなしうるということは，興味ぶかい。（この結果は，クルト・ゲーデルの先駆的業績に主として由来するものである）。

対象は主として第二世界に属するという教説，あるいはそれらはいずれにせよ心理学的用語によって説明されるという教説，である。[12]

たしかに，「理解」という雨傘用語によってカバーされる諸活動または諸過程は，主観的または個人的または心理学的な活動である。これらの活動は，これらの活動の（多かれ少なかれ成功的な）**成果**から，それらの結果——理解の（暫定的な）「終局状態」，**解釈**——から，区別されなければならない。解釈は理解の主観的状態で**ありうる**が，また第三世界の対象，特に理論，でもありうる。そして後者の場合が，私の意見では，より重要なものである。第三世界的対象とみなすならば，解釈はつねに理論であろう。たとえば，一連の論証によって，また記録的証拠によって裏づけられた歴史的説明であろう。

それゆえすべての解釈は一種の**理論**であり，またすべての理論と同じようにそれは他の理論に，他の第三世界対象に，拠り所をもっている。そしてこのようにしてその解釈

---

(12) フッサールの『論理学的研究』1900—1年（第2版，1913年，1921年）〔立松弘孝訳，みすず書房，1968年〕をもって始まる反心理学主義の流行にもかかわらず，心理主義——つまり第三世界の無視，というよりは否認——は今なお有力であり，特に理解の理論（「解釈学」）に関心をもつ人びとのあいだでそうである。フッサールの反心理学主義は，疑いなく，フッサールの心理主義的な『算術の哲学—心理学的・論理学的研究』1891年に対するフレーゲの批判の結果であった。『論理学的研究』（ボルツァーノに言及している）において，フッサールは驚くほどはっきりとこう述べている（第1巻，178頁）。「すべての……科学において，われわれは三種類の相互関係のあいだの基本的区別について強調しなければならない。(a)われわれの**認知的諸経験の相互関係**……」（つまり私がここで第二世界と呼ぶもの），「(b) **目下研究中の諸対象の相互関係**……」（特に私の**第一世界**——しかし他のいずれでもありうる），「(c) **論理的諸関係**……」（これらは私の第三世界に属する）。しかしながら，今なおきわめて広くいきわたっている混乱の責めを負うべきものがまさにこの最も重要な章句であるともいえるのだ。それというのも，傍点で示した(a)のあとのところで，フッサールは「判断，洞察，推測，疑問」および特にまた「長い時間をかけて発見された理論を洞察でもって考察する」直観的理解の行為の心理学的相互関係について言及しているからである。（「洞察」をともなったレベルでの）「判断」，「推測」，「疑問」への言及は，混乱に導きうるものであり，特にフッサールが(c)のもとに真理についてだけ語るとき，明らかに偽なる命題，推測，疑問，または問題の排除に導きうるものである。彼は「科学的学科の，とりわけ科学的理論の，証明または結論の，**真理**」をあげている。（フッサールや多くのより最近の思想家たちが科学理論を**真**と証明された科学的仮説とみなしたことが想起されるべきである。科学理論の推測的性格のテーゼは，私が1930年代に普及させようと試みたときに，不条理なものとしてなお広く罵倒された）。この章句でのフッサールの理解への言及の仕方（第2巻，62頁以下をも参照）は，今なお支配的ないくつかの心理主義的**諸傾向**に対しても責任をとらなければならないものである。

の功績(メリッツ)——特にわれわれの歴史理解にとってのその価値——という第三世界的問題が生じえ，論じられうる。

しかし「理解」の主観的行為または性向的状態でさえ，翻ってそれ自体が，第三世界とのその結びつきによってのみ理解できる。それというのも，私は理解の主観的行為に関し次のような三つのテーゼを主張するからである。

(1) 理解のすべての主観的行為は，第三世界に大幅に根をおろしている。

(2) このような行為についてくだしうるほとんどすべての重要な評言は，その行為の第三世界への関係を指摘することである。

(3) そのような行為は主として第三世界の対象を操作することから成り立っている。われわれはそれらの対象を，あたかも物理的対象であるかのように操作する。

このテーゼは一般化でき，またすべての主観的な「認識」行為について当てはまると私は考える。すなわち，認識行為についてわれわれがいうことのできるすべての重要なことは，行為の第三世界的諸対象——理論または命題——と，問題ならびに既知の対象に関する論証のような他の第三世界の対象とそれらとの関係とを指摘することから成り立っている。

6. 思考の心理的過程と第三世界の対象

(主観的) 理解の最終状態を第三世界の対象の用語によって分析する必要を承認する者でさえ，**把握または理解の主観的または個人的活動に関してのこれに対応するテーゼはおそらく拒否するであろう**，と私は思う。他の人びとの活動の共感的理解または感情移入または再演（追体験）といった主観的手続き（コリングウッド），あるいは他人の目的や問題をわがものとすることによって他人の状態にわが身をおく企てなしには，理解をすることはできない，ということが一般に信じられている。

この見解とは反対に，私はこう主張する。最終的に達せられた理解の主観的状態とまったく同様に，それにいたる心理的過程はそれが根をおろしている第三世界の対象の用語によって分析されなければならない。事実それは，これらの用語によって**のみ**分析できる。理解の過程または活動は，本質的に，理解の諸状態の一系列から成り立っている。（これら諸状態の一つが「最終的」状態であるかどうかは，主観的には，しばしば，すべてをつくしたという感情にしかまったく依存しない）。重要な論証またはある新しい

証拠——つまり，ある第三世界の対象——が獲得された場合にはじめて，それについてより以上のことをいうことができる。それまでは，「過程」を構成するのは先行する諸状態の系列であり，「活動」を構成するのは到達された状態を批判する（つまり第三世界的な批判的議論を生みだす）仕事である。あるいは別のいい方をすれば，**理解の活動は本質的に第三世界の対象を操作することにある。**

　その活動は，**想像力に富む推測と批判の方法による，**あるいは私がしばしば名付けたように**推測と反駁の方法による，問題解決という一般的図式**で表わすことができる。その図式は（最も単純な形で示すと）こうである。[13]

$$P_1 \rightarrow TT \rightarrow EE \rightarrow P_2$$

　この図式で，P_1はわれわれの出発点となる**問題**であり，TT（暫定的解決）はわれわれが最初に到達する想像力豊かな推測的解決——たとえばわれわれの最初の暫定的解釈——である。EE（誤りの排除）は，われわれの推測，暫定的解釈の厳しい批判的吟味から成る。たとえばそれは，記録的証拠の批判的使用から成る。また，もしこの初期の段階で二つ以上の多くの推測がわれわれの自由になるとすれば，この誤り排除は競合する諸推測の批判的議論と比較評価から成る。P_2は，問題を解決しようとするわれわれの最初の批判的試みから生じる問題状況である。この新しい問題状況がわれわれの第二の試みに導いていく（以下，同様に続く）。満足のいく理解は，もし解釈，推測的理論が新しい問題に——われわれが期待したよりも多くの問題に——新しい光を投じうるという事実によって裏づけられるならば，達成されるであろう。それゆえわれわれは，P_1をわれわれの後の問題のあるもの（たとえばP_n）と比較することによって，われわれがなしとげた進歩を評価できるといえる。

　この図式的分析は，きわめて広範に適用できる。そしてそれは，問題，推測，批判的議論といった第三世界の対象をもっぱら操作するものである。しかもそれは，われわれが理解しようと試みているときにわれわれの主観的第二世界においてわれわれがやっていることの分析なのである。

---

[13]　この四個一組の図式およびこれのよりいっそう精細な変型は，現在では本書の第6章として再録されている「雲と時計」1966年の xviii 節に見出される。これは，現在では私の『推測と反駁』1963年の第15章になっている私の論文「弁証法とは何か」1940年において論じられた（非ヘーゲル的）弁証法図式の批判的解釈に由来するものとみなせる。

より詳細な分析は，われわれがつねに第三世界背景をふまえてわれわれの問題を選び出すものであるということを，明らかにするであろう。この背景は，少なくとも言語——それは（たとえばベンジャミン・リー・ウォーフが強調したように）つねにその用法の構造そのもののうちに多くの理論を具現している——と，少なくとも当分のあいだは挑戦されることのない多くの他の理論的諸仮定とから成り立っている。問題が生じうるのは，このような背景をふまえてだけである。

問題はその背景と一緒になって（またおそらくは他の第三世界の対象とも一緒になって）私が問題状況と呼ぶものを構成する。われわれが操作するさらなる第三世界の対象には，（理論と問題とのあいだの，推測，解釈，哲学的立場の諸側面のあいだの）競争と闘争，および比較または対照または類比などであろう。解決と問題との関係が論理的関係であり，それゆえ客観的第三世界関係であること，およびもしわれわれの暫定的解決がわれわれの問題を解決しないとしても，それは代用問題を解決しうるということ，を理解することが大切である。これは，前進的問題移動と退化的問題移動とを区別するI. ラカトスによって「問題移動」と呼ばれた第三世界関係に導く。

---

(14) 私がここで「背景知識」でなく「背景」という言葉を使っているのは，「知識」という語の第三世界的意味の容認可能性を議論するのを避けたからである。（しかし，『推測と反駁』227頁以下を参照。「背景知識」については，前掲書の特に112頁，238頁以下を見られたい）。「知識」の客観的意味は，現在では本書の第3章として再録されている（1967年にアムステルダムで報告された）私の論文「認識主体なき認識論」でかなり詳しく論じられている。

(15) I. Lakatos, 'Changes in the Problem of Inductive Logic', in I. Lakatos (ed.), *The Problem of Inductive Logic*, 1967, また現在では I. Lakatos, 'Criticism and the Methodology of Scientific Research Programmes' in I. Lakatos and A. Musgrave (eds.), *Criticism and the Growth of Knowledge*, 1970を参照。（＊）訳者補——前者の論文の373—4頁および386—9頁でラカトスは「問題の興味ある解決はつねに問題の再定式であり，問題に新たな光を与えることを意味する。いいかえると興味ある解決はつねに問題の移動である」と述べ，また後者の論文の118頁では「理論の系列 T_1, T_2, T_3......があるとき，もしそれぞれの新しい理論がその先行者よりも上回る経験的内容をもっているならば，つまりある新しいこれまで予期されなかった事実を予測するならば，かかる理論の系列は理論的に前進的である（あるいは「理論的に前進的な問題移動を構成する」）といえる。またこの上回る経験的内容のあるものが験証されるならば，つまりそれぞれの新しい理論がわれわれを新しい事実の実際的発見に導くならば，理論的に前進的な理論の系列はまた経験的に前進的である（あるいは「経験的に前進的な問題移動を構成する」）といえる。最後に，理論的にも経験的にも前進的であれば，われわれは問題移動を前進的と呼び，そうでない場合には退化的と呼ぶ……」と述べ

7. 理解と問題解決

　私はここで，理解の活動はあらゆる問題解決の活動と本質的に同じであると提言しようと思う。たしかに，すべての知的活動と同様に，それは主観的な第二世界過程から成り立っている。しかしそこに含まれた主観的作業は，客観的第三世界対象をもってする操作として分析できるし，また分析されなければならない。それは，ある場合には，これらの対象と，またそれら対象の取り扱いと，一種のなじみの関係を確立する操作である。アナロジーを用いていえば，それは橋や家を建設する人の活動に比較できる。ある実際的問題を解決しようとして，彼は単純なあるいは精巧な諸道具の助けをかりて，単純な構造的諸単位またはより複雑な構造的諸単位を操作し取り扱う。

　これらの第一世界的構造単位と道具とを第三世界的構造単位と道具——問題または理論または批判的議論——にとりかえるならば，われわれがある第三世界構造を理解ないし把握しようとするときに，あるいは第三世界にある別の問題解決寄与をしようとするときに，われわれがしていることの描像が得られる。しかし，われわれは単なる描像以上のものを得る。私の中心的テーゼは，理解の活動についてのいかなる知的に有意義な分析も，もっぱらでないにしても，主として，第三世界の構造単位と道具のわれわれの扱い方を分析することによって進んでいかなければならない，というものである。

　このテーゼをもう少し好ましいかたちにするために，この第三世界構造単位は**可知的なもの**——つまりわれわれの理解の可能的な（または仮想的な）対象——であるということを思い起せるであろう。もしわれわれが理解の**過程**にあるいはその結果のあるものに関心をもつならば，われわれがしていること，あるいはなしとげつつあることを，これら理解の対象，**可知的なもの**と，それらの関係の用語によってほとんどまったく叙述しなければならぬことに，何の不思議もない。われわれの主観的感情，興奮とか失望とか満足の叙述といったことはすべて，きわめて興味のあることかもしれないが，われわれの問題には——つまり可知的なもの，第三世界の対象または構造の理解には——ほとんど何の関係もない。

　ている。

しかしながら，理解の過程において役割を演じるある種の主観的経験または態度があることを，私は認める用意がある。私が考えているのは，**強調**といったもの——つまり，たとえ正確には探究されている問題や理論ではないかもしれないにしても，ある問題や理論を重要なものとして引き立てること，あるいは反対に，ある理論を偽としてではなく無関係なものとして，あるいは別の段階では重要でありうるとしても一定の段階における議論にとって無関係なものとして棄却すること，あるいはさらに，ある理論を偽としてまたはっきり表立って議論をするには余りにも意義の乏しいものとして棄却すること——である。理論的に考えれば，このことは，理論の偽と無関係性は議論の「背景」に左遷すべきであるという提案に等しい。

それゆえ，ある理論または問題（または物語り(ナラティヴ)，または「計画」(プロジェクト)）を追放する提案は，表出的または情動的手段によって伝えられることが，そうでない場合よりも，しばしばである。(16) 第三世界的対象を取り扱う観点からすれば，これらの手段が一種の速記として働くことは容易にわかる。原則的に，それらは**客観的問題状況**のより詳細な**分析**によって取り替えることができる。面倒は，この分析が複雑で，長い時間がかかり，またやるに価しないものと感じられる——というのは，その問題が無関係なものの存在という事実を確定することにすぎないから——ということである。

若干の情動的強調についてのこの素描的分析は，このような強調でさえがしばしば問題状況といった第三世界的対象の用語によって最も良く理解できるという主張を例証しようとしたものである。

この主張は，より重要な主張——情動といった心理学的状態を説明する課題は，それ自身の暫定的理論：第二世界に関する理論（つまり第三世界の対象）によって解決されるべきそれ自身の理論的問題を生み出す，という主張——と混同されてはならない。しかしこの後者の主張は，われわれが人をもっぱら，あるいは主として，人についての心理学的理論を研究することによって理解できるということを意味するものととられてはならないし，また人およびその行為の理解を含めてのあらゆる理解において，それゆえ

---

(16) このような事態のすぐれた分析は，先にあげたリチャーズへのコリングウッドの批判に見出せる。『芸術の原理』1938年，特に164頁以下を参照。事実，コリングウッドの批判は，問題状況，その背景，その解決の用語による第三世界の対象の情動的内容の分析のすぐれた実例である。

歴史の理解において，第三世界状況の分析がわれわれの最重要な課題であるというわれわれのテーゼを撤回するとか制限しようとするものでもない。

反対に，私の主要論点はこうである。つまり，行為それゆえ歴史は問題解決として説明でき，**推測と反駁の図式**（先の第6節で説明したように，$P_1 \to TT \to EE \to P_2$）による私の分析はそれにも適用できる，というものである。

しかし，この重要な論点に進む前に，私はまず，第三世界の対象――単純な算術式――の理解の過程をいささか詳しく論じようと思う。

8. きわめて瑣末な一例

777かける111は86,247であるということは，きわめて些末な算術的事実である。それは等式として書ける。それはまた，自然数の理論のきわめて瑣末な定理とみなせる。

この瑣末な命題を私は**理解するか**。

「然り」でありまた「否」である。私はたしかにその主張を理解する。――特にそれが書かれてあるのを見る場合に。しからざる場合には，私は86,247といった大きな数を扱ったり覚えたりできないかもしれない。（私は実験してみたが，それを86,427と混同した）。しかし**ある意味では**，私はもちろんそれを聞いたとたんに理解する。777と111は扱いやすく，また私は当の命題が，10進法でのいかなる数が777かける111に等しいかという**問題の解決**として与えられるということを理解する。

この問題を解くことについては，暗算でその解答をまったく簡単に見出せる多くの人がいることを，もちろん私は知っている。私自身は一所懸命やってやりとげるかもしれない。しかしもし私が自分の結果をたしかめようと思えば，あるいは自分がその結果を次の瞬間に異なった結果と混同しないようにしようと思えば，私はブリッジマンが「紙と鉛筆の操作」と呼ぶものを利用しなければならない。私は簡単に扱うことのできる構造単位があるアラビア記数法にすべてのことを表現しなければならない。（もちろん，第三世界的構造単位）。ここでの重要な点の一つは，**誤りの排除**である。確立された紙と鉛筆の操作は，誤りを検出し排除するのを容易ならしめる。

これまでわれわれは問題解決の私の図式（第6節で導入された図式 $P_1 \to TT \to EE \to P_2$）に登場する四つの項のうち三つを用いてきた。命題，暫定的理論を理解するために，われわれは第一にこう問いを出した。何が問題であったか。そして誤りを排除するため

に，われわれは紙と鉛筆で計算をした。われわれは命題または暫定的理論(TT)から出発したけれども，そこから当面する問題(P_1)へと進んだ。そして後には誤りを排除(EE)するために考案された計算の方法へと進んだ。第二の問題(P_2)も登場するか。登場する。誤り排除の方法は，実際に，問題移動に導く。われわれの場合は，非常に瑣末で，退化的な問題移動——一つの掛け算問題を三つのより単純な掛け算と足し算におきかえること，である。(P_1から P_2への）問題移動は，いうまでもなく，退化的である。そこには何らリアルな理論的興味もわれわれは見出せないから，それは明白である。解決をより簡単に出せるようにさせ，検査（つまり排除）をより簡単にさせることを眼目とするきまりきった手順をわれわれは適用しているだけである。このきわめて瑣末な実例においてさえ，われわれは理解のさまざまな度合を区別できる。

(1) いわれたことの単なる理解——命題「777かける111は68,427である」をも，それが偽であることを理解することなしに，理解しうるという意味における理解。

(2) それは問題の解決である，という理解。

(3) 問題の理解。

(4) 解決は真であるという理解——われわれの場合では取るに足らぬほど容易である理解。

(5) ある誤り排除の方法による真理性の吟味——われわれの場合ではこれまた瑣末である。

明らかに，さらに進んだ理解の度合がある。特に(3)，問題の理解はさらに先へ進めることができる。なぜなら，「777かける 111」は十進法的な書き方で書かれていないけれども，数「8かける1,000 プラス6かける1,000，プラス2かける100，プラス4かける10，プラス7」の同義語の作り方にほかならぬかぎりにおいて，その問題は言葉の上だけのものであり，86,247はただ後者の名称を書く簡略法にすぎない，ということをある人は理解するかもしれず，他の人は理解しないかもしれないからである。この種の理解は，通常は当然なものとみなされている**背景**を理解しようとする企てを例証する。したがってそれは，**その背景内部に問題を発見する**。

もちろん，これらの理解(17)の度合は，通常は直線的順序に並べることができない。さら

---

(17) ディルタイは，理解にさまざまな度合があることを，しばしば，そして正しく，強調している。しかし彼が理解の（つまり理解の深さまたは完全性の）度合と，理解の確実性——

に進んだより良き理解の新しい可能性が，ほとんどあらゆる点において，特に瑣末でないケースにおいて，分岐しうる。

それゆえわれわれは，この非常に単純な実例からきわめて多くのことを学びうる。おそらくわれわれが学びうる最も重要なことは，次のことであろう。われわれが理論また命題を解釈または理解しようとするときはいつでも，ここで論じた等式のような瑣末なものの場合でさえ，われわれは実際には**理解の問題**を提起しているのであり，それはつねに**問題についての問題**，つまり**より高いレベルの問題**であることが判明する。

9. 客観的な歴史的理解のケース[18]

すべてこのことは理解の全問題に，とりわけ**歴史的理解**の問題に当てはまる。すべての歴史的理解の目的は歴史的**問題状況**の仮説的再構成にある，というのが私のテーゼである。

私はこのテーゼを別の実例の助けをかりて——ガリレオの**潮の干満の理論**についての若干の歴史的検討の助けをかりて——やや詳細に説明しようと思う。この理論は「不成

これは私には〔前者とは〕まったく異なった，ぜんぜん誤った観念だと思われる——とを，つねに区別しているかどうか，私は確信をもてない。それというのも，ディルタイはこういっているからである：「最高度の確実性は，科学的精神［の対象］の解釈の分野において達成される」(W. Dilthey, *Gesammelte Schriften*, Vol. 7. p. 261.)。これは混乱を含んでいるものと私には思われる。それとも私はこの命題を誤解しているのであろうか。**理解の高度の確実さが極度に低度の理解と両立しうる**ことは，R. Carnap, *Introduction to Semantics*, 1942, p. 22 における次のような定式を考察すればわかることである。「……文を理解すること，その文が何を主張しているかを知ることは，どのような条件のもとでそれが真であるかを知ることと同じことである」。実際，「777かける111＝86,427」の等式は 777かける111が実際に86,427に等しいならば，その場合にまさしく真であろう。(実際は86,427でない)。私はこのことをタルスキーの真理の定義から知っている。そして私は**すべての言明についてこの種の真理条件**が適用されることを知っている。したがって私は**すべての言明を確実に理解しているにちがいない**。(もし私がその言語を理解しているとすれば)。そしてこのことは，ディルタイの理論かカルナップの理論かが意図したものではない極端に**低度の理解**についても正しくいえることである。

(18) この論文への以下の注で私は，歴史的理解の問題と関連して，問題状況を批判的に再構成する第三世界的方法が，ある個人的経験を直観的に再構成する第二世界的方法（限定的で主観的だが，同時にきわめて示唆的で，私がまったく拒否しようとは思わぬ価値をもつ一方法）に優位することを例証しようと努める。

功」であることが判明し（なぜならそれは潮の干満に月が何らかの影響を及ぼすことを否定しているので），現代においてさえガリレオはこのような明らかに誤った理論にがんこに執着している彼の独断主義のゆえに激しくまた個人的に攻撃されてきた。

簡単にいうとガリレオの理論は，潮の干満は加速度の結果であり，その加速度は翻って地球の複雑な運動の結果である，とする。もっと正確にいうと，規則的に自転する地球が，それに加えて太陽の回りを運動しているとすれば，太陽の反対側にその時に位置した任意の地表点の速度は，12時間後に太陽に面したときの同じ地表点の速度よりも大であろう。（なぜなら，aを地球の軌道速度とし，bを赤道上の一点の自転速度とすれば，$a+b$はこの点の真夜中の速度であり，$a-b$は真昼のその速度であろうから）。それゆえ速度は変化し，その変化は定期的な加速と減速とが生じなければならないことを意味する。しかし水の入った容器の〔前進運動における〕いかなる定期的な減速と加速も，潮の干満と似た現象を結果する，とガリレオはいう。（ガリレオの理論はもっともらしいが，このかたちにおいては正しくない。地球の自転による一様な加速度，つまり向心的加速度——それはaが0の場合にも生じる——を別にすれば，そこにはさらにそれ以上のいかなる加速も生ぜず，それゆえいかなる定期的加速も生じない）[19]。

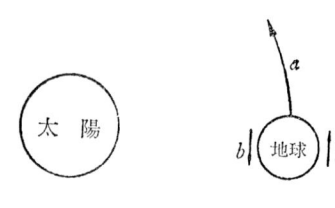

きわめてしばしば誤って解釈されてきたこの理論の歴史的理解を改善するために，われわれは何をなしうるか。この**理解の問題**（'P^w'で表わす）に対する私の答えは，先にわれわれの瑣末な算術的等式との関連で論じた理解の問題に対する私の答えの路線と同じような方向をとって進む。

最初の最も重要なステップは，ガリレオが暫定的解決を提示したところの（**第三世界**

---

(19) ガリレオの潮汐の運動学的理論はいわゆるガリレオ的相対性原理と矛盾するといわれるかもしれない。しかしこの批判は，歴史的にも理論的にも，誤りであろう。というのは，この理論は**回転運動**には言及していないからである。ガリレオの物理学的直観——地球の回転は非相対的な力学的帰結をもつという——は，正しかった。そしてこれらの帰結（旋回している頂点の運動，フーコーの振り子，など）は潮汐を説明しないけれども，コリョリの力は少なくとも潮汐への影響がまったくないわけではない。さらに，太陽をめぐる地球の運動の曲率を考慮に入れるやいなや，われわれは（小さな）周期的な運動力学的加速を得る。

的）問題は何であったか，そしてこの問題を生み出した状況——論理的問題状況——は何であったか，をわれわれが自問することである，と私は主張する。

ガリレオの問題は，まったく単純に，潮の干満を説明することであった。しかし，彼の問題状況はしかく単純ではなかった。

ガリレオが，たったいま私が彼の問題と呼んだものに直接的な関心さえもっていなかったことは明らかである。彼を潮汐の問題に導いたのは，別の問題であった。つまりコペルニクスの理論の真偽の問題——地球は動いているものかそれとも静止しているものかという問題——であった。コペルニクスの理論に有利な決定的論証として潮汐の成功的な理論を用いることができるであろう，というのがガリレオの期待であった。

私がガリレオの問題状況と呼ぶものが複雑な事態であることが判明する。たしかにその問題状況は潮汐の問題を生み出すが，しかしそれは特殊な役割においてである。つまり，潮汐の説明は，コペルニクスの理論の試金石としての役をつとめることである。だがこの指摘でさえ，ガリレオの問題状況の理解にとって十分でない。なぜなら，ガリレオの暫定的理論は，変化する潮汐を説明しようとするだけではなかったからである。それは潮汐を一定の**背景**をふまえて，またこれに加え**一定の与えられた理論的枠組内**で説明しようとした。背景がガリレオにとって無問題的であったのに反して，私が「ガリレオの枠組」と呼ぼうと思うものはきわめて問題的であった。そしてガリレオはこの事実に十分気づいていた。

それゆえ，われわれの**理解の問題**(P'')を解決するためには，まったく複雑な第三世界対象を研究しなければならないことが明らかになる。その対象は，（ガリレオの理論が暫定的解決を与えたところの）潮汐の問題とその背景およびその枠組から成っている。私が**問題状況**と呼ぶのは，この複雑な対象である。ガリレオの**問題状況**は次のように特徴づけできる。

真の宇宙論者かつ理論家としてガリレオはコペルニクスの中心的アイデア，つまり地球と他の惑星は太陽の衛星であるという考えのとてつもない大胆さと単純性に，長いこと魅せられてきた。この大胆な考えの説明力はきわめて大きかった。そしてガリレオが木星の衛星を発見し，それらのうちに太陽系の小型模型を認めたとき，彼はそこにこの大胆な着想の——きわめて思弁的で，ほとんどア・プリオリな性格にもかかわらず——**経験的裏づけ**を見た。かてて加えて，彼はコペルニクスの理論から導出できる予測のテ

ストに成功した。コペルニクスの理論は内惑星〔金星と水星〕は月の満ち欠けと同じように相を示すであろうと予測した。そしてガリレオは金星の相を観測できたのである。

コペルニクスの理論は，プトレマイオスの理論と同じように，本質的には幾何学的（および運動学的）手段によって構成された幾何学的な宇宙論モデルであった。しかしガリレオは物理学者であった。彼は，本当の問題は力学的（あるいは伝導力学的）物理的説明を見出すことである，ということを知っていた。そして彼は実際にそのような説明の要素のいくつかを，特に慣性の法則とそれに対応する回転運動についての保存則とを発見した。

ガリレオは大胆に彼の理論をこれら二つの保存則だけに基礎づけようと試みた。自分の物理学的知識には大きな第三世界的ギャップがあるにちがいないということを，彼は十分よく承知していたけれども。方法の観点からすれば，この非常に狭い基礎の上にすべてのものを説明しようとする企てにおいてガリレオは完全に正しかった。なぜなら，われわれが自分たちの可謬的な諸理論をぎりぎりまで利用しテストしようと試みる場合にはじめて，われわれはそれら理論の失敗から学ぶことを期待できるからである。

ガリレオがケプラーの仕事を熟知していたにもかかわらず，なぜ惑星の円運動の仮説に固執したのかという理由も，これによって説明がつく。そして彼がそうしたことは，この円運動が彼の基本的な保存則によって説明できたという事実にかんがみれば，まったく正しかった。ガリレオはコペルニクス的サイクルの困難を包み隠したとか，コペルニクスの理論を不当なやり方で過度に単純化したとか，あるいはまた彼はケプラーの法則を受け入れるべきであった，としばしばいわれる。しかしかかる発言はすべて，歴史的理解の失敗——第三世界的問題状況の分析における誤り——を示すものである。ガリレオが大胆な過度の単純化によって仕事をしたことはまったく正しかった。そしてケプラーの楕円はまさにガリレオの円と同様に，大胆な過度の単純化であった。しかしケプラーは，彼の過度の単純化が間もなくニュートンによって二体問題の解決のテストとして用いられ，それによって説明された点で幸運であった。

だが，なぜガリレオは，月が潮汐に影響を及ぼすという既によく知られた考えを拒否したのか。この問いは，問題状況のきわめて重要な側面を切り開く。第一に，ガリレオが月の影響を拒否したのは，彼が惑星を神々と本質的に同一視する占星術の反対者だったからである。この意味で彼は啓蒙の先駆者であり，ケプラーを尊敬したけれどもケプ

第4章　客観的精神の理論について

ラーの占星術の反対者であった。[20] 第二に，彼は回転運動についての力学的保存則を仕事の対象とし，これが惑星間の影響を排除するようにみえたからである。この非常に狭い基礎にもとづいて潮汐を説明しようとするガリレオの企てなしには，その基礎が余りにも狭かったこと，そしてさらなる着想――ニュートンの引力の考え（そしてそれと共に，力の観念）：ほとんど占星術的性格をもち，バークリのような最も啓蒙された人びとに神秘的なものと感じられた観点[21]――を必要としたことを，われわれは決して見出さなかったであろう。それらの観念は，ニュートン自身によって神秘的であると感じられさえしたのだ。

こうしてわれわれは，ガリレオの問題状況の分析によって，さまざまな歴史家たちがガリレオを批判してきたいくつかの点におけるガリレオの方法の合理性を正当化することへと導かれる。またこうしてわれわれは，ガリレオのより良き**歴史的理解**へと導かれる。野心，嫉妬，攻撃性，あるいは評判をまきおこそうとする願望といった心理学的説明は，皮相的になる。それらとはここで第三世界的状況分析によっておきかえられる。同じように，ガリレオが円運動を固執し，また「神秘的な円運動」に神秘的な心理的引力の観念を導入しようと固執したがゆえに「独断主義」だとして批判することは，皮相的になる。（ディルタイはそれを原型的観念または心理学的に魅惑的な観念と呼んでいる）。[22] な

---

(20) 『推測と反駁』188頁を参照。〔「星々から地球に達する影響力があるという考えは，その当時，アリストテレス的合理主義に対立する占星術の基本的信条と考えられた。……アリストテレスの偉大な批判家であるガリレオは，……（アリストテレス的）合理主義的伝統に属していた。ガリレオがケプラーの見解に懐疑的であり続け，また彼が月の影響によって説明する一切の潮汐論を受入れることができず，地球の運動によってのみ潮汐を説明した理論を発展させなければならないと感じた理由もここにある」〕。

(21) 『推測と反駁』188頁および第6章。〔「ニュートンは自分自身の引力の理論を受け入れるのをひどく渋り，それにまったく甘んじることは決してなかった」(188頁)〕。〔「運動（または速度）の原因または原理として力を導入することは＜神秘的な性質＞を導入することである。……力，重力，引力およびこれに類した言葉は，推理のために，また運動および運動している物体の計算のために有用である。しかしそれは運動そのものの単純な本性を理解するための助けにもならなければ，またきわめて多くの特異の性質を指示する役にも立たない。……引力に関するかぎり，それがニュートンによって真に物理的性質としてでなく，単に数学的仮説として導入されたものであることは明らかである」：第6章，169頁に引用されたバークレ『運動について』からの言葉。ポパーはこれに注記して「これは多かれ少なかれニュートン自身の意見であった」と述べている。なお，次章の注4をも参照〕。

(22) ディルタイは古代の占星術の「神秘的な円運動」について語っている (*Schriften*, vol.

ぜなら，ガリレオの方法は，彼が回転運動についての合理的な保存則の助けをかりてできるだけ進んでいこうとしたとき，正しかったからである。（そこにはいまだいかなる動学理論もなかった）。

この結果は，ガリレオの客観的問題状況についてのわれわれの理解と共に，ガリレオの役割についてのわれわれの理解がいかに増大したかを例証する。われわれは今やこの問題を'P_1''によって表わすことができる。というのは，それが先にわれわれがもったP_1と類似的な役割を演じるからである。またわれわれはガリレオの暫定的理論を'TT'で，この理論を批判的に議論し誤りを排除しようとする彼自身および他の人びとの企てを'EE'で表わすことができる。ガリレオは希望に満ちてはいたが，自分の議論の結果に満足していなかった。彼のP_2は彼のP_1に非常に近かった，とわれわれはいえる。つまり，問題はいぜん未解決であった。

ずっとあとに，事態は**問題状況**(P_2)に革命的変化を（ニュートンによって）もたらした。ニュートンはガリレオの枠組——その内部でガリレオの問題が考えられた保存則の枠組——を拡大した。ニュートンの革命的変化の一部は，月の理論——潮汐の理論からそれを追放することがガリレオの枠組（**および背景**）の必然的帰結であった——をニュートンが再び取り入れたことであった。

物語りを簡単に要約すれば，ガリレオの物理学的枠組は，コペルニクスの太陽系のモデルのいささか単純化されたかたちであった。それは一定の自転速度をもつ円（およびおそらくは周転円）の体系であった。アインシュタインでさえガリレオの「円運動への執着」について論評を加え，それは「ガリレオが慣性の法則とその基本的意義を**十分**には認識していなかった事実に帰因する」ものだと主張した。しかしアインシュタイ(23)

1, pp. 95—6）。これは誤った解釈であり，先の注で叙述したディルタイの**確実性の度合**に反する点だと私には思われる。（ディルタイは，この分野では科学はニュートンをもってはじめて出発するものであり，自分は前科学的観念について語っているのだ，と答えたかもしれない。この答えを受入れて，ガリレオが科学者であったことを否定することができるとは私は考えない。科学はアナクシマンドロスと共に，あるいはもっとずっと以前に，始まる）。

プトレマイオス対コペルニクスの短かいが徹底的な論述については，O. Neugebauer, *The Exact Sciences in Antiquity*, 1957, pp. 191ff. を参照。（幾何学的問題と物理学的問題とをはっきり区別していないために，ノイゲバウアーさえが204頁で，コペルニクスやガリレオが円を用いようと固執するのを独断的だと非難している）。

(23) 引用された言葉はガリレオの『二大世界体系についての対話』（スティルマン・ドレ

ンは，まさにニュートン理論が慣性の法則または運動量の保存則にもとづいていたのとまったく同様に，円-周転円理論が，一定速度に執着したそのより単純なかたち——それはガリレオが好んだかたちであった——においては，そもそも角運動量の保存則にもとづいていたことを忘れていた。両保存則は，うたがいなく，「本能的に」—— おそらくは実際的経験の圧力のもとでの推測の選択のようなものに負いながら——保持される。角運動量にとっては，よく潤滑油のぬられた車輪についての経験が決定的であったかもしれない。われわれはまた，天体の円回転の古代理論（それはこの経験から派生する）が，最後には地球の角運動量の保存によっておきかえられたことを想起すべきである。これは，円運動が，今なおしばしば考えられているごとく素朴でも神秘的でもなかったことを表示するものである。占星術者たちの枠組と反対のこの枠組の内部においては，天体間にはいかなる相互作用もありえなかった。それゆえ占星術者によって主張された月の影響による潮汐理論は，ガリレオによって拒否されなければならなかったのである。
(24)

———ーク訳，改訂版，1962年）へのアインシュタインのすぐれた序文のxi頁からのものである。アインシュタインは，ガリレオが慣性の法則をもっていたことを認めている。ガリレオがその根本的意義を**十分に**（太字はアインシュタインのもの）認識していなかったことに疑いはない。ガリレオがコペルニクスの体系を過度に単純化されたかたちにおいて提示している点でひどく批判されたことを，私はここで指摘できる。実際，彼は「プトレマイオスは非常に多くの周転円を導入している」（前掲書，341頁以下）と批判をこめて語っているが，コペルニクスも周転円を用いたとは彼はいわないのである。ここに歴史的解釈の問題がある。ガリレオは周転円のない等加速円運動に，もっぱらもとづいた過度に単純化されたコペルニクス的体系が，観測と正確に合致しなかったという事実によって生み出された問題を意識的に未解決のままに放っておいた，と私はいいたい。そして彼は，未解決のままに残された純粋に幾何学的問題は物理学的問題と一緒になって**はじめて**解決されるかもしれないと考えた。（彼はそう「数多く」ない周転円，ままは渦巻きまたは磁力が可能な解決をもたらすかもしれないと示唆する。前掲書，398頁以下。この考えは正しいことが判明した。そしてわれわれは，ケプラーの幾何学的解決でさえが，なおいぜんとして近似——つまり過度の単純化にすぎなかったことを忘れるべきでない。

(24) ガリレオの潮汐理論と彼の占星術の拒否との関連は，私の『推測と反駁』第1章の注4（38頁）および第8章の注8（188頁）で論じられ，解釈されている。これは（私の『開いた社会とその敵』1945年，第1巻，第10章，171頁で述べた意味での）典型的な推測的解釈であり，かかるものとして「歴史的素材のうえに光を投じうる」：つまりそれはガリレオの『対話』における最後の章句（前掲書，462頁）——ここのところでガリレオはケプラーの名を挙げ，彼の占星術的「幼稚さ」を非難している——を私がより良く理解するのを助けてくれた(占星術

われわれはこの実例から何か新しいことを学びうるか。学べると私は思う。

　第一に，この実例は，ガリレオの理論（TT）の理解にとって，ガリレオの問題状況（P_1）の再構成が巨大な重要性をもつことを示している。この再構成の重要性は，成功的な理論よりも，ガリレオの理論のような不成功な理論の理解にとって，よりいっそう大きい。なぜなら，その失敗（TT の失敗）は，枠組または P_1 の背景における失敗によって説明できるからである。

　第二に，現在のケースにおいては，ガリレオの問題状況（P_1）の再構成は，翻ってそれ自体が推測の（そしてまた過度の単純化または理想化の）性格をもつことが明らかになる。このことは，この問題状況（P_1）についての私の分析が，ガリレオの不成功の理論を理解しようと努めてきた他の人たちのそれから相当逸脱していることを考えれば，明らかである。しかし，もし P_1 の私の再構成が推測であるとすれば，**この推測が解決しようとする問題は何か**。明らかにはそれは P^u，つまりガリレオの理論を **理解する問題** である。

　私の**第三点**はこうである。われわれの**理解の問題** P^u は P_1 よりも高いレベルにある。つまり理解の問題は**メタ問題**である。それは TT に関するものであり，それゆえまた P_1 に関すものである。したがって，理解の問題を解決するために考案される理論は，**メタ理論**である。というのは，それはすべての個々の特殊なケースにおいて P_1, TT, EE を実際に作り上げているものを発見することを課題の一部とするところの理論だからである。

　ついでながら，このことは，すべての個々の特殊なケースにおいて P_1, TT などの構造だけがメタ理論によって発見されなければならぬものであって図式そのもの（$P_1 \to TT \to EE \to P_2$）は無批判的に受け入れられなければならないということを意味するもの

に対するガリレオの態度については，109頁以下をも参照）。〔ここでポパーがガリレオの「最後の章句」といっているのは，次の文章である：「また大地の運動が月の天球の運動と出会うと，そのような出会いのため，満干がひき起されるということはまったく空しいことです。というのは，どうしてそうならなければならないのか説明がつかずわからないだけでなく，明らかな誤りが認められるからです。それというのも，大地の回転は月の運動方向に反対しておらず，同じ方向になされるからです。……しかしそのような自然の驚くべき事柄について哲学したすべての偉大な人間のなかでも，特にケプラーについては他の人に対して以上に驚きます。というのは，彼は偏見のない鋭い才能の持主で，大地に運動を帰属させることを支持していますが，ところが月の水に対する支配力や，また隠れた性質や同じような子供みたことに耳を傾け，同意しているからです」（青木靖三訳『天文対話』岩波文庫（下）252頁）。

と解されるべきでない。反対に，その図式は，必要が生じた場合はいつでも精緻化されるべきだし，あるいは根本的に変更されさえすべきである。

私の**第四点**は，理論を理解するすべての企ては（最も瑣末なものを除き）この理論とその問題についての歴史的探究に向わざるをえず，それゆえこの理論や問題が研究の対象の一部となる。もしその理論が科学的理論であれば，研究は科学の歴史の研究であろう。もしその理論がたとえば歴史的理論であれば，研究は修史の歴史の研究であろう。これらの歴史的研究が解決しようとする諸問題は，研究されている対象であるところの問題とははっきり区別されるべきメタ問題であろう。

私の**第五点**は，科学の歴史は諸理論の歴史としてで**なく**，問題状況および問題を解決しようとする試みを介してのそれら問題状況の（時には気づかぬくらいの，時には革命的な）変容の歴史として扱われるべきである。歴史的には，不成功なもろもろの試みは，成功的な試みとまったく同じほど，さらなる発展にとって重要であったことが判明しうる。

私の**第六点**は（第三点を精緻化するにすぎないが），われわれは科学史家のメタ問題とメタ理論（それらは P^u レベルのものである）と科学者の問題および理論（それらは P_1 レベルのものである）とを明確に区別しなければならない，ということである。これら二つは，とても混同されやすいのだ。それというのも，もしわれわれが歴史家の問題を「ガリレオの問題は何であったか」という問いによって定式化すれば，その答えは P_1 であるように思われ，しかし（「ガリレオの問題は P_1 であった」に対するものとしての）P_1 はメタ・レベルよりも対象レベルに属するように思われ，こうして二つのレベルが混同されるからである。[25]

しかし，一般的には，異なったレベルに共通ないかなる問題もない。このことは容易にわかる。同じ対象についての二つの暫定的メタ理論は，しばしば非常に異なっている。「事実」について意見の一致している二人の科学史家は非常に異なった仕方で（時としては相補的な仕方で，時には衝突する仕方で）それらを理解または解釈しうる。彼らは何が自分たちの問題を構成するかについて意見がくいちがいさえしうる。それゆえ一般的には，問題をお互いに共有しないだろうし，また彼らの研究と解釈の対象である理論

---

(25) 実際その答えは，ガリレオの問題（P_1）についての歴史的推測である。歴史家のメタ問題と彼の推測的答えは，のちにより十分に論じるであろう。

をさえ共有しないであろう。

　また，ある理論を理解するためには，メタ理論家は役に立ちうる一切のものを自由に使える。たとえば彼は，その理論をある根本的に異なった競合的諸理論と対置できる。それゆえ，**メタ理論を構成する第三世界構造単位のあるものは，解釈または理解されるべき理論を構成するところのそれとはまったく似ていないかもしれない。**

　この点は重要である。たとえわれわれが一方における第三世界的**思考内容**と，他方におけるこれらの内容を把握するところの第二世界的**思考過程**とのあいだの**類似性**といったものをまったくセンシブルに語りえたとしても（私はそれを否定したい気持だが），その場合でさえ私は一般に，何らかの問題レベルにおいて，内容とそれに対応する思考過程とのあいだに何らかの類似性が実際にあるということをなお否定するということを，**さらにいっそう強力な理由で**確証する。なぜなら，私が叙述しようとしている歴史的理解の第三世界的方法は，可能な場合はどこでも，心理学的説明を**第三世界関係**の分析によっておきかえる方法だからである。心理的説明原理にかえて，われわれは主として論理的性格をもつ第三世界的考察を用いる。そしてこのような分析からわれわれの歴史的理解が成長しうるというのが，私のテーゼである。

　私の**第七の**，おそらくは最も重要な点は，私がしばしば**状況の論理**または**状況的分析**[26]として述べてきたものにかかわる。（後者の名称の方が好ましいかもしれない。というのは，前者は人間行動の決定論的理論を示唆すると感じられるかもしれないからである。もちろん，私はそのようないかなるものも示唆するつもりは毛頭ない）。

　状況的分析と私がいうのは，行為者のおかれている状況に訴えるところの，ある人間行動についてのある種の暫定的または推測的説明である。それは歴史的説明かもしれない。われわれはおそらく諸観念のある種の構造がいかにして，またなぜ，生み出されたかを説明しようとするかもしれない。たしかに，いかなる創造的行為も決して完全に説明することはできない。それにもかかわらず，われわれは推測的に，その行為者のおかれた**問題状況**の理想的な再構成を与え，その程度までその行為を「理解可能」（または「合理的に理解可能」）に，つまり**彼の見たがままの状況にふさわしいものに**しようと

---

　　(26)　私は状況の論理または状況的分析を私の『開いた社会』第2巻，第14章（特に97頁）および私の『歴史法則主義の貧困』1957年，第31節（「歴史における状況の論理」：特に149頁）と第32節で叙述した。

第4章 客観的精神の理論について

試みることができる。この状況分析法は，**合理性原理**の応用といえる。

行為者が見たがままの状況と，実際にそうであった状況とを（もちろん両者とも推測されたものである）[27]区別することが，状況分析にとっての課題であろう。それゆえ科学史家は，科学者が適切なものとして提出した理論を状況分析によって説明しようと試みるばかりでなく，彼は科学者の失敗を説明しようと試みさえできる。

いいかえると，推測と反駁による問題解決のわれわれの図式または類似の図式は，人間行動の説明理論として用いることができる。それというのも，われわれは行為を問題解決の試みと解釈できるからである。それゆえ行為の説明理論は，主として，問題ならびにその背景の推測的再構成から成るであろう。この種の理論は，よくテスト可能である。

「われわれはいかにしてわれわれの科学理論を理解しうるか，あるいは科学理論の理解を改良しうるか」という問いに私は答えようと努めてきた。そして私は，問題および問題状況による私の答えが科学的理論をはるかにこえて適用できることを示唆した。われわれは，少なくともある場合には，それを芸術作品にさえ適用できる。われわれは芸術家の問題が何であったか推測でき，またこの推測を独立の証拠によって裏づけることができるであろう。[28]

---

(27) (a)あったものとしての状況，および(b)行為者に映じたものとしての，あるいは行為者によって理解または解釈されたものとしての，非常に異なった状況を，われわれが（たとえ推測的にせよ）客観的に再構成できる多くのケースがある。科学の歴史においてさえこれができるということは，興味深い。一例はシュレーディンガーの波動力学である。シュレーディンガーは自分の問題を統計的問題として解釈しなかった。（ボルンの有名な「統計的解釈」がなされてのちにはじめて，その問題が統計的であるということが明らかになった。私の 'Quantum Mechanics Without "The Observer"', in Mario Bunge (ed.), *Quantum Theory and Reality*, 1967；現在では私の *Philosophy and Physics* の第3章を参照）。しかし多くの他の——新旧の——実例がある。ケプラーは自分の問題をピタゴラス的な世界の調和の発見だと理解した。アインシュタインは一般相対論を共変量の要求の助けをかりて定式化した。そして彼は，この要求は空虚であるといった E. クレッチュマン (*Ann. Physik*, **35**, p. 575, 1917) による批判を受け入れたけれども，その意図された目的を救うためにそれを述べなおすことができると信じた。彼は決して満足な再言明を与えなかったのだが。（「いかにして純粋自然科学は可能なりや」というカントの問題と関連した）哲学からの例は，『推測と反駁』第2章 x 節，特に94—6頁で分析されている。

(28) このようないくつかの分析は，E. H. ゴムブリッヒの著作のなかに見出される。彼の *Art and Illusion*, 1959 は部分的に（全体的にではないけれども）は，（たとえば遠近法を使

(科学的理論を解釈する課題と芸術作品を解釈する課題のやや中間的位地は,破壊された芸術作品を再構成する——たとえば,欠損したパピルスのかたちで発見された詩を再構成する——課題によって,おそらくはとられうる)。

10. 問題の価値

「われわれはいかにして科学的**理論**を理解しうるか,あるいはそれについてのわれわれの理解を改良しうるか」という問いへの私の提示した答えに対し,それはただ問いを移動するだけだという反論がなされるかもしれない。なぜなら,その答えは問題をそれに関連した問い「われわれはいかにして科学的**問題**を理解しうるか,あるいは問題についてのわれわれの理解を改良しうるか」によっておきかえるだけだからである。

その反論はもっともである。しかし通常,その問題移動は(ラカトス教授の用語法を使えば)前進的移動であろう。通常,第二の問題——問題を理解するメタ問題——は,第一の問題よりも困難であり,より興味あるものであろう。ともあれ私は,それが二つ

って)実在のイルージョンを生み出すという——多くの芸術家によって過去に採用された——目的によって生じた問題が西洋芸術に及ぼした衝撃の研究である。彼は著書『規範と形式』1966年,7頁で,〔透視図法的形式を採用したイタリアの〕ギベルティが自分の目的について述べた言葉を引用している。「私は自然のなかに生じるあらゆる線でもってできるかぎり自然を摸倣しようと努める。……パネルはすべて枠であり,眼がそれらを測り,正しておこなわれれば,離れて立つとそれらは丸彫りになって現われる」。ゴムブリッヒは「芸術家は科学者と同じように仕事をする。彼の仕事はそれ自体のために存在するばかりでなく,ある問題解決を実際に示すことにある」とコメントしている。もちろん,これは一人の芸術家の作品の分析の一部である。また,たとえ同じようなコメントが何人かの他の芸術家についてなされうるとしても,それは彼らの問題が類似的であるということを示唆するものでない。反対に,問題は変化する。古い問題の——たとえば,実在または「自然」のイルージョンを生み出す問題の——解決は,古い問題の拒否と新しい問題の探求を生み出しうる。

これら新しい問題の一例は,いかにして見る人の関心をひきつけ,彼の積極的な協働をひきつけるか,ということである。たとえば彼に解釈または再構成の問題を提することによって。E. H. Gombrich, *Meditations on a Hobby Horse*, 1963を参照。

ゴムブリッヒの分析は,**芸術作品の自律性**と呼びうるもの——芸術作品は人工的なものであるけれども,それ自身の相互関係を生み出すという事実——の問題に光明を与えるものだといえる。(私の「雲と時計」第24節および注65をも参照)。ハイドンについて次のような美しい物語りがある。ハイドンは自分の「天地創造」の最初の合唱を聞いたとき,〔その崇高さに感激して〕急に泣き出し,「これを書いたのは私ではない」といった。

第4章 客観的精神の理論について

の問題のうちより基本的なものだと考える。というのは、科学は（観察からというよりも、あるいは理論からよりも）問題から出発するものだ、と私は考えるからである。（たしかに、問題の「背景」は理論と神話を含んでいるであろうが）。

この点がどうあれ、第二のメタ問題は第一の問題とは異なっていると私は考える。もちろんわれわれはこの第二の問題を、第一の問題を扱ったように扱うことができるし、また扱うべきである——理想化的な歴史的再構成のやり方によって。しかし、私はこれでは不十分だと考える。

私のテーゼはこうである。何らかの与えられた問題（たとえばガリレオの問題状況）の**リアルな理解**を得るためには、この問題の、あるいはわれわれがある良き解決を知っているところの何らかの問題の、分析以上のものが必要とされる。何らかのかかる「死せる」問題を理解するためには、われわれは少なくとも一度、われわれの生活においてある生きた問題と真剣に取り組んだのでなければならない。

それゆえ、メタ問題「いかにしてわれわれは科学的問題を理解することを学びうるか」に対する私の答えは、ある**生きた**問題を理解することを学ぶことによって、である。そしてこのことは、**問題を解決しようと試みることによってのみ、またそれを解決することに失敗することによってのみ**、なされうると私は主張する。

ある若い科学者が自分の理解しない問題に遭遇すると仮定する。彼は何をなしうるか。たとえ彼が問題を理解しなくても、彼はそれを解決しようとし、自分の解決をみずから**批判すること**（あるいは他人に批判させること）ができる。彼は問題を理解していないので、彼の解決は失敗であろう。批判によって明らかにされるであろう事実。このようにして第一歩は、**どこに困難があるか**を正確に示すことに向ってなされるであろう。そしてこのことはまさに、第一歩が問題の理解をめざしてなされるであろうことを意味する。けだし問題とは困難のことであり、問題を理解することは困難があることを、そしてどこに困難があるかを発見することだからである。そしてこのことは、なぜある**一応の解決**がうまくいかないかを発見することによってのみなされうる。

それゆえ、われわれが問題を理解することを学ぶのは、問題を解決しようとすることによって、また失敗することによってである。そしてわれわれが百度も失敗すれば、われわれはこの特殊な問題に関してエキスパートになることさえできる。つまり、もし誰かがある解決を提示すれば、この提案に何らかの成功の見込みがあるかどうか、またそ

の提案がわれわれの過去のもろもろの失敗からはっきりわかっている諸困難のゆえに失敗するであろうということを，われわれはただちに見抜きうる。それゆえ，われわれが問題を理解することを学ぶのは，第三世界的構造単位を取り扱うことの問題である。そして問題の直観的把握を得ることは，これらの諸単位およびそれらの論理的諸関係に精通することである。（もちろん，すべてこのことは，理論の直観的理解を得ることに類似している）。

このようにして生きた問題に取り組んだ者だけが，ガリレオの問題といったような問題のよき理解に達しうる，と私は考える。なぜなら，彼だけが自分自身の理解を評価できるからである。そして彼だけが，理論の理解めざしての絶対に必要な第一歩はその理論を生み出した問題状況を理解することであるという私の主張の意義を，（いわば第三レベルにおいて）十分理解するであろう。

私はまた，ある一学科から別の学科への学識の転移という大いに議論された問題は生きた問題との取り組みにおいて経験を得ることと密接に結びついていると考える。ある所与の理論的枠組をば，その枠組内部で生じまた解決しうる問題のために，どのように適用するかということだけを学んだ者[29]，彼らの修錬が彼らを他の専門領域において大いに助けるであろうとは期待できない。みずから問題と取り組んだ者については事情が異なる。特に彼らの理解，明徴化，定式化が困難をもたらした場合には[30]。

それゆえ，問題と一心に取り組んだ人たちは，彼ら自身の分野とははるかにかけ離れた分野の理解を得ることによって償われる，と私は考える。

状況的分析（問題解決の考え）をいかほどまで芸術，音楽，詩に適用でき，またそれがこれらの分野におけるわれわれの理解を助けうるかどうかを研究することは，興味があり，実り多いものであろう。それがいくつかのケースにおいて役立ちうることを，私は疑わない。第九交響曲の最終楽章のためのベートーヴェンのノートブックは，この楽

---

(29) 私がここで叙述している科学者たちは，トマス・クーン（『科学革命の構造』1962年，第2版，1971年〔中山茂訳，みすず書房，1971年〕）によって「ノーマル・サイエンス」と呼ばれるものの実行者たちである。

(30) 『推測と反駁』の第2章の最初の2—3頁で私は，**主題といったものはなく，ただ問題だけが存在するのであり，これら問題が理論の提起に導きうることはたしかだが，その解決のためにはほとんどつねにきわめて異なった諸理論の助けを必要とする**ということを論証しようと努めた。（これは専門化の自滅的性格を示すものである）。

章の導入部が問題——歌詞の切断の問題——を解決する彼の企ての一部始終を告げる。これを知ることは，その音楽および音楽家についてのわれわれの理解を助ける。この理解がその音楽のわれわれの享受を助けるかどうかは，別の問題である。

11. 人文科学における理解(「解釈学」)

このことは私を人文科学（精神科学）における理解の問題につれこむ。

この問題についてのほとんどすべての偉大な研究者——ディルタイとコリングウッドだけを私はあげるが——は，人文科学が自然科学と根本的に異なること，そしてその最も顕著な相違は，人文科学の中心課題が，人間を理解することはできるが自然を理解することはできないという意味での**理解**することであるという点にある，と主張する。

理解はわれわれの共通の人間性にもとづくものだといわれる。理解は，その基本的形式においては，ジェスチャーとかスピーチといった表現的動作の助けをかりてなされる他の人間との一種の本能的一体化である。さらにそれは，人間的行為の理解である。そして究極的には，それは人間精神の産物の理解である。

ここに示された意味において，われわれが人間とその行為と所産とを理解しうるのに対して，われわれが「自然」——太陽系，分子，素粒子——を理解できないことは，認められなければならぬ。しかし，そこには何らシャープな区別はない。われわれは，人間を理解するという意味におけるのと非常によく似た意味において，高級動物の表現運動を理解すること学びうる。だが，「高級」動物とは何なのか。われわれの理解はそれらのものだけに限られるのか。(H. S. ジェニングスは，単細胞有機体に目的と意図を付与しうるに足るほどよく彼らを理解することを学んだ)[31]。尺度の他の末端において，われわれの友人についてさえ，われわれの直観はきわめて不完全である。

理解が人文科学の目的であるという主張を，私は進んで認める用意がある。しかし私は，それが自然科学の目的でもあるということを否定すべきであるかどうか疑問に思う。もちろん，それはいささか異なった意味での「理解」であろう。しかし，人間とその行為の理解には，すでに多くの相違がある。そしてわれわればボルンに宛てたアインシュタインの手紙のなかで述べられた次のような陳述を忘れてはならない。

---

(31) H. S. Jennings, *The Behaviour of the Lower Organismus*, 1906を参照。

「あなたはサイコロ遊びを楽しむ神様を信じておられるが，私は客観的実在の世界に完全な法則性があると信じ，この法則性を奔放な思弁的方法で捕えようと試みるもので す」。[32]

実在を「捕え」ようとするアインシュタインの奔放な思弁的試みは，人文科学における理解と少なくとも四つの類似性をもつところの「理解」という言葉の意味において実在を理解しようとする企てであると，私は確信する。(1) われわれの共有する人間性にもとづいてわれわれが他人を理解するごとく，われわれは自然の一部であるがゆえに自然を理解しうる。(2) われわれが人間の思考と行動のある合理性によって人間を理解するように，われわれは自然の諸法則に内在するある種の合理性または理解可能な必然性のゆえに自然の諸法則を理解しうる。[33] このことは，ヘシオドスやヘロドトスはいうまでもなく，少なくともアナクシマンドロス以来のほとんどすべての偉大な科学者の意識的な期待であった。[34] そしてこの期待は，最初はニュートンの，次いでアインシュタインの重力理論における少なくともある一時的な業績を達成した。(3) アインシュタインの手紙のなかでの神への言及は，人文科学と共有する別の意味——自然の世

---

(32) アインシュタインの手紙は Max Born, *Natural Philosophy of Cause and Chance*, 1949, p. 122 に（原文のドイツ語と英訳とで）引用されている。

(33) 私は（ヘルマン・ヴァイルと E. P. ヴィグナーによって特に強調された）対称性の原理や，私が「アインシュタインの作用と反作用の原理」と呼ぼうと思うもの（それはアインシュタインの「実在性の原理」とも呼びうるだろう）に似た観念のような合理性の要求をあげることができる。ニュートンの時間と空間は不満足である。というのも，それらは物体に物理的効果を及ぼしうるけれども，翻って何らの反対効果も受けないからである（場は受けるが）。

(34) 宇宙の対称性の観念は，ヘシオドスの『神統記』720-5：〔「大地の下は，天が大地から離れているのと同じくらい地底はるか下である。それというのも，青銅の鉄床は天から九日九夜も落下し続けて十日目にようやく大地にとどき，また青銅の鉄床は大地から九日九夜も落下し続けて十日目にやっとタルタロスの地底にとどくであろうからである」〕に，地球の形と位置についてのアナクシマンドロスの説〔「大地は何ものによっても支えられていないが，すべてのものから等距離にあるために宙に浮いている。その形は凸状で丸く，石柱に似ている。その表面の一方はわれわれがその上にのっているものであるが，他方はその反対側にある」〕に，またはなはだ不均等であることを知った地形にある均等性を導入しようとするヘロドトスの試み（ナイル河とドナウ河は，とりわけ，できるだけ互いに対称的にされた）に，見出しうる。先の注を参照。これに加えて，正義または報賞と罰の尺度を世界に導入しようとするすべての試み（アナクシマンドロス，ヘロドトス）は，世界のうちにある合理性を見出し，それによって世界を理解しようとする企てである。

界をば芸術作品を創作物としてわれわれが理解する仕方において理解しようとする企て——を示している。(4) 自然科学には，人文科学者たちによって大いに論じられた，また他人の「他者性」に帰せられたところの，われわれのあらゆる理解の企ての究極的失敗の意識——自己理解の不可能性，ユニークでリアルなものを理解しようとする一切の企てに内在する過度の単純化の不可避性，がある。（この実在が宇宙的なものか微視宇宙的なものであるかはほとんど問題とは思われぬ，と付言できる）。

それゆえ理解の方法を人文科学の特徴であるとし，それによって人文科学を自然科学から区別しうると宣言しようとする企てに，私は反対する。そしてかかる見解の支持者が私のような見解を「実証主義的」または「科学主義的」(35)だと非難するとすれば，私はおそらく，彼ら自身は実証主義または科学主義が**自然科学にふさわしい唯一の哲学である**ということを，**暗黙のうちにまた無批判的に**受け入れているように思われる，と答えることができる。

このことは，非常に多くの自然科学者がこの科学哲学を受け入れたことを考えれば，理解できる。しかし人文科学の研究者たちはもっと良く知っていたかもしれない。科学は，結局のところ，文学の一部門である。科学に従事することは，宮殿の建築に似た人間活動である。疑いなく現代の科学には余りにも多くの専門化と専門主義とがあり，それが科学を非人間的にしている。しかしこのことは，不幸にして，現代の歴史学または心理学にも，自然科学に劣らず当てはまる。

さらに，歴史の重要な——おそらくは最も重要な——部門，宗教・哲学・科学の歴史を包含する人間の意見の，人間の知識の歴史がある。ところで，科学の歴史に関する二事がある。一つは，科学（つまり科学的問題）を理解する者だけがその歴史を理解でき

---

(35) 「科学主義」という用語は，そもそもは，特に社会科学者たちによる「〔自然〕科学の方法や言語の奴隷的模倣」を意味した。この用語はハイエクによって，このような意味のものとして，彼の「科学主義と社会の研究」（現在では彼の著書『科学の反対革命』1962年）で採用された。『歴史法則主義の貧困』の105頁〔訳書159頁〕で，私はこの語を，科学の方法だとまったく思い違いされているものを猿まね的に模倣する態度に対する名称として使うことを示唆した。そしてハイエクは現在では（彼の『哲学，政治学，経済学における諸研究』への序文——これには〔私に対する〕非常に丁重な謝辞が付されている——で），自然科学者たちによって実際におこなわれている方法は「彼らの大部分がわれわれに向って説き，……他の諸学科の代表者たちが熱心に模倣しようとしたもの」とは異なったものであるということを認めている。

るということである。そして他の一つは，その歴史（その問題状況の歴史）についてあるリアルな理解をもつ者だけが科学を理解しうるということである。

　科学と人文科学との相違を詳細に論じることが長いこと流行をなしてき，今は退屈なものになった。問題解決の方法，推測と反駁の方法は，科学にあっても人文科学にあっても実行される。それは欠損した原典の再構成にも，放射能の理論の構成においても実行される。[(36)]

　しかし私はもっと先まで進み，「科学主義」をとる——つまり **実際にあるがままのではなく**，間違って自然科学の方法なりといわれているところの自然科学の方法を模倣しようとする——何人かの専門的歴史家を少なくとも告発しなければならない。このいわれるところの，しかし実際には何ら存在していない方法は，観察を収集し，次いでそれから「結論を引き出す」方法である。何人かの歴史家は，彼らの結論に対する「経験的基礎」をなす，自然科学の観測に相当する記録的証拠を集めることができると信じ，この方法を無批判的に採用する。

　このいわれるところの方法は，実際には決して実行されえない方法である。もし君が先ず問題をもたないとすれば，君は観察を収集することも記録的証拠を集めることもできない。（切符集札人は記録を収集するが，しかし彼はめったに歴史的証拠を収集しない）。この適用できない方法を適用しようとする試みよりももっと悪いのは，これらの歴史家が科学の理想と思い違いしているところの，確実な，または誤つことのない，ま

---

　　(36)　もちろん，いかなる場合にも相違はある。しかし欠損した原典の推測的再構成には，理論物理学におけるある種の手段にきわめて類似しているものが少々ある。この種の推測はテスト可能でさえあり，そのあるものは反証された。（たとえば「ベルリン・パピュリ」No. 97 77——のちに J. U. パウエルによってより古いオクシリュンコス・パピュリ, xvii 2075, fr. i と組み合わされた——を参照。これはある種の推測的再構成を反駁するのを可能にさせた）。しかし，これらはいささか稀なケースである。通常は，（J. W. N. ワトキンスの『ホッブスの観念体系』1965年や私の『開いた社会』第1巻の 248—253頁や319頁その他において見出されるような）「（たいていの）歴史解釈……のテスト」は，私が前掲書の171頁でいったように「〔物理学的〕仮説……のテストほど厳格では決してありえない」。私はあらゆる仮説のうちで最も興味あるもの——宇宙論的仮説を除外すべきだった。それらのあるものはもちろんテストできるし，またあるものは反証にとって十分に正確でさえあった。しかし他のきわめて興味あるものは，テスト不能のように思われ，そのようなものにとどまるかもしれない。（テスト可能性については，私の『科学的発見の論理』1959年——初版はドイツ語の『探究の論理』1934年——を参照）。

たは権威ある知識という偶像の崇拝である。たしかに,われわれはすべて誤りを避けようと懸命に努力する。そしてわれわれは,われわれが誤りをおかしたならば,遺憾というべきである。しかし誤りを避けるということは,貧困な理想である。もしわれわれが誤りをほとんど避けられないような非常に困難な問題にあえて取組もうとしないならば,いかなる知識の進歩もないであろう。事実,われわれが最も多く学ぶのは,**誤っている理論をも含めて**,われわれの最も大胆な理論からである。何人も誤りをおかすことから免れることはできない。大切なことは,誤りから学ぶことである。

12. コリングウッドの主観的再演の方法との比較

 歴史への状況的分析の適用を例証するために,またそれを主観的理解の第二世界的方法と対照づけるために,私はまず,哲学者であり歴史家であり,修史の研究家であるR. G. コリングウッドから一章句を引用しよう。

 私がコリングウッドからこの章句を引用するわけは,私が彼とあらゆる点においてではないけれども非常に多くの点で意見が一致しうるからである。われわれは第二および第三世界の論点,主観的方法を選ぶか客観的方法を選ぶかという論点について,意見を異にする。(われわれは問題状況の意義について意見が一致している)。事物を **表現** するコリングウッドの心理学的方法は,決して単に定式化の問題ではない。むしろそれは彼の理解の理論の本質的部分である(ディルタイと同じように。ディルタイは恣意性をおそれるので主観性を除去しようと努めたけれども)。

---

　(37) 私の『科学的発見の論理』の第85節〔訳書342頁以下〕を参照。
　(38) これは私の『推測と反駁』の主要論題である。その序文を参照:〔「本書に収められたさまざまな論文や講演は,一つのきわめて単純なテーマ——われわれはわれわれの誤りから学ぶことができるというテーマ——のさまざまなヴァリエーションである。……」〕。
　(39) これはディルタイの主要問題の一つであった。私は特に修史(ヒストリオグラフィー)における先験主観主義的で懐疑的な傾向の必要について語った。この文脈においては,ディルタイやその他の人たちが「解釈学的循環」と呼んだ有名な問題があげられる。(あるテキスト,ある書物,ある哲学者の著作,ある一時代の)全体は,われわれがその構成諸部分を理解する場合にのみ理解できるが,しかしそれら構成部分は翻ってわれわれが全体を理解する場合にはじめて理解できる,という問題がそれである。これは,Bacon, De Augmentis, VI, X. vi によって非常にうまく定式化されたということは,一般によく知られていないように思われる。「あらゆる言葉のうちから,われわれはその光に照してそれぞれの単語が解釈されるような意味を抽き出さなければならない」(「解釈され」は,ここでは単に「読まれ」を意味する。私の

コリングウッドからの次の引用文が例証するように，彼のテーゼは歴史家の歴史理解が過去の経験を自分で再演（追体験）することにあるというものである。

「彼［歴史家］がテオドシウスの法典を読んでおり，また一皇帝のある法令を前にしていると……仮定する。単にその言葉を読み，それを翻訳できるということだけでは，それらの歴史的意義を認識したことにならない。その歴史的意義を知るためには，その皇帝が対処しようとしていた**状況**を心に描かなければならず，また皇帝が心に描いたがごとく心に描かなければならない。そのあとで，皇帝の**状況**があたかも自分自身の状況であるかのように，いかにこのような**状況**に対処しうるかを自分で見出さなければならない。考えうるもろもろの代替案を見出し，一方よりも他方を選ぶ理由を見出さなければならない。それゆえ彼は皇帝がこの特定方針に決定するにいたった全過程を自分で経験しなければならない。したがって彼は自分の心のなかで皇帝の経験を再演するのである。かくすることによってはじめて，法令の意味の単なる文献学的知識とは異なった何らかの歴史的知識を歴史家は獲得する」[(40)]。

読者はコリングウッドが，私が**問題状況**と呼ぶものと密接に対応している**状況**に大きな強調点をおいていることがわかるであろう。しかし，そこには相違がある。コリングウッドは，歴史の理解にとって本質的なことは状況そのものの分析ではなく，歴史家の再演の心的過程，そもそもの経験の共感的反復であることをはっきりさせている。コリングウッドにとっては，状況の分析は，この再演のための単なる補助——不可欠な補助——として役立つにすぎない。私の見解はこれと真正面から対立する。私は再演の心理学的過程を非本質的なものとみなす。時としてそれが歴史家にとって一つの助け，彼の状況的分析の成功の一種の直観的チェックとして役立ちうることを私は認めるけれども。**私が本質的とみなすものは，再演ではなくて，状況的分析である。歴史家の状況の分析は，彼の歴史的推測——ここでの場合においては，皇帝の推理についてのメタ理論——である。**皇帝の推理とは異なったレベルのものなので，それは皇帝の推理を再演するものでなく，非本質的な要素を除去し，またそれを論証することによって，皇帝の推理の

最後の注を参照）。その考えはまたガリレオの『対話』（前掲書，108頁）に皮肉にこじつけられた形で見出される。そこではシンプリチオが，アリストテレスを理解するためには「彼のいったことすべてをつねに思い浮べ」なければならない，といわされている。

(40) R. G. コリングウッド『歴史の観念』1946年，283頁．（太字は私のもの）．〔小松茂夫・三浦修訳，1970年，紀伊国屋〕。

第4章 客観的精神の理論について

理想化され合理化された再構成をつくりあげようとするものである。それゆえ歴史家の中心的メタ問題は，皇帝の問題状況における決定的要素は何であったか，である。歴史家がこのメタ問題を解決するのに成功する程度において，彼は歴史的状況を**理解する**。

それゆえ彼が歴史家としての**資格において**しなければならないことは，過去の経験の再演ではなく，彼の推測的な状況的分析に対する客観的な賛成と反対の論拠を列挙することである。

この方法は，いかなる再演の試みも必然的に失敗するようなケースにおいてさえ，非常に成功的でありうる。なぜなら，多くの点で歴史家の行動能力，それゆえ再演能力をこえた行為がありうるからである。再演されるべき行為は耐えられぬ残酷な行為の一つであるかもしれない。あるいは，ずばぬけた英雄の行為の，あるいは卑劣なひきょう者の行為であるかもしれない。あるいはそれは，歴史家の能力をはるかに上回る卓越した芸術的または文学的または科学的または哲学的業績であるかもしれない。たしかに，分析しようとする分野における彼の能力が不十分であれば，彼の分析は興味がないであろう。しかしわれわれは（コリングウッドが期待するように）歴史家にシーザー，キケロ，カトゥルス〔ローマの抒情詩人〕，テオドシウスの才を兼ねることを期待できない。いかなる美術史家もレンブラントたりえず，ほとんどのものは大傑作を摸写することさえできないであろう。

最も興味ある場合において再演は歴史家にとって実行不能であるのに反して，他の場合には，それはまったく可能だが完全に皮相的なものでありうる。私が考えているのは，ひとたび状況が分析されたならば，行為者の行為がごくありふれた当り前の仕方で状況に適合的であったことが明白になるような，無数の瑣末なケースである。

それゆえ歴史家の課題は，行為者の行為がその状況に**適切**になるように，行為者に映じたがままの問題状況を再構成することである。これはコリングウッドの方法に非常によく似ているが，しかしそれは理解の理論と歴史的方法から，コリングウッドや他の大方の理解論者（解釈学者）たちにとっての特徴である主観的または第二世界的要素をまさに排除するものである。

われわれの推測的な状況再構成は，リアルな歴史的発見たりうる。それは，これまで説明されなかった歴史のある側面を説明しうる。そしてそれは，新しい証拠によって――たとえば，われわれの注意を，これまで無視されたり説明されなかった暗喩に向け

ることによって，ある記録についてのわれわれの理解を改善しうるという事実によって——裏づけることができる。[41]

要するに，私が論証しようとしてきたことは，第三世界の観念が実在の直観的理解と合理的批判の客観性とを結びつけることをめざす理解の理論にとって重要である，ということである。

---

(41) 先に論じたガリレオの潮汐の理論と彼のケプラーとの関係のほかに，ここにあげうる別の解釈の例がある。『推測と反駁』の13頁から15頁にかけて私はベーコンの 'interpretatio naturae' を論じ，それを「自然という書物をありのままに読む，あるいは一字一句骨を折って判断する」ことを意味し，'interpretatio' という語はわれわれの現代的意味とは異なった法律的意味をもつことを指摘した。つまり，それはベーコンにおいては法律を（素人のために）**書かれているがままに正確に「読む」または「解説する」**ことを意味するのである。（この私の解釈は，先の『デ・アウグメンティス』の同所によって生み出されたもので，先の注に引用された孤立的部分にだけでなく，『デ・アウグメンティス』からのこの全章句に多くの光を投じる）。『推測と反駁』の同じ個所で，私は知性の純粋性と知性の純化とについてのベーコンの考えを説明している。それは知性から偏見を，つまり（誤った推測の）理論を一掃することを意味する。

ところで，ディルタイ (Schriften, vol. v, p. 318) は，ベーコンの 'interpretatio naturae' を誤解し，それを誤って比喩だとする（それというのも，彼はそれをベーコンの 'anticipatio mentis' とほとんど同じ意味をもつ 'interpretation' の近代的意味に解釈しているからである）。同じようにランケ (Sämtliche Werke, vol. 49, p. 175.) は，ベーコンの純粋性の観念を誤って解釈している。私の推測的解釈を仮定して文脈を考察するならば，ランケによって論じられたベーコンの章句において，ベーコン（ラテン語で書いている）は 'caste' を（文脈が示しているごとく，予断または独断的な判定に走らないという知的意味における）「慎しみ深く」に用いているのである。しかしランケは 'caste' を「純潔な」('keusch') と誤訳している。そのほか，「慎しく恒常的に」に代るランケの「純潔で勤勉な」('keusch und fleissig') は，ベーコンの 'caste et perpetuo' の適切な訳ではない。（意訳すれば「慎ましくひたぶるに」であろう）。また，私はまったく思いがけなく発見したのだが，ランケはまたこの誤訳を誤った出典づけしている。ランケはその章句を「《オルガヌウム》の序言——明らかに，かつて書かれたもののうちで最も美しい**序言**」にもとづくものとしている。だが，事実はどうか。『ノヴム・オルガヌウム』には序言はあるが，ランケが引用した章句はそこには見出されないのである。むしろそれは，『オルガヌウム』と一緒に出版されたが，その序言からは（「著作の区分」によって，また「大革新」の最初の部分が欠けていると述べている短い説明によって）12頁以上も離れている「大革新」(Instauratio Magna) の序言からのものなのだ。

その章句は次のように訳せるであろう。（私のテキストは，*The Works of Francis Bacon*, edited by J. Spedding, R. L. Ellis, and D. D. Heath, 1889, vol. i, p. 130, '*Nos vero*'……である）。「しかしながら，私は慎み深くたえず事物［そのもの］のあいだにふみとどまり，事

第4章　客観的精神の理論について　　　　　　　　　　　　　　　　　215

物の映像やその光線を，視覚の場合にそうであるように，焦点づけできるために必要とされるだけしか，私の知性を事物から決して引き離さない」。(ベーコンはその文章を，セミコロンのあとで，こう結んでいる：「それゆえ発明と卓抜の力に頼ることはさしてないのである」)。

　ランケの訳と注釈はこうである。「たしかにこれまでに書かれた最も美しい序言の一つであるオルガノンへの序言のなかでベーコンはこういっている。『われわれは貞淑に熱心に事物のあいだにふみとどまり，事物の像や光線をわれわれのうちにとりいれることができるまでしかわれわれの把握力を高めないようにしよう』と」。

　「彼はこれを**自然**の観察についていったのである。**歴史**の研究は，いうまでもなく，もっとむずかしい」(とそのあとに続く。つまりランケは修史の——**自然**の解釈とは異なる**歴史**の解釈の——特殊な困難を問題にしているのである)。

　ベーコンの単純なラテン語原文のランケの誤訳からわかるように，修史のとりわけ重要な一部である解釈(学)は，実際には自然の解釈とほとんど同じほど危険をはらんでいるのである。それは，推測と反駁でやっていかなければならぬ事柄なのだ。つまり，われわれは自分たちの推測を，それが問題状況の文脈に十分に適合するまで反駁しようと努めなければならない。恣意的な特徴を取り除き，著者がいおうとしたことについての最大限の説明力のようなものを獲得するまで。

　解釈の推測的方法の他の例については，私の『開いた社会』第1巻の諸注と，私の『推測と反駁』第3版，1969年および第4版1972年の「追録」6から9までを特に参照されたい。

第5章　科学の目的

　科学的活動の「目的」について語ることは，いささか素朴に響くかもしれない。それというのも，明らかに，さまざまな科学者がさまざまな目的をもっており，また科学自体は（それが何を意味するにせよ）いかなる目的ももたないからである。私はこれをすべて認める。しかし，とはいうものの，科学について語るとき，科学的活動に特徴的なものがあるということを，われわれは多かれ少なかれ感じているように思われる。また，科学的活動はともかくも理性的活動とみられ，理性的活動は何らかの目的をもつはずだから，科学の目的を叙述しようとする企ては，まったく望みないわけではなかろう。

　科学の目的は，われわれが説明する必要のあるすべてのことについて**満足のいく説明**を見出すことである，と私は主張する。説明とは，一方における説明されるべき事態を叙述しているもの（**被説明項**）と，他方における言葉の狭い意味における「説明」をなすところの説明的言明（**被説明項の説明項**）との，一組の言明を意味する。

　通常，仮説明項は多かれ少なかれ真であることがよくわかっている，あるいは真だとわかっていると仮定される，と考えることができる。というのは，まったく空想的なものとわかるような事物の状態について説明を求めることは，無意味だからである。（空飛ぶ円盤がこのような場合にあたる。われわれに必要なのは，空飛ぶ円盤の説明ではなく，空飛ぶ円盤の報告である。空飛ぶ円盤が存在するかもしれないというのであれば，その**報告**に対する説明は少しも必要でない）。反対にわれわれが見出そうと努める説明項は，通常の場合，未知のものである。それは発見されなければならない。それゆえ科

　　＊　この論文は，*Ratio*, vol. i, no. 1, Dec. 1957, pp. 24—35 に初出の論文の改訂版である。〔ドイツ語訳は下記の H. アルバートの編本に 'Die Zielsetzung der Erfahrungswissenschaft' として収録されている〕。ニュートン理論によるガリレオとケプラーの結果の修正についての手短かな議論は，Simon Moser (ed.), *Gesetz und Wirklichkeit*, 1949への私の寄稿論文（'Naturgesetze und Theoretische Systeme', p. 43ff.）において初めて公表され（特に57頁以下を参照），Hans Albert, *Theorie und Realität*, 1964に再録された（特に100頁を参照）。この論文の英訳が本書の付録である。

学的説明は，それが発見である場合はつねに，**未知のものによる既知のものの説明であ**
る。(1)

説明項は，それが満足なものであるためには（満足の度合は程度の問題であるが），次のような一連の諸条件を満たさなければならない。第一に，それから被説明項が論理的に導き出されなければならない。第二に，説明項は真であるべきである。たとえそれが一般に真であるということがわからないにしても。いかなる場合にも，厳しい批判的テストによってすら，偽であることが証されてはならない。真として認められない場合には（通常の場合がそうであろう），それに有利な**独立**の証拠がなければならない。いいかえると，説明項は独立のテストが可能でなければならない。それが耐えたテストがより独立的でより厳格なものであればあるほど，その説明項はそれだけ満足なものであろう。

ところで，私は「独立の」という私の用語を，それと反対のもの，「アド・ホックな」および（極端な場合における）「循環的な」によって，さらに説明しなければならぬ。

aを真と認められる被説明項とする。aがaそのものから帰結することはきまりきったことであるから，われわれはaをそれ自身の説明として提示することがつねにできる。この場合に説明項が真であり，そこから被説明項が導出されることが判明しても，その説明は明らかに不満足なものであろう。**それゆえ，われわれは循環的説明を排除しなければならない**。しかし循環性は，部分的には，程度の問題である。次のような対話を考えてみよう。「どうして今日は海がこんなに荒れるのだろう」――「海神ネプチューンが今日は非常に怒っているからだよ」――「ネプチューンが今日は非常に怒っていると君はいうけれど，その主張はどんな証拠によって裏づけられるのかね」――「だって君，**海が非常に荒れているのがわからないかね。ネプチューンが怒るときには，いつも海が荒れるじゃないか**」。この説明が不満足なのは，循環的説明の場合と同様に，説明項にとっての唯一の根拠が被説明項そのものだからである。この種の半循環的またはアド・ホ(2)

---

(1) 私の 'Note on Berkeley as a Precursor of Mach', *Brit. Journ. Philos. Sc.* **4**, 1953, p. 35. の最後から二番目のパラグラフを参照。(現在では『推測と反駁』の174頁)。

(2) この種の推理はタレス (Diels-Kranz¹⁰, vol.i, p. 456, line 35), アナクシマンドロス (D.-K. A 11, A 28), アナクシメネス (D.-K. A 17, B 1), アルクマイオン (D.-K. A 5) のなかに残存している。

ックな説明がきわめて不満足なものだという感情，そしてこの種の説明は回避されなければならぬという要求は，私の思うに，科学の発展にとっての最も重要な駆動力である。不満は，批判的または合理的態度の最初の果実である。

　したがって，説明項がアド・ホックでないためには，説明項は内容が豊かでなければならない。それは多くのテスト可能な帰結をもち，特に被説明項とは異なったテスト可能な帰結を含んでいなければならない。私が**独立の**テストまたは**独立の証拠**というとき念頭にしているのは，これらのテスト可能な帰結である。

　これらの注意は，独立にテスト可能な説明項という直観的観念の意味をいささか明らかにする上でおそらく役に立ちうるであろうが，満足な・独立にテスト可能な・説明を特徴づけるためには，必ずしもまだ十分なものとはいえない。a をふたたび被説明項——たとえば，「海が今日は荒れている」——とすると，われわれは，独立にテスト可能な諸帰結を含んでいるものの，まったくアド・ホックな，きわめて不満足な説明項を示すことがいつでもできる。このような諸帰結をわれわれは望むがままに選ぶことさえつねにできる。たとえば，われわれは次のようにいえる。「このスモモの実はみずみずしい」そして「すべてのカラスは黒い」と。b をこれらの連言としよう。そうすると，われわれは説明項として難なく a と b との連言をとることができる。それは，われわれがこれまで述べてきたすべての要求にかなっている。

　（初期条件によって補われた）普遍言明または自然法則を用いる説明を要求する場合にだけ，独立の説明またはアド・ホックでない説明という考えの実現に向っての前進ができる。なぜなら，自然法則は豊かな内容をもった言明たりえ，したがっていついかなるところにおいても**独立にテスト**できるからである。それゆえ，自然法則が説明として用いられるならば，説明がアド・ホックでないことはまったく可能である。それというのも，自然法則は被説明項を再現可能な効果の一典型的事例と解釈できるようにさせるからである。しかし，これは，普遍法則をテスト可能なもの，つまり反証可能なものと限定する場合にだけいえることである。

　いかなる種類の説明が満足しうるものかという問いは，それゆえ，次のような答えに導く。テスト可能で反証可能な普遍法則と初期条件の助けをかりてする説明である，と。そしてこのような説明は，この法則がよりよくテスト可能で，かつまた実際によりよくテストされたものであればあるほど，それだけ満足なものであろう。（このことは初期

条件にもあてはまる)。

こうして,科学の目的は満足な説明を見出すことであるという推測は,さらに次のような考え——すなわち,説明のテスト可能性の度合を高めることによって,つまりますますよりよくテストできる説明にと進んでいくことによって,説明の満足性の度合いを高めるという考えにわれわれを導いていく。このことは,より豊かな内容,より高度の普遍性,より高度の正確さをもった理論に進んでいくことを意味する。(3)この結論は,疑いなく,理論科学の現実の実践とまったく一致する。

別の考察によっても,われわれはこれと基本的に同じ結論に達しうる。科学の目的が説明することだとすれば,今まで説明項とみなされていたもの——たとえばある自然法則——を説明することが,その目的でもあるだろう。それゆえ科学の課題は,不断に更新していく。こうしてわれわれは,よりいっそう高次の普遍性をもった説明へと——**究極の説明**,つまりもはやそれ以上の説明はできないし,またその必要もない説明に実際に到達することがないかぎり——たえず前進していくことができる。

しかし究極の説明は存在するであろうか。私が「本質主義」と呼んだ教説の見解によれば,こうなる。すなわち,科学は本質による究極の説明を求めなければならない。(4)もし事物の振舞いをその本質——その本質的諸性質——によって説明できるならば,もはやそれ以上の問いは(本質の創造者についての神学的問いを除けば)提示できないし,また提示する必要はまったくない。たとえばデカルトは,物理学を**物体の本質**——彼はこれを延長と考えた——によって説明したと信じた。そして何人かのニュートン主義者たちは,ロージァ・コーツにしたがい,**物質の本質**は慣性であり,他の物質を引きつけるその力であると信じ,ニュートン理論は全物質のこの本質的特性から導出でき,また

---

(3) テスト可能性,内容,単純性,および**普遍性と正確性の度合**の理論については,私の『科学的発見の論理』1959年(ドイツ語初版,1934年,第4版,1971年)の第31節から第46節を参照。そこで,これら諸観念のあいだの密接な関連が説明されている。

(4) 私は論文「人間の知識についての三つの見方」で本質主義について詳しく論じ(また批判し)た。その第2節の最後の注で,この点に関するさらに突込んだ私の議論の参照個所を示してある。〔『歴史法則主義の貧困』第10節,『開いた社会』第1巻,第3章,第vi節;第2巻第11章,第i—xi節〕。*Contemporary British Philosophy*, iii, edited by H. D. Lewis, 1956, note 2 on p. 365. (この論文は,現在では私の『推測と反駁』第3版,1969年,の第3章となっている)。

第5章　科学の目的

究極的に説明されると考えた。ニュートン自身は異なった意見であった。彼が『プリンキピア』の末尾の「一般的注釈」で次のように書いたときに考えていたのは，重力の究極的または本質的な因果的説明に関する一仮説であった。「これまで私は諸現象を……重力によって説明してきたが，しかし私はまだ**重力そのものの原因**を突き止めたわけではない。……私は勝手に〔あるいはアド・ホックに〕仮説を作り上げない」。(5)

　私は究極的説明という本質主義的教説を信じない。過去において，この教説の批判者は，通常，道具主義者だった。彼らは科学的理論を何らの説明力ももたぬ，予測のための道具に**すぎない**と解釈した。私は彼らにも賛成しない。しかしそこには第三の可能性，私が「第三の見方」と呼んだもの，がある。それは「修正された本質主義」と——「修正された」という言葉に力点をおいて——うまく叙述されてきた。(6)

　私が支持するこの「第三の見方」は，本質主義をラディカルな仕方で修正する。第一に，私は究極的説明という考えを放棄する。私はこう主張する。一切の説明はより高度の普遍性をもった理論によってさらに説明しうるものであって，それ以上の説明を要さぬ説明といったものはありえない，けだし（デカルトが示唆したような，物体の本質主義的定義のごとき）本質の自己説明的叙述などはありえないからである，と。第二に，私は「……とは何か」という問い——物とは何か，その本質または真の性質は何か，ということをたずねる問い——をすべて拒否する。それというのも，すべての個々の事物には本質，内在的本性または原理（酒のなかの酒精のような）が存在しており，それが個

---

(5) ニュートンのリチャード・ベントリー宛の1693年1月17日付の手紙，および特に同年2月25日付の手紙をも参照。：〔「重力を物質に固有な，内在的で，そして本質的なものとみなし，したがって一つの物体が距離をへだてて他の物体に作用しうるのだ，などと考えることは，私にはとんでもない馬鹿げた話だと思われる。だから私は，哲学的な事柄に有能な才をもつ人なら，誰もそのような馬鹿げた考えにおちいるはずは決してないと信じている」〕。私はこの手紙を私の論文「人間の知識についての三つの見方」の第三節（『推測と反駁』pp. 106f）で引用し，そこで問題をいささか詳しく論じている。

(6) 「修正された本質主義」という用語は，私自身の「第三の見方」を叙述するものとして私の論文「人間の知識についての三つの見方」の批評家によって『ザ・タイムズ・リテラリー・サプリメント』55, 1956年，527頁で使われたものである。誤解を避けるために，私はここで次のことをいっておきたい。すなわち，私は「修正された本質主義」という語を用いるけれども，これは「究極的または本質的実在」の教説を容認するものとか，ましてや本質主義的定義への譲歩を意味するものととられてはならない。私は『開いた社会』第2巻，第11章，第ii節（特に注42）その他のところでおこなったこの教説への批判をまったく固持している。

々の事物の存在とその特殊な仕方での振舞いを必然的に原因づけているのだという，本質主義に特徴的な見方をわれわれは放棄しなければならないからである。この物活論的(アニミスティック)見方は何物も説明しない。しかしこの見解は（ニュートンのような）本質主義者を，次のような考えに導いた。すなわち，重力のような〔ある事物と他の事物との関係を規定するような〕関係的性質を忌避し，ア・プリオリに妥当であると仮定された根拠から，満足な説明は（関係的性質とは対立的な）内在的性質によるものでなければならない，と信じることに導いた。本質主義に対する第三の，最後の修正は，こうである。われわれは，物活論と密接に結びついた，（そしてプラトンに対立するアリストテレスに特徴的な）見解——つまり事物の振舞いを説明するために用いることができるのは，**それぞれの個々の事物に内在する本質的性質であるという見解**——を放棄しなければならない。なぜなら，この見解は，なぜさまざまな個々の事物が同じような仕方で振舞うべきなのかという問題を解明することがまったくできないからである。「それら事物の本質が似ているからだ」と答えるとすれば，**なぜ，さまざまな事物が存在するのと同じ数のさまざまな本質があってはならないのか**，という新しい問いが生じる。

　プラトンが，類似的な個々の諸事物は同一の本源的「形相」の子孫であり，それゆえ写しであるといい，形相はさまざまな個物の「外部」にあり，それらよりも「先行」し，それらを「凌駕」しているといったとき，彼はまさにこの問題を解決しようと試みたのである。事実，今日にいたるまでわれわれは，これにまさる類似性の理論をもたない。今日においてすらわれわれは，二人の人間の，あるいは一羽の鳥と一匹の魚の，二つの寝台の，あるいは二台の自動車の，あるいは二つの言語の，二つの訴訟手続きの，類似性を説明しようとするとき，それらのものが起源を共通にしているからだとするのだ。つまり，われわれは類似性を主として発生的に説明するのである。そして，これから形而上学的体系が作り上げられるとき，それは歴史法則主義的哲学になりがちである。プラトンの解決はアリストテレスによって拒否された。しかしアリストテレスの本質主義の考えは解決のヒントすら含んでおらず，彼はまったく問題を把握していなかったように思われる。

---

　(7)　プラトンの形相またはイデアの説の「最も重要な役割の一つは，感覚的諸事物の類似性を説明することである」という点については，私の『開いた社会』第3章，第v節を参照。また注19と20，およびその本文をも見られたい。アリストテレスの理論がこの役割を果す

第5章　科学の目的

　普遍的自然法則による説明を選ぶことにより，われわれはまさにこの最後の（プラトン的）問題への解決を与える。それというのも，われわれはすべての個々の事物およびすべての個々の事実をこれらの法則に服するものと考えるからである。それゆえ法則は（それ自体立ち替りつねにさらなる説明を必要**とする**ものであるが），個々の事物または出来事の規則性または類似性を説明する。そしてこの法則は，個々の事実に内在的なものでない。（また世界の外部にあるプラトン的イデアでもない）。自然法則はむしろ自然の——われわれの世界そのものの——構造的性質の（推測的）叙述として考えられる。

　ところで，私自身の見解（「第三の見方」）と本質主義とのあいだには，類似性がある。われわれがいつの日か普遍法則によって世界の**究極的**本質を叙述できると私は信じないけれども，しかしそれにもかかわらず，われわれが世界の構造を，あるいはこういってっよければ，世界のより本質的な性質を，あるいはより深みの性質を益々より深く究めようと努めうることを，私は疑わない。

　ある推測的法則または理論をより高度の普遍性をもった新しい推測的理論によって説明することに前進するときはいつも，われわれは世界の秘密をもっと深く突き止めようと努めながら，世界についてより多くのものを発見する。そして，われわれがこの種の理論を反証するのに成功するときはいつでも，われわれは新しい重要な発見をする。それというのも，これらの反証は最も重要だからである。それらはわれわれに予期しなかったことを教える。そして，われわれの理論はわれわれ自身によって作られるものであるけれども，理論はわれわれ自身の発明であるけれども，それらの理論は世界についての真正な言明であることを，われわれにあらためて教える。なぜなら，理論は，われわれが決して作ったものではないもの〔現実の実在〕と**衝突**しうるからである。

　われわれの「修正された本質主義」は，自然法則の論理形式を問題にするとき，有効である。それは，われわれの法則または理論が**普遍的**でなければならないこと，つまり世界について——世界のあらゆる時空領域について——言明しなければならないこと，を示唆する。さらにそれは，われわれの理論が世界の構造的または関係的性質について言明し，説明的理論によって叙述された構造的性質よりもより深いものであるということ，を示唆する。この「より深い」という言葉は，完全な論理的分析の試みを寄せつけ

のに失敗していることは，同書（第3版，1957年）の第11章の注54の末尾で言及されている。

ないが，それにもかかわらずわれわれの直観の先導者である，と私は信じる。(このことは，数学においてしかりである。数学の諸定理は，公理が存在する場合には相互に導出可能であるから，すべて論理的に等値であるが，しかしそれらの「深さ」には，論理的にほとんど分析できない大きな相違がある)。科学的理論の「深さ」は，理論の単純性と，それゆえ理論の内容と，きわめて密接に関連していると思われる。(この点で経験科学的理論の深さは，内容がつねにゼロである数学的定理の深さとは，まったく異なる)。二つの要素が必須である。豊かな内容，および叙述された事物の状態の一定の統一性またはまとまり（あるいは「有機的性格」）がそれである。分析がきわめて困難なのは，まさにこの後者の要素なのであって，本質主義者が偶然的な性質の単なる寄せ集めとは異なった本質ということで言い表わそうとしたのが，これなのである。しかし，これについてはわれわれは直観的観念に訴える以上のことをなしえないし，またそれ以上のことをする必要はない，と私は思う。なぜなら，何らかの提示された特殊の理論の場合において，その理論への関心を決定するのは理論の内容の豊かさ，それゆえその理論のテスト可能性の度合であり，理論の運命を決定するのは現実的テストの結果だからである。方法の観点からすれば，理論の深さ，そのまとまり，その美しさは，われわれの直観とわれわれの想像力にとっての単なる示唆と刺激以外の何物でもない。

それにもかかわらず，深さについての，あるいは深さの度合についての**十分条件**——論理的に分析できる条件——のようなものがあると思われる。物理学からの例をかりて，私はこれを説明しよう。

ニュートン力学がガリレオの地上物理学とケプラーの天体物理学の綜合をなしとげたことは，周知のところである。ところが，ニュートンの力学はガリレオとケプラーの法則から帰納することができるとしばしばいわれ，またニューン力学は後二者から厳密に演繹できるとさえ主張されてきた。(8) しかし，これは正しくない。論理的観点からすれば，

---

(8) ケプラーの法則から導出できるものは (Max Born, *Natural Philosophy of Cause and Chance*, 1949, pp. 129—133を参照)，すべての惑星について，太陽に向う加速度は任意の瞬間において k/r^2 に等しい，ということである (この場合，r はその瞬間における惑星と太陽の距離であり，k はすべての惑星にとって同一な常数である)。しかし，まさにこの結果は，(惑星の質量はすべて相等しい，あるいは等しくないとしても少なくとも太陽の質量とくらべれば無限に小さい，と仮定する場合を除き) ニュートン理論と形式的に矛盾する。この事実は，ケプラーの第三法則について，以下の注9の本文で述べられることから帰結する。しかしこれ

第5章 科学の目的

ニュートンの理論は、厳密にいうと、ガリレオの理論ともケプラーの理論とも矛盾する（もちろん、後者の二つの理論はわれわれがニュートンの理論でやっていけるようになれば、近似として得ることができるけれども）。この理由からして、ニュートンの理論をガリレオの理論あるいはケプラーの理論もしくはその両方から導出することは、演繹によるのであれ帰納によるのであれ、不可能である。なぜなら、演繹的推論も帰納的推論も、無矛盾の整合的な前提から出発してその前提と形式的に矛盾する結論に至ることはできないからである。

私はこれを帰納に対するきわめて強力な反論とみなす。

まず、ニュートンの理論と彼の先行者の理論とのあいだの矛盾を手短かに示すことにしよう。ガリレオは、投げられた石や投射体は等加速度をもって直線的に運動する自由垂直落下の場合を除き、放物線を描いて運動する、と主張する。（この議論をつうじて、われわれは空気抵抗を無視する）。ニュートン理論の観点からすれば、これらの主張はいずれも、二つの異なった理由から、偽である。第一の主張は、（上方または水平に発射された）大陸間ミサイルのような長距離投射物の軌道は、近似的にさえ放物線でなく、楕円だから、偽である。それは、投射体の飛行の全距離が地球の半径とくらべ無視しうるほど小さい場合にのみ、近似的に放物線になる。この点はニュー

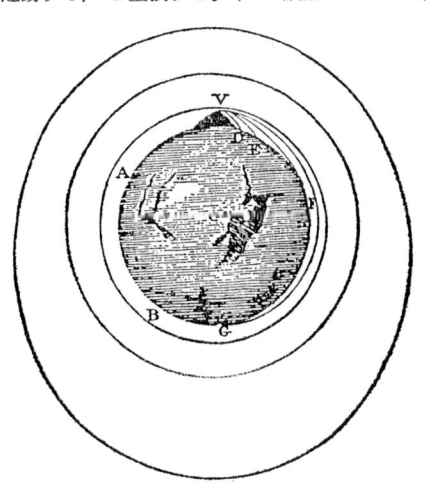

に加えて、ケプラーの理論もガリレオの理論も、たいした騒ぎ立てもなく、これらの演繹に伝統的に導入されるニュートンの力の概念を含んでいないことが想起されるべきである。この（バークリのいう「神秘的な」）概念が、まったく新しい理論の光に照された、事実の（つまりケプラーおよびガリレオの法則によって叙述された「現象」の）新しい解釈の結果だとみなされるかわりに、あたかも事実そのものから読みとれるもののごとくに。力の概念（そして重力質量と慣性質量の比例性さえ）が導入されたのちにはじめて、（惑星の質量は無視できるという仮定による）ニュートンの引力の逆二乗の法則を上述の加速度の公式と結びつけることが可能なのである。

トン自身によって『プリンキピア』において，またその通俗版である『世界体系について』においても，確認されたものであった。後者において彼は前頁に再掲した画の助けをかりて，これを例証している。

ニュートンの図は，次のような彼の言明を例証している。すなわち，もし投射体の速度が増加し，またそれにともなってその飛行距離が増大するならば，投射体は「ついには地の果てをこえ，大地に触れることなく天空中に進み入る」[9]。

したがって，地上での投射体は，放物線ではなく楕円を描いて運動する。もちろん，十分に短い射程については，放物線がすぐれた近似であろう。しかし放物線的軌道は，地球の半径が無限であるという内容の事実上偽である初期条件（そしてついでにいえば，不合理な帰結に導くのでニュートン理論においては実現されえない条件）を付け加えないかぎりは，ニュートン理論からは厳密には導出できない。たとえ**偽であるとわかっている**にせよ，この仮定を許さなければ，われわれはつねに，ガリレオの法則――それにしたがえばわれわれは放物線を得なければならない――と矛盾するところの楕円を得る。

まったく同様な論理的事態が，**一定**加速度の存在を主張するガリレオの第二法則と関連して生じる。ニュートン理論の観点からすれば，自由落下する物体の加速度は，決して一定でない。加速度は落下につれて，つねに増大していく。それは物体が引力の中心にますます近づいていくという事実による。この効果は，物体を非常に高いところから落すならば，きわめて顕著である。もちろん，高さが地球の半径にくらべて無視しうるほど小であれば，無視しうるけれども。この場合においては，われわれはふたたび地球の半径は無限である（あるいは落下の高さはゼロである）という**偽なる**仮定を導入すれば，ガリレオの理論をニュートン理論から得ることができる。

私が指摘した矛盾は，長距離ミサイルについては決して無視できない。これに対してはニュートンの理論は適用できる（いうまでもなく空気抵抗の修正を加えたうえでである）が，ガリレオの理論は適用できない。後者は，端的に偽なる結果に導く。ニュートンの理論を助けにかりて簡単に示せるように。

---

(9) ニュートン『プリンキピア』，第1巻の第ii節の末尾における注解（アンドリュー・モット訳，カジョリ補訂の1934年英語版55頁）を参照。〔河辺六男訳「自然哲学の数学的諸原理」，『世界の名著26』，中央公論社，1971年〕。『世界体系について』からの図と，ここでなされた引用文は，この版の551頁に見出されるであろう。

第5章 科学の目的

ケプラーの法則に関しても，事態は同様である．ニュートンの理論においては，ケプラーの法則が近似的にのみ妥当である——つまり厳密には妥当でない——ことは，諸惑星間の相互的引力を考えに入れるならば，明白である．[10] しかし，二つの理論のあいだには，このいささか明白な矛盾よりも，さらにいっそう基本的な矛盾が存在する．というのは，われわれの論敵への譲歩として，諸惑星間の相互的引力を無視するにしても，ニュートン力学の観点からすれば，ケプラーの第三法則は，きわめて特殊なケース——質量が相等しい，あるいは等しくないとしても太陽の質量とくらべ無視しうるような，諸惑星——に適用のできる近似以上のものではないからである．それは，二惑星についても，もしそれらの一方が非常に軽く，他方が非常に重い場合には，近似的にさえ成り立たないので，ケプラーの第三法則がガリレオの場合とまったく同様にニュートン理論と矛盾することは，明らかである．

このことは，次のように簡単に論証できる．ニュートンの理論は二体体系——連星系——について，天文学者がしばしば「ケプラーの法則」と呼ぶ——ケプラーの第三法則と密接に関連しているので——法則を生み出す．このいわゆる「ケプラーの法則」は，次のことを述べている．すなわちm_0を二つの物体のうちの一方——たとえば太陽——の質量とし，m_1を他方の物体——たとえばある惑星——の質量とすれば，適切な測定単位を選ぶことによって，われわれはニュートンの理論から次式を導き出せる．

(1) $$a^3/T^2 = m_0 + m_1,$$

ここでaは二物体間の平均距離，Tは一回転する時間である．ところで，ケプラーの第三法則は

(2) $$a^3/T^2 = 一定$$

であると主張する．つまり太陽系の**すべての**惑星にとって等しく一定であると主張する．

---

[10] たとえば, P. Duhem, *The Aim and Structure of Physical Theory*, 1905 (English translation by P. P. Wiener, 1945, Part II, chapter vi, Section 4) を参照．デュエムは，ニュートン自身の言明（『プリンキピア』第1篇，命題65,定理25）において陰伏的に述べられていることを，より明示的に述べている．というのは，ニュートンは二物体以上が相互作用する場合にはケプラーの第一・第二法則が精々のところ近似的にしか妥当せず，しかもきわめて特殊なケースにおいてのみであることをきわめてはっきりさせ，この特殊ケースの二つについてかなり詳しく分析しているからである．ついでながら，上の式(1)は，第1篇，定理15を考慮に入れれば，第1篇，命題59から直接的に導出される（また第3篇，命題15をも参照）．

この法則が(1)から得られるのは，$m_0+m_1=$一定という仮定のもとでのみであることは明らかである。そして m_0 を太陽の質量と同視するならば，われわれの太陽系にとって $m_0=$一定であるから，m_1 がすべての惑星について同じであると仮説すれば，あるいは，もしこの仮定が事実上偽である場合には（木星は最小の惑星よりも数千倍もするから，これは実際に偽である），惑星の質量が**すべて太陽の質量にくらべゼロである**と仮定するならば，したがって**すべての惑星について** $m_1=0$, とおけるならば，われわれは(1)から(2)を得る。これは，ニュートン理論の観点からは，まったく良い近似である。しかし同時に $m_1=0$ とおくことは，厳密にいえば偽であるばかりでなく，ニュートン理論の観点からは実現できない。（ゼロ質量をもった物体は，もはやニュートンの運動法則にしたがわないであろう）。したがって，たとえ惑星間の相互的な引き合いを一切念頭からすてたとしても，ケプラーの第三法則(2)は，(1)を生み出すニュートン理論と矛盾する。

　ガリレオの理論またはケプラーの理論からは，これらの理論からニュートンの理論のような別のより一般的に妥当する理論に前進するためにはいかにそれらの理論を修正しなければならないか——どんな偽なる前提を採用しなければならないか，あるいはどんな諸条件を要求しなければならないか——について，いささかの示唆も得られない，という点を注意することが重要である。**ニュートン理論を所有したあとではじめて，より古い理論がニュートン理論に近似的だといえるかどうか，またいかなる意味でそういえるかを，われわれは見出せるのである。**われわれはこの事実を，簡単に次のようにいいあらわせよう。つまり，ニュートン理論の観点からすればガリレオの理論とケプラーの理論はある特殊なニュートンの結果に対するすぐれた近似であるけれども，他の二つの理論の観点からは，ニュートン理論が彼らの結果に対する近似であるということができない，と。すべてこれらのことは，演繹的にせよ帰納的にせよ，論理はこれら二つの理論からニュートン力学へというステップを可能ならしめることはできない，ということを立証するものである。発明の才のみが，この歩みを可能にしうる。ひとたびこの歩みがなされたならば，ガリレオとケプラーの結果は，新しい理論の裏づけとして解釈することができる。[11]

　しかしながら，ここでは，私は帰納の不可能性よりも，**深さの問題**にずっと多くの関心をもつ。そしてこの問題に関して，われわれは実際これらの実例からいささか学ぶこ

---

　(11)　力の概念（先の注8を参照）および遠隔作用の概念は，さらなる困難をもたらす。

第5章 科学の目的

とができる。ニュートンの理論は、ガリレオの理論とケプラーの理論を統合している。しかしそれはこれら二つの理論——ニュートンの理論にとっての被説明項の役割を演じているもの——の単なる結合といったものなどではなく、**それらを説明しながらそれらを修正しているのである**。そもそもの説明的課題は、より以前の理論の導出であった。しかしこの課題は、これら以前の理論の導出によってではなく、それらにとって代るより良きもの——つまり、より古い理論の特殊な諸条件のもとではこれら古い理論と数値的に非常に近く、また同時にそれらを訂正している新しい結果——を導出することによって、解決される。したがって、古い理論の経験的成功は新しい理論を裏づけるものといえる。これに加えて、訂正は立ち替りテストされうる——そしておそらくは反証、さもなければ検証されうる。私が略述した論理的事態によってはっきり論証されることは、その新しい理論がアド・ホックあるいは循環的ではありえないという事実である。その被説明項を反復するどころか、新しい理論は被説明項と矛盾し、それを訂正する。このようにして、被説明項自身の証拠さえが、新しい理論に対する独立の証拠となる。(ついでながら、この分析は、**計量的理論の**、また測定の、**価値を説明**できるようにさせる。したがって、測定と精密さを究極的価値と考える誤りにおちいるのを回避させてくれる)。

経験科学においては、より高度の普遍性をもった新しい理論が**より古い理論を訂正することによって**その古い理論をうまく説明している場合はいつでも、それはその新しい理論が古い理論よりもより深く洞察したという確かな印だと私はいいたい。新しい理論は古い理論を、新しい理論の諸パラメーターの適切な値として、近似的に含んでいなければならないという要求は、(ボーアにならって)「**対応原理**」と呼ぶことができる。(*)

(*) 「対応原理」(correspondence principle)とは、前期量子論においてニールス・ボーアが設定した原理で、のちにハイゼンベルクが行列力学を創始する際の指導原理となった。物質原子が光を放出する過程を古典電磁気学では説明できないことが明らかになったとき、ボーアは従来の考え方とまったく異なる二つの仮説をおくことにより、それから導かれる結果が実験事実とよく一致することを示した。その仮説は、原子に対する量子条件と、それから放出される光の振動数条件とであるが、しかしこれは完全な理論ではなく、放出される光の強さおよび偏りに関しては何の知識も得られない。そこでボーアは、古典理論は原子内現象に関しては何の知識も与えないけれども原子外現象に関しては十分有効であった事実に注目し、量子数 n が十分大きい場合には古典理論から計算される光の強さや偏りが有効であるから、その計算を n が小さいときの光の強さや偏りにも適用した。このような古典理論との対応の仕方が対応原理であって、古い理論の有効範囲を認識することにより新しい理論への手がかりを得ていく点が

この要求を満たすことは，先にいったごとく，深さの十分条件である。それが必要条件でないことは，マックスウェルの電磁波理論が，この意味においては，フレネルの光の波動理論を訂正しなかった事実から知りうる。それは疑いなく深さの増大を意味したが，しかし異なった意味においてである。「偏光の振動方向についての古き問題は，無意味なものになった。二つの媒質の境界面における境界条件に関する困難は，その理論の基礎によって解決された。縦光波を排除するためにもはやいかなるアド・ホックな仮説も必要としなかった。放射理論においてきわめて重要な役割を演じる，また最近はじめて実験的に確かめられたところの光圧は，その理論の帰結の一つとして導出できたのである」。(12) アインシュタインがマックスウェルの理論の偉大な諸業績のいくつかをスケッチし，それをフレネルの理論と比較しているこの輝かしい章句を，私の分析によってはカバーされない深さの他の十分条件があることの表示ととることができよう。

科学の課題は，私が示唆したように，満足な説明を見出すことであるが，この課題はもしわれわれが実在主義者でないとすればほとんど理解できないであろう。なぜなら，満足な説明はアド・ホックでない説明だからである。そしてこの観念——独立の証拠の観念——は，発見の観念，説明のより深い層への前進という観念なしには，またわれわれにとって発見することのできるものが存在し，また批判的に議論できるものが存在するという観念なしには，ほとんど理解できないからである。しかしながら，方法論の枠内においては，われわれは形而上学的実在論を前提してはならないと私は思う。またわれわれはそれから，直観的な種類のもの以外には何らの助力をも引き出せないであろう。なぜなら，科学の目的は説明することであり，最も満足な説明は最も厳しくテスト可能で，最も厳しくテストされた理論であるということをひとたび知ったとすれば，われわれは方法論者として知る必要のあるすべてのことを知ったのだから。その目的が実現可

重要な特色である。

(12) A. Einstein, *Physikalische Zeitschrift*, **10**, 1909, pp. 817f. (エーテルの満足な力学的モデルを構成することのマックスウェルの失敗に内在している) 物質的エーテルの理論の放棄は，上に分析した意味において，フレネルの理論にくらべマックスウェルの理論に深さを与えるといえるかもしれない。そしてこのことは，アインシュタインの論文からの引用文にそれとなく示されているように私には思われる。したがって，アインシュタインの定式におけるマックスウェルの理論は，おそらく実際には，「深さ」の別の意味の例ではない。しかしマックスウェル自身のそもそもの形においてはそうである，と私は考える。

能であるということは，形而上学的実在論によってにせよよらぬにせよ，われわれは断定できない。それはある直観的鼓舞，ある希望をわれわれに与えうるのみであって，何らの保証も与えるものでない。そして，方法論の合理的扱いは，科学の仮定された，または推測された目的に依存するものだとはいえるけれども，世界の真の構造的理論が（もしあるとすれば）人間によって発見でき，あるいは人間の言語によって表現できるという，形而上学的で十中八九偽と思われる仮定に依存するものだとは明らかにいえない。

近代科学の描く世界像が真理に何ほどか接近しているとすれば——いいかえると，もしわれわれが「科学的知識」のようなものをもっているとすれば——宇宙のほとんどいたるところを支配している諸条件は，われわれが求めている種類の構造的法則の発見をほとんど不可能にさせるであろう。なぜなら，宇宙のほとんどすべての領域は，混沌とした放射に満たされており，またほとんどすべての爾余の領域は同じような混沌とした状態の物質によって満たされているからである。それにもかかわらず，科学は私がその目的とみなすべきだと示唆したものに向っての前進に驚異的な成功を収めてきた。この不思議な事実は，私の思うに，証明できぬものまでも証明するという証明のしすぎをすることなしには，説明できない。しかし，その事実は，その目的を追求するうえでわれわれを鼓舞する。たとえわれわれが実際にそれを実現できると信じることへの何らのさらなる勇気づけを，形而上学的実在論からもその他の何らかの源泉からも，得られないにしても。

文 献

*——は本書に収録されているもの。

POPPER, KARL R., *Logik der Forschung*, 1934 (1935); enlarged edns. 1966, 1969.

——*The Poverty of Historicism* (1944—5), 1957, 1960.

——*Conjectures and Refutations*, 1963, 1965, 1969.

*——*Of Clouds and Clocks*, 1965. （本書の第6章）

*——'Naturgesetze und theoretische Systeme' in *Gesetz und Wirklichkeit*, ed. Simon Moser (1948), 1949. （本書の付録として収録されている）

——'Die Zielsetzung der Erfahrungswissenschaft', in *Theorie und Realität*, ed. Hans Albert, 1964, pp. 73—86. 〔本論文のドイツ語版〕

——'Quantum Mechanics without "The Observer"', in *Quantum Theory and Reality*, ed. M. Bunge, 1967.

*──'Epistemology without a Knowing Subject', in *Logic, Methodology and Philosophy of Science*, 3, eds. B. van Rootselaar and J. F. Staal, 1968, pp. 333—73. （本書の第3章）

*──, On the Theory of the Objective Mind', in *Akte des 14. Internationalen Kongresses für Philosophie*, Wien, 1968, 1, pp. 25—53. （本書の第4章）

文献的な注

　理論はそれが説明するものと想定されている「観察的」または「現象的」な法則（たとえばケプラーの第三法則のようなもの）を訂正しうるという，ここで論じた考えは，私の講義において繰り返し説明された。これらの講義の一つは，想定された現象的法則の訂正を刺激した（私の『歴史法則主義の貧困』1957年，1960年の134頁以下の注で言及した1941年の論文〔O. Frankel, 'Cytology and Taxonomy of Hebe' etc, in *Nature*, vol.147(1941)〕を参照）。これら講義のもう一つは，Simon Moser's *Gesetz und Wirklichkeit* (1948), 1949に発表された。私の同じ考えはまた P.K. Feyerabend の論文 'Explanation, Reduction, and Empiricism' (in Herbert Feigl and Grover Maxwell, editors, *Minesota Studies in the Philosophy of Science*, 3 1962) の「出発点」(92頁で彼がいっているように) であった。彼が言及している参考文献〔66〕は (*Ratio*, **I**, 1957に初めて発表された) 私の本論文である。ファイヤーアーベントの謝辞は，関連する主題についてのさまざまな論文の著者たちによって無視されてきたように思われる。

第6章 雲と時計

――合理性の問題と人間の自由へのアプローチ――

I.

一年前このホールで第一回アーサー・ホリー・コンプトン記念講演をおこなった私の前任者は，私より幸運であった。彼はアーサー・コンプトンと個人的な面識をもてた。*
私は彼に一度も会うことができなかった。(1)

しかし私は1920年代における私の学生時代から，特にコンプトンとサイモンの有名な実験がボーア，クラーマース，スレイターの美しいが短命だった量子論を反駁した1925
(2)   (3) *

---

* 1965年4月21日にワシントン大学でおこなわれた第2回アーサー・ホリー・コンプトン記念講演。

(*) コンプトン (Arthur Holly Compton 1892—1962) はアメリカの実験物理学者。ワシントン大学 (セント・ルイス市) 総長。短い波長のX線を炭素などの原子量の比較的小さい物質にあてると波長の長い線が散乱する事実，いわゆる「コンプトン効果」を発見した (1923年)。この現象は，電子に衝突して線が散乱された方向と，この衝突のために減じた振動数とのあいだに一定の関係が成り立つことを示したもので，その量的関係はアインシュタインの光量子仮説によって見事に説明され，同時に，光子と電子との衝突においてエネルギー保存と運動量保存の法則がそれぞれ成り立つことも直接確かめられた。

コンプトンはそのご宇宙線の研究に従事し，1927年にはノーベル物理学賞を受けた。

(1) 1962年2月はじめ私がバークリに来たとき，私は何とかしてコンプトンに会おうとした。彼の生存中に，私は彼に会うことができなかった。

(2) A. H. Compton and A. W. Simon, *Phys. Rev.* 25, 1925, pp. 309 ff. (また W. Bothe and H. Geiger, *Zeit. f. Phys.* 26, 1924, pp. 44 ff., and 32, 1925, pp. 639 ff; *Naturwissenschaften*, 13, 1925, p. 440 をも参照)。

(3) N. Bohr, H. A. Kramers, and J. C. Slater, *Phil. Mag.* 47, 1924, pp. 785 ff., and *Zeitschr. f. Phys.*, 24, 1924, pp. 69 ff. また A. H. Compton and S. K. Allison, *X-Ray in Theory and Experiment*, 1935, たとえば 211—27 頁を参照。

(*) ボーア，クラーマース，スレイターの理論は，光が粒子性と波動性という二重性を具えていることを認めるが，ただし波動としての電磁場は，光子の放出吸収をともなう原子の状態遷移の確率のみを与えるものと考える。つまり，エネルギー・運動量の保存則は，個々の輻射過程については成立しないが，多数の輻射過程については統計的に成立するものと考える。この

年以来，コンプトンについて知っていた。この反駁は量子論の歴史における決定的な出来事の一つであった。それというのも，この反駁がもたらした危機から，いわゆる「新量子論」——ボルンとハイゼンベルクの，シュレーディンガーの，そしてディラックの理論——が生れたからである。

コンプトンの実験的テストが量子論の歴史において決定的役割を演じたのは，二度目であった。第一回目は，いうまでもなく，コンプトン効果の発見，つまりアインシュタインの光量子または光子の理論についての（コンプトン自身が指摘したように）最初の独立的テストであった。[4]

後年，第二次世界大戦中に，私はコンプトンが偉大な物理学者であるばかりでなく，正真正銘の，また勇気のある哲学者でもあること，そしてさらに彼の哲学的関心と目的がある重要な点において私自身のそれと一致することを見出し，驚きかつ喜んだ。私がこのことを知ったのは，ほとんど偶然に，『人間の自由』と題された書物のなかに，1935年に発表されたコンプトンの魅力あるテリー講演に接したときだった。[5]

あなた方は，私がコンプトンの書物の標題『人間の自由』を私自身の本日の題目のなかに取り入れたことに気づかれたであろう。私がそうしたのは，私の講演がコンプトンのこの本と密接に関連していることを強調するためである。もっと正確にいうと，コンプトンが彼の書物の最初の二つの章で，また彼の別著『科学の人間的意味』の第二章のなかでふたたび，論じたのと同じ問題を論じるつもりだからである。[6]

しかしながら，誤解を防ぐために，私の本日の講演が主としてコンプトンの書物についてでないことを，私は強調しておかなければならない。むしろ私の講演は，コンプトンが彼の二著のなかで取り組んだのと同じ古来からの哲学的問題をあらためて考察する

　　ボーアたちの理論はコンプトン効果の実験によって否定されるが，さらにコンプトンとサイモンは 1925年にウイルソン霧箱の立体写真によって，一次の反跳電子と散乱線であばきだされた二次電子との起点と方向を験することにより，両者が直接的因果関係にあって，保存則の適用による計算と一致する結果を確かめ，ボーアたちの理論を決定的に反証した。しかしボーアたちの理論は初めて確率的な考えを導入した点で，量子力学の形成過程で重要な役割を果した。

　(4)　注3にあげたコンプトンとアリソンの著書の第1章，第19節を見られたい。

　(5)　A. H. Compton, *The Freedom of Man*, 1935（第3版，1939年）。この本は主としてコンプトンが1931年にイェールでおこなったテリー講演と，これに加えてテリー講演のあと間もなくおこなわれた他の二つの連続講演にもとづいたものである。

　(6)　A. H. Compton, *The Human Meaning of Science*, 1940.

第6章 雲と時計

試みであり，これらの古い問題に対する新しい解決を見出そうとする試みである。私がここに略述しようとする概説的できわめて暫定的な解決は，私にはコンプトンの主要目的とよく適合するように思えるし，彼はこれに賛成したであろうと思う——実際，私はそう信じている。

II．

　私の講演の中心目的は，これらの古来からの問題を端的に，そして力強く，あなた方の前に提示しようと試みることである。しかし私はまず，私の講演の主題にでている**雲と時計**について，いささか述べなければならない。

　私の雲は，ガスと同じように，きわめて不規則的で無秩序的な，多かれ少なかれ予測不能な，物理的体系を表わそうとするものである。いちじるしくかき乱された無秩序的な雲を左端にした図式または配列がわれわれの前にあると仮定しよう。われわれの図式の他の端，つまり右端に，規則的で秩序のある，きわめて予測可能な振舞いをする物理的体系を表わすものとして，非常に信頼できる時計を置くことができる。

　常識的事物観と呼びうるものにしたがえば，天候とか雲の去来といったいくつかの自然現象は，予測が困難である。われわれは「天候の気まぐれ」ということをいう。これと反対に，きわめて規則的で予測可能な現象を叙述しようとするときに，われわれは「時計のような正確さ」といういいかたをする。

　雲を左方に，時計を右方にしたこれら二つの極端の中間に位置づけることのできる，非常に多くの事物，自然過程および自然現象がある。変化する諸季節はいささか信用のできぬ時計であり，それゆえ右方に向ってそう遠くないところに位置づけできよう。動物は左端の雲からそう遠くないところに，また植物を時計に近いところに置くことにわれわれは容易に同意するだろうと，私は考える。動物のうちでも仔犬はおとなの犬よりもずっと左の方へ位置づけられなければならないであろう。もろもろの自動車も，それらの信頼性にしたがって，われわれの配列のどこかに位置づけられるであろう。キャディラックは，私の思うに，右方に向ってかなり遠くに，ロールス・ロイスはさらにいっそう**遠く**に位置づけられ，時計のうちで最良のものにごく近い。おそらく右側に最も遠く**太陽系**が位置づけられるであろう。[注(7)]

---

　(7)　太陽系の不完全性については，以下の注11と16を参照されたい。

雲の典型的で興味ある例として，私はここで小さなハエまたは蚊の雲または群を用いようと思う。ガスにおける個々の分子と同じように，一緒になって蚊柱をなしている個々の蚊たちは，驚くほど不規則的な仕方で運動する。たとえそれぞれの蚊がはっきり見うるほど十分大きいとしても，どれか一つの個体の蚊の飛行を追跡することは，ほとんど不可能である。

蚊の速度が非常に広範な分布を示さないという事実を別にすれば，蚊はガス雲における分子の，あるいは嵐雲における微小な水粒の，不規則的な運動のすぐれた描像をわれわれに提供する。蚊柱は分散ないし拡散せず，きわめてよくひとまとまりを保っている。このことは，さまざまな蚊の運動の不規則な性格を考えれば，驚くべきことである。しかしそれは，引力によってひとまとまりを保っている十分大きなガス雲（われわれの大気や太陽のような）にその相似物をもっている。蚊の場合には，それらがひとまとまりになっていることは，個々の蚊があらゆる方向にまったく不規則に飛行するが，群から離れつつあると気づくや最も稠密な部分に向って引き返すという仮定をすれば，容易に説明できる。

この仮定は，蚊がいかなるリーダーももたず，いかなる構造ももたない――蚊が無法則的またはランダムな仕方でまったく気ままに行動するという事実ならびに蚊が仲間たちから遠く離れるのを好まないという事実から結果するランダムな統計的分布だけしかもたない――にもかかわらず，ひとまとまりの群を保っているのはなぜかという理由を説明する。

哲学的な蚊は，蚊の社会は想像しうる最も平等主義的で自由な，民主的な社会であるから，偉大な社会であり少なくとも良き社会であると主張するかもしれない，と私は考える。

しかしながら『開いた社会』についての書物の著者として，私は蚊の社会が開いた社会であることを否定するであろう。なぜなら，開いた社会の特徴の一つは，民主的な統治形態を別にすれば，結社の自由を大切にすること，それどころか異なった意見と信念とを保持する自由な部分社会を保護し奨励しさえすることである，と私は考えるからである。しかしすべての道理をわきまえた蚊は，自分たちの社会にこの種の多元主義が欠けていることを認めざるをえないであろう。

しかし私は，今日は自由の問題に関連した社会的または政治的論点は一切論議するつ

もりはない。そして私は蚊柱を社会体系の実例としてでなく，雲のような**物理的**体系の主要例として，きわめて不規則的または無秩序な雲の実例または典型として用いるつもりである。

多くの物理的，生物学的，社会的体系と同じように，蚊柱は一つの「全体」として叙述できる。蚊柱はその最も稠密な部分が群から余りにも遠くにさまよっている個々の蚊に及ぼす一種の引力によってひとまとまりを保っているというわれわれの推測は，この「全体」がその要素または部分に及ぼす一種の作用または規制さえがあることを示す。それにもかかわらず，この「全体」は，全体は**つねに**その部分の単なる合計よりも大であるという広範にいきわたった「全体論的」信条を一掃するために用いることができる。私は全体が時としてそのようなものでありうることを否定しない。[8] しかし蚊柱は，実にきわめて正確な意味において部分の合計にほかならないところの全体の一例である。なぜなら，蚊柱は，すべての個々の蚊の運動を叙述することによって完全に叙述されるばかりでなく，全体の運動は，この場合では，正確に成員数によって除された構成成員の運動の（ベクトル的）合計だからである。

諸部分のきわめて不規則的な運動にある規制を及ぼす生物学的体系または全体の（多くの点で類似的な）例は，数時間にわたって森を徘徊するが決して自家用車から遠く離れて迷子にならないところの，ピクニックをしている家族——両親と何人かの子供たちと犬であろう。（この場合は，自家用車がいわば引力の中心のように作用する）。この体系はわれわれの蚊の雲よりもさらにいっそう雲的だと——つまりその部分の運動において規則性がより少ないと——いえるであろう。

左方に雲と右方に時計のある私の二つの原型または範型と，それらのあいだに多くの種類の事物，多くの種類の体系を配列しうる仕方についての考えを，理解していただけたと思う。私はあなた方が配列のある漠とした一般的な観念を得られたものと確信するが，もしあなた方の観念がなおいささか霧がかかっている，あるいは雲のようであると

---

[8] 私の『歴史法則主義の貧困』(1957年およびその後の版) の第23節を参照。そこで私は「全体」（または「ゲシュタルト」）についての「全体論的」基準（「全体はその部分の単なる総和以上のものである」）が石の「単なる堆積」といった全体論者お好みの「全体でないもの」の実例によってさえ満足されることを論証することによって，この基準を批判している。（全体が存在するということを私が否定するものでないことに注意されたい。私はただ，ほとんどの「全体論的」理論の浅薄さに反対を唱えているにすぎない）。

しても，あなた方は思い悩む必要はない。

III.

　私が叙述した配列は，常識にまったく受け入れられると思われる。そしてより最近においては，つまり現代においては，物理学においてさえ受け入れられるようになった。しかしながら，今から250年前にはそうではなかった。ニュートンの革命——歴史における最も偉大な革命の一つ——は，私があなた方に示そうと努めた常識的配列を拒否した。それというのも，ニュートンの革命がほとんどすべての人びとの考え方のうちに確立したことどもの一つは，次のような肝をつぶすような命題だったからである。

　すべての雲は時計である——もっとも雲的な雲でさえもが。

　この命題「すべての雲は時計である」は，私が**「物理的決定論」**と呼ぶ見解の簡単な定式化とみなせる。

　すべての雲は時計であるという物理的決定論者は，またこういうであろう。すなわち，左方に雲を右方に時計をもったわれわれの常識的配列は誤りに導くものである，なぜなら**すべてのものは最右翼に位置づけられるべきもの**だからである，と。われわれは，あらゆる常識をもって，諸事物をその本性にしたがってでなく単にわれわれの無知にしたがって配列したのだ，と彼はいうであろう。われわれの配列は，時計の諸部分がどのように動くか，あるいは太陽系がどのように動くかをわれわれがかなり詳細に知っているのに対し，ガス雲または有機体を形づくっている諸分子の**詳細な**相互作用についてはわれわれが何の知識ももっていないという事実を反映しているにすぎない，と彼はいうであろう。そして，ひとたびわれわれがこの知識を獲得したならば，われわれはガス雲または有機体が太陽系と同じほど時計的なものであることを見出すであろう，と彼は主張するであろう。

　もちろんニュートンの理論は雲が時計的なものだとは物理学者に告げはしなかった。事実，ニュートンの理論は，まったく雲を扱っていなかった。ニュートンの理論は特に惑星——その運動はいくつかの非常に単純な自然法則にもとづくものとして説明される——，砲弾，および潮汐を扱った。しかしこれらの分野におけるニュートン理論の巨大

---

　(9) ニュートン自身は，彼の理論からこれらの「決定論的」帰結を引き出す人たちのうちには入っていなかった。以下の注11と16とを参照されたい。

第6章　雲と時計

な成功は，物理学者たちをうぬぼれさせた。そしてそれはまことに理由のないことではなかった。

ニュートンおよび彼の先行者ケプラーの時代以前には，惑星の運動はそれらを説明しようとする多くの試み，あるいは十分叙述しようとする試みさえを，たくみに逃れた。明らかに，惑星の運動は恒星の厳正な体系の不変な一般的運動にともかくも関係をもっていた。しかし惑星の運動は，蚊柱の一般的運動から逸脱している個々の蚊とほとんど同じように，その系の運動から逸脱した。したがって惑星は，生き物と同じように，雲と時計との中間に位置するもののように見えた。しかしケプラーの理論の成功は，そしてさらにいっそうニュートンの理論の成功は，諸惑星は実際には完全な時計ではないかと疑った思想家たちが正しかったことを立証した。なぜなら，惑星の運動はニュートンの理論の助けをかりて正確に予測できる——これまで占星術者たちを外見上の不規則性によって困惑させてきた一切のことを詳細にわたって予測できる——ことが判明したからである。

ニュートンの理論は，人類の歴史における最初の現実的に成功的な科学理論であった。そしてそれは，驚くほど成功的であった。そこには真(リアル)の知識があった。最も大胆な精神の最も奔放な夢をこえた知識。そこには，**すべての**星の軌道を正確に説明するだけでなく，まったく同じ正確さで，地上の物体の運動——落下するリンゴ，投射物，振子時計といった——をも説明する理論があった。しかもそれは潮の干満さえも説明した。

偏見にとらわれぬ開かれた心をもったすべての人びと——ひたすら学ぼうと努め，知識の成長に関心をもったすべての人びと——は，新しい理論に転向した。ほとんどの心おおらかな人たち，特にほとんどの科学者たちは，結局ニュートン理論は電気や磁気だけでなく，雲をも，そして生物有機体さえも含めた一切のものを説明するであろう，と考えた。こうして物理的決定理論——すべての雲は時計であるという説——は，啓発された人びとのあいだの支配的信念になった。そしてこの信念を抱かなかったすべての人びとは，蒙昧主義者または反動主義者だとされた。(10)

---

(10) 決定論はあらゆる合理的または批判的態度の本質的部分をなすものであるという確信は，(スピノザ，ライプニッツ，カント，およびショーペンハウアーのような「唯物論」の指導的反対者の何人かによってさえ，一般的に容認された。合理的伝統の部分をなしてきた類似の教説は，すべての知識が**観察**とともに始まり，それから帰納によって進んでいく，というも

IV.

少数の不賛成者のうちに，チャールズ・サンダース・パース——最も偉大なアメリカの数学者で物理学者，そして私の思うにあらゆる時代における最も偉大な哲学者の一人——がいた。彼はニュートン理論を疑問視しなかった。しかし早くも1892年に彼は，この理論がたとえ真であるとしても，雲が完全な時計だと信じるべきいかなる妥当な理由もわれわれに与えないことを論証した。彼の時代のすべての物理学者と同じように，彼は世界がニュートンの法則にしたがって動く時計であると信じたけれども，彼はこの時計あるいは何らかの他のものがその最小の細部にいたるまで**完全**であるという信念を拒否した。少なくともわれわれは，完全な時計のような何らかのものを，あるいは物理的決定論者が想定したような絶対的完全性にきわめて近い何らかのものについてさえ，経験から知っているという主張をなしえない，と主張した。パースのすぐれた論評の一つを引用しよう。「舞台の背後にいる人は」（パースはここで実験家として語っている）「……他のあらゆる［物理的］測定よりも正確さにおいてはるかにすぐれている……量と長さの最も精緻な比較［でさえ］が……銀行勘定の正確さに遅れをとること，そして物理的定数の決定が……カーペットとカーテンの室内装飾品商の測定と同程度であることを知っている」。ここからパースは，あらゆる測定にはある種の**ルーズさまたは不完**

のである。私の著書『推測と反駁』1963年，1965年，1969年，1972年の122頁以下でのこれら二つの合理主義の教説への私の論評を参照。

(11) ニュートン自身は少数反対者のうちに数えることができる。それというのも，彼は太陽系を**不完全**とさえみなし，したがって消滅する可能性のあるものとみなしたからである。このような見解のゆえに，彼は（ヘンリー・ペムバートンがその著『アイザック・ニュートン卿の哲学的見解』1728年，180頁で報告しているように）「自然の創造主の英知を非難している」という不敬神な態度のかどで非難された。

(12) *Collected Papers of Charles Sanders Peirce*, **6**, 1935, 6. 44, p. 35. もちろん，同じような見解を展開した他の物理学者がいたかもしれないが，ニュートンとパースを除いては，私はウィーン大学のフランツ・エクスナー教授ただ一人しか知らない。彼の教え子であったシュレーディンガーは，その著『科学，理論，人間』1957年，71頁，133頁，142頁以下でエクスナーの見解について書いた。（この本は以前に『科学と人間的気質』という題名で1935年に出版され，コンプトンは『人間の自由』の29頁でこの本に言及している）。以下の注29をも参照されたい。

全さがあり，これが偶然(チャンス)の要素の入り込む余地を与える，という推測をわれわれがなしうると結論した。したがってパースは，世界が**厳格なニュートンの法則**によって支配されているだけでなく，また同時に**偶然の法則**，または無規則性の法則，または無秩序の法則によって，つまり統計的確率の法則によっても支配されていると推測した。これは世界を，雲と時計の連結体系たらしめたので，最良の時計でさえも**その分子的構造においてはある程度の雲性を示す**であろう。私の知るかぎりでは，パースはある程度までは**すべての時計が雲である**という見解，いいかえれば**雲だけが存在する**——非常に異なった雲性の度合をもったもろもろの雲だが——という見解をあえて採用した最初のニュートン後の物理学者であり哲学者であった。

　パースはこの見解を，すべての物理的物体は，時計のなかの宝石でさえも，分子的熱運動——ガス分子の，あるいは蚊柱における個々の蚊の，運動に似た運動——に服するものだということを——疑いなく正しく——指摘することによって支持した。(13)

　パースのこれらの見解は，彼の同時代人によってほとんど関心をもって受け取られなかった。見うけるところでは，ただ一人の哲学者だけがこの見解に注目した。そして彼はこの見解を攻撃した。物理学者たちはパースの見解を無視したように思われる。今日でさえほとんどの物理学者は，もしわれわれがニュートンの古典力学を真として受け入れなければならないとすれば，われわれは物理的決定論およびそれと一緒にすべての雲(14)

---

　(13)　C. S. Peirce, *op. cit.*, **6**, 6. 47, p. 37 (1892年に初出)。その章句は短いけれども，きわめて興味がある。それというのも，それはハイゼンベルクの非決定論の拡大から結果するマクロ効果の議論のいくつかを先き取りしているからである。(爆発的混合物におけるゆらぎについての指摘を注意されたい)。この議論は，コンプトンの書物の48頁以下で言及されている論文 Ralph Lillie, *Science*, **46**, 1927, pp. 139ff. をもって始まると思われる。(コンプトンはテリー講演を1931年におこなったことに注意されたい)。コンプトンの前掲書の注3, 51頁は分子熱運動に由来する偶然効果(パースの念頭にあった不確定性)とハイゼンベルクの不確定性とのきわめて興味ある量的比較を含んでいる。議論はボーア，ヨルダン，フリッツ・メディクス，ルードヴィヒ・フォン・ベルタランフィー，その他の人びとによって続けられた。より最近では特にまた Walter Elsasser, *The Physical Foundations of Biology*, 1958によって。

　(14)　私がいっているのは〔ドイツ生れのアメリカ哲学者で，一元論的実証主義を代表し，雑誌《広場》(Open Court)《一元論者》(Monist)を編集した〕ポール・ケーラス〔1852—1911〕の次の論文である。*The Monist*, **2**, 1892, pp. 560ff., and **3**, 1892, pp. 68ff. パースは *The Monist*, **3**, 1893, pp. 526ff. でこれに答えた。(彼の *Collected Papers*, **6**, Appendix A, pp. 390ff. を参照)。

は時計であるという命題を受け入れざるをえないと信じているのだ。古典力学の崩壊と共に、そして新量子論の勃興と共に、はじめて、物理学者たちは物理的決定論を放棄する気構えになったのである。

今や事態は逆転した。1927年にいたるまで蒙昧主義と等置されてきた非決定論が、支配的流行となった。マックス・プランク、エルヴィン・シュレーディンガー、アインシュタインといった決定論の放棄をためらった何人かの偉大な科学者たちは、時代遅れの旧弊家と考えられた。(15) 彼らはずっと量子論の発展の最前線にいたのだが。私自身かつて一人のすぐれた若い物理学者が、当時まだ存命中で一生懸命仕事に打ち込んでいたアインシュタインを「ノアの洪水以前の人」〔つまり極端に時代遅れの人〕と評したのを耳にした。アインシュタインを一掃し去ったとみなされた大洪水は新量子論であったのだが、それは1925年から1927年のあいだに勃興し、その到達にアインシュタインの寄与に匹敵しうる寄与をしたのは、せいぜい七人の人たちだったのだ。

---

(15) 問題状況の急激かつ完全な転換は、次のような事実によってはかることができよう。つまり、経験主義哲学者（たとえば Moritz Schlick, *Allgemeine Erkenntnislehre*, second edn., 1925, p. 277.）が物理的決定論者だったのは、われわれのような時代遅れの旧弊家の多くにとってはそう遠い昔のこととはまったく思われないのに、今日では物理的決定論がシュリックの理論の有能で精力的な擁護者である P.H. ノーウェル・スミスによって「18世紀のお化け」（*Mind*, **63**, 1957, p. 331; また以下の注37をも参照）として追い払われている、という事実である。時間は進行し、かつまたそれは疑いなく時としてわれわれの問題すべてを——お化けであれ、お化けでないものであれ——を解決するであろう。だが、まったく奇妙なことだが、われわれ時代遅れの旧弊家はプランク、アインシュタイン、シュリックの時代を覚えているとみえ、これらの偉大な決定論者たちが、あらゆるお化けのうちで最も有名なお化け（しばしば「ラプラスの魔」と呼ばれる、彼の1819年の『確率についての哲学的試論』の〔序文のなかで想定された、任意の時点で宇宙にあるすべての粒子の状態（位置と速度）とその粒子に作用している力の両者を一挙に把握できる〕「超人的知性」——コンプトン『人間の自由』5頁以下、『科学の人間的意味』34頁、および以下の注35で引用したアレクサンダーを参照）を生み出したラプラスと共に、18世紀に彼らのお化けを生み出したということをわれわれの途方にくれる混乱した心に納得させるのにはなはだ苦労する。だが、よりいっそう大きな努力は、われわれの衰えている記憶にさえ、カールスとかいう人（注14で言及した19世紀の思想家 P. Carus ではなく、コンプトンの『人間の自由』1頁で引用された *Lucretius de rerum naturae*, ii, 251—60 を書いた T. L. Carus）によって生み出された同じような19世紀のお化けを、よみがえさせるかもしれない。

V.

　ここで私はしばらく，このような事態についての，そして科学的流行についての，私自身の見解を述べるために立ち止りたい。

　パースがすべての時計は——最も正確な時計でさえ——かなりの程度まで雲であるということを主張したのは正しかった，と私は考える。これは，私の思うに，すべての雲は時計であるという誤った決定論の最も重要な転倒である。さらに，パースがこの見解はニュートンの古典物理学と両立しうると主張したのは正しかった，と私は信じる。この見解はアインシュタインの（特殊）相対論とさらにいっそうはっきり両立しうるものであり，また新量子論とさらにいっそうはっきり両立しうるものだと，私は考える。いいかえると，私は——パース，コンプトンおよび他のほとんどの現代の物理学者と同じように——非決定論者である。そして私は，彼らのほとんどと共に，アインシュタインが決定論を固持しようとしたのは誤りだった，と信じる。（私はこの問題についてアインシュタインと論じたことがあるが，私は彼ががんこであるとは思わなかったといえると思う）。しかし私はまた，量子論に対するアインシュタインの批判を旧弊家として鼻であしらった現代の物理学者はまったく誤っていた，と信じる。何人といえども量子論を賞賛しえぬものはあるまい。アインシュタインは心からこれを賞賛した。しかし量子論の流行的解釈——コペンハーゲン解釈——に対するアインシュタインの批判は，ド・ブロイ，シュレーディンガー，ボーム，ヴィギールによって，また最近ではランデ

---

　(16) 私はこの見解を1950年に論文 'Indeterminism in Quantum Physics and in Classical Physics' *British Journal for the Philosophy of Science*, I, 1950, No. 2, pp. 117—33, and No. 3, pp. 173—95. において開陳した。この論文を書いているとき，不幸にして，私はパースの見解（注12と13とを見られたい）について何も知らなかった。私のこの初期の論文から，私は**雲**と**時計**とを対立させる着想を得た，とおそらく私はここに指摘できるであろう。私の論文が出た1950年以来このかた，古典物理学における非決定論的要素の議論は，次第に運動量を増した。Leon Brillouin, *Scientific Uncertainty and Information*, 1964（私が決して十分に同意できない書物）および同書の特に 38, 105, 127, 151頁以下で挙げられた参考文献を見られたい。これらの参考文献のほかに，特に負の曲率をもった「つの状の」曲面の測地線に関するジャック・アダマール〔フランスの数学者，1865—1963〕の偉大な論文 *Journal de mathématiques pures et appliquées*, 5th Series, **4**, 1898, pp. 27ff. を加えることができよう。

によって提起された批判と同じように，ほとんどの物理学者によって余りにも軽く無視されてきた。(17) 科学には流行があり，ある科学者たちはある画家や音楽家がそうであるのとほとんど同じくらい待ってましたとばかり時流に乗る。しかし流行と時流は弱者を魅惑するかもしれないが，それらは鼓舞されるべきでなく，抵抗されるべきである。(18) そしてアインシュタインの批判のような批判は，つねに価値がある。人はつねにそれから何物かを学びとることができる。

VI.

アーサー・ホリー・コンプトンは，新量子論と1927年のハイゼンベルクの新物理的非決定論を歓迎した最初の人の一人であった。コンプトンはハイゼンベルクを連続講義のためにシカゴに招き，ハイゼンベルクは1929年の春にこの講義をおこなった。この連続講義はハイゼンベルクの理論の最初の完全な開陳であった。そして彼の講義は一年後にシカゴ大学出版局からアーサー・コンプトンの序文を付してハイゼンベルクの最初の著書として発行された。(19) この序文のなかでコンプトンは彼の実験が直接の先行者を反駁することによって(20) その到達に寄与したところの新理論を歓迎した。しかし彼はまた，警告の注意をも発した。コンプトンの警告は，新量子論——コンプトンはこれを巧みに，また賢明にも，「物理学の歴史のこの章」と呼んだ——を「完全な」ものと考えるべきで

---

(17) 私の著書『科学的発見の論理』，特に新付録＊xiを参照。また新付録＊xxiiにおけるアインシュタインの批判にかんがみ，第77節で叙述した(1934年における)思考実験を私は撤回しなければならないけれども，大体においては妥当である批判を含む同書の第9章をも参照されたい。しかしながら，この実験は，付録＊xiと＊xiiで論じたアインシュタイン，ポドルスキー，ローゼンの有名な思考実験によっておきかえることができる。また私の論文 'The Propensity Interpretation of the Calculus of Probability, and the Quantum Theory' in *Observation and Interpretation*, ed. by S. Körner. 1957, pp. 65—70, and 83—9. をも参照されたい。

(18) 最後の文には，トマス・クーンの興味ある刺激的な書物『科学革命の構造』1963年に含まれている諸見解のいくつかへの批判の意味がこめられている。

(19) Werner Heisenberg, *The Physical Principles of the Quantum Theory*, 1930. 〔玉木英彦ほか訳『量子論の物理的基礎』，みすず書房，1954年。これにはコンプトンの序文は訳出されていない〕。

(20) 私がいっているのは，ボーア，クラーマース，スレイターの理論（先の注3〔および訳注〕を参照）に対するコンプトンの反証である。また『人間の自由』7頁（最後の文）および『科学の人間的意味』36頁におけるコンプトン自身のそれとなき言及をも参照。

第6章 雲と時計

はないと絶えず主張したアインシュタインによるいくつかの非常によく似た警告を先き取りしたものであった。この見解はボーアによって拒否されたけれども、われわれは新理論がたとえばチャドウィックがおよそ一年後に発見した中性子の示唆さえも与えることができなかった事実を思い出すべきである。この発見こそ実に、新量子論によってはその存在を予見されなかった一連の新しい素粒子の最初のものとなったのである。(陽電子の存在はディラックの理論から導出されえたことは事実であるとしても)。

同じ年の1931年に、テリー講演において (先の注5を参照)、コンプトンは物理学における新しい非決定論の人間的意味合い、より一般的には生物学的意味合いの検討の最初の人の一人となった。そして今では、なぜ彼がきわめて熱烈に新理論を歓迎したかという理由も明らかになった。新理論は彼にとって物理学の問題のみならず、また生物学的および哲学的問題、そのうちでも特に倫理に結びついた諸問題をも解決するものであったのだ。

---

(21) ハイゼンベルクの前掲書iii頁以下におけるコンプトンの序文を参照。また (アインシュタインに言及した)『人間の自由』45頁での量子力学の**不完全性**についてのコンプトンの注意をも参照されたい。コンプトンは量子力学の不完全性を承認したが、これに対してアインシュタインはそこに理論の弱さを認めた。アインシュタインの批判にこたえてニールス・ボーアは (彼以前のJ. フォン・ノイマンと同じように) その理論は完全である (おそらくは言葉の異なった意味で) と主張した。たとえば、A. Einstein, B. Podolsky, and N. Rosen, *Physical Review*, *42*, 1935, pp. 777—80〔「物理的実在の量子力学的記述は完全とみなしうるか」『アインシュタイン選集 I』1971年〕、および *48*, 1935, pp. 696ff, におけるボーアの返答を参照。また、A. Einstein, *Dialectica*, *2*, 1948, pp. 320—4、および同巻の pp. 312—19 におけるボーアの論文をも参照されたい。さらに P. A. Schilpp (ed.), *Albert Einstein: Philosopher-Scientist*, 1949, pp. 201—41、および特に pp. 668—74. におけるアインシュタインとボーアとのあいだの討論〔ボーア「原子物理学における認識論的諸問題に関するアインシュタインとの討論」、『世界の名著66』、「現代の科学 II」、中央公論社、1970年、277頁以下〕、および私の著書『科学的発見の論理』457—64頁に発表されたアインシュタインの手紙を参照。また445—56頁をも見られたい。

(22) N. R. Hanson, *The Concept of the Positron*, 1963, chapter ix によって語られているその発見の歴史を参照。

(23) 特に『人間の自由』90頁以下での「創発的進化」についての章句を見られたい。『科学の人間的意味』73頁を参照。

VII.

　このことを示すために，私はここにコンプトンの『人間の自由』のきわめて率直な章句を引用しよう。

　「道徳の根本問題，宗教における死活的問題，そして科学における積極的な研究の主題は，こうである。すなわち，人間は自由な行為者であるか。

　もし……われわれの身体の原子が，惑星の運動と同じような不変な物理的法則に従うとすれば，なぜ〔われわれは何とかしようと〕努力するのか。われわれの行為が力学的法則によってすでにあらかじめ決定されているのであれば，いかに大きな努力をすれば何らかの相違が生じうるのか……」。[24]

　コンプトンがここで叙述しているのは，私が「**物理的決定論の悪夢**」と呼ぶものである。決定論的な物理的時計仕掛けのメカニズムは，特に，一切が完備したものである。完全に決定論的な物理的世界においては，いかなる外部からの干渉の余地もまったくない。かかる世界において生じる一切のことは，すべてのわれわれの運動，それゆえすべてのわれわれの行為をも含めて，物理的にあらかじめ決定されている。したがってすべてのわれわれの思考，感情，努力は，物理的世界に生じるものに何らの実際の影響も及ぼしえない。それらのものは単なる幻想でないとすれば，精々のところ物理的出来事の余計な副産物（「随伴現象」）である。

　このようにして，すべての雲が時計であることを立証しようと希望したニュートン主義者の夢は，悪夢にと転じる脅威にさらされた。そしてこれを無視しようとする試みは，知的に分裂したパーソナリティのようなものにと導いた。コンプトンは，私の思うに，この困難な知的状況から彼を救ってくれる点で新理論に感謝した。それゆえ彼は『人間の自由』のなかで，こう書いている。「物理学者は……もし……完全に決定論的な……法則が……人間の行動に適用されるならば，自分自身が自動機械であるという事実に，ほとんど思い悩むことがなかった」。[25] そして『科学の人間的意味』において彼は自分の安心をこう表明している。

---

　(24) 『人間の自由』1頁を参照。
　(25) 『人間の自由』26頁以下を参照。27頁以下（27頁に始まる最後のパラグラフ）をも見られたい。私の見解は引用された章句とはいささか異なることを指摘しておきたい。というのは，

第6章 雲と時計

「この死活的問題についての私自身の思考において，私はこれまでのいかなる科学の段階において得たよりもずっと大きな心の平安状態にある。もし物理学の法則の言明が正しいものだと想定されたならば，人は（たいていの哲学者がそうしたように）自由の感情は幻想であると考えなければならなかったであろう。あるいはもし［自由な］選択が有効だと考えるならば，物理学の法則の言明は信頼できないとしなければならなかったであろう。このジレンマはやっかいなものであった……」[26]。

本書のあとの方でコンプトンは，事態を次のような言葉で歯切れよく要約している。「物理学的法則を人間の自由に対する反対証拠として用いることは，もはや正当化できない」[27]。

コンプトンからのこれらの引用文は，ハイゼンベルク〔の理論が提示される〕以前に彼が，物理的決定論者の悪夢と私が呼んだものによって悩まされてきたこと，そして彼が知的分裂パーソナリティのようなものを採用することによってこの悪夢から逃れようと試みたこと，をはっきり示している。あるいは彼自身の言葉でいえば，「われわれ［物理学者］は，困難に対して何らの注意も払わぬことを好んで選んだ……」[28]。コンプトンは，すべてこれらのことから自分を救ってくれた新理論を歓迎した。

真剣に議論するに価する決定論の唯一の形態は，まさにコンプトンを悩ませた問題であると私は考える。世界を**物理的に完全な**または**物理的に閉じた**体系として叙述する物[29]

パースと同じように，私は系の法則がニュートン的で（それゆえ一見しては決定論的で）それにもかかわらず系が非決定論的であることは論理的に可能だと考えるからである。なぜなら，法則が適用される系は，たとえばその座標や速度が（無理数でなく）有理数であるといってみたところで何の意味もないという意味で，もともと不正確なものでありうるからである。次の指摘 (Schrödinger, *op. cit.*, p. 143を参照) もきわめて適切である。「……エネルギー–運動量定理は，ただ**四つ**の方程式をわれわれに提供するだけであって，それゆえ基本的な諸過程は，たとえその定理に従うとしても，大幅に決定されぬままにとどまっている」。

(26) 『科学の人間的意味』p. ix を参照．
(27) 同書，42頁．
(28) 『人間の自由』27頁を参照．
(29) われわれの物理世界が偶然要素を含んだ**物理的に閉じた**系であると仮定する．明らかにそれは決定論的なものではないであろう．だが，目的，観念，期待，願望は，このような世界においては物理的出来事にいかなる影響ももちえないであろう．それらのものが存在すると仮定しても，それらは完全に余計ものであろう．それらは「随伴現象」と呼ばれるものであろう．（決定論的物理系は閉じているだろうが，閉じた系が非決定論的でありうることに注意さ

理理論から生じる問題である。物理的に閉じた体系と私がいっているのは，系内の諸要素が系外の何物とも相互作用したり干渉されたりするいかなる余地もないといった明確な相互作用の法則に従って，お互いに——そしてお互いどうしだけで——相互作用しあう原子とか素粒子とか物理的力とか力の場といった，物理的諸実体のセットまたはシステムである。体系のこの「閉鎖」が決定論的悪夢を生み出すのである。[30]

VIII.

私はここで，私が基本的に重要だと考える物理的決定論の問題を，多くの哲学者や心理学者がヒュームに従ってそれにとって代えたところのほとんど重大でない問題と対照づけるためにしばらく横道にそれることにする。

ヒュームは決定論（彼が「必然性の教説」または「恒常的結合の教説」と呼んだもの）を，「似かよった原因はつねに似かよった結果を生む」および「似かよった結果はつねに似かよった原因から生じる」という教説として解釈した。[31] 人間の行為と意志に関して，彼は特にこう主張する。「われわれの行動を外部から観察する者は，普通には，われわれの動機や性格からわれわれの行動を推論できる。また実際にできないときでさえ，彼は，もし彼がわれわれの状況や気質の一切の事情とわれわれの……性向の最も秘密な動因とを完全に知りさえすれば，推論できるであろう，と一般的に結論する。ところで，

れたい。したがって，以下の第x節で説明されるように，「非決定論は十分でない」。なお，注40をも参照されたい）。

(30) カントはこの悪夢に大いに悩まされ，そこから逃れる試みに失敗した。『人間の自由』67頁以下での「カントの逃げ道」についてのコンプトンのすぐれた論述を参照。(68頁2行目の「純粋理性の」という言葉は削除されるべきである)。 コンプトンが科学の哲学の分野で述べるすべてのことに私は同意しないことを，ここでいっておきたい。たとえば，私は次のような見解をとらない。 ハイゼンベルクの実証主義または現象主義に対するコンプトンの承認（『人間の自由』31頁）， カール・エックハルトの面目をほどこすようなコンプトンのある種の指摘（同書，20頁の注 7）：ニュートン自身は決定論者でなかったように思われるが（先の注11を参照），私は**物理的決定論**のかなり正確な考えがいささかあいまいな「因果性の法則」の用語によって論じられるべきだとは考えない。また私は，ハイゼンベルクが1930年代において現象主義者（または実証主義者）であったといわれうるのと同じような意味でニュートンは現象主義者であったということに，同意しない。

(31) ヒューム『人性論』1739年（セルビイ・ビック版, 1888年およびリプリント）174頁。また，たとえば173頁および87頁をも参照。

第6章 雲と時計

このこととそ……必然性の本質そのものなのである」[32]。ヒュームの後継者はこう表現している。われわれの行動または意志，または趣味，または好みは，先行の経験（動機）によって，究極的にはわれわれの遺伝と環境によって，**心理学的に**「原因づけ」られている，と。

しかし，私が**哲学的**または**心理学的決定論**と呼ぼうと思うこの教説は，**物理的決定論**とは非常に異なったものであるばかりでなく，この問題を理解している物理的決定論者にはほとんど真剣に取り上げることのできないものである。なぜなら，「似かよった結果は似かよった原因をもつ」とか「すべての出来事は原因をもつ」といった哲学的決定論のテーゼは，きわめて漠然としていてあいまいなので，物理的**非**決定論とも完全に両立しうるからである。

非決定論——もっと正確には，物理的非決定論——は，単に，物理的世界においては**必ずしもすべての**出来事がそのあらゆる極微の細部にわたって絶対的正確さをもってあらかじめ決定されているわけではない，という教説にすぎない。この点を別にすれば，それは実際にはあなた方の好むいかなる度合の規則性とも両立しうるものであり，それゆえ「原因のない出来事」があるといった見解を帰結するものではない。「出来事」とか「原因」といった語は，すべての出来事には原因があるという教説を物理的非決定論と両立可能にさせるほどあいまいだからである。物理的決定論は完全で無限に正確な物理的予定と**いかなる**例外も存在しないということを主張するのに対し，物理的非決定論は決定論が偽であるということ，そして正確な予定に対しては**少なくともいくつかの例外**がここかしこに存在するということ，を主張するにすぎない。

それゆえ，「すべての観察可能な，または測定可能な**物理的**出来事には，観察可能な，または測定可能な**物理的原因がある**」という定式でさえ，いかなる測定も無限に正確ではありえないから，なお物理的非決定論と両立しうる。それというのも，物理的決定論に関する顕著な突出点は，それがニュートンの力学にもとづいて数学的な絶対的正確さをもった世界の存在を主張するというところにあるからである。そして，そうすることにおいて物理的決定論は（パースが洞察したように）可能な観察の領域をこえているけれども，それにもかかわらず，任意の精確度をもって原則的にテスト可能である。また実際に驚くほど精確なテストに耐えた。

---

[32] ヒューム，前掲書，408頁以下。

これと対照的に、「すべての出来事には原因がある」という定式は、正確さについては何も述べていない。そして特に、もしわれわれが心理学の法則を調べてみるならば、正確さの示唆さえない。このことは、「内省」心理学または「精神主義的（メンタリスト）」心理学についてと同様、「行動主義的」心理学についても当てはまる。精神主義的心理学の場合においては、このことは明白である。しかし行動主義心理学者の場合においてさえ、**せいぜいのところ**、所与の条件のもとで、ネズミは迷路を通り抜けるのに20秒から22秒かかるであろうということをあらかじめ決定するだけである。行動主義心理学者は、いかにして、諸条件を特殊化することによって、ますます正確に——そして**原則的には果しなく正確に**——なっていく予測をなしうるか、について何らの考えももっていないであろう。そうであるわけは、行動主義的「法則」が、ニュートンの法則のように、微分方程式でないからであり、またそのような微分方程式を導入しようとするすべての試みは行動主義をこえて生理学に、究極的には物理学に導くからであり、それゆえわれわれを物理的決定論の問題にとひきもどすであろうからである。

ラプラスが注意したように、物理的決定論は、もしわれわれが物理的世界の現状について十分な知識をもっているならば、遠い将来（または遠い過去）におけるすべての出来事を思うがままの正確度をもって予測できる（または推断できる）ということを含意している。他方、ヒュームのタイプの哲学的（または心理学的）決定論のテーゼは、その最も強力な解釈においてさえ、二つの出来事のあいだの何らかの**観察可能な差異は**、あるいまだ知られざる法則によって、世界の先行状態のうちのある相違に関係づけられる、ということを主張するにすぎない。これは明らかに虚弱な主張であり、ついでにいっておけば、たとえ**外見上**「まったく等しい」諸条件のもとでおこなわれたわれわれの実験のほとんどが異なった結果を生み出したとしても、支持し続けることができるであろうような主張である。このことは、ヒューム自身が非常にはっきり述べたことである。「これらの反対の諸実験がまったく等しいときですら、われわれは原因および必然性の観念を取り除かず、[外見上の]偶然は……われわれの不完全な知識……にのみ存して、事物そのもののうちには存せず、事物はたとえ現象的に等しい恒常性または確実性をもたなくとも、あらゆる場合に等しく必然的である、とわれわれは推断する」。[33]

---

[33] ヒューム、前掲書、403頁以下。これを404頁以下（ここでヒュームは「私は必然性を二つの仕方で定義する」といっている）と、また「必然性と呼ぼうが呼ぶまいが」すべてのもの

ヒューム的な哲学的決定論および特に心理学的決定論が物理的決定論の針を欠いている理由がここにある。なぜなら，ニュートン的物理学においては，ある系における外見的な不正確さは実際はただわれわれの無知にもとづくものであり，われわれがその系について十分な情報をもつならばいかなる不正確な現象も消えてなくなるであろうといったように，諸事物を実際に眺めるからである。これと反対に，心理学は決してこの性格をもたない。

回顧してわれわれはこういえるであろう。物理的決定論は物理学におけるあらゆる進歩につれてますます現実的になっていくと思われた全知の夢——それが一見して不可避的な悪夢になるまでは——であった。しかし心理学者のこれに対応する夢は，まったく空中楼閣にすぎなかった。それは，物理学，その数学的方法，その有力な応用と同等なものを獲得するという，そしておそらくは人間と科学とを鋳型にはめて作り上げることによって優越性をさえ獲得するという，ユートピア的夢であった。（これらの全体主義的夢想は，科学的観点からすれば重大でないけれども，政治的にはきわめて危険である。(34) しかしこれらの危険については私は他のところで論じたので，ここではこの問題を扱わないことにする）。

IX.

私は物理的決定論を悪夢と呼んできた。物理的決定論が悪夢なのは，それが全世界はそのなかのすべての物とともに巨大な自動機械であり，われわれはその内部の小さな歯

が「意志に（または心のはたらきに）属すると容認しなければならない・あの理解できる性質」を「物質」に帰属するものとしているのと，比較してみるのは興味がある。いいかえると，ヒュームはここで彼の習性または習慣説と彼の連合心理学を「物質」に——つまり物理学に——適用しようと試みるのである。

(34) 特に，魅力あり善意に満ちているがきわめて素朴なユートピア的全能者の夢想であるB. F. Skinner, *Walden Two*, 1948を参照（特に246—50頁を見られたい。また214頁をも参照のこと）。Aldous Huxley, *Brave New World*, 1932（また *Brave New World Revisited*, 1959），および George Orwell, *1984*, 1948 は周知の解毒剤である〔ハックスリ『すばらしい新世界』，オーウェル『1984年』，早川書房『世界SF全集10』，1968年〕。私はこれらのユートピア的で権威主義的な考えのいくつかを，私の『開いた社会』1945年，第4版1962年と，『歴史法則主義の貧困』のたとえば91頁で批判した。（両書における，いわゆる「知識社会学」に対する私の批判をとりわけ参照されたい）。

車，あるいはせいぜい半自動機械にほかならないと主張するからである。

したがってそれは，特に創造性の観念を破壊する。それは，この講演の準備に当って私が頭を使い**何か新しいもの**を創造しようとした考えを完全な幻想にと変えてしまう。物理的決定論によれば，そこには，私の身体のある部分が白紙の上に黒い斑点をつけたというだけのものでしかなかった。十分に詳細な情報をもった物理学者なら誰でも，（私の頭脳はいうまでもなく，私の指をも含めて）私の身体を作り上げている物理的体系と私のペンがそれらの黒点を書き記す正確な場所とを予測する単純な方法によって，私の講演原稿を書けたであろう。

もっと印象的な例を使うと，もし物理的決定論が正しいとすれば，まったくのつんぼで，いまだかつていかなる音楽も聞いたことのない物理学者でも，身体の正確な物理的状態を研究し，五線紙の上に黒点が書き込まれるであろう場所を予測する単純な方法によって，モーツアルトやベートーヴェンの書いたすべての交響曲や協奏曲を書けたであろう。そしてわがつんぼの物理学者は，さらにそれ以上のことをなしえたであろう。つまり，モーツアルトやベートーヴェンの身体を十分注意深く研究することによって，モーツアルトやベートーヴェンが実際には書かなかった，しかし彼らの生活のある外的事情が異なっていたら——たとえば，もし彼らが鶏肉の代りに羊肉を食べ，コーヒーの代りに紅茶を飲んだとしたら——書いたであろう楽譜を書きえたであろう。

もし純物理的諸条件についての十分な知識が与えられるならば，わがつんぼの物理学者によって，すべてこれらのことはなされえたであろう。彼にとっては，音楽理論について何事かを知る必要はまったくなかったであろう——モーツアルトやベートーヴェンが試験条件のもとで対位法の理論についての問題を出されたならばどんな解答を書いたかを彼は予測しえたかもしれないが。

すべてこれらのことは不条理だ，と私は信じる。そしてこの不条理性は，われわれがこの物理的予測方法を決定論者に適用するときに，さらにいっそう明白になる。[35]

---

[35] わがつんぼの物理学者は，いうまでもなく，ラプラスの魔（注15を参照）に非常によく似ている。そして私は，彼の業績は不条理だと信じる。非物理的側面（目的，意図，伝統，趣味，才能）が物理的世界の発展に役割を演じるただそのことのゆえに。いいかえると，私は**相互作用主義を信じる**（注43と62とを参照）。Samuel Alexander, *Space, Time, and Deity*, 1920, vol. ii, p. 328は，彼が「ラプラス的計算者」と呼ぶものについてこういっている。「叙述された限定的意味以外では，計算者の仮説は不条理である」と。だが，「限定された意味」

なぜなら，決定論にしたがえば，何らかの理論――たとえば決定論といった――はその支持者の（おそらくは彼の頭脳の）ある物理的構造のゆえに支持されるからである。したがってわれわれは，決定論をわれわれに受け入れさせる論拠とか理由といったものがあると信じるときはいつでも思い違いしているのである（そして思い違いするように物理的に決定されているのである）。いいかえると，物理的決定論は，もしそれが真であれば，議論しえない理論である。というのは，それは論拠にもとづいた信念だとわれわれに思われるものをも含めて一切のわれわれの反応を**純粋に物理的諸条件**によるものとして説明しなければならないからである。われわれの物理的環境を含めての純物理的諸条件が，われわれが言ったり受け入れたりするいかなることをも，われわれに言ったり受け入れたりさせるのだ。そして，いかなるフランス人をもしらず，かつて決定論を耳にしたことのない良く訓練された物理学者は，あるフランス人が決定論についてのフランス語の討論においていうであろうことを，予測できるであろう。そしてもちろん，彼の非決定論的反対者がいうであろうことも。しかしこのことは，ある論証の論理的力にわれわれが動かされたので決定論のような理論を受け入れたのだともし信じるならば，物理的決定論によれば，われわれは思い違いをしているのだということ，あるいはもっと正確にいうと，われわれは思い違いするようにわれわれを決定づけている物理的条件のうちにあるのだということを，意味する。

　ヒュームはこのことをよく洞察していた。もっとも，それが彼自身の議論にとっていかなる意味をもつかは十分に承知していなかったように思われるが。というのは，彼は「**われわれの判断**」の決定論と「**われわれの行動**」の決定論との比較に限定し，「**われわれは一方において他方におけるよりも多くの自由をもつわけではない**」といっているからである。
(36)

　これらの考察は，物理的決定論の問題をまじめに取り上げるのを拒否し，それを「幽

はすべての純物理的出来事の予測を含むものであり，それゆえモーツアルトやベートーヴェンによって書かれたすべての黒マークの位置の予測を含むであろう。それは心的経験の予測だけを排除する。（物理学者がつんぼであるという私の仮定にぴったりと対応する排除）。したがって私が不条理とみなすものをアレクサンダーは容認する用意があるのだ。（私は自由の問題を，倫理学および倫理的責任との関連においてよりも，音楽や新しい科学の理論または技術的発明との関連において論じる方が望ましいと考える，ということをここでいっておきたい）。

(36)　ヒューム，前掲書，609頁（太字は私のもの）。

(37)
霊」としてあっさり片付けるきわめて多くの哲学者がいるわけを説明しうるであろう。しかし人間は機械であるという説は，進化の理論が一般的に受け入れられるずっと以前に，ド・ラメトリによって1751年にきわめて力強く，また真剣に論じられた。そして進化の理論は，生物と無生物とのあいだにはいかなる明白な区別もありえないという示唆によって，この問題にさらに鋭い刃をつけた。そして新量子論の勝利にもかかわらず，また非常に多くの物理学者の非決定論への転向にもかかわらず，人間は機械であるというド・ラメトリの説は今日，以前よりもいっそう多くの支持者を物理学者，生物学者，哲学者たちのあいだにもっている。特に人間はコンピューターであるというかたちにお(39)
いて。

それというのも，もしわれわれが（ダーウィンの理論のような）進化の理論を受け入れるならば，たとえわれわれが生命は非有機的物質から発生したという説に懐疑的であり続けたとしても，理性とか議論とか科学的知識といった抽象的で非物理的な実体や，道徳とかブルトーザーやスプートニクの建設のための規則や，文法や対位法の規則が存在しなかった，あるいは少なくとも物理的世界に影響を及ぼさなかった時代があったにちがいないということを，われわれはほとんど否定できないからである。物理的世界がいかにして規則といった抽象的実体を生み出しえ，ついでこれらの影響のもとにたち，

---

(37) 先の注15，およびギルバート・ライル『心の概念』1949年，76頁以下（「機械の幽霊」）を参照。

(38) N. W. Pirie, 'The Meaninglessness of the Terms Life and Living', *Perspectives in Biochemistry*, 1937 (ed.J. Needham and D. E. Green), pp. 11ff. を参照。

(39) たとえば，A. M. Turing, 'Computing Machinery and Inteligence', *Mind*, **59**, 1950, pp. 433—60. を参照。テューリングは，人間とコンピューターはそれらの観察可能な（行動的）作業によっては原則として区別できないと主張し，彼の論敵たちにコンピューターが原則的にやりとげることのできないような人間の何らかの観察可能な行動または作業を特定してみろと挑戦した。しかしこの挑戦は，知的奸計である。ある種の行動を特定化することによってわれわれはコンピューターを作るための設計明細書を指定することになろう。さらに，コンピューターはわれわれにできない多くのことをやることができるので，われわれはコンピューターを使い，作るのである。私が暗算でできない額を合計しようとするときにペンや鉛筆を使うのとまったく同様に。「私の鉛筆は私よりもずっと頭が良い」とアインシュタインはつねづねいった。だがこのことは，彼を彼の鉛筆と区別できないということを確証するものでない。（先の注16で言及した非決定論に関する私の論文の195頁の最終パラグラフ，および私の著書『推測と反駁』の第12章，第5節を参照されたい）。

これらの規則が立ち替り物理的世界にきわめてはっきりした効果を及ぼしえたかを理解することは困難である。

しかしながら，少なくとも一つのいささか言い抜け的だが，ともあれこの困難を容易に脱する方法がある。これらの抽象的実体が存在するということ，そしてそれらが物理的世界に影響を与えうるということを，われわれはあっさり否定できる。そして，存在するのはわれわれの頭脳であり，それらはコンピューターのような機械であって，いわれるところの抽象的規則なるものはわれわれのコンピューターを「プログラム」する具体的な物理的パンチカードとまったく同様な物理的実体であり，非物理的ないかなるものの存在もまさに「幻想」で，たとえそのような幻想が存在しなくてもすべてのものはあるようにあり続けるから，少なくとも重要でない，と主張できる。

この脱出法にしたがえば，われわれはこれらの幻想の「心的」身分について思い悩む必要がない。それらの幻想はあらゆる事物の普遍的性質でありうる。私が投げる石は，自分が飛んでいるのだという幻想をもつかもしれない。私がその石を投げるという幻想をもつのとまったく同様に。そして私のペンまたは私のコンピューターは，それが解決しつつあると考えている——そして私が解決しつつあると考えている——問題に関心をもっているがゆえに自分は動いているのだ，という幻想をもつかもしれない。実際は，純粋に物理的な相互作用のほかは何らの意義あることも進行していないのだが。

これらすべてのことから，コンプトンを悩ませた物理的決定論の問題は実に重大な問題であることがわかるであろう。それは単なる哲学的パズルでなく，少なくとも物理学者，生物学者，行動主義者，心理学者，およびコンピューター技師たちに影響を与える。

たしかに，ごく少数の哲学者は（ヒュームまたはシュリックにしたがって）それが単なる言葉上のパズル——「自由」という言葉の使用についてのパズル——であることを論証しようと努めた。しかしこれらの哲学者たちは，物理的決定論の問題と哲学的決定論の問題との相違をほとんど認識していなかった。また彼らはヒュームのような決定論者であるか——彼らにとって「自由」が「単なる言葉」であるゆえんである——，さもなければわれわれが直面しているのは単なる言葉上のパズル以上のものであるという印象を彼らに与えたであろうところの物理学やコンピューター技術と密接な接触をまったくもっていなかった。

X.

　コンプトンと同じように，私は物理的決定論の問題を真剣に取り上げる者の一人であり，またコンプトンと同じように，私はわれわれが計算機械でないと信じる者である（われわれが計算機械から非常に多くのことを――われわれ自身についてさえ――学びうることを私は認める用意があるけれども）。それゆえ，コンプトンと同じように，私は**物理的非決定論者**である。物理的非決定論は，われわれの問題のいかなる解決にとっても必然的な前提条件だと私は信じる。われわれは非決定論者たらざるをえない。しかし私は物理的非決定論が十分でないことを論証しようと試みるであろう。

　非決定論では十分でないというこの言明と共に，私は新しい論点にだけでなく，私の問題の核心に到達した。

　その問題は次のように説明できるであろう。

　もし決定論が真であれば，全世界は，すべての雲，すべての有機体，すべての動物，すべての人間を含めて，完全に動いている完璧な時計である。他方，もしパースやハイゼンベルクやあるいはその他の形態の非決定論が真であるとすれば，まったくの**偶然**がわれわれの物理的世界において巨大な役割を演じる。**しかし偶然は本当に決定論よりも満足なものなのか。**

　この問題は周知のものである。シュリックのような決定論者は，その問題をこう表現した。「……行動の自由，責任，知的正気は，因果性の領域をこえて足を伸せない。それらは偶然が始まるところで停止する。……より高度の無規則性は……より高度の無責任性［を意味するものにほかならない］」。[40]

　私はシュリックのこの考えを，私が前に使った実例によって言い表わせると思う。すなわち，私がこの講演にそなえて作った白紙の上の黒点はまさに**偶然**の結果であった，ということは，それらが物理的に決定されていたということよりもほとんど満足なものでない，と。事実それは，いっそう不満足でさえある。なぜなら，ある人びとは講演のテキストが私の身体の遺伝や私の養育，私の読んだ本，私が聞いた話を含めての私の物理的環境によって原則的に完全に説明できると信じるかもしれないが，しかし私があなた方に読み上げていることが偶然の結果――まったくいかなる目的，熟慮，計画，意図

---

[40] M. Schlick, *Erkenntnis*, **5**, p. 183 (第一パラグラフの最後の行からの抜粋)。

もなく並べられた英語の，あるいは文字のランダム・サンプル——にすぎないとは，ほとんど誰も信じないであろうからである。

決定論に対する唯一の代替物はまさにまったくの偶然であるという考えは，シュリックによって，主題についての彼の多くの見解とともに，ヒュームから引き継がれたものだが，そのヒュームは，彼が「物理的必然性」と呼んだものの「除去」は「偶然と同じもの」をつねに結果せざるをえないといい，「事物は連結されるか否かのいずれかでなければならず……偶然と絶対的必然性とのあいだに何らかの中間を容認することは不可能である」と主張した。[(41)]

決定論に対する唯一の代替物はまったくの偶然であるというこの重要な教説に対する反論は，あとで述べることにする。しかし私は，この教説が人間的自由の可能性を説明する，あるいは少なくとも例証するために考案された量子論的モデルにうまく当てはまるように見えることを，認めなければならぬ。これらのモデルがきわめて不満足である理由はここにあると思われる。

コンプトン自身このような一モデルを考案した。もっとも彼はそれをとりわけ好んだわけではないけれども。それは量子の不確定性と量子飛躍の予測不能性を，(＊)人間の重大な意志決定のモデルとして用いている。それは単一の量子飛躍の効果を，爆発の原因になりうるか，さもなければ爆発をもたらすのに必要な継電器を破壊しうるような具合に増幅する増幅器から成っている。このようにして，一つの単独の量子飛躍が重大決定と

---

(41) ヒューム，前掲書，171頁。また，たとえば407頁「……自由は……偶然とまったく同じものである」を参照。

(＊) 量子飛躍——マックス・プランク (Max Planck 1858—1947) はエネルギーの量子，つまりエネルギーに最小の単位があるということを見出し，エネルギーはつねに連続的に増えたり減ったりするとは限らず，エネルギーの形——特に，それが振動のエネルギーである場合には，振動の周期あるいはその逆数の振動数——によってきまる，ある単位量のエネルギーがいっぺんに増えたり減ったりすることを明らかにした。これを「量子飛躍」(Quantum jump) という。エネルギー全体は増減しないが，しかしその形の変化は非連続的に起ることをプランクは発見したわけで，なにかそういう非連続的な変化が自然界には起るということを熱輻射の現象が物語っている，とプランクは考えた。物理学者に確信されていたニュートン力学は，運動がすべて連続的であった点で決定論的な形をとっており，物理学者はみな，決定論と，自然現象が連続的に行われるということとは一体不可分なものと考えていたから，プランクの量子飛躍により自然現象の連続性が否定されることは，物理学のみならず科学の歴史のなかでの，非常に重大な出来事であった。

等置されうる。しかし私の意見では，そのモデルはいかなる**合理的決定**ともいささかの類似性もない。むしろそれは，決心できない人びとが「銭を投げようじゃないか」というたぐいの意志決定のモデルである。事実，量子飛躍を増幅するための全装置は，むしろ不必要に思われる。銭を投げ，その結果によって引き金を引くか否かを決定することが，まったく同じことをするであろう。必要とあれば，ランダムな結果を生み出すための銭投げ装置を内蔵したコンピューターがある。

われわれの決定のあるものは銭投げに似たもの**である**といえるかもしれない。それらは熟慮することなしにおこなわれる即時の決定である。それというのも，われわれはしばしば熟慮するための十分な時間をもたないからである。自動車の運転手や飛行機の操縦士は時としてこのような即時決定をしなければならない，そしてもし彼が十分に訓練を積んでいれば，あるいはまさに幸運であれば，その結果は満足なものでありうるであろうし，そうでない場合は，満足なものでないであろう。

量子飛躍モデルがこのような即時決定のためのモデルたりうることを，私は認める。そして，時として量子飛躍の増幅のようなものが，われわれが即時決定をする場合にわれわれの頭脳のなかに実際に生じうることさえ，私は認める。しかし即時決定は実際にそれほど興味あるものであろうか。それは人間行動に——**合理的な**人間行動に特徴的なものであろうか。

私はそうは思わない。そして，量子飛躍でもってさらに多くのものをわれわれが得るだろうとは，私は考えない。量子飛躍は，完全な偶然が完全な決定論の唯一の代替物であるというヒュームとシュリックのテーゼに支持を与えるように見えるたぐいの例にほかならない。合理的な人間行動——そして実に，動物行動——を理解するためにわれわれが必要なものは，性格上，完全な偶然と完全な決定との**中間にあるもの**——完全な雲と完全な時計との中間にあるもの——である。

偶然と決定論とのあいだにはいかなる中間物もありえないというヒュームとシュリックの存在論的テーゼは，私にはきわめて独断的（空論的とはいわないが）であるばかりでなく，明らかに不条理であると思われる。それは，彼らが偶然をわれわれの無知のあらわれ以外の何物でもないとする完全な決定論を信じていた，という仮定のうえにのみ理解可能である。（しかしその場合でさえ，私にはそのテーゼは不条理に思われる。というのは，明らかに部分的知識または部分的無知のようなものがあるからである）。き

わめて信頼のおける時計でさえ本当に完全ではなく，また（ヒュームはおくとしても）シュリックはこれが主として摩擦のような要因に——つまり統計的または偶然的効果に——もとづくものであることを知っていたはずであるということを，われわれは知っている。そしてまたわれわれは，われわれの雲が完全には偶然的でないことを，知っている。われわれはしばしば——少なくとも短期的には——天候をまったくうまく予測しうるからである。

XI.

こうしてわれわれは，雲を左に時計を右にして動物と人間がそのあいだのどこかに位置するわれわれの以前の配置にたちもどらなければならないであろう。

しかしわれわれがそうしたあとでさえ（そしてそこにはこの配列が現在の物理学に適合するとわれわれがいいうる以前に解決されるべきいくつかの問題がある），われわれはせいぜいのところわれわれの主要問題のために席をあけたにすぎない。

なぜなら，われわれが欲することは，明らかに，**目的，熟慮，計画，決定，理論，意図，価値**といった非物理的諸事物がいかにして物理的世界における物理的変化をもたらすうえで役割を演じうるか，を理解することだからである。これらのものがそのような役割を演じることは，ヒュームやラプラスやシュリックには失礼ながら，明らかだと思われる。われわれのペンや鉛筆，ブルトーザーによって絶えずひきおこされるすべてのこれらの巨大な変化が，決定論的物理理論によってであれ，偶然にもとづくものとして（確率的な理論によって）であれ，純粋に物理的な用語によって説明できるとするのは，明らかに正しくない。

コンプトンは，彼のテリー講演からの次のような魅力的な章句が示しているように，この問題を十分よく承知していた。

「私がイエール大学〔コネチカット州ニューヘィヴンにある〕の幹事に11月10日の午後5時に講演することに同意する旨の手紙を書いたのは，しばらく前のことであった。彼は私を信じ，私が来学することを公示し，聴衆は彼の言葉を信じて指定された時間に講堂に集った。しかし考えてみれば，彼らの信頼が正しいものと証明されたことの物理的蓋然性は，はなはだ乏しいものであったのだ。そのご私は仕事のためにロッキー山脈に行き，また海を越えて光のふりそそぐイタリアに行った。［私のような］陽光性動物は

……ここを振り切って去り，冷え冷えするニューヘィヴンに行く［ことは容易なことではないであろう］。私がこの瞬間によそにいる可能性は，とてつもなく大きかったのだ。一つの物理的出来事として考えれば，私の約束をかなえる確率は，異様なほど小さい。しからばなぜ，聴衆の信頼が正当だったと証明されたのか。……彼らは私の目的を知っており，そして私がそこにいるべきだと決定したのは，私の目的だったのである」。[42]

コンプトンはここで，単なる物理的非決定論が不十分であることを，きわめて見事に示している。たしかに，われわれは非決定論者でなければならない。だが，われわれはまた，なぜ人間が，そしておそらくは動物も，目的とか規則とか同意といったものによって「影響」され「規制」されうるのか，を理解すべく努めなければならない。

これが，われわれの中心問題である。

XII.

しかしながら，よく調べてみると，イタリアからイエール大学へのコンプトンの旅行のこの物語りには，**二つの問題がある**ことがわかる。これら二つの問題のうち，私は第一のものを**コンプトンの問題**と呼び，第二のものを**デカルトの問題**と呼ぼうと思う。

コンプトンの問題はこれまで哲学者によってほとんど認められず，よし認められることがあったとしても，ただぼんやりとだけであった。この問題は，次のように定式化できる。

講演の依頼を受諾した手紙，意図の公告，公的に表明された目的，一般的道徳的規則といったものがある。これらの記録や公告や規則のそれぞれは，われわれが翻訳したり再定式化しても不変のままにとどまっているある内容または意味をもっている。したがって，**この内容または意味は，まったく抽象的なあるものである。**しかしそれは——おそらくは約束カレンダーのなかに短い暗号のような記入をすることによって——イタリアから〔アメリカ北東部の〕コネチカットにもどらせるようにある人間の物理的運動を規制できる。どうしてそうできるのか。

これが，私のいうコンプトンの問題である。このかたちにおいては，われわれが行動主義的心理学をとるか内観心理学をとるかということは，問題に何のかかわりもない点を注意するのが大切である。ここに与えられ，またコンプトンの文章に示唆された定式

---

(42) 『人間の自由』53頁以下を参照。

化においては，問題はイェール大学に引き返すコンプトンの**行動**によって表現されている。しかし，たとえわれわれが意志や，ある考えを理解したとかもったという感情といった心的出来事を含めたとしても，問題はいささかも異ならないであろう。

コンプトン自身の行動主義的用語法をそのまま保持すれば，コンプトンの問題は**抽象的意味の世界**が人間の行動に（およびそれによって物理的世界に）及ぼす影響の問題だといえる。ここで「意味の世界」といっているのは，約束，目的，さまざまな種類の規則——文法の，礼儀作法の，論理学の，チェスの，コンピューターの，規則など——といったもの，および科学的刊行物（ならびに他の刊行物），われわれの正義観とか寛容への，われわれの芸術的理解への，訴えといったもの，等々ほとんど限りなく追加しうるものを包含した簡略語である。

私がここでコンプトンの問題と呼んだものは，ほとんどの哲学者が認めなかったけれども，哲学の最も興味ある問題の一つだと私は信じる。私の意見では，それは真に鍵問題であって，私がここで「デカルトの問題」と呼ぶ古典的な身心問題よりもずっと重要である。

誤解を避けるために指摘しておきたいが，コンプトンは行動主義的用語で彼の問題を定式化したけれども歴とした行動主義に賛成する意図は決してなかった。反対に，彼はわれわれ自身の心または他人の心の存在，意志，熟慮，快苦といった経験の存在を少しも疑わなかった。それゆえ彼は解決されるべき**第二**の問題があることを強調しようとした。

われわれはこの第二の問題を古典的な身心問題，またはデカルトの問題と同一視できる。心の状態——意志，感情，期待——といったものが，われわれの肢体の身体的運動に影響を及ぼし規制を加えうるのはいかにしてであるか。また（われわれの文脈においてはより重要性が少ないが）有機体の身体的状態がその心的状態に影響しうるのは，いかにして可能であるか。(43)

---

(43) 私がデカルトの問題と呼ぶものについての批判的議論は，私の『推測と反駁』の第12章および第13章に見出されるであろう。すべての生物有機体（物理系として考えられた）の物理的完全性のテーゼを私が拒否するかぎりにおいて，つまりある有機体においては心的状態が物理的状態と**相互作用**しうると私が推測するかぎりで，私はコンプトンと同様にデカルト主義者であるということを，ここでいっておきたい。（しかし，私はコンプトンよりずっと少なくデカルト主義者である。私はマスター・スイッチ・モデルに魅惑されること彼よりずっと少ない。注44，45および62を参照）。さらに，私は心的**実体**とか思考する**実体**といったデカルト的語り

コンプトンは，これら二つの問題のいずれかの**満足なまたは容認できる**解決は，私が**コンプトンの自由の要請**と呼ぶ次のような要請にしたがわなければないことを示唆する。すなわち，その解決は自由を説明しなければならない，またそれは自由が単なる偶然でなく，むしろほとんど**ランダムまたは偶然的なもの**と（融通のきかぬ制御では明らかにないけれども）**規制的または選択的制御のようなもの**——目的または規準といったような——とのあいだの微妙な相互作用の結果であることを説明しなければならない。なぜなら，コンプトンをイタリアから引き返させるようにさせた制御が彼に十分な自由を許したことは，明らかだからである。たとえばアメリカ船とフランスまたはイタリア船との選択の自由，より重要な義務が生じた場合に彼の講演を延期する自由を。

コンプトンの自由の要請は，われわれの二つの問題の容認しうる解決をば，それらが**自由と規制とを結びつける**という考えに——「融通のきかぬ規制」と対照的なものとしての「**柔軟規制**」という考えに——従うべきであるという要求によって制限づけているといえる。

コンプトンの要請は，私が喜んでまた自由に容認する制限であり，またこの制限の私自身の（無批判的ではないが）自由で熟慮した容認は，コンプトンの自由の要請の真の内容である自由と規制との結合の一例証と解しうる。

XIII.

私はわれわれの二つの中心**問題**——コンプトンの問題とデカルトの問題——を説明した。これらの問題を解決するためには，**新しい理論**が必要である，と私は信じる。事実，新しい進化の理論と有機体の新しいモデルとが必要である。

この必要が生じるのは，既存の非決定論的諸理論では不満足だからである。それらは非決定論的ではある。しかし，われわれは非決定論では不十分なことを知っており，またそれらの非決定論がいかにしてシュリックの反論をのがれるか，あるいはそれらがコンプトンの**自由プラス規制**の要請にしたがうか否か明らかでない。さらにコンプトンの問題は，既存の非決定論をまったくこえている。それらはコンプトンの問題とほとんど

方に——彼の物体実体とか広がりある**実体**と同じほど——賛成しない。　**物的状態と心的状態**（そしてこれに加えて，議論の状態といったさらにいっそう抽象的なもの）を信じているというかぎりでのみ，私はデカルト主義者である。

関連がない。またこれらの理論はデカルトの問題を解決しようとする試みではあるけれども，それらが提出する解決は十分なものだとは思われない。私がいっているところの諸理論は，「規制のマスター・スイッチ理論」またはより簡単に「マスター・スイッチ理論」と呼べるであろう。それらの基礎にある考えは，われわれの身体が一つまたはそれ以上の**中心的規制点**からテコまたはスイッチによって制御できる機械の一種である，というものである。デカルトはこの規制点を正確に位置づけるまでにさえいたった。心が身体に働きかけるのは，松果腺においてである，と彼はいった。何人かの量子論者たちは，われわれの心はある量子飛躍に影響を及ぼしたり選択することによってわれわれの身体に働きかける，と示唆した（コンプトンはごく暫定的にこの示唆を受け入れた）。これらの量子飛躍は，電気増幅器と同じような働きをするわれわれの中枢神経系によって増幅される。増幅された量子飛躍は継電器またはマスター・スイッチのカスケードを動かし，最後には筋肉収縮に効果を及ぼす。コンプトンの書物には，彼がこの特殊な理論またはモデルをさして好まなかったこと，そして彼がこれを一つの目的のために——つまり人間的非決定論（あるいは「自由」）が必ずしも量子論と矛盾しないことを論証するために——だけ用いたことのいくつかの表示がある，と私は思う。マスター・スイッチ理論を好まなかったことをも含めて，彼はこれらすべての点において正しかったと私は考える。

なぜなら，これらマスター・スイッチ理論はデカルトのそれであれ，量子物理学者の増幅器理論であれ——私が「**小さな赤ん坊の理論**」と呼ぼうと思うものに属しているからである。これらのマスター・スイッチ理論は，小さな赤ん坊と同様，私にはほとんど魅力がない。

「だけどそれは**非常に**小さいだけです」と抗弁した未婚の母の物語りを，皆さんは御

---

(44) コンプトンはこの理論を，特に『人間の自由』の37—65頁で，かなり詳しく論じた。特に『人間の自由』の50頁でのラルフ・リリーの前掲書への言及を参照。また『科学の人間的意味』の47—54頁をも参照されたい。きわめて興味深いのは，『人間の自由』63頁以下と，『科学の人間的意味』の53頁における**われわれの行為の個性的性格**についてのコンプトンの指摘，ならびに私がジレンマの第二の角（その第一の角は純粋決定論である）と呼ぼうと思うもの——つまりわれわれの行為が純粋の偶然にもとづくという可能性——をわれわれが避けうる理由についての彼の説明である。先きの注40を見られたい。

(45) 特に『科学の人間的意味』viii 頁以下，54頁，その節の最後の言明を参照。

存知のことと思う。デカルトの抗弁も私には同じように思われる。「しかしそれは**非常に小さなものにすぎない**。われわれの心がわれわれの身体に作用を及ぼしうるのは，広がりのない数学的点にすぎない」と。

量子論者たちは，非常によく似た赤ん坊理論を主張する。「しかし，心が物理系に作用を及ぼしうるのは，一つの量子飛躍によって，しかもハイゼンベルクの不確定性の枠内においてにすぎない——そしてその不確定性は実に非常に小さいのだ」と。赤ん坊の大きさが特定化されているかぎりにおいて，ここにはいささかの前進があることを私は認める。しかし私はなおその赤ん坊を愛さない。

なぜなら，マスター・スイッチがいかに小さなものであるにせよ，マスター・スイッチ付き増幅器モデルは，すべてのわれわれの決定が即時決定であるか（先の第x節で私が呼んだような），さもなければ即時決定の合成である，と強く示唆するからである。ところで，増幅器メカニズムが生物学的体系の重要な特徴であることを私は認める（なぜなら，生物学的刺激によって解発または起動される反応エネルギーは，通常，起動刺激のエネルギーをずっと上回っているからである）。そして私はまた，いうまでもなく，即時決定が生じることを認める。しかしそれらの即時決定は，コンプトンが念頭にしていたような種類の決定とは，いちじるしく異なっている。つまり，それらの即時決定はほとんど反射と同じようなものであり，それゆえ意味の世界がわれわれの行動に及ぼす影響についてのコンプトンの問題の状況とも，またコンプトンの自由の要請とも（また「柔軟」規制の考えとも）一致しない。これらすべてに一致する決定は，通常，長い**熟慮**をつうじてほとんど気づかないうちに達せられる。それらは，マスター・スイッチ

---

(46) これはきわめて重要な点であって，貯蔵されたエネルギーの解発または誘発を含まぬようないかなる過程も典型的に生物学的なものとはほとんどいえない。しかし，いうまでもなく，その逆は成り立たない。多くの非生物学的過程が同じ性格をもっている。増幅器や解発過程は古典物理学では大きな役割を演じなかったけれども，それらは量子物理学や，またいうまでもなく化学の最大の特徴である。（ゼロに等しい誘発エネルギーをもった放射能は，極端なケースである。別の興味あるケースは，信号または刺激の極度の増幅によってもたらされる一定の電波振動数への——原則として断熱的な——同調である）。「原因は結果に等しい」といった定式（および，それと共に，デカルト的相互作用主義への伝統的批判）が久しく廃物になった——保存則の持続的な有効性にもかかわらず——理由の一つがこれである。注43，および以下の第 xiv 節で論じられる言語の**刺激的**または**解発的**機能を参照。また私の『推測と反駁』の381頁をも見られたい。

第6章 雲と時計   265

・モデルによってはうまく表現できない一種の**成熟過程**によって達せられる。

この熟慮の過程を検討することによって，われわれは新しい理論の別のヒントを手に入れることができる。それというのも，熟慮はつねに**試行錯誤**によって，より正確にいえば**試行と誤り排除の方法**によって，つまりさまざまな可能性を暫定的に提出し，適切と思われぬものを排除することによって活動するからである。このことは，われわれの新しい理論において試行と誤り排除のあるメカニズムをわれわれが用いうることを示唆する。

さて，これから私がどのように議論を進めていこうとしているか概略的に述べておこう。

私の進化理論を一般的な用語で定式化する前に，それが特殊なケースにおいてどのように働くかを，われわれの第一の問題，つまり**行動に及ぼす意味の影響**についてのコンプトンの問題にそれを適用することによって，示そうと思う。

このようにしてコンプトンの問題を解決したあとで，私はその理論を一般的な仕方で定式化するであろう。そうすると，それがまた——新しい問題状況を生み出すわれわれの新しい理論の枠内で——デカルトの身心問題に対する率直でほとんど瑣末な解答を含んでいることが見出されるであろう。

XIV.

さて，われわれの第一の問題——つまり行動に及ぼす意味の影響についてのコンプトンの問題——に，**動物言語から人間言語への言語の進化**について若干のコメントを加えるというやり方で接近しよう。

動物言語と人間言語は多くのことを共通にしているが，そこにはまた，さまざまな相違もある。周知のように，人間言語は動物言語をいささかこえている。

私の先生であった故カール・ビューラー〔1879—1963〕の考えを用いて，また拡大す

---

(47) 言語の機能の理論は Karl Bühler (*The Mental Development of the Child*, 1919, English translation 1930, pp. 55, 56, 57〔『幼児の精神構造発達』，原田茂訳，協同出版，1966年〕; *Sprachtheorie*, 1934)に負うている。私は彼の三機能に論証的機能（および奨励的機能や説得的機能といった，ここでは何ら重要な役割を演じない他のいくつかの機能）を加えた。たとえば『推測と反駁』における私の論文「言語と身心問題」295頁，注2とその本文を参照。(134頁以下をも見られたい)。 動物，特にミツバチにある種の叙述的言語への移行段階が存在

ることによって，私は動物言語と人間言語が共有している二つの機能と，人間言語だけがもっている二つの機能とを区別しようと思う。いいかえると，二つの低次機能と，その低次機能のうえに進化した二つの高次機能との区別である。

言語の二つの低次機能は，次のごときものである。第一に，言語は，すべての他の形態の行動と同じように，**徴候または表出**から成り立っている。それは言語的な合図をする有機体の状態の徴候または表出である。ビューラーにならって，私はこれを**言語の徴候的または表出的機能**と呼ぶ。

第二に，言語またはコミュニケーションが生じるためには，合図をする有機体または「送り手」だけでなく，反応する有機体，つまり「受け手」がなければならない。第一の有機体，つまり送り手の徴候的表出が，第二の有機体に反応を解発または惹起または刺激または誘発し，第二の有機体が送り手の行動に反応して，それが一つの信号になる。受け手に対して作用する言語のこの機能は，ビューラーによって**言語の解発的または信号的機能**と呼ばれた。

一例を挙げると，一羽の鳥が飛び去る用意をし，これをある種の徴候を示すことによって表出する。これらの徴候は第二の鳥にある種の反応を解発または誘発しえ，その結果，第二の鳥も飛び去る用意をするかもしれない。

表出的機能と解発的機能との二つの機能が別のものであることに注意されたい。というのは，第一の事例は第二の事例がなくても起りうるけれども，その逆は起らないからである。ある鳥はその行動によって，他の鳥に影響を与えることなく，飛び去る用意ができていることを表出しうる。それゆえ第一の機能は第二の機能なしにも起りうるのであって，このことは，言語によるコミュニケーションのいかなるまっとうな事例においても二つの機能がつねに一緒に生じるという事実にもかかわらず，両機能を分離させうることを示すものである。

これら二つの低次機能，一方における徴候的または表出的機能と，他方における解発的または信号的機能とは，動物**および**人間の言語に共通である。そしてこれら二つの低

することは，ありえないことではない。K. von Frisch, *Bees: their Vision, Chemical Senses, and Language,* 1950〔フリッシュ，内田亨訳『ミツバチの不思議』，法政大学出版局，1970年〕; *The Dancing Bees,* 1955; M. Lindauer, *Communication Among Social Bees,* 1961 を参照。

次機能は，（人間的言語に特徴的な）何らかの高次機能が存在する場合には，つねに存在する。

　それというのも，人間言語はずっと豊富だからである。それは動物言語がもたない多くの機能と次元とをもっている。これら新しい機能のうちで二つのものが，推理と合理性の進化にとって最も重要である。すなわち，**叙述的機能**と**論証的機能**とがそれである。

　叙述的機能の例として，私は今あなた方に，二日前にモクレンの花が私の庭にどのように咲いたか，そして雪が降り始めたときどんなことが起ったかを叙述できるであろう。これによって私は自分の感情を表出し，またあなた方にある感情を誘発できるであろう。あなた方はおそらく**あなた方の**モクレンの木に思いをはせることによって反応するかもしれない。それゆえ二つの低次機能は存在するであろう。しかしこれらすべてのことに**加えて**，私はあなた方にある事実を叙述したはずである。私はある**叙述的言明**をしたはずであり，私のこれらの言明は事実的に**真**であるか，あるいは事実的に**偽**であろう。

　私が話すときはいつでも，私は自分を表出させざるをえない。そしてもしあなた方が私に聞き入るならば，あなた方は反応せざるをえない。それゆえ低次機能は**つねに**存在する。叙述的機能は存在する**必要はない**。というのは，私は何らかの事実を叙述することなくあなた方に話しかけられるからである。たとえば，不安——あなた方がこの長時間の講演を最後まで聞くであろうかという疑惑——の表示あるいは表出において，私は何事かを叙述する必要がない。しかし，われわれが理論または仮説のかたちで定式化する叙述は，推測された事態の叙述をも含めて，明らかに人間言語のきわめて重要な機能である。そしてそれは，人間言語をさまざまな動物言語から最もはっきり区別するところの機能である（ミツバチの言語にはそれに近いものがあるようにみえるけれども）。⁽⁴⁸⁾もちろん，それは科学にとって欠かすことのできない機能である。

　この探査において挙げられるべき四つの機能のうちで最後の，そして最高次の機能は，言語の最高発展形態において，つまりよく規律のとれた**批判的討論**において働いているのを認めうるように，**言語の論証的機能である**。

　言語の論証的機能は，私がここで論じている四つの機能のうちで最高のものであるばかりでなく，それらの機能の進化において最新のものである。その進化は，論証的，批判的，合理的態度の進化と密接に結びついたものであった。そしてこの態度は科学の進

---

(48) 前注におけるフリッシュとリンダウアーの書物を参照。

化にと導いたので，言語の論証的機能は，かつて有機的進化の過程において生じた生物学的適応にとっての最も有力な道具を生み出した，といえるであろう。

　他の機能と同じように，批判的論証の技術は試行と誤り排除の方法によって発展したものであり，合理的に考える人間的能力に最も決定的な影響を及ぼした。(形式論理学そのものは「批判的論証の**道具**(オルガノン)」だといえる)。(49) 言語の叙述的使用と同じように，論証的使用は規制の理念的規準の，あるいは（カント的用語を使えば）**「規制的観念」**の，進化へと導いた。言語の叙述的使用の主たる規制的観念は（偽と区別されるものとしての）**真理**であり，言語の論証的使用の規制的観念は（非妥当性とは区別されるものとしての）**妥当性**である。

　論証は，通常，ある命題または叙述言明に対しておこなわれる。われわれの第四の機能——論証的機能——が叙述的機能よりものちに生じなければならなかった理由がここにある。たとえもし理事会において，大学はある種の支出を是認すべきでない，われわれはそれを提供できないから，あるいはもっと有効な金の使いみちがあるから，と私が論じるとしても，私は**提案**に対して論じているだけでなく，ある**命題**に対して——たとえば提案された用途は有益でないであろうという命題に**賛成**して，そして提案された用途は有益であろうという命題に**反対**して——論じているのである。それゆえ論証は，提案についての議論でさえ，通常，命題に，そしてきわめてしばしば**叙述的**命題に，関するものである。

　しかし言語の論証的使用は，言語の叙述的使用からはっきり区別できる。私は議論することなく叙述できるからである。つまり，私の叙述の真理性に対して賛成または反対の理由を与えることなく，私は叙述できる。

　言語の四つの機能——表出的，信号的，叙述的，論証的機能——についてのわれわれの分析は，次のように要約できよう。二つの低次機能——表出的および信号的機能——は，より高次の機能が存在するときにはつねに存在することを認めなければならないが，それにもかかわらずわれわれはより高次の機能をより低次の機能から区別しなければならない。

　しかし多くの行動主義者や哲学者は，高次の諸機能を無視してきた。それというのも，

---

　(49) 私の著書『推測と反駁』第1章，特に「合理的批判の道具」としての形式論理学についての64頁の指摘を参照。また第8章から第10章まで，および第15章を見られたい。

高次機能がある場合でもない場合でも，低次機能はつねに存在するからである．

XV.

人間と共に，そして人間の合理性と共に発生し進化してきた言語の新しい機能とは別に，われわれはほとんど同等の重要性をもった別の区別，つまり**器官**の進化と**道具または機械**の進化との区別——『エレホーン』(1872年) の著者であるイギリスの最も偉大な哲学者の一人，サミュエル・バトラーの功績とされるべき区別——を検討しなければならない．

動物の進化は，もっぱらではないけれども主として諸器官（または行動）の変容または新しい器官（もしくは行動）の発生によって進む．**人間の進化**は，主として，**われわれの身体または人の外部に新しい器官を発展させることによって進む**．生物学者がいうように「身体外的に」，または「人のそとに」．これらの新しい器官は，もろもろの道具，または武器，または機械，または家である．

この身体外的発展の初歩的な端緒は，もろもろの動物のうちにも見出せる．野獣の穴づくりや巣づくりは，初期の業績である．ビーバーが非常に巧妙なダムを作ることを思い出せよう．しかし人間は眼や耳をより良くさせる代りに，眼鏡，望遠鏡，顕微鏡，電話，補聴器を成長させる．また足をますます早くさせる代りに，自動車をますます早くさせる．

しかし私がここで関心をもつ身体外的進化は，次のものである．記憶や頭脳をより良くさせる代りに，われわれは紙，ペン，鉛筆，タイプライター，ディクタホーン，印刷機，図書館を増大させる．

これらのものはわれわれの言語に——とりわけその叙述的ならびに論証的機能に——新しい次元といいうるものを付け加える．（主としてわれわれの論証的能力を援助するために用いられる）最近の発展は，コンピューターの成長である．

XVI.

より高度の機能と次元はより低次のそれとどのように関係づけられるのか．すでに見たように，高次の機能は低次のそれにとって代るのではなく，それらに対する一種の**柔軟規制**——フィードバックをそなえた制御——を確立する．

科学的会議における討論を例にとろう。それは心をわくわくさせる興奮的で楽しいものかもしれず，そのような表出や徴候を惹起するかもしれない。そしてこれらの表出は翻って他の参加者に同じような徴候を誘発するかもしれない。しかし，ある点まではこれらの徴候や誘発信号がその討論の科学的内容に由来し，またそれによって制御されることは疑いない。そしてこれは叙述的ならびに論証的性質のものであるから，低次機能は高次機能によって制御されるであろう。さらに巧みな冗談や愉快なにやにや笑いは短期的には低次機能を勝たせるであろうが，長い目で見て重きをなすのはすぐれた論証——妥当な論証——であり，それが確立または反駁する中味である。いいかえると，われわれの討論は真理と妥当性の規制的観念によって，柔軟的にだが，制御される。

これらすべてのことは，印刷と出版の新しい次元の発見と発展によって，特にそれらが科学的理論や仮説，それを批判的に討論する論文を印刷して公刊するために用いられる場合に，強化される。

私はここで批判的議論の重要性の問題について十分論述することができない。この論題について私はかなり広範にわたって書いたことがあるので，(50) ここで改めて取り上げることをしない。ただ，批判的議論が制御の手段であることを，私は強調しておきたい。批判的議論は誤りを排除する手段であり，淘汰の手段である。われわれはさまざまな競合的な理論や仮説を，いわば試験気球として，暫定的に提出することによって，また誤りを排除する目的でそれらを批判的議論と経験的テストにかけることによって，**われわれの問題を解決する**。

それゆえ私が叙述しようと努めてきた言語の高次機能の進化は，新しい種類の試行による，また誤り排除の新しい方法にによる，つまり試行を**制御する**ための新しい方法による，問題解決のための新しい手段の進化として特徴づけることができる。

XVII.

いまや私は，われわれの第一の主要問題，つまり意味が行動に及ぼす影響についてのコンプトンの問題に対し，解決を与えることができる。それはこうである。

言語のより高次の次元は，二つの事柄——われわれの言語のより低次の次元と，われ

---

(50) 先の注49，および私の著書『開いた社会とその敵』，第24章と第2巻（第4版，1962年）への「追録」，および『推測と反駁』，特に序文と序章を参照されたい。

われの環境への適応——**よりよく制御する**必要の圧力のもとで，新しい道具のみならず，たとえば新しい科学的理論や新しい選択規準を発展させる方法によって進化したものである。

ところで，その高次機能の発展において，われわれの言語は抽象的意味と内容をも発展させた。つまりわれわれは，理論を定式化し表現する様式を抽象化し，（理論の真理性を左右する）**その不変の内容または意味**に注意を払うすべを学んだ。このことは，理論や他の叙述的言明についてだけでなく，提案や目的，あるいは批判的議論にかけることのできる他のいかなるものについても成り立つ。

私が「コンプトンの問題」と呼んだものは，われわれの理論や目的——ある場合にはわれわれが熟慮と討論ののちに採用したかもしれない目的——の内容のもつ制御力を説明し，理解する問題であった。しかしこの問題は，今ではもはや問題でない。それらがわれわれに及ぼす影響力は，これらの内容と意味の本質的部分である。けだし，内容と意味の機能の一部は，制御することだからである。

コンプトンの問題のこの解決は，コンプトンの制限づけ要請と一致する。なぜなら，われわれの理論と目的とによるわれわれ自身とわれわれの行動の制御は，**柔軟**制御だからである。われわれはわれわれ自身をわれわれの理論に**無理やり服させる**のではない。われわれは理論を批判的に討論でき，もしそれらがわれわれの規制規準に達しないならば，われわれは自由にそれらを拒否できるからである。それゆえ制御は決して一方的なものでない。われわれの理論がわれわれを制御するだけでなく，われわれがわれわれの理論を（そしてわれわれの規準さえを）制御できる。そこには一種の**フィードバック**がある。また，もしわれわれが理論に服するとしても，われわれは熟慮ののちに，つまり代替的諸理論を批判的に討論したのちに，そしてその批判的議論の光に照して競合的な諸理論のうちからいずれかを自由に選択したのちに，自由にそうするのである。

私はこれをコンプトンの問題に対する私の解決として提出する。そしてデカルトの問題の解決に進む前に，私の解決のなかですでに陰伏的に用いられた進化のより一般的な理論を手短かに概説しようと思う。

XVIII.

私の一般理論を私は多くの弁明と共に提出する。私がこの理論を十分つきつめて考え，

自分自身に納得させるまでには、長い時間がかかった。私は今でもまだ、この理論を決して満足なものとは思っていない。このことは、部分的には、この理論が**進化理論**であるということ、新しい強調点を除いては従来の進化理論にごくわずかなものしか加えていない理論だという事実からきている。

私はこの告白をしなければならないのを恥かしく思う。それというのも、若かりし頃、私は進化論的哲学について非常に軽蔑的なことをいうのがつねだったからである。22年前、キャノン・チャールズ・E・レィヴンがその著『科学、宗教、未来』において、ダーウィン主義論争を「ヴィクトリア時代の茶碗のなかの嵐」と呼んだとき、私はこれに賛成したが、しかし「その茶碗から今なお立ちのぼっている蒸気に」――つまり進化論的哲学（特に、進化の峻厳な法則が存在すると説く哲学）の熱気に――余りにも多くの注意を払っている点で彼を批判した。しかし私は、この茶碗が結局のところ**私の**茶碗になったことを告白しなければならない。そしてそれと共に、私は屈辱を甘んじて受けなければならないのだ。

進化論的**哲学**をまったく別にして、進化論的**理論**にまつわるやっかいごとは、その同語反復的な、あるいはほとんど同語反復的な、性格である。つまりその難点は、ダーウィン主義と自然淘汰とが、きわめて重要なものなのだが、進化を「最適者の生存」（ハーバート・スペンサーに由来する用語）によって説明することである。だが、「生き残るものは最適者である」と同語反復「生き残るものは生き残るものである」とのあいだには、よしあったとしても、大きな差があるとは思われない。なぜなら、現実の生き残り以外には適性のいかなる判定基準もわれわれはもたず、それゆえある有機体が生き残ってきたという事実からわれわれは彼らが最適者であったと、あるいは生活諸条件に最もよく適合したものであったと、結論するのだからである。

51）私の『歴史法則主義の貧困』の106頁の注１〔訳書160頁〕参照。

（＊）ダーウィンの『種の起源』――くわしくは「自然淘汰による、もしくは生存競争において恵まれた品種が保存されることによる、種の起源」――が出版されるのは1859年であるが、それに先立つこと９年前、スペンサーは1850年に公刊した処女作『社会静学』において、生物体の外部環境への適応過程には「厳しい自然の規律」(stern discipline of nature)がはたらき、不適者を排除し、環境条件の要求する諸能力をよりよく身につけたものだけを「最適者として生き残す」(the survival of the fittest)ことによって、全体としての生活を低次の段階から高次の段階へとおのずから進化させる、と説いた。『種の起源』の出版後、スペンサーはそれまで使っていた「自然の規律」という用語をやめて「自然淘汰」を用いるようになる。

第6章 雲と時計

このことは，ダーウィン主義が，非常に大きな長所をそなえてはいるものの，決して完全な理論を意味しないことを示すものである。あいまいさをより少なくさせるように言明しなおす必要がある。私がここに略述しようとする進化論的理論は，このような再言明の試みである。

私の理論は，われわれが動物言語から人間言語への進化を分析したときに学んだことを進化の全体に適用する試みだといえる。そしてそれは，柔軟制御の増大していく階層的体系としてのある種の**進化観**，およびこの柔軟制御の増大していく階層的体系を取り入れて具現していく——人間の場合には身体外的に発展させていく——ものとしてのある種の**有機体観**から成り立っている。新ダーウィン主義的進化理論が仮定される。しかし，その理論における「変異」は多少とも偶然的な試行錯誤の打ち始め手として，また「自然淘汰」は誤り排除によるそれらの打ち手を制御する一つの方法として，解釈できるということを指摘することによって，この進化理論が再言明される。

私はこれからその理論を12の短いテーゼのかたちで述べることにする。

(1) すべての有機体は絶えず，昼も夜も，**問題解決にたずさわっている**。それら**有機体の進化論的全系列**——最も原始的な形態から始まり，現在生きている有機体をその最近のメンバーとするところの**門**——がそうである。

(2) それらの問題は，客観的意味における問題である。それらの問題は，いわば後知恵によって仮説的に再構成できる。（この点についてはあとでもっと詳しく述べる）。この意味における客観的問題は，その意識的対応物をもつ必要はない。そしてこれらの問題が意識的対応物をもつ場合は，その意識的問題は客観的問題と一致する必要はない。

(3) 問題解決は，つねに試行錯誤の方法によって進む。新しい反応，新しい形態，新しい器官，新しい行動様式，新しい仮説が暫定的に打ち出され，誤り排除によって制御される。

(4) 誤りの排除は，不成功な諸形態の完全な排除（自然淘汰による不成功な形態の絶滅）によってか，さもなければ不成功な器官または行動形態または仮説を修正または削除する制御の（暫定的）進化によって進められる。

(5) 個々の有機体は，その門が進化するあいだに発展させた諸制御を，一つの身体のなかにいわばはめ込ませる——その個体発生的発達，その系統発生的進化において部分(52)

---

(52) 「はめ込み」という考え（私はこの言葉だけでなく多くのことをアラン・ムスグレィヴ

的に再現されるように。

(6) 個々の有機体は，それが属する（その門の）有機体の進化的系列の一種の尖兵である。新しい環境的棲所を調べ，環境を選び，変容することは，それ自体が一つの暫定的解決である。こうしてそれは，個々の有機体の行為（行動）がこの有機体に関係づけられるのとほとんどまったく同じように，その門に関係づけられる。個々の有機体とその行動はいずれも試行であり，それらの試行は誤り排除によって排除されうる。

(7) 問題を 'P' で，暫定的解決を 'TS' で，誤り排除を 'EE' で表わすと，われわれは事態の基本的な進化系列を次のように叙述できる。

$$P \to TS \to EE \to P.$$

しかし，この系列は円環でない。第二の問題は，一般に，第一の問題とは異なる。それは，部分的には，試みられた暫定的解決とそれらを制御する誤り排除のゆえに生じきたった新しい問題状況の結果である。このことを表わすために，上の図式は次のように書き改められるべきである。

$$P_1 \to TS \to EE \to P_2$$

(8) しかしこの形でさえ，まだ重要な要素が抜け落ちている。暫定的解決の多数性と試行の多様性とがそれである。それゆえ，われわれの最終の図式は次のようなものとなる。

(9) この形において，われわれの図式は新ダーウィン主義の図式と比較できる。新ダーウィン主義によれば，主として一つの問題がある。つまり生存（生き残り）の問題である。そこには，われわれの体系におけるごとく，暫定的解決——変異または突然変異——の多様性がある。しかしそこには，ただ一つの誤り排除の方法しかない。有機体を殺すことがそれである。そして（部分的にはこの理由のために）P_1 と P_2 とが本質的に異なるものであるという事実が見落され，

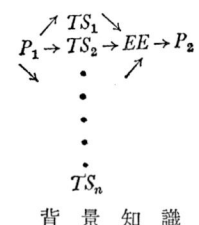

$$P_1 \to \begin{matrix} \nearrow TS_1 \\ \to TS_2 \\ \searrow \\ \vdots \\ TS_n \end{matrix} \to EE \to P_2$$

背景知識

――――――――――
に負っている）は，おそらくチャールズ・ダーウィンの『種の起源』1859年の第6章に見出せる（私の引用はメントール・ブック版の180頁からのもの）：「すべての高度に発達した有機体は，多くの変化を経てきた。そして……それぞれの変容された構造は受け継がれる傾向があるので，各変容は……まったく失われることはないであろう。……したがって［有機体の］各部分の構造は……種が経てきた多くの遺伝された変化の総和である……」。E. Baldwin, *Perspectives in Biochemistry*, pp. 99ff., およびそこで引用された文献をも参照されたい。

あるいはその相違の基本的重要性が十分明確に理解されない。

(10) われわれの体系においては，すべての問題が生存問題というわけではない。そこには多くの非常に特殊な問題と副次的問題とがある（最初期の問題はまったく生存問題であったかもしれないにしても）。たとえば，初期の問題 P_1 は再生産であるかもしれない。その解決は新しい問題 P_2，つまり子孫——親の有機体だけでなくお互いの息の根を止める恐れのある子供たち——を除去する，あるいは散布する問題,[53]に導くかもしれない。

自分の子孫によって抹殺されるのを回避する問題が多細胞有機体の進化によって解決された問題の一つでありうることに注意することが重要である。自分の子孫を除去する代りに，さまざまな新しい共同生活の方法をもった共同経済が確立される。

(11) ここに提示した理論はP_1とP_2とを区別し，有機体が解決しようと取り組んでいる諸問題（または問題状況）がしばしば**新しい**ものであり，それ自体が進化の産物として生じることを示している。このことによってその理論は，通常「創造的進化」とか「創発的進化」[54]といったいささか疑わしい名称で呼ばれてきたことの合理的説明を，暗にそれとなく与えている。

(12) われわれの図式は，誤り排除制御（眼のような警告器官，フィードバック・メカニズム）——つまり有機体を殺すことなく誤りを排除しうる制御——の発達を許す。そして究極的には，われわれの代りにわれわれの仮説を死なせることを可能にする。

XIX.

それぞれの有機体は**柔軟制御**の階層的体系——雲によって制御された雲の体系——とみなせる。制御される下位体系は制御する体系によって部分的に抑止され，部分的に制止される試行錯誤運動をする。

われわれはすでにこの実例を，言語の低次機能と高次機能とのあいだの関係において

---

[53] 新しい問題状況の発生は，有機体の「生態学的棲所」または有意義な環境の変化または分化として叙述できよう。（それはおそらく「住地選択」と呼びうるであろう。B. Lutz, *Evolution*, 2, 1948, pp. 29ff. を参照）。有機体またはその習慣またはその住地のいかなる変化も新しい問題を生み出すという事実は，（つねに暫定的な）解決の信じられぬほどの豊富さを説明する。

[54] 「創発的進化」についてのコンプトンの論評に言及した注23を見られたい。

見た。低次機能は存在し続け，その役割を演じ続ける。しかしそれらの機能は，より高次の機能によって拘束され，制御される。

別の特徴的な例は，次のようなものである。もし私が少しも動かずじっと静かに立っているとしても，（生理学者によると）私の筋肉はほとんどランダムな仕方で収縮し弛緩しながら絶えず働いており（前節のテーゼ(8)における TS_1 から TS_n までを参照），しかも私が気づくことなく，私の姿勢からのきわめてわずかな偏倚をほとんどただちに正すために誤り排除（EE）によって制御されている。それゆえ，自動操舵矯正器が航空機にその進路をしっかり保たせるのと多かれ少なかれ同じ方法で，私は静かに立ち続けているのである。

この実例はまた，前節のテーゼ(1)——それぞれの有機体は試行錯誤によって絶えず問題解決にたずさわっており，新旧の諸問題に多少とも偶然的な，また雲様な，(不成功であれば排除される) 試行によって反応している，というテーゼ——を例証する。(55) (もし成功的であれば，そのようにして到達された解決を「模擬(シミュレート)」する変異の残存する確率は高まり，その解決を新しい有機体の空間的構造または形態に取り込むことによって，それを遺伝的なものにさせていく)。(56)

XX.

以上がきわめて手短かな理論の概略である。もちろん，それはもっと多くの精緻化を必要とする。しかし私は一つの点をもう少し詳しく説明しようと思う。つまり，(第xviii

---

(55) 試行と誤り排除の方法は（しばしばいわれてきたような）**完全に偶然的またはランダムな試行でもってやっていくものでない**。たとえ試行がかなりランダムであるように見えるとしても，である。そこには（私の『科学的発見の論理』の162頁〔訳書202頁〕以下での意味における）〔ある選択が次の選択に影響を及ぼすという〕「余効」（after-effect）が少なくともあるはずである。それというのも，不断にみずからの誤りから学んでいるからである。つまり，それはある**可能な試行**（それはおそらく有機体の進化的過去における**現実的試行**であったろう）を抑圧しまたは排除し，あるいは少なくとも頻度を減少させる**制御**を確立するからである。

(56) これは現在ではしばしば「ボールドウィン効果」と呼ばれる。たとえばG. G. Simpson, 'The Baldwin Effect', *Evolution*, 7, 1953, pp. 110 ff. , C H. Waddington, the same volume, pp. 118ff. (especially p. 124), and pp. 386f. を参照。また J. Mark Baldwin, *Development and Evolution*, 1902, pp. 174ff. and H. S. Jennings, *The Behaviour of the Lower Organismus*, 1906, pp. 321ff. をも見られたい。

第6章 雲と時計

節のテーゼ(1)から(3)で)私が使った「**問題**」および「**問題解決**」という用語,とりわけ**われわれは客観的または非心理学的意味において問題を語りうる**という私の主張,についてである。

　この点は重要である。というのは,進化は明らかに意識的な過程ではないからである。多くの生物学者は,ある種の器官の進化はある種の問題を解決するものだという。たとえば眼の進化は,運動している動物に,堅固な物に衝突する前に方向を変えるよう時宜にかなった警告を与えるという問題を解決する。この種の問題に対するこの種の解決が意識的に探究されたものだとは,誰も主張しない。しからば,問題解決について語るのは,まったく比喩ではあるまいか。

　私はそうは考えない。むしろ事態はこうである。われわれが問題について語る場合,われわれはほとんどつねに後知恵からそうしているのである。問題に取り組んでいる人は,自分の問題が何であるかを(彼が解決を見出すまでは)はっきり述べることがほとんどできない。また,たとえ彼が自分の問題を説明できるとしても,彼はそれを思い違いしうる。このことは,科学者についてさえいえる。科学者は自分たちの問題をはっきり自覚しようと意識的に試みる少数の人たちなのだけれども。たとえば,ケプラーの意識的な問題は,世界秩序の調和を発見することであった。しかし彼が解決した問題は,一組の二体惑星系における運動の数学的叙述であった,とわれわれはいうことができる。同じように,シュレーディンガーは,彼が(時間から独立の)シュレーディンガー方程式を見出すことによって解決した問題について,思い違いしていた。彼はシュレーディンガー波を,電荷の変化する連続的な場の電荷密度波であると考えた。のちにマックス・ボルンはシュレーディンガー波振幅の統計的解釈――シュレーディンガーに衝撃を与え,彼が生きているあいだじゅう嫌った解釈――を与えた。シュレーディンガーは一つの問題を解決した――しかしその問題は,彼が解決したと自分で考えた問題ではなかった。このことをわれわれは今日,後知恵によって知っている。

　しかし,われわれが解決しようと試みる問題について最も意識的であるのは,科学においてであることは明らかである。それゆえ,他のケースにも後知恵を用い,アメーバはある問題を解決する(アメーバが何らかの意味においてその問題に気づいていると仮定する必要はないが)ということは,不適当ではないはずである。アメーバからアインシュタインまでは,ほんの一歩にすぎない。

XXI.

　しかし，コンプトンはこう主張する。アメーバの行動は合理的でないが，アインシュタインの行動は合理的だとわれわれは仮定できる；それゆえ，結局，そこにはある相違があるはずだ，と。

　相違があることを私は認める。彼ら両者のほとんどランダムな，または雲様な試行錯誤運動の方法は基本的に非常に異なったものではないにしても，誤りに対する彼らの態度には大きな相違がある。アインシュタインはアメーバと異なり，新しい解決が彼にもたらされたときにはいつでも，そのアラを探し，その解決の誤りを看破しようと，最善をつくして意識的に努力する。彼は自分自身の解決に**批判的に**対処した。

　自分自身の考えに対するこの意識的に批判的な態度が，アインシュタインの方法とアメーバの方法とのあいだの一つの真に重要な相違だと私は考える。それが，より厳しい批判に耐えうると思われるあれこれの仮説をより注意深く検査する以前に，数百の仮説を不適切なものとして早急に拒否することをアインシュタインに可能にさせたのである。

　物理学者のジョン・アーチバルト・ホイラーが最近いったように，「われわれの全問題は，できるだけ早く誤りをおかすことである」。ホイラーの問題は，批判的態度を意識的に採用することによって解決される。これは，合理的態度または合理性のこれまでの最高の形態だと私は考える。

　科学者の試行錯誤はもろもろの仮説から成り立っている。彼は仮説を言葉で，しばしば書き物で定式化する。しかるのちに彼は，これらの仮説のどれかを批判し，実験的にテストすることによって——その仮説のうちに不備や欠点を見出すならば喜ぶであろう仲間の科学者の助けをかりて——その仮説のなかに不備欠陥を見出そうと試みることが

---

　(57)　『人間の自由』91頁，および『科学の人間的意味』73頁を参照。

　(58)　H. S. ジェニングスの前掲書334頁以下，349頁以下を参照。問題解決をする魚の見事な実例は，K. Z. Lorenz, *King Solomon's Ring*, 1952, pp. 37f. 〔『ソロモンの指環』日高敏隆訳，早川書房，1963年〕によって叙述されている。

　(59)　John A. Wheeler, *American Scientist*, **44**, 1956, p. 360.〔ホイラー（1911— ）はアメリカの原子物理学者でプリンストン大学教授。この言葉は『推測と反駁』の扉にモットーとして掲げられている〕。

第6章 雲と時計

できる。もしその仮説が、少なくとも競合的な諸仮説と同様に、(60)これらの批判とこれらのテストに耐えないとすれば、その仮説は排除されるであろう。

原始人やアメーバの場合は、これと異なる。そこでは、いかなる批判もなく、したがって自然淘汰が誤った仮説や期待を保持したり信じている有機体を排除することによって、それらの仮説や期待を排除するということがきわめてしばしば生じる。それゆえわれわれは、批判的または合理的方法は、われわれの代りにわれわれの仮説を死なせることにある、ということができる。それは、身体外的進化の一ケースである。

XXII.

ここで私は、最後には非常に単純な解決に達したけれども私をひどく苦しませた問題に立ちもどることにする。

その問題とは、こうである。柔軟制御が存在することをわれわれは示せるであろうか。柔軟制御の実例または物理的モデルと解せるような非有機的物理系が自然のなかに存在するであろうか。

この問いには、デカルトやコンプトンのようなマスター・スイッチ・モデルを用いる多くの物理学者によって、またヒュームやシュリックのように完全な決定論と純粋な偶然とのあいだにいかなる中間的存在をも認めない多くの哲学者によって、暗黙的に否定的な答えが与えられた。たしかに、サイバネティックス論者やコンピューター技術者たちは、ハード・ウェアから出来ているがきわめて柔軟な制御を取り込んでいるコンピューターを構成するのに最近成功した。たとえば、フィードバックによって点検または評価される（自動パイロットまた自動指向装置の仕方で）、誤りであれば排除される偶然的試行のためのメカニズムを内蔵したコンピューターがそれである。しかしこれらの体系は、私が柔軟制御と呼んだものを取り込んではいるものの、本質的にはマスター・スイッチの複雑なリレーから成り立っている。ところが、私が求めていたものは、パース的非決定論の単純な物理的モデルであった。ある他の雲らしい雲によって——いささか

---

(60) われわれは一組の競合的な諸仮説のうちから「最良の」もの——真理の探究のために捧げられた批判的議論の光に照して「最良の」もの——を選べるにすぎないということは、議論の光に照して「真理に最も近づいて」いると思われる仮説を選ぶということを意味する。私の『推測と反測』の第10章を参照。また『人間の自由』vii頁以下および特に（エネルギー保存の原理について論じられている）74頁をも見られたい。

雲らしさの少ない雲によってであるが——制御される，熱運動における非常に雲らしい雲に似た純粋に物理的な体系である。

　右方に時計，左方に雲をもつ，われわれの先きの雲と時計の配列に立ちもどるならば，われわれが探しているものは有機体またはわれわれの蚊柱のような，しかし生きていない，中間物である。つまり柔軟に，そしていわば「ソフトに」制御された純物理的な体系である。

　制御されるべき雲がガスだと仮定しよう。そうするとわれわれは，すぐ混じり合い，一つの物理的**体系**を構成しなくなってしまう制御されていないガスを最左方に置ける。われわれは最右方に，ガスで満たされた鉄シリンダーを置く。これはわれわれの「ハード」制御，「融通のきかない」制御の例である。その中間に，しかしずっと左方寄りに，われわれの蚊柱のような多少とも「ソフトに」制御された多くの体系や，太陽のような引力によってひとまとまりを保ったガスのごとき微粒子の巨大な球がある。（もし制御が完全でなく，多くの微粒子が逃れるとしても，われわれは気にしない）。惑星は運動において融通のきかぬ制御を受けているといえるであろう——もちろん，比較的にいえば，であるが。というのは，惑星系でさえ雲であり，すべては銀河であり星団であって，星団の星団だからである。だが，有機的体系や微粒子のかかる巨大な体系を別にして，何らかの「ソフト」に制御された小さな物理系が存在するであろうか。

　存在する，と私は考える。そして私はわれわれの図の中央に子供の風船，あるいはもっと良いものでは，シャボン玉を置くことを提案する。実際これは，パース的体系**および**柔軟制御の「ソフト」な体系のきわめて素朴な，多くの点ですぐれた実例またはモデルであることが判明する。

　シャボン玉は，それぞれが雲であり相互に制御しあう二つの部分系から成り立っている。空気がなければシャボン膜はつぶれるであろう。そして石鹸水の一滴だけとなるであろう。シャボン膜がなければ，空気は制御されないであろう。それは混じり合い，系として存在しなくなる。それゆえ，制御は相互的である。それは柔軟で，フィードバックの性格をもっている。しかし制御される系（空気）と制御している系（膜）とを区別することは可能である。閉じ込められた空気は，閉じ込めている膜よりもずっと雲らしいだけでなく，もし膜が除去されれば物理的な（自己相互作用する）系であることをやめる。これに対して膜は，空気が取り除かれたあとでも，異なった形状でではあるが，

なお物理系といえる水滴をなすであろう。

　気泡を正確な時計やコンピューターのような「ハードウェア」系とくらべるならば，もちろんわれわれは（パースの観点にしたがって）これらのハードウェア系でさえ雲によって制御された雲であるというべきであろう。しかしこれらの「ハード」系は，分子熱運動とゆらぎの雲的な効果をできるだけ最小化する目的で作られている。それらは，雲であるけれども，制御メカニズムがすべての雲的な効果をできるだけ抑える，または補正するように考案されている。このことは，偶然的な試行錯誤メカニズムを模したメカニズムを備えたコンピューターについてさえいえる。

　われわれのシャボン玉はこの点で異なっており，また有機体にいっそう似ていると思われる。分子効果は排除されず，皮膜——系を「開かれた」ものにさせておき，また環境的諸影響に対してその「組織」にいわば内蔵されている仕方で「反応」することのできる浸透性のある壁——によって閉じ込められている系の働きに本質的に寄与する。シャボン玉は熱線に当ると，（温室のように）熱を吸収し，閉じ込められた空気が膨張し，シャボン玉を浮動性に保つ。

　しかし，あらゆる類似性またはアナロジーの使用におけるごとく，われわれは限界に気をつけなければならない。少なくともある有機体においては，分子のゆらぎが明らかに増幅され，試行錯誤運動を誘発するように用いられることを，われわれは指摘できよう。ともあれ，増幅器はすべての有機体において重要な役割を演じるように思われる。（この点で有機体はマスター・スイッチと増幅器のカスケード，およびリレーを具えたあるコンピューターと似ている）。しかしシャボン玉にはいかなる増幅器もない。

　この点がどうであるにせよ，われわれのシャボン玉は，他の雲的な系によって柔軟にまたソフトに制御される自然の物理的な雲的系が存在することを示すものである。（ついでながら，シャボン玉の皮膜は，いうまでもなく，有機物質から作られる必要はない。大きな分子を含まなければならないであろうけれども）。

---

(61)　浸透性のある壁または皮膜は，すべての生物学的系の特徴と思われる。（これは生物学的個体化の現象と結びつけられるかもしれ ない）。皮膜と気泡が原始的有機体であるという考えの前史については，C. H. Kahn, *Anaximander*, 1960, pp. 111 ff. を参照されたい。

XXIII.

ここに提示した進化理論は、われわれの第二の主要問題——古典的なデカルト的身心問題——に対する直接的な解決をもたらす。それは、心または意識の進化について、またそれによって心の機能について、あることを述べることにより（「心」または「意識」とは何かを語ることなく）問題を解決する。

われわれは意識がごく幼少の頃から成長すると仮定しなければならない。おそらくその最初の形態は、有機体が刺激性の物体から逃れるといった解決すべき問題をもつときに経験する漠とした焦燥感であろう。この点がどうであれ、意識は可能な反応の仕方——可能な試行錯誤運動とそれらの可能な結果——を**予知し始める**ときに、進化的意義を、そして増大する意義を、帯びるであろう。

意識的状態または意識的状態の系列は、制御の誤り排除の——通常は、（初期の）行動（つまり運動）の排除の——システムとして機能しうる、とわれわれは今やいえる。この観点からすれば、意識は多くの相互作用的な制御の一つとして現われる。そしてもしわれわれが本のなかに具現された制御システム——理論、法則の体系、および「意味の世界」を構成するすべてのもの——を想起するならば、意識がハイアラーキーにおける最高の制御体系だとはほとんどいえない。なぜなら、それはこれらの身体外的な言語的体系によってきわめて広範に制御されるからである——たとえそれらの身体外的な体系が意識によって**生み出される**ものだといえるにしても。意識は立ち替り物理的状態によって**生み出される**、とわれわれは推測できる。しかし意識はかなりの程度まで物理的状態を制御する。法または社会体系がわれわれによって生み出されながら、しかもわれわれを制御し、いかなる合理的意味においてもわれわれと「同等」ないし「類似」ではないが、しかしわれわれに**相互作用する**のとまったく同様に、意識の状態（「心」）は身体を制御し、身体と**相互作用する**。

したがって、そこには一連の類似的な諸関係がある。われわれの身体外的意味の世界が意識に関係しているごとく、意識は行動する個体の有機体の行動と関係している。そして個体の有機体の行動はその身体に、つまり生理学的体系と解された個体有機体に、同じように関係づけられている。後者は有機体の進化系列——個々の有機体がいわばその最新の尖兵をなすところの**門**——に同じように関係づけられる。個々の有機体は門に

よって探り針として実験的に急造されるが，しかし門の運命を大幅に制御するごとく，有機体の行動は生理学的体系によって探り針として実験的に急造されるが，しかしこの体系の運命を大幅に制御する。われわれの意識状態はわれわれの行動に同じように関係づけられる。意識状態は，行動の蓋然的な帰結を試行錯誤によって算出し，われわれの行動を見越す。したがって意識は，制御するだけでなく，徹底的に調べ，**熟慮する**。

この理論がデカルトの問題に対するほとんど瑣末な解答を与えるものであることが，今や明らかになる。「心」とは何であるかを語ることなく，この理論は直接的に次のような結論に導く。すなわち，われわれの**心的状態はわれわれの物理的運動（のあるもの）を制御する**ものであり，心的活動と有機体の他の諸機能とのあいだにはあるやりとり，あるフィードバック，それゆえある相互作用がある，と。[62]

その制御はふたたび「柔軟な」種類のものであろう。事実われわれすべては——特にピアノやヴァイオリンなどの楽器を演じる人たちは——身体が必ずしもわれわれの欲するように動かないこと，そしてわれわれの不成功から，われわれの制御につきまとうこれらの限界を考慮に入れて，われわれの目的をいかに修正するかを学ばなければならないこと，を知っている。われわれはある程度まで自由であるけれども，われわれがなしうることに制限を設ける諸条件——物理的その他の——がつねに存在する。（もちろん，譲歩する前に，われわれはこれらの限界を乗り越えようと試みることができる）。

それゆえ，デカルトと同様に，私は二元論的世界観を採用する。もちろん私は**二種類の相互作用する実体**について語るのを勧めるものではない。しかし二種類の**相互作用する状態**（または出来事），物理化学的状態と心的状態とを区別することは有益であり正当であると考える。さらに，もしわれわれがこれら二種類の状態だけを区別するのであれば，われわれはなおわれわれの世界観を余りにも狭くとっていると私は主張する。少

---

[62] いくつかの場所で示唆したように，心的状態と物理的状態との「相互作用」の容認は，デカルトの問題の唯一の満足な解決を与える，と私は推測する。注43をも参照のこと。私はここで次のことを付け加えておきたい。すなわち，自我の（あるいは人の時空的位置および同一性の）意識がきわめて弱い，あるいは欠如している，心的状態または意識状態（たとえば夢における）が存在すると仮定するまっとうな理由があると私は考えている，と。それゆえ，自我の十分な意識が後の発展であり，身心問題をこの意識形態（または意識的「意志」）があたかも唯一のものであったかのように定式化するのは誤りであると考えるのは道理にかなっていると思われる。

なくともわれわれはまた有機体の産出物，特にわれわれの心の産出物で，われわれの心と，したがってわれわれの物理的環境と相互作用するところの加工品を区別すべきである。これらの加工品はしばしば「単なる物体の一片」，「単なる道具」であるが，それらは動物的レベルにおいてさえ時として完璧な芸術作品である。また人間的レベルにおいては，われわれの心の産出物はしばしば「一片の物体」——たとえば印のつけられた紙片——よりはるか以上のものである。なぜなら，これらの紙片は討論の状態，知識の成長の状態を表わしており，それらを生み出すのを助けたほとんどの心による把握を，あるいはすべての心による把握さえ，はるかにこえているからである。それゆえ，われわれは単なる二元論者でなく，多元論者でなければならない。そしてわれわれが物理的世界にしばしば無意識的に生み出した大きな変化は，人間の心によっておそらくは部分的にしか把握されない抽象的規則や抽象的観念が山をも動かしうることを示すものであるということを，認識しなければならない。

XXIV.

追考として，私は最後の一点を付け加えたいと思う。

自然淘汰ということのゆえに，進化が「功利主義的」結果と呼びうるものに——つまりわれわれが生き延びるのを助けるうえで有用な適応に——導きうるだけだと考えるのは，誤りであろう。

柔軟な制御を具えた体系において制御する系と制御される系とが相互作用するのとまったく同様に，われわれの暫定的解決はわれわれの**問題**と，そしてまたわれわれの**目的**と，相互作用する。このことは，われわれの目的が変りうること，そして**目的の選択が一つの問題となりうること**，異なった諸目的が競合しえ，新しい諸目的が発明されえ，試行と誤り排除の方法によって制御されうること，を意味する。

たしかに，もし新しい目的が生存の目的と衝突するならば，この新しい目的は自然淘汰によって排除されるかもしれない。多くの変異が致死的なものであり，したがって自殺的なものであることは，よく知られている。そして自殺的な目的の多くの例がある。他の目的は生存に関しておそらく中立的である。

最初は生存にとって助成的な多くの目的が，のちには自律的になり，生存にとって対立的にさえなりうる。たとえば，勇気において他をしのごうとする，エヴェレストに登

第6章　雲と時計

ろうとする，新大陸を発見しようとする，最初の月訪問者になろうとする野心，あるいはある新しい真理を発見しようとする野心，などがそれである。

他の諸目的は，そもそもの初めから，生存の目的とは独立な，自律的な出発をなしうる。芸術家の諸目的はおそらくこの種のものであり，あるいはある宗教的目的もそうであって，これらの目的を大事にする人たちにとっては，これらの目的は生存よりもずっと重要なものになりうる。

すべてこれらのものは，生活の余剰部分——試行と誤り排除の方法が依拠しているところの，ほとんど行き過ぎといえるほどの豊富な試行と錯誤——である。[63]

芸術家が，科学者と同じように，この試行錯誤の方法を実際に用いていることを知るのは，興味あることである。画家はためしに少量の色を塗り，それが彼の解決しようとしている問題を解決しない場合には変更するために，その効果を批判的に評定すべく数歩引きさがって眺める。また彼の暫定的試行——色の小斑点とか筆のひとなで——の予期せぬまたは偶然的な効果が彼の問題を変え，新しい副次的問題や新しい問題を生み出しうる。芸術的目的や芸術的規準（論理学の諸規則と同じように，身体外的な制御体系となりうる）の進化も，試行錯誤の方法によって進むのである。[64]

ここでわれわれはしばらく，物理的決定論の問題と，いまだかつて音楽を聞いたことがないのだが，モーツァルトやベートーヴェンの身体と物理的体系としての彼らの環境を研究し，彼らのペンが五線譜のどこに黒点をつけるかを予測するだけでモーツァルトの歌劇やベートーヴェンの交響曲を「作曲」しうるであろうツンボの物理学者の例を回顧できよう。私はこれらを，物理的決定論の容認できぬ帰結として提示した。モーツァルトとベートーヴェンは，部分的には，彼らの「趣味」，彼らの音楽評価の体系によって制御される。しかしこの体系は型にはまった融通のきかぬものでなく，むしろ柔軟なものである。それは新しい着想に反応し，新しい試行と錯誤によって——おそらくは偶

---

[63] たとえば，私の『推測と反駁』，特に312頁を参照されたい。

[64] たとえば，Ernst H. Gombrich, *Meditations on a Hobby Horse*, 1963, 特に10頁；および同著者の *Art and Illusion*, 1960, 1962, （索引の「試行錯誤」の項）を参照。次の注65をも見られたい。

然的な誤り，意図せぬ不協和音によってさえ——修正されうる。[65]

　しめくくりに，私は事態を要約させていただく。世界を閉じた物理系——厳格な決定論的体系であれ，厳格に決定されていないものは何であれすべて偶然にもとづくものとする体系であれ——とみなすのは不満足であることをわれわれは見た。このような世界観に立てば，人間の創造性や人間的自由は幻想にすぎない。量子論的不確定性を利用しようとする試みも，不満足である。なぜなら，それは自由よりも偶然に，熟慮的決定よりも即時的決定に導くからである。

　それゆえ私はここに異なった世界観——物理的世界を開いた系とする世界観——を提示した。これは，試行と誤り排除の過程としての生活の進化観と両立しうる。またそれは，生物学的新奇性の発現と人間的知識ならびに人間的自由の成長とを合理的に——十分にではないけれども——理解しうるようにさせる。すべてこれらのことを考慮に入れた，そしてコンプトンとデカルトの問題に対する解決を与える，進化理論を概説しようと私は努めてきた。それは余りにも月並みで**かつまた**同時に余りにも思弁的に事を処理している理論である。テスト可能な帰結がそれから導出できると私は考えるけれども，私は自分の提出した解決が哲学者の探し求めてきたものであると主張するものではさらさらない。しかし，コンプトンは，この理論がその欠点にもかかわらず彼の問題に対する一つの可能な解答——そしてさらなる前進にと導きうる解答——を提示している，といったであろうと，私は思う。

---

　(65) 科学的生産と芸術的生産との密接な類似性については，『人間の自由』の序文 vii 頁以下，および先の注60で言及した『人間の自由』74頁における論評を参照。さらに E.マッハ『熱学』1896年，440頁以下を参照。そこのところで彼はこう書いている。「芸術の歴史は，偶然的に生じる形が芸術の作品のなかでどのように使われうるかを，われわれに教える。レオナルド・ダ・ヴィンチは絵画きたちに，雲とか汚れたりすすけた壁上の大小の不規則な斑点の形を探せ，それらのものはお前たちのプランや様式にぴったりしたアイデアを示唆するかもしれない，と忠告している。……さらに，音楽家は時として，でたらめな雑音から新しい着想を得ることがある。またわれわれは時折有名な作曲家から，彼がピアノを引いているうちに偶然に間違ったキイに触れることによって価値ある施律的または和声的主題の発見に導かれた，ということを聞かされる」。

第7章　進化と知識の木

　ハーバート・スペンサー講演をおこなうようにと招きを受けて，私は大変うれしかった。偉大な勇気と独創性をもった一思想家に敬意を表することを所望された名誉のためだけではない。特に私を喜ばせたのは，私の講演のために「生物学的諸科学の方法」といった題目を選んでもよいという，この講演の運営委員会の示唆であった。この示唆は，いたく興味をそそる，議論する価値のあるものだと私は認めているのだが，もしこの勧告を受けなかったならば決して公表するにいたらなかったかもしれない多くの考えを，ここに開陳する機会を私に与えてくれるものである。

　ここで私があなた方の前に提示しようと思っている考えはすべて，生物学における方法の問題に関するものである。しかし私はこの分野にだけ限定しない。この講演は三つの部分から成るものであって，私のプランはこうである。まず知識の一般理論について若干の注意を与えることから始め，次いで進化の理論にかかわるある種の方法の問題に移り，最後に進化理論そのもののある部分に手をだす，というよりはむしろ囓ってみることである。はっきり具体的にいうと，この講演の第三部で，私は自然淘汰についてのダーウィン主義的または新ダーウィン主義的理論の枠内で，これまでこの理論を悩ませてきた古典的諸困難のいくつかを解決しようと意図した私の推測を，あなた方に提示するであろう。

　私がこれらの諸困難を「古典的」といったのは，つとにこれらの諸困難が，ダーウィンの自然淘汰を受け入れた直後にハーバート・スペンサーによって，またそれを拒否した直後にサミュエル・バトラーによって，発見され，簡潔に分析されたからである。実際ダーウィン自身も，スペンサーが指摘したように，私がいっている諸困難にすでに大

＊　1961年10月30日にオクスフォード大学でおこなわれたハーバート・スペンサー講演にもとづく。すべての新しい注をも含めて，重要な追加はカギカッコ（[　]）で示されている。また付録が1971年に加えられた。

いに関心をもっていた。⁽¹⁾

こういう次第で，この講演の私のプログラムは，知識の一般理論から，生物学の方法を経て，進化理論そのものへと及ぶものである。このプログラムを一つの講演でやりとげようとするのは，いささか野心的であろう。そして，もしこれに加えて，あなた方を**納得させる**のが私のプログラムの一部だとしたら，私の立場は実に絶望的なものであろう。しかし幸いなことに，私はいかなる自分のテーゼの真理性をも，そして少なくともこの講演の最後で提示する私の新しい新ダーウィン主義的推測の真理性を，誰かに確信させようという意図をもっていない。それというのも，私はこの推測がわれわれを真理により接近するのを助けうるであろうと期待はするけれども，それが真であるとはあえて期待さえしないからである。実際，私はそれがほとんど真理を含んでいないのではないかと懸念している。たしかに，それは究極的真理も，問題の全真理をも含んでいない。こういうわけで，私は自分でも確信をもっていないので，あなた方を確信させようとは

---

(1) 特に，スペンサーの『論文集』に初出の論文「有機的進化の諸要因」('The Factors of Organic Evolution')（たとえば「ライブラリー・エディション」の第1巻，389頁以下）を参照。この論文に含まれている多くの重要な観念のうちに，今日「生物学への生体論的アプローチ」(organismic approach to biology) と呼ばれ，革新的だと広く信じられている接近法の定式化があるのは，興味深い。たとえば410頁を参照。その個所でスペンサーはある器官の変化について語り，「すべての他の……器官は，その変化に巻き込まれるようになる。それら器官のいとなむ諸機能は**動的均衡**を構成しなければならない」という（太字は私のもの）。現代的用語でいうと，スペンサーはここで「流動均衡（または「近似的に安定して動かない状態」）にある開放体系」として有機体を叙述しているのである。

（＊）生体論 (organicism) は有機体論ともいわれ，生物学における機械論と生気論とを超克するものとして提出された理論であって，生命現象にあっては部分的に見れば機械的な過程が，系全体としての組織によって合目的的な変化に編成され，その結果，系としての発展の均衡に到達することができる，という考え方。1930年代にベルタランフィー，ウッジャーらによって提唱された。オーストリア生れのカナダの理論生物学者ベルタランフィー (Ludwig von Bertalanffy, 1901－) の生体論によれば（『生命―生体論の考察』，飯島・長野訳，みすず書房，1954年)，生命現象は階層構造 (Hierarchie) と流動均衡 (Fliessgleichgewicht) とを特質とするものであって，階層構造は高分子，細胞器官，細胞，組織，器官のように順次に部分から全体が形成され，全体にはそれ独自の法則が成り立つところの仕組みであり，流動均衡とはもと動的均衡 (dynamisches Gleichgewicht, moving equlibrium) と呼ばれたもので，不断に物質交代をしつつ一定の形態，機能を保持することをいう。いずれも生命現象の全体性に注目した考え方である。

思わない。しかし，私はこの問題へのあなた方の関心を再点火しようと念じているし，また全力をあげてそう試みるであろう。私はこれらの問題が時としていささか陳腐になったことを認める。また私はあるところで進化論論争は「ビクトリア時代の茶碗のなかの嵐」であるというレイヴン教授の指摘に対し賛意を表明しさえした。しかし，猿とわれわれ〔人間〕との親族関係についてのダーウィンの主張によってまきおこされた嵐のことを考えるならこの叙述はまったく公正であるけれども，そこにはダーウィン論争によって生み出された他の，そして私の思うところではより激しい興味をそそる，理論的問題があった。

1. 問題と知識の成長についての若干の注意

さて，これから私はこの講演の第一の部分，つまり知識の一般理論に話題を移すことにする。

私が知識の理論についての若干のコメントから始めなければならないと考える理由は，おそらくはチャールズ・ダーウィンとアルバート・アインシュタインを除くほとんどすべての人と，私が知識の理論について意見を異にするからである。(ついでにいっておくと，アインシュタインはこれらの問題についての彼の見解を1933年のハーバート・スペンサー講演において説明した。(2)主要な論点は，観察と理論との関係である(*)。私は理論

---

(2) アルバート・アインシュタイン「理論物理学の方法について」1933年〔『アインシュタイン選集』中村・井上訳，共立出版，1972年，334—341頁〕。〔ペーター・メダウォー (Peter Brian Medawar, 1915—　イギリスの生物学者で，移植免疫性の理論を確立し，60年にノーベル物理学医学賞を受けた) は，ダーウィンとアインシュタインのほかに，クロード・ベルナールの『実験医学叙説』(1865年)，1927年〔三浦岱栄訳，岩波文庫〕を挙げるべきだったと私に指摘した〕。

(*) アインシュタインは「理論物理学の方法について」のなかで，「理論の基礎における仮構的性格」について言及し，「要素的な経験から力学の基礎概念や基本法則を論理的に導き出そうとするあらゆる試みには破産の宣告が下される」ことを強調している。この見解をアインシュタインは随所で述べているが，たとえば「物理学と実在」(1936年) では「物理学の基礎概念を導き出してくることができるような帰納的方法といったものは存在しない。この事実を理解できなかったことが，19世紀の大多数の研究者の根本的な哲学上の誤りをなすものであった」といい，「物理学の基礎はなんらかの帰納的方法を使って，われわれがそれに浸って生活している直接経験を蒸溜していけば得られるといったものではない。むしろそれは，自由な創意によってはじめて獲得しうるものである」と述べている。

——少なくとも何らかの未熟な理論または予期——がつねにまっ先きにくるものであって，理論はつねに観察に先行し，観察と実験的テストの基本的役割はわれわれの理論のあるものが偽であることを論証することであり，われわれをより良い理論の産出へと刺激することである，と信じている。

したがって，われわれは観察から出発するものでなく，つねに問題から——実際的問題からか，さもなければ困難におちいった理論から——出発するのだ，と私は主張する。ひとたびわれわれが問題に直面するや，われわれはそれに働きかけ始める。われわれは二種類の試みによってこれをおこなえる。われわれはまず，われわれの問題に対する解決を推察または推測しようと企てることによって進んでいける。次いでわれわれは，通常いささか薄弱なわれわれの推測を批判しようと試みる。時として推察または推測は，しばらくのあいだわれわれの批判や実験的テストに耐えるかもしれない。しかしわれわれは間もなく，われわれの推測が反駁されうること，あるいはわれわれの問題を解決しないこと，あるいは部分的にしか解決しないこと，を見出す。そしてわれわれは最良の解決——最も卓越した巧妙な精神の最も厳しい批判に抵抗しうる解決——でさえが，間もなく新しい困難を，新しい問題を，生み出すことを見出す。したがってわれわれは，**知識の成長は古い問題から新しい問題へと，推測と反駁の手段によって，進む**ということができる。

あなた方のうちの何人かは，われわれが通常問題から出発するということに同意するであろう，と私は思う。しかしあなた方はそれでもなお，われわれの問題は観察と実験の結果だったにちがいない，と考えるかもしれない。それというのも，あなた方はすべて，われわれの感覚をつうじて入ってきたのでないようなものはわれわれの知性のなかには何もないという考えになじんでいるからである。しかし，私が戦いをいどんでいるのは，まさにこの古びて神々しい考えなのだ。すべての動物は，仮説として組み立てることのできる期待または予知———種の仮説的知識——をもって生れてくる，と私は主

---

　(3)　〔爾来，私はこの教説をパルメニデスに発するものとして跡づけようと試みてきた。彼はこの教説に挑戦するためにこれを定式化したのである。私の『推測と反駁』の第２版 (1965年) の165頁を参照〕。〔そこでのポパーの説明によると，パルメニデスは「まんまるき真理」と「虚妄な臆見」，死すべき人間どもの誤てる思惑とを対置し，彼が支持した知性主義ないし合理主義と彼が攻撃したばかりでなく最初に定式化した経験主義ないし感覚主義を，初めて明確に対置づけた，とされる〕。

第7章 進化と知識の木

張する。そして，この意味においてわれわれは，まったく信用できないものであるかもしれないにしても，それをもって出発しうるところの，なにがしかの生得的知識をもっている。この生得的知識，この生得的期待は，もし期待にはずれたならば，**われわれの最初の問題を生み出すであろう**。それゆえ，われわれの知識の引き続く成長は，徹頭徹尾，以前の知識の訂正と修正とから成り立っているといえる。

こうして私は，観察が期待と問題に先行しなければならないと考える人たちに逆襲をくらわす。そして私は，**論理的理由から**，観察はいかなる問題にも先行できないとさえ主張する。明らかに観察はある問題――たとえば，期待を裏切る，あるいは理論を反証する観察から生じる問題――にしばしば先行するだろうけれども，観察があらゆる問題に先行しえない事実は，失礼ながら，私があなた方自身を被験者にしておこなおうと思っている単純な実験によって例証できる。(4) 私の実験は，あなた方に今ここで**観察する**ことを求めるものである。私はあなた方全員が協力してくれ，観察してみてくれることを望む。しかし私は，少なくともあなた方のうちの何人かが，観察する代りに，こう質問する強い衝動に駆られるのではないかと危惧する。「何をあなたは私に観察しろというのか」と。

もしこれがあなた方の応答だとすれば，私の実験は成功した。それというのも，私が例証しようとしていることは，観察するためにはわれわれはその観察によって決定することができるかもしれぬ明確な問題を念頭にしていなければならない，ということだからである。ダーウィンが次のように書いたとき，彼はこのことをよく承知していた。「観察というものはすべて，……ある見解を支持するかそれに反対するかでしかありえないということに，誰も気づかないでいるとは，何と奇妙なことであろうか」。(5) 〔(何を

---

(4) 〔私の『推測と反駁』の第2版(1965年)の46頁でも叙述した実験の説明を私はここで繰り返したのである〕。〔「観察はつねに選択的なものであり，観点と理論的問題とを前提とする」というポパーの主張は『科学的発見の論理』(1934年)以来のものであり，上述の実験例もすでに同書の第30節，106頁（訳書132頁）で提示されている〕。

(5) Francis Darwin (ed.), *More Letters of Charles Darwin*, vol. 1, 1903, p. 195. J. O. Wisdom, *Foundations of Inference in Natural Science*, 1952, p. 50, および Nora Barlow, *The Autobiography of Charles Darwin*, 1958, p. 161. 〔ノラ・バーロウ『チャールズ・ダーウィン自伝』八杉龍一・江上生子訳，筑摩書房，1972年，155頁〕を参照。ダーウィンの章句は「もし観察が何らかの役に立つものであるとすれば」という言葉で結ばれている（**この言葉は私のテーゼの支持としてはいささか弱いことを私は認める**）。〔訳補：ノラ・バー

という指示のない)「観察せよ!」も,「このクモを観察せよ!」も,明確な命令でない。しかし,「私が期待するようにこのクモがよじのぼっていくか,それともくだっていくか,**どちらであるか観察せよ!**」は十分に明確であろう]。

もちろん私は,観察が予期または仮説のあとにくるという私のテーゼをあなた方に確信させることを望めない。しかし私は,知識特に科学的知識はつねに観察から出発するという古くして神々しい教説にとって代りうるものが存在しうることをあなた方に示すことができた,と思う。(6)

さて,私のテーゼにしたがえば知識が成長していく方法であるところの,この推測と反駁の方法を,もう少し詳しく考察してみよう。われわれは問題と共に,困難と共に出発する,と私はいう。これら問題や困難は,実際的なものでも理論的なものでもありうる。いずれにせよ,われわれがはじめて問題に遭遇するとき,明らかにわれわれはその問題について多くを知ることができない。せいぜいのところ,われわれの問題が実際にどのようなものから成り立っているかについての漠然とした考えしかもたない。では一体いかにして,われわれは適切な解決を生み出せるのであろうか。

私の答えはきわめて単純である。不適切な解決を生み出し,それを**批判する**ことによって,というものである。このやり方でのみ,われわれは問題の理解に達することができる。なぜなら,問題を理解することは,その困難さを理解することを意味し,その困難さを理解することは,なぜ問題が簡単に解決できないのか——なぜより明白な解決をもたらせないのか——を理解することを意味するからである。それゆえわれわれは,これらのより明白な解決を生み出さなければならない。そして,それらの解決が**なぜ**うまくいかないのかを見出すために,われわれはそれらの解決を批判しなければならない。このようにしてわれわれは問題に精通するようになり,悪しき解決から良き解決へと——もしわれわれが新しい推察を,またより新しい推察を生み出す創造的能力をもって

ロウの前書では,ダーウィンのこの手紙に続けて次のような編者のコメントが加えられている。「ここで彼(ダーウィン)は,観察に先き立ってある〈見解〉——つまり事実の発見を価値あらしめるところの理論あるいは仮説——がなければならないことを認めている」]。

(6) すべての知識は知覚または感覚から出発するというさらにいっそう古くして神々しい教説——いうまでもなく,ここで拒否される教説——は,「知覚の問題」が哲学の,あるいはもっと正確にいうと知識の理論〔認識論〕の,尊重しうる部分をなすものだと今なお広く考えられているという事実の根底をなしている。

第7章 進化と知識の木

いるならば,つねに――進みうる。

　これが,「問題に働きかける」ということの意味するものだと私は考える。そしてもしわれわれが十分に長く,また十分広範に,問題に働きかけた場合に,いかなる種類の推察または推測または仮説が,問題の要点を取り逃しているので,ぜんぜん役に立たないかを,またいかなる種類の要求が問題を解決しようとするいかなる真剣な試みによってもも満たされなければならないかを知るという意味において,われわれは問題を知り,理解し始める。いいかえると,われわれは問題の分岐状態,その副次的諸問題,他の問題との関連を知り始める。(この段階においてはじめて,新しい推測が他人の批判にさらされ,また公表されるべきものとなる)。

　この分析を考察してみれば,それがわれわれの定式――つまり知識の進歩は,もろもろの推測とそれらを反駁しようとする批判的試みによって,古い問題から新しい問題へと進むことである,と述べた定式――と一致することがわかる。なぜなら,問題により精通するようになる過程でさえ,この定式にしたがって進むからである。

　次の段階で,われわれの暫定的解決が討論され,批判される。すべての者がその解決に欠点を見出し,それを反駁しようと試みる。そして,これらの試みの結果がどのようなものであれ,われわれはそれから確実に学ぶことができるであろう。もしわれわれの友の,あるいはわれわれの論敵の,批判が成功的であれば,われわれは自分たちの問題について多くのことを学んだであろう。われわれはその問題が含みもつ困難さについて,以前よりもより多く知るであろう。また,われわれの最も鋭い批判家たちが〔反駁に〕成功しなかった場合でさえ,つまりわれわれの仮説が彼らの批判に抵抗しうる場合でも,われわれは多くを学んだであろう。問題に関しても,またわれわれの仮説,その適切さ,その分岐状態についても。もしてわれわれの仮説が生き続けているかぎり,あるいは少なくともそれが競争者よりも批判により良く抵抗しているかぎり,その仮説は一時的かつ暫定的に,現在の科学的教説の一部として容認できる。これらすべてのことは,次のように表現できる。すなわち,われわれの知識の成長は,ダーウィンが「自然淘汰」と呼んだものと非常によく似た過程――つまり**仮説の自然淘汰**――の結果である。われわれの知識はつねに,生存競争――不適当な諸仮説を排除し取り除く競争的な闘争――にこれまで生き残ることによってその (比較的な) 適性を立証した諸仮説から成っている(7)。

この解釈は動物的知識にも，前科学的知識にも，また科学的知識にも適用できる。科学的知識に特有なことは，生存競争がわれわれの意識的で体系的な理論批判によってより厳しいものにされるという点である。したがって，動物的知識と前科学的知識が主として不適当な仮説を保持しているものを排除することによって成長するのに対し，科学的批判は，誤った信念がわれわれ自身の排除に導く前に，そのような信念を排除することによって，われわれ自身の代りにしばしばわれわれの理論を死滅させる。

この事態説明は，知識が実際にどのように成長するものであるかを叙述しようとしたものである。比喩を使ってはいるけれども，比喩を意図したものではない。私が提出しようとする知識の理論は，大幅にダーウィン的な知識成長理論である。アメーバからアインシュタインにいたるまで，知識の成長はつねに同じである。すなわち，われわれは問題を解決しようと試み，排除の過程によってわれわれのもろもろの暫定的解決のうちからより適切なものを得ようと試みる。

しかし，新たなるものが人間的レベルにおいては生じた。これを一目瞭然たらしめるために，私は進化論的木を，成長していく知識の木と呼びうるものと対照させようと思う。進化論的な木は，一本の共通の幹から次第に多くの枝が発生する。それは家系に似ている。共通の幹は，われわれの共通の単細胞的先祖，すべての有機体の元祖に当る。もろもろの枝は，のちの発展を表わし，その多くは，スペンサーの用語を使っていえば，きわめて特殊化された形態に「分化」したものであり，そのそれぞれはその特殊な困難，その生存問題を解決しうるほどよく「統合」されている。

われわれの道具や手段の進化論的木は，これと非常によく似ている。それはおそらく，石や棒から出発したと思われる。しかし，よりいっそう特殊化された問題の影響のもとで，それは非常に多くのきわめて特殊化された形態に枝分れした。

しかし今これらの成長していく進化論的木を**われわれの成長していく知識の構造**と比較するならば，人間知識の成長していく木がまったく異なった構造をもっていることがわかる。たしかに，応用的知識の成長は，道具やその他の諸手段の成長と非常によく似ている。そこにはつねにますます異なった，特殊化された応用がある。しかし純粋な知識（または時として呼ばれるような「基礎的研究」）は，これとは非常に異なった仕方

---

(7) 私の『科学的発見の論理』，特に108頁と131頁〔訳書の136頁および165頁〕，『歴史法則主義の貧困』133頁〔訳書の202頁〕を参照されたい。

で成長する。それは，この増大していく特殊化および分化とほとんど反対の方向をとって成長する。ハーバート・スペンサーが注意したように，それは統一理論めざしての統合の増大化に向う傾向によって大幅に支配されている。この傾向は，ニュートンがガリレオの地上力学をケプラーの天体運動の理論に結びつけたとき，非常に明白になった。そしてこの傾向は，それ以来ずっと続いてきた。

進化の木について語ったとき，いうまでもなくわれわれは，時間点の方向が上向き——木が成長していく方向——であると仮定した。同じように時間の上向き方向を仮定すれば，われわれは知識の木を，下ではなく空中に成長していき，ついには遙か上方で一本の共通な木に合体する，無数の根から生じているものとして表わさなければなるまい。いいかえると，純粋知識の成長の進化論的構造は，生物有機体または人間の道具または応用的知識の進化論的木の構造とは，ほとんど正反対である。

純粋知識の木のこの統合的成長が，今や説明されなければならない。それは純粋知識の追求におけるわれわれの独特な目的——諸事物を説明することによってわれわれの好奇心を満足させようとする目的——の結果である。さらにそれは，われわれに出来事の状態を叙述するのを可能にさせるばかりでなく，われわれの叙述の真理性について議論する，つまりわれわれの叙述を批判するのを可能にさせる，人間的言語の存在の結果である。

純粋知識の追求においてわれわれがめざすものは，まったく単純に，いかにという問題となぜにという問題を理解し，それに答えることである。これらの問題は，説明を与えることによって答えられる問題である。したがって，純粋知識の全問題は，**説明の問題**である。これらの問題は，実際的問題から生じることがよくある。たとえば，「貧困と闘うために何をなしうるか」という実際的問題は，「なぜ人びとは貧しいのか」という純粋に理論的な問題に導いたし，ここから賃金や価格の理論等々に，つまり純粋理論経済学にと導いた。そしてこれらの理論は，いうまでもなく，たえずそれ自身の新しい問題を生み出す。この発展において，扱われる問題——特に未解決の問題——は増大し，

---

(8) ［コントを批判しながら，スペンサーはまたこう書いている（『論文集』第2巻，1891年，24頁）。「科学の進歩は二重である。それは特殊から一般へ，また一般から特殊へと同時に向う。それは分析的であると同時に綜合的である」。この原理の例としてスペンサーは，ガリレオとニュートンの理論をも含めて物理学における10の発見を挙げている］。〔スペンサー「科学の起源」，清水礼子訳，『世界の名著36』，中央公論社，1970年，356頁以下〕。

われわれの知識が成長するときにつねにそうであるように，分化していく。しかし**説明的理論そのものは**，スペンサーによって最初に叙述されたような統合的成長を示した。

　似たような例を生物学からとると，天然痘といったような伝染病と闘うというきわめて緊急の実際的問題がある。しかし免疫化の実施からわれわれは免疫の理論に進み，そこからさらに抗体形成の理論——問題の深さと問題の繁殖力で有名な純粋生物学の一分野——にと進む。

　説明の問題は，説明的理論を提出することによって解決される。そして説明的理論は，それらが自己矛盾的であるか事実と両立しないかある他の知識と両立しないことを論証することによって批判できる。しかしこの批判は，われわれの見出そうとするものが**真なる理論**——事実と一致する理論——であるということを仮定している。合理的批判を可能ならしめるのは，**事実との対応としての真理**というこの観念である，と私は信じる。統合された理論による説明へのわれわれの好奇心，われわれの情熱は普遍的で限りのないものであるという事実と一緒になって，真理への接近というわれわれの目的が，知識の木が統合的成長をとげていく理由を説明する。

　諸道具の進化論的木と純粋知識のそれとの相違を指摘することによって私はついでながら，人間の知識はわれわれの生存競争における道具としてのみ理解できるという現在きわめて流行的な見解への反駁のようなものを提示したいと思う。なされた主張は，私が推測と反駁の方法について，また最適仮説の生存についていったことを，余りにも狭く解釈することへの警告として役立つかももしれない。しかしそれは私がいったことと決して矛盾しない。なぜなら，最適の理論はつねにわれわれ自身の生存を助ける理論であるとは，私はいわなかったからである。むしろ私はこういったのだ。最適の仮説は，解決されるべく考案された問題を最も良く解決する仮説であり，競合的な諸仮説よりも批判により良く抵抗する仮説である，と。もしわれわれの問題が純粋に理論的なもの——純粋に理論的な説明を見出す問題——であるならば，批判は，われわれの生存を助けるかどうかといった観念によってではなく，真理の観念または真理への接近という観念によって規制されるであろう。

　ここで真理について語ることによって，われわれの目的が真なる理論を見出すこと，あるいは少なくとも現在われわれに知られている理論よりも真理により近い理論を見出すことである，という点をはっきりさせたいと思う。それにもかかわらず，このことは，

われわれの理論のいずれかのものについて、それが真であるとわれわれが確実に知りうるということを意味するものでない。われわれはある説明的理論を批判し、その偽を確定することができるかもしれない。しかし、良き説明的理論は、つねに将来の諸事物の大胆な予知である。それはテスト可能で批判可能でなければならないが、しかし真であることを立証できないであろう。また、もし「確からしい」という言葉を、確率計算を満足する多くの意味のうちのいずれかの意味にとるとすれば、説明的理論は「確からしい」もの（つまり、その否定よりも確からしいもの）と決して論証しえない。

この事実は、驚くに当らない。なぜなら、われわれは合理的批判と、真なる説明は事実と対応する説明であるという規制的観念とを獲得したけれども、他の〔先に述べた〕ことは何も変ったわけではないからである。知識の成長の基本的手続きは、推測と反駁の、不適当な説明の排除の、手続きであり続ける。そして、そのような〔不適当な〕説明の有限数の排除は、生き残っている可能な説明の無限性を減少させえないから、アメーバが誤りをおかしうるのと同様に、アインシュタインは誤りをおかしうるのである。

それゆえわれわれは、われわれの理論に真理または確からしさを付与できない。真理や真理への近似といった規準の採用は、われわれの批判の枠内でのみ役割を演じるのである。われわれは、ある理論を真ならざるものとして拒否できる。そしてわれわれは、ある理論をその先行者または競争者よりも真理への近似がより乏しいものとして拒否できる。

私がこれまで述べてきたことを、二つの短かいテーゼの形でまとめて表現できる。

(i) われわれは、誤りをおかしうるものであり、また間違いを起しがちである。しかしわれわれは、自分たちの誤りから学ぶことができる。

(ii) われわれは理論を正当化することはできないが、それらを合理的に批判できる。また、われわれの批判に最も良く耐えるようにみえ、最大の説明力をもっている理論を、暫定的に採用することができる。

以上で、私の講演の第一部を終える。

2. 生物学における、特に進化論における、方法についての注意

私の講演の第二部——第三部に余地を残しておくために、ごく短くしなければならな

かった——において，私は生物学の方法に関する多くの問題を簡単に論じようと思う。

私は二つの一般的テーゼから出発する。私の第一のテーゼはこうである。

(1) もし誰かが，科学的方法を，科学において成功に導く道だと考えるならば，彼は失望するであろう。成功への王道といったものはない。

私の第二のテーゼはこうである。

(2) 誰かが，科学的方法を，科学的諸結果〔理論〕をば正当化する道だと考えるならば，彼はまた失望するであろう。科学的結果は正当化できない。それは批判しテストすることができるだけである。ある科学的結果を支持してわれわれにいえることは，すべてのこの批判とテストに照して，当の科学的結果がその競争者よりもより良き，より興味ある，より有力な，より前途有望なものであり，真理へのより良き近似であるように思われる，ということにとどまる。

これら二つの意図的に勇気をくじくテーゼにもかかわらず，よりポジティヴなことをいうことができる。成功の秘密のようなものがある。私はそれをすっぱ抜こう。それはこうである。

君の研究のいかなる段階においても，君の問題についてできるだけ明らかにし，それが変化しより明確になっていく仕方を注視せよ。君が保持するさまざまな理論についてできるだけ明確にせよ，そしてわれわれすべてがさまざまな理論を無意識的に，またはそのある部分がほとんど確実に偽であるにもかかわらず，自明のものとみなしていることを自覚せよ。君が保持している理論を定式化し，それを批判することを，いくども繰り返し試みよ。それに代りうる理論——君にとって不可避的だと思われる理論にさえとって代りうる理論——を構成すべく試みよ。ある理論が君にとって唯一の可能な理論だと思われるときはいつでも，君はこれを，自分がその理論とその理論が解決しようとした問題とを理解していなかった印として受け取れ。そして君の実験をつねに理論のテストとして——理論のなかに欠陥を見出し，その理論を覆えそうとする試みとして——みなせ。もし実験または観測が理論を支持するように見えるならば，その実験や観測が実際にしていることは，ある代替的理論——おそらくは君が前に考えていなかった理論——を弱めることであるということを想起せよ。そして君自身の理論を反駁し，それを他のものにとって代えることを君の野心とせよ。これは，自分の理論を擁護することよりも，そして反駁を他人にまかせることよりも，良いことである。しかしまた，批判に対する

第7章 進化と知識の木

理論のすぐれた擁護はあらゆる実りある討論の必要部分であるということを忘れるな。けだし理論を擁護することによってのみ，われわれはその理論の強さと理論に対して向けられた批判の強さとを見出すことができるからである。われわれが絶えず理論を最も強力なかたちで，表現し，そのかたちにおいてのみ反論を加えるべく試みないかぎり，理論を討論し批判しても何の意味もない。

私がここに叙述した，世界についての発見または学習の過程は，ペーター・メダウォー卿のライス講演において説明され使用された区別を用いるならば[次頁]教化的(*instructive*)なものではなく喚起的(*evocative*)なものといえる。われわれが環境について学ぶのは，われわれが環境によって教化されることをつうじてではなく，環境によって挑戦されることをつうじてである。われわれの反応（特にわれわれの期待，または予知，または推測）は環境によって喚起され，われわれは自分たちの不成功な反応の排除をつうじて学ぶ——つまり，**われわれは自分たちの誤りから学ぶのである**。しかしながら，この種の喚起的方法は，**教化を真似るまたは模擬する**(*imitate or simulate*)ことができる。その結果は，あたかもわれわれが観察から出発し帰納によって進むことにより理論を獲得したかのごとき観を呈するかもしれない。教化過程を**模擬している**進化の喚起的過程のこの考えは，ダーウィン主義に特徴的なものであって，以下のことにおいて重要な役割を演じる。

ダーウィンの自然淘汰の理論の発見は，しばしばニュートンの重力理論の発見に比較されてきた。これは間違いである。ニュートンは物理的世界の相互作用とその結果として生じる振舞いを叙述しようとして一連の普遍法則を定式化したのである。ダーウィンの進化理論は，なんらこのような普遍法則を提示しなかった。ダーウィン的な進化の法則といったものは存在しないのである。事実，進化の普遍法則——「分化」と「統合」の法則——を定式化しようと試みたのは，ハーバート・スペンサーであった。私が示そうと努めたように，これらの法則は興味なくはないし，またまったく真であるかもしれない。しかしそれらは漠然としており，ニュートンの法則とくらべほとんど経験的内容を欠いている。（ダーウィン自身，ほとんどスペンサーの法則を重要視しなかった）。

それにもかかわらず，われわれを取り囲む世界についてのわれわれの描像へのダーウィンの進化論の影響は，少なくともニュートンの影響と同じほど——深くはないにしても——大きかった。それというのも，ダーウィンの自然淘汰の理論は，**世界における企**

図や目的の存在を純粋に物理的な用語で説明することによって，目的論を因果論に還元することが原則的に可能であることを示したからである。ダーウィンがわれわれに示したことは，自然淘汰のメカニズムが原則として創造主の行為と彼の目的ならびに企図を模擬しうるということ，そしてまたそれは目的または目標をめざした合理的な人間行動をも模擬しうるということ，であった。

もしこれが正しいことすれば，われわれは**生物学的方法**の観点から，次のようにいうことができるであろう。すなわち，ダーウィンは，われわれはすべて———一切の説明は因果的でなければならぬとたまたま信じている者でさえ——生物学において目的論的説明をまったく自由に使えるということを論証した，と。なぜなら，彼が示したことは，まさに，**原則として**，いかなる特殊な目的論的説明も，いつか，因果的説明に還元されうる，もしくは因果的説明によって説明されうる，ということだったからである。

これは偉大な業績であったけれども，**原則として**という言葉は非常に重要な制限であるということを付言しなければならない。ダーウィンも，いかなるダーウィン主義者たちも，いかなる単一の有機体またはいかなる単一の器官の適応的進化の具体的な因果的説明もこれまで与えなかった。論証されたことのすべては——そしてこれは非常に大きなことなのだが——そのような説明が存在するかもしれない（つまり論理的に不可能でない）ということである。

私のダーウィン主義の見方が，生物学における目的論的説明は神学的説明とまったく同様に，あるいはほとんど同じほど，悪いと信じている多くの生物学者たちにきわめて受け入れがたいものであろうことは，あえていうまでもない。彼らの影響ははなはだ大きく，チャールズ・シェリントン卿(*)のような人をして，きわめて弁明的な調子で「直接的目的を適応された行動として論じることができぬかぎり，われわれはいかなる特殊な類型的反射の研究からもしかるべき利益を得ることができない(10)」といわせる程であった。

ダーウィン主義のより明白な論点の一つ——しかし私の講演の第三部にとって重要な

---

(9) [Peter B. Medawar, *The Future of Man*, Methuen, 1961.]

(10) Sir Charles Sherrington, *The Integration Action of the Nervous System*, 1906, 1947, p. 238 から引用。

(*) シェリントン (1861—1952) はイギリスの生理学者で，オクスフォード大学の教授。筋運動の反射性制御についての精細な研究があり，1932年にノーベル生理学医学賞を受けた。

第7章 進化と知識の木   301

もの——は，その行動のうちに生存競争への強力な傾向または性向を示している有機体だけが，実際に生き残る見込みがあるであろう，ということである。したがって，そのような性向は，すべての有機体の遺伝的構造の一部になりやすいであろう。それは有機体の行動のうちに，また彼らの組織の——すべてのうちにではないにせよ——多くのうちに現われるであろう。このことは，自然淘汰によって目的を単に模擬するだけでなく説明する——原則的にだけであるにしても——ことを意味する。同じように，ラマルク主義および特に機関が**使用することによって**進化し不使用によって退化するという説は，ある意味でJ. M. ボールドウィン（プリンストン大学の哲学者）によって，［ウォディントンとシンプソンによって］またエルヴィン・シュレーディンガーによって，自然淘汰の用語によって**説明されてきた**といえる。[11] 彼らの説明方法はさらに発展され，私がこの講演の第三部で提示しようとする——それゆえ私はここでは分析しない——仮説にかなり拡大されると私には思われる。しかし，ボールドウィン，［ウォディントン，シンプソン］およびシュレーディンガーが示したことは，教化によるラマルク的進化が自然淘汰によるダーウィン的進化によっていかに**模擬され**うるかということであることを，私ははっきりさせたいと思う。

　これは物理学にも存在するタイプの説明である。単純な一例は，惑星系の全惑星が太陽を中心にしてほとんど同一平面上で同一の向きに回転しているという事実を説明しようと試みる，カントによって最初に，のちにラプラスによって，提出された仮説であろう。この「星雲仮説」（とスペンサーは呼ぶのをつねとした）は，典型的な初期状況として回転する星雲を仮定し，この星雲からある凝縮過程（あるいは，スペンサーによれば，分化と統合の過程）によって惑星が形成されると考える。このようにしてその理論は，最初は意識的に設計された配置のように見えるものを，説明または模擬する。［カントとラプラスの星雲仮説が「生存仮説」のようなタイプの仮説によって論証あるいは置き換えすらできるかもしれない，ということをここに指摘できよう。この仮説によれ

――――――――――――
(11)　J. M. Baldwin, *Development and Evolution*, 1902, および Erwin Schrödinger, *Mind and Matter*, 1958, 特に 'Feigned Lamarckism' の章，26頁以下を参照されたい。［もとはここで Sir Julian Huxley, *Evolution——The Modern Synthesis*, 1942 をも私は参考文献に挙げた。ペーター・メダウォー卿は文脈からみてこの文献参照には問題があると私に注意してくれ，またウォディントンの論文（先の276頁の注56を見られたい）に私の注意を向けてくれた］。

ば，非常に異なった平面上を運動している，あるいは部分的に異なった向きに運動している諸惑星の一体系は，ある大きさのオーダーまで，安定性が少ないであろう。それゆえ，より不安定な系と出くわす確率はごくわずかでしかない]。物理学からの別の例は，次のようなものであろう。ニュートンの重力理論は遠隔作用する引力でもってやっていく。[G. L. ル・サージュは1782年に，ニュートンの遠隔作用を摸擬することによって，それを説明する理論を公表した。この理論においては，なんら引っ張る力は存在せず，他の物体を押している物体だけが存在する]。(12) アインシュタインの重力理論は，押す力も引っ張る力も存在しない説明体系がいかにニュートン的体系を摸擬しうるか，を示すことであるといえる。ところで，重要なことは，摸擬される説明――つまりニュートン理論――がアインシュタインの理論への近似であり，また真理への近似である，という点である。自然淘汰の理論も同じように進む。いかなる特殊な場合においても，それは拡大されたモデル状況――ある環境的条件における，ある種から成り立っている状況――から出発し，この状況においてある変異が生存価値をもったのはなぜかを論証しようとする。したがって，たとえラマルク主義が偽であっても――そうだと思われるが――それはダーウィン主義者たちによってダーウィン主義への第一次近似として尊敬されるべきである。(13)

ダーウィン主義の真の困難は，われわれの眼のような外見上目標指向的な進化を信じられぬほど多数の微小な前進（ステップ）によって説明するという，周知の問題である。それというのも，ダーウィン主義によれば，これら前進のそれぞれは，まったく偶然的な変異の結果だからである。これらすべての独立的な偶然的変異が生存価値をもったということは，説明しがたい。[このことは，特にローレンツ的な遺伝された行動について当てはまる]。「ボールドウィン効果」――つまり，ラマルク主義を摸擬する純粋にダーウィン的発展の理論――は，このような発展の説明に向っての重要な前進だと私には思われる。

この困難をはっきり見抜いた最初の人はサミュエル・バトラーであった，と私は信じ

---

(12) [G. L. Le Sage (translated by Abbot: 'The Newtonian Lucretius'), *Annual Report of the Smithsonian Institution*, 1898, pp. 139—60.]

(13) [もともとの講演では，このパラグラフからの二つの章句は別の頁（およそ一頁あとのところ）にあった]。

る。彼はそれを「幸運か狡智か」という——ここでは「偶然か計画か」を意味する——問いに要約した。ベルグソンの創造的進化の体系も，同じようにこの困難へのコメントとみなせる。彼の**生の飛躍**は，これら**外見上の目標指向的変化**を生み出しうる，または制御しうる，一切のものに彼が与えた名称にほかならない。このタイプのいかなる物活論的ないし生気論的説明も，もちろん，アド・ホックなものであり，まったく不満足である。しかしそのような説明をより良いあるものに還元することは——ダーウィンが目的論的説明は摸擬されうることを論証したときにやったように——可能であり，それによって目的論的説明が真理への——少なくともより筋のとおった理論への——近似であったことを示すのは可能かもしれない。(私はこの講演の第三部でそのような理論を生み出そうと試みる)。

ここで，自然淘汰の論理的形式について一言つけ加えておきたい。これは非常に興味ある論題であり，私はここでそれを詳しく説明したかったのだが，一，二の点を手短かに指摘することしかできない。

自然淘汰の理論は，**歴史的**理論である。それは一つの**状況**を構成し，その状況が与えられるならばわれわれがその存在を説明しようと欲している諸事物が実際に生じる見込みがある，ということを論証するものである。

もっと正確にいうと，ダーウィンの理論は**一般化された**歴史的説明でああある。このことは，その状況が**独特な**ものでなく**類型的な**ものであることを意味する。したがって，状況の単純化された**モデル**を構成することが時として可能である。

私がダーウィンの中心的観念とみなしているもの——つまり**個体の動植物にとっての生き延びるためのより良いチャンス**という意味でのより良い適応に導いた遺伝的変化を説明するという彼の企て——が最近失墜をこうむったことを，ここでごく簡単に述べておきたい。これは主として，数学的厳密性の流行的な追求と，生存価値を（個体群のなかの一遺伝子または他のある遺伝的単位の）実際の生存によって統計的に定義しようとする企てに帰因する。

しかし生き残り，あるいは数の増加という意味での成功は，二つの区別しうる事態のいずれかに帰因しうる。ある種は，そのスピード，その歯，その技能，その知性の改善をうまくやってのけたので成功または繁栄しうるし，あるいは単にその多産性を増大させるのをうまくやってのけたがゆえに成功または繁栄しうる。基本的に遺伝的諸要因に

依存している多産性における十分な増大または未熟期間の短縮化が，技能や知性の増大と同じ生存価値を，あるいはより大きな生存価値さえ，もちうることは明らかである。

この見地からすれば，自然淘汰が再生産率における一般的増大と最も多産的な品種以外のすべてのものの排除以上のものを生み出した理由を理解するのは，いささか困難であろう。[再生産率と死亡率とを決定する過程のうちには，多くの異なった要因が含まれうる。たとえば，種の生態学的諸条件，種の他の種との相互作用，二つの（あるいはそれ以上の）個体群のバランスなど]。しかしそれはともかく，種の総個体数の増加（その残存率）からその多産性値（その出生率）を差し引くことによって，**ある種の個々の有機体の適応における成功を測定するのを妨げるかなりの困難が克服できるはずだ**と私は考える。いいかえると，たとえば種Aが種Bよりも低い出生率をもっていてもその個体数が同等に増加するならば，種Aは種Bよりも（ラマルク的ならびにダーウィン的意味において）**より良く適応した**と呼ぶことを私は提案する。このようなケースにおいては，種Aの**個体成員は**，平均して，種Bの個体成員よりも生存により適しており，彼らはその環境にBよりも良く適応しているといえるであろう。

このような区別（そして精巧な統計的基礎を与えうる区別）なしには，われわれはラマルクとダーウィンの本来の問題を，そして特にダーウィンの理論の説明力——適応と目的をめざしたような発展をば，ラマルク的性格の進化を**模擬する**自然淘汰によって説明するその力——を，見失いがちである。

私の講演のこの第二部を終るに当って，すでに示したように，私が帰納を信じていないことを，思い出していただきたいと思う。ヒュームは帰納が妥当でないことを——決定的に，と私は思うのだが——論証した。しかし彼はいぜんとして，妥当でなく合理的に正当化できないけれども，帰納は動物と人間によって普遍的に実行されている，と信じた。私はこれが真であるとは考えない。真相は，われわれが予知または期待または理論を選択するという方法によって——試行と誤り排除の方法によって——進むということである。そしてこの方法がしばしば帰納と間違えられたのは，それが**帰納を模擬して**

---

(14) これは何人かの新ダーウィン主義者にほとんど理解されていないように思われるダーウィン理論の無数の難点のうちの一つにすぎない。この観点からとりわけ理解しがたいのは，単細胞から複細胞有機体への推移である。後者は再生産および，特に，再生産後の生存に新しい独特の困難をもち，生命に新しいもの，つまり死を導入する。なぜなら，すべての複細胞個体は死ぬからである。

いるからである，と私は考える。古くして神々しい帰納の神話は，生物学的思考における多くの独断主義に導いたと私は信じる。それはまた，しばしば「安楽椅子の科学者」と呼ばれるもの——つまり，理論家——への非難にと導いた。しかし，安楽椅子で具合が悪いことはひとつもない。それはケプラー，ニュートン，マックスウェル，アインシュタイン，ボーア，パウリ，ド・ブロイ，ハイゼンベルク，ディラックたちを，そしてシュレーディンガーを（彼の物理学的思弁と生物学的思弁との両者において）忠実に支持した。

私は感動をこめて語っている。それというのも，私は安楽椅子の生物学者どころか，もっと悪いもの——単なる安楽椅子の哲学者だからである。

だが，生物学的思弁の分野における私自身の悪行をかばうための口実として私がここで厚かましくもその名を利用した——と私は進んで認めるが——ハーバート・スペンサーも結局のところそうであったのだ。

3. 推測：「発生的二元論」

さていよいよ，私の講演の主要部分である第三部——もし批判に耐えうるとすれば，自然淘汰説を強化しうると思われる推測または仮説の提示——になった。この仮説は，オーソドックスな新ダーウィン主義（あるいはそういいたければ「新しい綜合」）的枠組の論理的境界内に厳密にとどまっているものであるけれども。

私の推測は，もちろん，一般化された歴史的推測である。それは，自然淘汰が，その助けをかりてわれわれの説明しようとする諸結果を生み出しうるような典型的状況を構成することにある。

それによって解決されるべき問題は，定向進化 (orthogenesis) 対 偶然的で独立的な変異という古い問題——**幸運か狡智か**というサミュエル・バトラーの問題——である。この問題は，眼のような複雑な器官がいかにして独立的諸変異のまったく偶然的な協働から結果しうるのかを理解することの困難から生じる。簡単にいうと，私の解決は，有機体（その進化がわれわれの問題を生み出すのだが）のすべてではないにしても大部分——そのなかにはきわめて低級な有機体も含まれる——のうちに，［少なくとも］**二つの異なった部分**——おおまかにいうと，高級動物の中枢神経系のような**行動を制御する部分**と，維持構造と一緒になった感覚器官や肢体のような**執行部分**——を多少ともはっ

きり区別できる，という仮説にある。

これが，簡単にいうと，私の推測が仮定するところの状況である。それは，これら二つの部分のうちの一つの突然変異的変化が，必ずしもつねにではないが通常は，他の部分の突然変異的変化と独立でありうるとするオーソドックスな新ダーウィン主義的仮定と結びつけられるであろう。

この状況仮説は，身心二元論ときわめて類似した**二元論**を要請する。しかしそれは，最もラディカルなかたちの機械論的唯物論とも最もラディカルな生気論とも両立しうる。それというのも，私の二元論的仮説——私が「**発生的二元論**」(genetic dualism) と呼ぼうと思うもの——によって要求されるすべては，次のように定式化できるからである。

われわれが説明しようとするケースにおいて，食べ物を求めることや危険を避けることや模倣による諸技能の獲得などといった自己保存の性向のような，ある種の遺伝的性向または傾向は，当の性向や傾向の発生的担い手であるような器官を除き（もしあるとすればだが），感覚器官をも含めて身体のいかなる器官におけるいかなる変化も通常ひきおこさない変異に対する主因とみなしうる。

この仮説の帰結を説明する前に，発生的二元論の仮説が偽であるかもしれないことを，すぐさま指摘させていただきたい。もし，たとえば，人間の眼の胚の発達を制御する遺伝子（あるいはこれらの遺伝を制御する単位に代りうる何らかのもの）が，われわれの生得的な視的好奇心——何らかのものを見るのにわれわれにとって十分明るいあらゆる種類の状況において，できるだけわれわれの眼を使おうとするわれわれの性向または傾向——を制御するものとつねに同じ遺伝子であるとすれば，この仮説は偽であろう。あるいはいささか異なった表現をすれば，こうなる。もしわれわれの眼，耳，手，足などを**使う**われわれの生得的傾向が，われわれが眼，耳，手，足などを**持つ**のとまったく同じ仕方でつねに遺伝によって伝えられるとすれば，私の二元論的仮説は偽であろう。また，ある器官を**所有すること**と**使うこと**とをはっきり区別するのがまったくの間違いだとすれば——たとえば，所有と使用とが生物学的に，または発生的に，一つの同一の実在であるものからの二つの異なった抽象にすぎないとすれば——私の仮説は偽であろう。そのようなものだとする仮定を，私は**発生的一元論**または**一元論的仮説**と呼ぶことにする。

この発生的一元論に似たようなものが暗黙的に容認されてきたことが，私の二元論的

仮説が（少なくとも私の知るかぎり）これまで十分に展開されず議論されなかった原因である，と私は信じる。一元論的仮説の容認は，進化論の主要問題が行動または行動性向の特殊なタイプの起源よりも種の起源——つまり動物の諸器官における分化の起源——を説明することであったという事実によって，促進されたものであろう。

しかしこの点がどうであるにせよ，私はこれから私の二元論的仮説の働きを，**機械的モデル**の助けをかりて論じるであろう。とりわけ私は，発展する有機体の代りにサーボ機構〔フィードバック系によって操作され，角度や位置を自在にコントロールできる自動制御装置〕——機械——を用いるであろう。しかしそうする前に，私は自分の推測がこのモデルと同一でないこと，また私の推測を受け入れる者は決して有機体が機械であるという見解に加担するものでないということ，をはっきりさせておきたい。さらに，私のモデルは理論のあらゆる重要な要素への機械的アナロジーを含んでいない。たとえば，それは変異や他の発生的変化をもたらすための何らの機構も含んでいない。これは私の問題でないからである。

私のモデルとして，自動パイロットによって操縦される航空機——たとえば戦闘機——をとる。この航空機は一定の目的のために作り出されたもので，自動パイロットは多数の内蔵反応をそなえていると仮定する。これらの反応は，弱い敵を攻撃し，攻防において友軍を支援し，強力な敵を避けるようにという「指令」に等しい。これらの指令を左右する自動パイロットの機械的部分は，私がこのモデルの**目的構造**と呼ぶものの物理的基礎をなす。

これに加えて，自動パイロットには，私がその**技能構造**と呼ぶものの物理的基礎が内蔵されている。これは安定化機構——つまり敵と味方を識別し区別するための判断検波器や操縦制御や目標制御などの機構——のようなものから成り立っている。目的構造と技能構造とがはっきり区別されるという仮定はなされていない。それらは一緒になって私が自動パイロットの**中枢性向構造**——あるいは，そういいたければ，その「心」——と呼ぶところのものを構成する。物理的体系——スィッチ，ワイヤー，バルブ，バッテリーなど，自動パイロットのための「指令」を具現化しているものをも含めて——は，その中枢性向構造またはその「心」の物理的基礎といえるであろう。私は以下で，この**物理的体系**を，簡単に「自動パイロット」と呼ぶことにする。このようなサーボ機構のなかに，試行錯誤によるある種の「学習」性向——たとえば，その技能のあるものを改

善する性向——を内蔵することも可能であることがわかっている。しかし，差し当っては，この点は無視できる。その代りにわれわれは初めから，目的構造と技能構造とが厳正であり，エンジン力といった航空機の執行器官に正確に適合しているものと仮定する。

さて，われわれの戦闘機が，偶然的変異をうけるけれども，再生産可能であると仮定しよう。この場合，自己再生産であるか，さまざまな物理的部分を複製する工場によって再生産されるものであるかは問題でない。そして可能な変異を四つの部類にまとめてみよう。

(1) 自動パイロットに影響を与える変異。

(2) 自動パイロットによって制御される機関——たとえば方向舵ややエンジン——に影響を与える変異。

(3) 自動パイロットの制御下にない自己制御的機関——たとえばエンジンの温度を制御する独立の自動温度調整装置——に影響を与える変異。

(4) 二つあるいはそれ以上の機関に同時に影響を与える変異。

ところで，これと似た複雑な有機体にあっては，ほとんどすべての偶然的変異が不都合であり，ほとんどの変異が致命的でさえあることは明らかだと思われる。したがって，偶然的変異は自然淘汰によって取り除かれるであろう，とわれわれは仮定できる。このことは，二つ以上の機関——たとえば自動パイロットと他の機関——に影響を与える偶然的変異について，とりわけ強くいえるであろう。そのような変異は不都合であることをまぬがれない。二つの変異がいずれも好都合である，あるいは相補的でさえある，蓋然性はほとんどゼロであるにちがいない。

この点が，私の二元論的仮説と一元論的仮説とのあいだの最も大きな相違の一つである。一元論的仮説によれば，機関の好都合な変異——たとえばエンジンの一つの力の増大——はつねに好都合に用いられるであろうし，また万事がそうである。いかなる好都合な変異も蓋然性に乏しいが，しかしその蓋然性は消えるほど小さい必要はない。しかし二元論的仮説にしたがえば，機関の好都合な変化は，たいていの場合，**潜在的に好都合**であるにすぎないであろう。何らかの差異が生じるためには，改善が**使用**されなければならないであろう。そしてこの新しい使用は，中枢性向構造における**相補的な**偶然的な変化に依存するであろう。しかし，同時にいずれもが独立的で相補的であるような二

つのかかる偶然的変化の蓋然性は，実に消え去るほど小さいにちがいない。

それゆえ，一見すると，二元論的モデルは純粋に淘汰主義的理論の困難を増大させるだけであるように思われるかもしれない。そしてこれが，たいていのダーウィン主義者が一元論的仮説を暗黙のうちに採用した別の理由かもしれない。

一例をとろう。ある変異がすべてのエンジンに，航空機を早く飛ばせるより大きな力を与えるとしよう。これは敵を改撃するにも，逃げるにも，好都合だと考えられるかもしれない。そしてわれわれは，その目的構造が自動パイロットに増大した力とスピードを十分に利用せしめるだろうと仮定できる。しかしその技能構造は，旧エンジン力と最高スピードに調整されているであろう。いいかえると，技能遂行機構の細部の反応は，旧エンジンと旧スピードに調整されているであろう。そしてわれわれはパイロットがその技能を改善するという意味で「学習」できないと仮定したのだから，スピードはパイロットにとって余りにも早すぎるし，また私の二元論的仮説にしたがえば，航空機は墜落するであろう。他方，発生的一元論は，エンジン力の増大につれて技能はひとりでに増大すると仮定する。なぜなら，発生的目的にとっては，器官とその使用を区別してはならないという仮定にしたがえば，それは同じ事物の別の面にすぎないからである。

変異的変化についてのわれわれの四つの可能性をあなた方は覚えているであろう。

(1) 自動パイロットの構造の変化。
(2) パイロットによって直接的に制御される機関の変化。
(3) 自己制御系の変化。
(4) 同時に二つ以上の機関の変化。

ケース(4)，つまり二つ以上の機関における変化は，みたように，この種の好都合な変化があまりにも蓋然性に乏しいので，二元論的仮説によっても一元論的仮説によっても無視しうる。

ケース(3)，つまり自己制御機関の変化は，ここでは次のような指摘によって処理できる。すなわち，自己制御機関は，われわれの二元論的仮説が再び適用されなければならない小さな二元論的部分系であるか，さもなければ一元論的仮説の成り立つ，また通常の理論にしたがって発展する，機関である，と。

ケース(2)，つまりパイロットによって直接的に制御される機関の変化は，たとえ変異そのものが一元論的仮説の見地から好都合なものであろうとも，増大したエンジン力と

スピードのわれわれの例が示したように，不都合なものであろう。

したがって，われわれにはケース(1)——内在的な中枢性向構造における変異的変化のケース——が残る。私のテーゼは，この構造における好都合な変化はいかなる特別な困難も生み出さない，というものである。たとえば，目的構造における好都合な変異は，航空機に，以前よりずっと多くの場合において敵から逃れることを可能にさせる。あるいは，おそらくは反対の性向（つまり，ずっと多くの場合において敵を攻撃する性向）が好都合であることが判明するかもしれない。われわれはどちらがより好都合であるかわからず，われわれの仮定にしたがえば，自然淘汰がそれを見出すであろう。

技能についても同様である。人間のパイロットが航空機の構造を変化することなく自分の技能を改善しうることを，われわれは知っている。このことは，自動パイロットの技能構造における好都合な変異が，構造の爾余の部分における相補的な変化なしに可能であることを示すものである。もちろん，好都合な変異はつねに蓋然性に乏しい。しかしわれわれは，人間のパイロットが彼の航空機を変化することなく新しい目的を採用でき，墜落することなく新しい技能を発達させうることを知っている。これらの新しい目的や新しい技能のあるものは，たとえば自己保存の観点から好都合のものでありえ，それゆえ自動パイロットのこれに対応する新しい目的と技能とは生き延びることができる。

こうしてわれわれは次のような第一の結果に導かれる。すなわち，もしわれわれが制御する中枢性向構造と制御される執行構造とが正確にバランスのとれている一元論的有機体から出発すれば，中枢性向構造の変異は制御される実行機関の変異（潜在的に好都合な変異さえ）よりも，致命的でありうることがいささか少ないと思われる。

われわれの第二の，主要な結果はこうである。ひとたび新しい目的または傾向ないし性向，もしくは新しい技能，もしくは新しい行動の仕方が中枢性向構造に進化したならばこの事実は，先の不都合な（潜在的には好都合ではあるけれども）変異が新たに確立された傾向を支持するならば現実に好都合なものになりうるといったぐあいに，自然淘汰の効果に影響を及ぼすであろう。しかしこのことは，執行機関の進化がそのような傾向や目的によって指導されるようになり，したがって「目標指向的」になるであろう，ということを意味する。

われわれはこれを，中枢性向構造の二種類の好都合な変異——多方面にわたった目的または技能と呼びうるものが**改善**される変異と，目的や技能が**特殊化**される変異——を

第7章　進化と知識の木

考察することによって例証できる。

　第一の種類の例は，有機体のある技能を改善する目的または傾向または願望を導入するような，間接的にのみ好都合な目的を導入する変異である。ところで，このような変異がひとたび確立されると，技能構造をより柔軟にさせる別の変化が，より好都合になりうる。そしてこのような技能構造の変異によって，有機体は，試行錯誤による（技能を改善するという意味での）「学習」傾向を獲得するかもしれない。

　さらに，ひとたびわれわれがより柔軟な中枢性向構造を獲得するや，さもなければ致命的な執行器官の諸変異（より大なるスピードといった）が，たとえ以前には不都合であったにしても，きわめて好都合なものになりうる。

　中枢構造の変異が**先導的**であろうというのが，ここでのポイントである。つまり，中枢構造の変化によってあらかじめ確立された一般的傾向に合致するような執行器官の諸変異だけが保存されるであろう。

　第二の種類の変化，つまり中枢構造の**特殊化的**変化についても同じことがいえる。環境における諸変化は，目的構造を狭めるのを助長しうる。たとえば，もし一種類の食物――おそらくそもそもはさして望ましくない食物――だけしか容易に入手しえないとすれば，趣好の変化（つまり目的構造の変化）はきわめて好都合かもしれない。この目的変化は，食物入手の技能や器官の形状の特殊化といった有機体全体の特殊化に導きうる。一例をあげると，この理論は，キツツキの特殊化されたクチバシや舌はキツツキがその趣好や食習慣を変え始めた**のちに**淘汰によって発展したものであって，その逆ではない，ということを示唆するであろう。実際，キツツキがその趣好や技能を変化させる前にクチバシや舌を発達させたとすれば，その変化は致命的であったろう，とわれわれはいえる。キツツキはその新しい器官でもって何をしてよいかわからなかったであろう。

　あるいは古典的なラマルクの実例，キリンを例にとろう。その性向または食習慣は，私の理論にしたがえば，その首が長くなる**以前に**変化したにちがいない。そうでなければ，長い首はいかなる生存価値ももたなかったであろう。

　ここで私の理論の解説をやめ，その説明力について若干の言葉を述べなければならない。簡単にいうと，私の二元論的仮説は，原則として，模擬されたラマルク主義だけででなく模擬された生気論と物活論をも受け入れるのを可能にする。したがって私の仮説**は**，原則として，眼のような複雑な器官の進化を，明確な一定の方向に導く多くのステ

ップによって説明することを可能にさせる。その方向は，生気論者が主張したごとく，心のような傾向によって——眼を使おうとする傾向または願望，眼から受容された刺激を解釈する技能，を発達させうる有機体の目的構造または技能構造によって——実際に決定されうる。

同時に，一元論的仮説はつねに偽であろうと考える何らの理由もない。進化の過程では，その遺伝的機構においてより大なるまたはより小なる程度に一元論的であるかもなければ二元論的であるような，さまざまな異なった有機体が発達しうる。このような仕方で，われわれは，外見上目標指向的な進化的変化の突発のあるものを少なくとも説明できるかもしれない——これに反して，より目標指向的でない他の諸変化は，われわれが発生的に一元論的構造の発達に直面しているのだと仮定することによって説明できよう。

私の推測に対する一応反証 (prima facie refutation) をなす一ケースに頭を悩まされることを通じて——またこのケースがどうしてそれほど私を悩ませたのかその理由を私自身にはっきりわからせようと努めることによって——私が発生的二元論の私の推測に導かれたことを，ここに告白しておくべきだろう。それは，ショウジョウバエ（有名な二枚羽の果実バエ）の四枚羽の変異（テトラプテラ）のケースであった。それについて私を悩ませたのは，こうであった。なぜ四枚羽の変異が墜落しなかったのか。どのようにしてその四枚羽を使う技能をもちえたのか。おそらくこのケースは，私の推測を実際に反駁するであろう。しかし，そうでないことが，よりありうるように思われる。（おそらく昆虫の羽構造は，大幅に自己規制的であり，本質的には二元論的である動物の一元論的部分であろう。あるいは変異が——実際に想定されるように——先祖返りであって，四枚羽の使用に関係のある技能構造——目的構造ではないけれども——が，四枚羽から二枚羽へのより古い，おそらくは漸次的な，変化を先祖返り的に保存したのであろう）。このケースについての困惑を別にすれば，私は主として人間の，人間的言語の，人間的知識の木の進化の考察によって導かれた。

発生的二元論を裏づける一つの有力な点を挙げて結びとしたい。動物行動の研究者たちは，複雑な生得的行動——多くの器官のかなり巧妙な，きわめて専門化された，きわめて調整のとれた使用をともなう行動——の存在を立証した。もし行動することが不可能でないとすれば，その行動がそれにあずかっている多くの器官の解剖学的構造の単な

第7章　進化と知識の木　　　　313

る別側面であると信じることは，たとえ不可能ではないにしても，困難だと私には思われる。

一元論的仮説に反対するこれや他の議論にもかかわらず，私自身の二元論的仮説がきわめて容易にテストできるとは，私は考えていない。しかし私は，それがテスト不能だとは考えない。しかし，可能なテストが真剣に議論されうる前に，仮説はそれが整合的であるかどうか，もしその仮説が真だとすればそれが解決しようとしている問題を解決するかどうか，その仮説を単純化し尖鋭化することによって改善することができるかどうか，という観点から批判的に検討されなければならないであろう。今のところ私はこの仮説を，ただ可能な思考の方向として提示するにとどめる。

付論：有望な行動的怪物

以上の講演は，今から10年前の1961年におこなわれたものである。その考え——行動的変異の先行理論——のいくつかは，「雲と時計」においてさらに展開された。私は進化論にはなはだ関心をもっていたけれども，その分野のいずれにも専門家でない。そして一専門家がスペンサー講演の出版を私に思いとどまらせた。

しかし，この10年をつうじて，私には，(1)**目的または好み**，(2)**技能**，(3)**解剖学的な執行要具**，の遺伝的基礎の区別がダーウィン主義的タイプの進化理論に対する重要な寄与であるように思われた。私が「発生的二元論」と呼んだ（そして「発生的多元論」と呼ばれるべきであった）ものは，遺伝的趨勢または「定向進化」の説明を与えると私には思われた。

この理論は，私には，リヒアルト・B・ゴルトシュミット(*)が彼の有名な「有望な怪物」

(*) ゴルトシュミット (Richard Benedikt Goldschmidt, 1878—1958) は，ドイツ生れの現代アメリカの動物学者，遺伝学者。東大農学部講師として来任したことがある (24—26)。寄生虫学から出発し，広い動物部門にわたる発生学，形態学，細胞学を研究し，さらに遺伝学に進み，マイマイガの性決定が化学物質の量的関係で定まることを遺伝学の実験で立証した。また彼は古生物学者の提出した資料を重視し，新しい型の生物新生が個体発生の初期段階での変異に起因するという発生突然変異説をとり，羽のないショウジョウバエは一つの突然変異でも起るとした。さらに彼によれば，ある爬虫類の尾が羽毛で飾られるという「有望な怪物」が生じこれが始祖鳥になったという。こうして飛躍的に形成された構造がその後は次第に改良されて鳥の尾羽になったと彼は説くのだが，この考えは観念的であるという理由で支持が得られなかった。

(hopeful monsters) のかたちで提出した説への改善であると思われた。

ゴルトシュミットは1940年に著書『進化の物質的基礎』を出版し，そのなかでダーウィンの多くの微小な変異というものが多くの大きな困難に導くことを指摘した。第一に，たとえ突然変異が生じたとしても，平均個体数にもどる傾向がある。第二に，すべての淘汰実験からわかるように，一定限度を超えて変化をとげることには大きな困難がある。さらにもっと進もうとする試みは，ほとんどきまって，不姙と絶滅にいたる。

いずれの議論も，少数の元祖的生命形態——おそらくはただ一つの——からの進化というダーウィン主義的理論にとって困難をもたらす。だが，私が説明しようとするのは，まさにこの理論であり，実在性を裏づける多くの経験的証拠があるところの一現象なのである。

非常に長い年月は微小な変異を集積するのを可能にさせる，また地理的隔離は特にしばしば平均個体数の再確立をさまたげる，というのがオーソドックスな説明である。ゴルトシュミットはこの考えが不十分であることを見出した。そして自然淘汰の考えをうちこわすことなく，彼はすべての進化的変化が非常に多数のごく微小な変異によって説明できるはずという考えと絶縁した。彼は，ときどき大きな突然変異が生じ，通常は致命的で取り除かれるが，そのうちのいくつかは生き残る，と仮定した。こうして彼は，さまざまな生命形態のあいだの正真正銘な相違と明白ないとこ関係の性格を説明した。彼はその大きな変種を「**有望な怪物**」と叙述した。この理論には魅力的な面がある。つまり怪物はときどき発見するのである。しかし，そこには大きな困難がある。通常，そのような突然変異は致命的であろう（有機体は，突然の偶然的大変化に耐えるには，余りにも精巧にバランスづけられている）。またそれらの変異が致命的でない場合には，元祖形態への逆転の見込みがきわめて大きい。

私は絶えずゴルトシュミットの理論に大きな関心をもち続けてき，ゴルトシュミットの「有望な怪物」にL・ラカトスの注意を向けさせたが，彼は論文「証明と反駁」のなかでこれに言及した。

---

(1) R. B. Goldschmidt, *The Material Basis of Evolution*, Yale University Press, New Haven, 1940.

(2) ゴルトシュミットの前掲書，および私の論文 'Some Aspects of Evolution', *Science*, **78**, 1933, pp. 539—47. を参照。

(3) I. Lakatos, 'Proofs and Refutations', *B.J.P.S.*, **14**, 1963, p. 24.

第7章 進化と知識の木

しかし，ゴルトシュミットの「有望な怪物」を新しいかたちで復活させる時かもしれないという考えに私がうたれたのは，ほんの数年前に私がノーマン・マクベスの新しい批判的著書『ダーウィンの再検討』(4)を読んでいるときだった。

ゴルトシュミット自身は，もっぱらではないにしても，主として解剖学的怪物——親たちと無視しえぬ，猛烈でさえある，構造的相違をもった有機体——を考えた。われわれは行動的または**エトロジカルな怪物**(*)——親たちからの相違が主として逸脱的行動にある有機体——から出発することを，私は提案する。

もちろんこの行動は，その遺伝的基礎をもっている。しかし遺伝的基礎は，おそらくは有機体がその環境的刺激に反応するその時々の生理学的状態に，あるいはおそらくは刺激の異常な組合せに，あるいは行動性向における遺伝的変差に，依存している行動的反応に一定程度の幅を許すものと思われる。これらすべての場合において，新しい怪物的な行動は，いかなる観察可能な解剖学的新奇性なしに現われうるし，また現われる。その新奇性はその物質的基礎を神経系の特殊な部分に限定されたある変化のうちにもちうるが，しかしこの変化は負傷とかその他のある偶然事の結果でありえ，遺伝的に決定されたものであることを要しない。反面それは，行動にとって特に責任のある遺伝的系の部分における正真正銘な遺伝的変異——解剖学的構造における総変化とは必ずしも結びつかない変異——に由来するものであることが十分ありうる。究極的には，行動の新奇性は，環境的諸事態における——有機体のエコロジーにおける——現実の新奇性に由来するものかもしれない。

これらのケースのそれぞれにおいて，行動的怪物はその行動において親たちから根本的かつ大幅に異なりうる。しかし，その偏倚が致命的であるとする直接的理由は少しもない。たしかに怪物的な行動は有機体のバランスをくつがえしうるが，そうとばかりはかぎらない。あるいは，有機体にとって必ずしも致命的でないような仕方においてバランスをくつがえしうる（私の原稿用紙の上を飛んでいるハエがその足をインクのなかにつけ，きれいにするのに苦労するときのように）。

---

(4) Norman Macbeth, *Darwin Retried*, Gambit Incorporated, Boston, 1971. 特に第17章を参照されたい。〔『ダーウィン再考』，長野・中村訳，草思社，1977年〕。

(*) ここで用いられているエトロジー (Ethlogy) とは，K. ローレンツによって創始された「比較行動学」の研究分野をいい，今日では一般に「行動の生物学的研究を特徴とする生物学の一分野」とされる。

行動の新奇性と行動の（ゴルトシュミットの意味における）怪物性は，それゆえ，解剖学的怪物性よりずっと致命的でないと思われる。反面，怪物的行動は自然淘汰をつうじて解剖学的変異の排除に最も大きな衝撃を与えうる。

眼の有名な例をとると，光に敏感な場所（すでに存在している）を利用する新奇な**行動**は，これまで無視しうるほど小さかったそれらの場所の選択値をいちじるしく増大しうる。このようにして見ることへの関心は遺伝的に成功的に固定されえ，眼の定向的進化における指導的要素になりうる。眼の解剖学的構造における最小の改善でさえ，もし有機体の目的構造と技能構造とが眼を十分に活用するならば，選択的に価値あるものたりうる。

こうして私は，ダーウィン主義の変種を提出するが，そこにおいては行動的怪物が決定的な役割を演じる。行動的新奇性は，もし成功的ならば，立ち替り選択的に——つまり，これらの行動的新奇性を利用するように——作用し，それゆえ部分的に予め決定された方向に，つまり遺伝的に可能なある決定されていない**目的**（たとえば新しい種類の食物への趣好とか光に敏感な皮膚の部分を利用する好み）によって決定される方向にと選択圧力を及ぼすところの生態学的棲所の選択に導く。こうしてわれわれは，結局のところゴルトシュミットの主要問題であった定向進化に達しうる。

若さにあふれた陽気さといった有機体の性質でさえ，行動的怪物性——つまり，可変性プラス可能な定向進化——が生存を助長しうる，変化しつつある世界において有用であると判明したかもしれない。

このようにして，目的構造における変化（遺伝的変化，あるいは遺伝的に決定されていない変化でさえ）によって，また第二次的には解剖学的構造の変化を遺伝的に基礎とした技能構造の変化によって，演じられる（しばしば）指導的な役割が説明できる。解剖学的構造は，大体において，ゆっくりと徐々にのみ変化しうる。しかしその変化は，まさにこの理由ゆえに，目的構造と技能構造における変化によって指導されなければ，意義のないものにとどまるであろう。したがって，解剖学的構造に対する目的構造と技能構造の優先性（プライマシー）を確立している遺伝的装置の進化は，原則的に，ダーウィン主義的路線上で説明できよう。

有望な行動的怪物のこのダーウィン的理論は，ラマルク主義だけでなく，ベルグソン的生気論をも「摸擬」していることがわかるであろう。

第8章 論理学,物理学,および歴史についての
一実在論者の見解

　人間は自分の世界から疎外されている,と何人かの現代哲学者はいう。人間は異境人であり,自分が作ったのではない世界においておそれおののいている,と。多分そうかもしれない。だが,動物もそうであり,植物でさえそうである。彼らもまた,決して彼らが作ったのでない世界,物理化学的世界に,遠い昔に生み落されたのである。しかし彼らは自分たちの世界を作らなかったけれども,これらの生き物は何らそれと認知することなくその世界を作り変え,そして実に,彼らが生み落された宇宙の一隅を作り変えた。おそらくこれら諸変化の最大のものは,植物によってなされたものであろう。彼らは地球の全大気の化学的成分を根本的に変えた。大きさにおいてこれに次ぐものは,おそらく,サンゴ礁やサンゴ島や石灰石の連山を作った,ある種の海洋動物の業績であろう。最後に人間が来た。人間は長いあいだ,山林を切り払うことによる荒地の拡大ということを別にすれば,自分の環境をなんら顕著な仕方で変化させなかった。もちろん,彼はいくつかのピラミッドを建設しはした。しかし彼が礁を作るサンゴと競争し始めるにいたったのは,近々前世紀かそこいらのことであった。彼が大気の炭酸ガスの含有量をいささか——重要ではあるが——高めることによって植物の働きをふいにさせ始めたのは,ごく最近のことである。

　このように,われわれは自分たちの世界を作ったのではない。それどころか,海洋動物や植物がなしとげた変化とくらべ,われわれはこれまで世界をたいして変化させさえしなかった。だが,われわれは新種の産物または人工品を創り出した。そしてそれはわれわれの世界の一隅にわれわれの先行者(つまり酸素を作り出す植物や島を作るサンゴ)によっておこなわれた変化と匹敵するほどの大きな変化をやがては生み出すことを約束するものである。明らかにわれわれ自身の手になるものであるこれらの新産物は,

---

　* 1966年5月16—20日,デンヴァー大学でおこなわれた第1回国際合同討議への開会の辞にもとづく。W. Yougrau and A. D. Breck (eds.), *Physics, Logic and History*, Plenum Press, 1970, pp. 1—30. に初出。

われわれの神話，われわれのもろもろの観念，そして特にわれわれの科学的諸理論——われわれが生きている世界についての諸理論，である。

われわれはこれらの神話，観念，理論を人間活動の最も特徴的な産物の一部とみなしうる，と私は主張する。道具と同じように，これらのものは，われわれの身体の外部に発展する器官(オルガン)である。それらは身体外的人工物である。われわれはこれらの特徴的産物のうちに，特に「人間的知識」と呼ばれるものを数えることができる。この場合，われわれは「知識」という言葉を客観的または没人格的(インパーソナル)な意味に解しているのであって，その意味で知識は書物のなかに含まれ，図書館に貯蔵され，大学で教えられるといえる。

人間的知識について語る場合，私は通常「知識」という語のこの客観的な意味を念頭においている。このように解すると，人間によって産出された知識は，ミツバチによって産出された蜜と類似的なものと考えることができる。蜜はミツバチによって作られ，ミツバチによって貯蔵され，ミツバチによって消費される。そして蜜を消費する個々のミツバチは，一般に，自分で産出した蜜だけを消費するのではないであろう。蜜は全然それを産出しなかった雄バチによっても消費される。(ミツバチが熊やミツバチ飼育者のために喪失する貯蔵された蜜の宝についてはいうまでもない)。より多くの蜜を産出する力を保つためには，それぞれの働きバチが蜜を消費しなければならず，その消費される蜜の一部は通常他のミツバチによって産出されるものである，ということを注意することが大切である。

これらすべてのことは，ちょっとした違いがあるだけで，酸素を産出する植物についても，理論を産出する人間についても，全般的に妥当する。われわれもまた，理論を産出するだけでなく，消費する。そして生産を続けていくつもりならば，われわれは他人の理論を，また時としては自身自身の理論を，消費しなければならない。

ここで「消費する」といっているのは，まず第一に，ミツバチの場合におけるがごとく，「消化する」という意味である。しかしそれは，もっとそれ以上のことを意味する。われわれの理論の消費は，それが他人によって産出されたものであれ，自分自身の産出したものであれ，それらの理論をより良い理論によって取り替えるために，それらの理論を批判し，変更し，そしてしばしばくつがえすことを意味する。

すべてこれらのことは，**われわれの知識の成長**にとって必要な活動である。もちろんこの場合にもまた，私が知識といっているのは，客観的意味での知識である。

第8章 論理学，物理学，および歴史についての一実在論者の見解　　　319

この人間的知識の成長，われわれの理論の成長は，われわれ人間の歴史を宇宙の歴史における，そしてまた地上の生命の歴史における，根本的に新しい一章たらしめるもののごとく現今では思われる，と私はいいたい。

これら三つの歴史——宇宙の歴史，地上の生命の歴史，人間およびその知識の歴史——のすべては，いうまでもなく，それ自体がわれわれの知識の諸章である。したがって，これら諸章の最後のもの——つまり知識の歴史——は，知識についての知識から成るものであろう。それは，少なくとも陰伏的に，理論についての理論，とりわけ理論が成長していく仕方についての理論，を含まなければならないであろう。

それゆえ私は，私の論題をさらに進めていく前に，私が知識の成長の叙述としてますますその有用性を認めるにいたった四項一組の一般的図式を提示しようと思う。それは次のものである。

$$P_1 \to TT \to EE \to P_2.$$

この図式で 'P' は「問題」を表わし，'TT' は「暫定的理論」を表わし，'EE' は「（企てられた）誤り排除」——特に批判的議論というやり方での——を表わす。私の四項一組の図式は，暫定的理論に適用された批判または誤り排除から結果するものが一般にある新しい問題——あるいは，実に，いくつかの新しい問題——である，ということを示すためのものである。もろもろの問題は，それらが解決され，その解決が適切に検査されたあとに，問題子 (problem-children) を生み出すようになる。この「問題子」は，以前の古い問題よりもしばしばより大きな深さをもち，豊沃性に富む，新しい問題である。このことは，特に物理学において認められる。いかなる科学においてなされた進歩も P_1 と P_2 とのあいだの深さおよび予期性における距離によって測り，評価することができる，と私は示唆する。最良の暫定的理論（すべての理論は暫定的なものである）は，最も深い，最も予期せぬ問題を生み出す理論である。

私の四項一組の図式は，さまざまな仕方で精緻化できる。たとえば，次のように書くことによって。

$$P_1 \nearrow\begin{array}{l} TT_a \to EE_a \to P_{2a} \\ \to TT_b \to EE_b \to P_{2b} \\ TT_n \to EE_n \to P_{2n}. \end{array}$$

この形での図式が示すことはこうであろう。すなわち，もしできうれば，与えられた問題〔P_1〕を解決する試みとしてわれわれは多くの理論〔$TT_a, TT_b, \ldots\ldots TT_n$〕を提示

すべきであり、それぞれの暫定的解決を批判〔$EE_a, \ldots\ldots EE_n$〕すべきである。次いでわれわれはそれぞれの解決が新しい問題〔$P_{2a}, \ldots\ldots P_{2n}$〕を生み出すのを見出す。そしてわれわれは最も新奇で最も興味ある新しい問題であると見込まれるものを追求していく。もし新しい問題——たとえば P_{2b} ——が、単に古い問題 P_1 の形を変えたものにすぎないものだと判明すれば、われわれはただちょっと**問題を移動**させるだけにとどまるといえる。そして、ある場合においては、これは暫定的理論 TT_b に対する決定的反論とみなせる。

このことは、誤り排除がわれわれの批判的議論の**一部**にほかならないことを示すものである。競合的な暫定的諸理論についてのわれわれの批判的議論は、それらの諸理論を多くの異なった観点から比較し、評価することができる。しかし決定的な点は、いうまでもなく、つねに次のことである。われわれの理論はいかによくその問題——つまりP_1——を解決しているか。

ともあれ、われわれがやりとげようとしていることどもの一つは、何か新しいことを学ぶことである。われわれの図式によれば、進歩性はわれわれが良き暫定的理論に要求する事柄の一つである。そしてそれは、理論の批判的議論によってもたらされる。理論は、もしわれわれの議論が次のことを示すならば、進歩的である。すなわち、**その理論がわれわれの解決しようとした問題に対し実際に差異をもたらした**ということ、つまり新しく発生した問題が古い問題と異なっているということ、を示す場合である。

もし新しく生じる問題が〔以前の問題と〕異なっているならば、われわれが立ち替りそれらの問題の解決に進む場合、われわれはきわめて多くの新しいことを学ぶ希望をもちうる。

それゆえ私の四項一組の図式は新しい問題の発生と、したがって新しい解決——つまり新しい理論——の発生を叙述するために用いることができる。そして私はこの図式を発生〔創発〕というたしかにあいまいな観念をはっきりさせる企てとして——創発を合理的な仕方で語る企てとして——提示しようとさえするものである。この図式は新しい科学的問題および新しい科学的理論の発生について適用できるだけでなく、新しい行動の形態および有機体の新しい形態の発生にさえ適用できる、と私はいいたい。

一例を挙げよう。たとえばP_1は種の生存に関する問題、つまり子孫を生産し再生産する問題であるかもしれない。ダーウィンによれば、この生存の問題は、もしその種が生

き残るならば，良き解決を見出したのである。他のいかなる暫定的解決も，その解決と種との両者の消滅によって排除されるであろう。

私の図式によれば，企てられた誤り排除——つまり生存競争——は，提示された諸解決のそれぞれに内在する弱点を新しい問題という形で持ち出すであろう。たとえば，新しい問題は親の有機体とその子孫とが互いに息の根を止めるおそれがあるということかもしれない。この新しい問題は，立ち替り，解決されるかもしれない。たとえば，有機体はその子孫を広く散布する方法を発展させるかもしれない。あるいは，新しい問題は若干の有機体から成る共同経済を確立することによって解決されるかもしれない。単細胞有機体から多細胞有機体への推移は，おそらく，このような仕方で進んだのであろう。この点がどうであれ，私の図式は，誤り排除の過程のうちにはダーウィンの二者択一——**「生き残るか，さもなければ死滅するか」**という以上のものがありうることを示す。つまり，誤り排除は新しく発生する問題——特に古い問題**と**その暫定的解決とに関連した新しい問題——をもたらしうる。

以下において，私は，この私の図式を時として非明示的にのみ用いるであろう。また，創発ということに言及する場合，私は自分のこの図式が創発という観念を合理的議論の枠内で十分に考慮しうるものになしうると仮定している。私は知識の成長の若干の側面を，次の四つの項目のもとに扱おうと思う。

1. 実在論と多元論：還元　対　創発。
2. 歴史における多元論と創発。
3. 物理学における実在論と主観論。
4. 論理学における実在論。

1. 実在論と多元論：還元　対　創発

人間は，科学的理論だけでなく多くの他のさまざまな観念——たとえば，宗教的または詩的な神話，あるいはさまざまな物語りの筋（プロット）——を産出する。

科学的理論と小説との特徴的な違いは何であろうか。理論は真でありうるが物語りで述べられることは真でない——真偽は物語りの叙述と関係はもつけれども——ということではない，と私は主張する。その相違は，理論と物語りとが異なった伝統に根をおろしている点にある，と私はいいたい。理論と物語りとは，まったく異なった伝統的規準

によって評価されることになっている。(これらの規準は共通するものをもちうるけれども)。

　理論を特徴づけるものは，次のごときものである。つまり，理論は科学的問題，すなわち，より以前の暫定的理論の批判的議論において以前に提起された問題，あるいは（おそらくは）いま提出された理論の創出者によって発見された（科学的伝統に属する問題と解決の領域内に発見された）問題——に対する解決として提示される，という点である。

　しかしながら，私はこういっただけでやめてしまうつもりはない。なぜなら，科学的伝統は翻ってまた，**科学的実在論**と呼びうるものによって特徴づけられるし，最近まで特徴づけられてきたからである。つまり，科学的伝統は科学的問題に対する**真の解決**——事実と一致する解決——を見出すという理念によって鼓舞されてきたのである。

　事実と一致する（対応する）理論を見出すというこの規制的理念（regulative ideal）は，科学的伝統を実在論的伝統たらしめるものである。この理念は，理論の世界と，それらの理論が所属するところの事実の世界とを区別する。

　さらに，問題解決の批判的方法をもった自然諸科学は，そしてまた社会科学のあるもの——特に歴史学と経済学——も，きわめて長いあいだ，問題解決と事実発見（事実発見とは，いうまでもなく，事実と対応する言明または理論の発見を意味する）に最もよく努力してきたものの代表であった。それゆえこれらの科学は，概して，真理の見地からすると最良の言明と理論——つまり，事実の世界あるいは「実在」と呼ばれるものについて最良の叙述をしている言明と理論——を含んでいる。

　ところで，これらの科学のあるもののあいだに成り立つある種の関係を考察するとしよう。

　物理学と化学を例にとる。これらの科学は，生物有機体をも含めたあらゆる物理的物体と物理的状態について述べ，判断をくだしている科学である。

　物理学と化学とはさして異なったものでなく，その適用対象となる事物の種類には——通常理解されているように，化学が非常な高温およびおそらくは非常な低温においては適用可能でなくなるという点を除けば——大差がないと思われる。それゆえ，化学は物理学に還元できるという，長いあいだもち続けられてきた期待がもし実現したとしても——実際，実現されつつあるように見えるが——非常な驚きではないであろう。

第8章 論理学，物理学，および歴史についての一実在論者の見解

ここには，「還元」の真に模範的な事例がある。私が還元といっているのは，いうまでもなく，化学のあらゆる発見が物理学の原理によって完全に説明できる（つまり物理学から導き出せる）ということである。

このような還元は非常な驚きではないであろうが，きわめて偉大な科学的成功であろう。それは，統合化の実行であるばかりでなく，世界理解における真の前進である。

この還元が完全になしとげられたと仮定しよう。この成功は，いつの日か全生物学をも物理学に還元できるといういささかの希望をわれわれに与えるかもしれない。

ところで，もしそうなったとしたら，これは化学の物理学への還元よりもはるかに偉大な劇的成功であろう。なぜかといえば，物理学と化学とが適用される事物の種類は，最初から実際にいちじるしく類似しているからである。原子論は物理学であるかそれとも化学であるかを断言することが，いかに困難であるかを考えてみさえすればよい。事実，原子論は長いあいだ物理学と化学のいずれでもあったのだ。両者を統合へと導きうる（あるいはおそらく導いた）連鎖をなすものは，まさにこの両者の共通の結びつきである。

生物有機体になると事情は異なる。生物有機体は，疑いなく，あらゆる種類の物理学的法則と化学の法則に服している。しかし生命のある有機体と生命のない事物とのあいだには，一応確かなある相違があるように思われる。なるほどそこには推移的または中間的な諸段階があり，中間的な系があることを，科学は教える。そしてこのことが，還元がいつの日か達成できるであろうという希望をわれわれに与える。さらに地球上における生命の起源に関する最近の暫定的理論をうまくテストし，われわれが原初的な生物有機体を人工的に創り出せるかもしれないことは，まったくありえないことではないように思われる。

だが，このことでさえ，必ずしも完全な還元を意味しないであろう。化学者が物理的**構造**についてはいうまでもなく化学の成分をすら理解しえていないうちに，無機的ならびに有機的なあらゆる種類の化学製品を創り出せたという事実が，このことを立証する。それゆえ，純物理的手段による化学的過程のコントロールでさえ，化学の物理学への還元と同じではないのである。還元は，もっとずっとそれ以上のことを意味するのだ。それは**理論的**理解，つまり古い分野〔この場合は物理学〕による新しい分野〔この場合は**化学**〕の**理論的**透徹，を意味する。

たとえば，われわれは自分たちが何をやっていたのかを理論的に理解することなしに生命なき物質から生命ある原初的形態を創出する処方を見出すかもしれない。たしかにこれは，還元を求める人たちにとって巨大な勇気づけであろう。そして，まさしくそうである。しかし還元への道は，なおずっと長いであろう。われわれは還元がおこなえるかどうか知りえないかもしれない。力学の電気力学への理論的還元もその逆の理論的還元もできないように見えるのとまったく同様に，生物学の物理学への理論的還元はありえないかもしれない。

もし事態が，一方において，生物有機体が生命のないシステムから自然過程によって発生しえ，他方において，物理学的用語による生命の完全な理論的理解が可能でないといったものであるとすれば，われわれは生命を物理的物体または物質の**創発的**性質だといってよいであろう。

ところで，私は，合理主義者として自分が世界を理解しようと欲しまた望むものであり，還元を欲しまた望むものであることを，はっきりさせたいと思う。同時に，私は，還元がぜんぜん可能でないということはまったくありうることだ，と考える。生命が物理的物体の**創発的**性質であることは，考えうることである。

ここでの私の論点は，哲学的もしくはその他の理由から還元が可能なはずだという独断的立場をア・プリオリに採用する還元信者は，還元がひょっとして達成されたときの彼らの勝利をある意味で台なしにしてしまうものである，ということである。なぜかというと，その時に達成されるであろうことは，いつでも達成されてしかるべきものであり，それゆえ彼らの勝利は成り行きによって正しさが証明された興味のない勝利にすぎないであろうからである。

問題をア・プリオリに設定することはできないと主張するものだけが，何らかの成功的還元を巨大な発見であると要求できる。

私がこの点を長々と述べたのは，次に論じること——意識の創発——といささか関係があるからである。

「ラディカルな行動主義者」あるいは「物理主義者」と呼ばれる哲学者がいる。彼らは，われわれの心的な状態ないし出来事の内観〔自己観察〕や心的状態ないし出来事についての報告はわれわれ自身の準物理的システムについての内観であり報告であるにすぎず，それらはこれら準物理的システムの物理的状態についての報告であるということ

第8章 論理学,物理学,および歴史についての一実在論者の見解

を主張するための,**オッカムの剃刀**(*)のような,ア・プリオリな理由をもっていると考える。

今朝ここに来ると予想されていた二人の哲学者が,このような見解をすばらしい議論でもって擁護した。二人の哲学者というのは,ヘルベルト・ファイグルとヴィラード・ヴァン・オルマン・クワインである。彼らの見解について私は若干の批判的論評を加えたいと思う。

クワインは,カルナップとファイグルに言及しながら,次のようにいう。すなわち,もし理論的進歩が「物理的振舞いの背後に……特異な心的状態を措定すること……によって達成」できるとすれば,「それの代りにある種の類似的な生理学的状態と出来事とを……措定することによって……それと同じことが確実に達成できるであろう。……その状態の詳細な生理学的説明がなされていないということは,それらの状態を人間の身体の状態と認めることへの反対理由とはまったくならない。……身体的状態はとにかく存在する。なぜそのほかのものを追加するのか」(1)。

クワインはここで実在論者として語っているということを指摘しておきたい。「身体的状態はとにかく存在する」と彼はいうのだ。それにもかかわらず,私がここでとっている観点からすれば,彼は私が「科学的実在論者」と呼ぶものではない。彼は科学がいつの日にか還元をなしとげるかどうかみとどけるのを待たない。そうせずに彼は,心的**実体**は理論にとって必要ではないと指摘して,オッカムの剃刀を適用するのである(2)。

だが,オッカムあるいは他の誰かが必要ということによってこの場合に一体何を意味

(*) オッカムの剃刀 (Ockham's razor) とは,唯名論者たちの格言で,「存在は必要もなく増加してはならない」というもの。個物に先んじて普遍を考える実念論者たちが,空虚な言葉や概念を作って,それに対応する存在を不必要に考え出した態度を批判して,イギリスのスコラ哲学者オッカム (1285—1349) が最もしばしば用いた原理であるために彼の名でこう呼ばれている。正しい思考をさまたげるこうした無用の「ひげ」をわれわれは剃り落すべきだという比喩として用いられるが,この比喩はオッカムの創出によるものでない。「節減の原理」ともいわれる。

(1) W. v. Quine, *Word and Object*, 1960, p. 264.

(*) クワイン (Willard van Orman Quine, 1908—) はオハイオ州生れの現代アメリカの論理学者,哲学者。48年来ハーヴァート大学教授。タイプ理論的発想による集合論の構成を試み,数学論理学の体系を示した。その他,記号論理学,言語哲学の研究で知られている。

(2) W. v. Quine, *From a Logical Point of View*, second rev. edn., 1961, p. 2. 〔『論理学の観点から』,中山浩二郎・持丸悦朗訳,1972年,岩波書店〕。

するのか，誰か知っているであろうか。もし心的実体，あるいはより適切には心的状態，が存在するとすれば——私自身はそれが存在することを疑わないが——心的状態を措定することは，その状態のいかなる真の説明にとっても必要である。そして心的状態がいつの日か物理的状態に還元されるとすれば，これは巨大な成功であろう。しかし，もしわれわれが物理的諸事物とその振舞いだけに限定するという単純な方法によって，心的状態なしにも諸事物を説明できるといってのけるだけで心的状態の存在を否定するならば，いかなる成功もないであろう。

私の議論を簡単に要約しよう。唯物論的または物理主義的な性格の思弁はきわめて興味あるものであり，成功的な科学的還元への道を示唆できさえするかもしれない。しかしそれらの思弁は明らかに暫定的な理論であろう（私がファイグルの理論をそう考えているように）。ところが，何人かの物理主義者たちは，自分らの理論を暫定的なものとは考えず，すべての事物を物理主義的言語で表現するための提案 (proposal) と考える。そして彼らはこれらの提案が疑いなく**便利な**ものであるので彼らの気に入る多くのものをもっていると考える。身心問題といった不都合な問題は実際，まことに都合よく，消えてなくなる。それゆえこれらの物理主義者たちは，これらの問題がエセ問題として排除されるべきことには何らの疑いもありえない，と考える。

これに対して，私はこう答える。同じ方法によってわれわれはすべての化学的状態とそれに結びついた問題をア・プリオリに排除できたであろう，と。そのような化学的状態は明らかに物理的なものであって，それらを詳細に述べる必要はなく，われわれがする必要のあるすべてはそれぞれの化学的状態に相関するある物理的状態の存在を当然なものとして仮定することである，とわれわれはいえたであろう。

このような提案の一般的採用が物理学への化学の詳細な還元を求めようとしない態度へと導いたであろうことは明らかだと私は考える。疑いなくそれは，身心問題の類似物——物理学の化学に対する関係の問題——を解消したであろう。しかしその解決は，言語上のものであったろう。その結果として，われわれは現実の世界について何も学ぶことがなかったであろう。

すべてこれらのことは，私を次のような主張に導く。実在論は少なくとも暫定的に二元論でなければならず，実在論者は次のような二元論的提案に同意すべきである，と。

われわれは事実的問題を言語的に——つまり，事実的問題について語るのを拒否する

第8章 論理学，物理学，および歴史についての一実在論者の見解　　327

という余りにも単純な方法によって——解決または解消してしまうことのないよう用心しなければならぬ。反対にわれわれは，少なくとも出発点においては，二元論者でなければならない。われわれはまず第一に，諸困難を強調すべきである。たとえそれらの困難が，ある人たちにとって身心問題が解決不能と見えるように，解決不能のように見えるとしても。

　もしわれわれが科学的還元の方法によってある実体を還元または排除できるならば，われわれはあらゆる手段を用いてそうし，理解が増大したことを誇ろうではないか。

　それゆえ私はこういいたい。あらゆるケースにおいてわれわれは，**少なくとも還元を企てる前に**，創発を認める議論を詳細に作り上げよう，と。

　本節において進めた考察を要約し尖鋭化すると，こうである。見たところ目下順調に進んでいる化学の物理学への還元は，良き科学理論のあらゆる要件を満たす真に科学的な還元の模範的なケースだといえる。

　「良き」または「科学的」還元は，きわめて重要な価値をもつ多くのことをわれわれが学びとっていく過程である。われわれは還元される分野（この場合では化学）に関する諸理論を理解し説明することを学び，またわれわれは還元している理論（この場合では物理学）の力について非常に多く学ぶ。

　化学の物理学への還元が完全に成功するであろうということは，まだ確実ではないけれども，考えうることである。また，われわれがいつの日か生理学を含めて生物学の物理学への，そして心理学の生理学への，したがって物理学への，**良き**還元をなしうるかもしれないということは，より見込みは少ないけれども，考えうる。

　私は単に言語的策略による還元の方法を**悪しき還元**またはアド・ホックな還元と呼ぶ。たとえば，心的状態を仮定することによって（アド・ホックに仮定することによってではないけれども）われわれが先に説明した行動を説明するために，生理学的状態の存在をアド・ホックに仮定する物理主義の方法がそれである。あるいは別の言葉でいえば，私はいまシュレーディンガー方程式を理解していると感じると私が報告するとき私は自分の生理学的状態について報告しているのだ，という言い方の言語的からくりによって。

　この第二番目の還元またはオッカムの剃刀の使用は，悪しきものである。なぜなら，それはわれわれに問題を認識させなくするからである。ラカトスのあざやかで強力な用語法をもってすれば，それは「退化的問題移動」の悲惨なケースであり，良き還元ある

いは創発の研究のいずれか，もしくはその両方を妨げるものである。

　この悲惨な方法を避けるためには，われわれはそれぞれのケースにおいて，還元しようとする分野についてできるだけ学ぼうと努めなければならない。われわれが還元しようと試みるその分野は，還元に抵抗するかもしれない。そしてあるケースにおいては，われわれはその分野がなぜ還元できないのかという理由を明らかにする論拠をもちえさえするのだ。このようなケースにおいて，われわれは正真正銘の創発の例をもちうる。

　行動主義（特に言語的行動主義）の退化的問題移動についての私のコメントを，次のような評言でもってしめくくれるであろう。

　行動主義者と唯物主義者は反観念論者である。彼らは，正しくも，バークリの，「**存在する＝知覚する**」，あるいは

**　　　　　　存在する＝観察可能である**

という定式の反対者である。

　彼らによれば，「存在する」ということは「物である」，「時空における物体として振舞う」ということである。それにもかかわらず，彼らはバークリの等式を，無意識的に唱導しているといえる。いささか言い回しを変えて

**　　　　　　存在する＝観察される　　　　　　あるいは**

**　　　　　　存在する＝知覚される**

という形においてであるが。

　それというのも，彼らは観察できるものだけが存在するのだというからである。**すべての観察は理論の光に照された解釈なのだ**，ということを彼らは理解しない。また，彼らが「観察可能」と呼ぶものはいささか時代遅れの素朴な理論に照して観察可能なものなのであるということを理解しない。私はまったく常識の支持者であるが，同時にまた，科学から学ぶことによって常識の領域を拡大しようとするものである。いずれにせよ，**観念論，現象主義，実証主義，あるいは唯物主義，あるいは行動主義に，**あるいはその他一切の反二元論に導くものは，科学でなく疑わしき**哲学**（あるいは時代遅れの科学）である。

2. 歴史における多元論と創発

　私は宇宙の歴史について語ろうとするのではなく，ただ地球上の生命の歴史について

いささか述べようとするだけである。

　非常に前途有望な出発が，最近，生命が地球上に**創発した**諸条件の再構成めざしてなされたように思われる。われわれは，おそらく，ある大きな成功を間もなく期待できるであろう，と私は考える。しかし私は，創発については（実験による創発についてさえ）楽観的であるけれども，還元については非常に疑わしい気がする。このことは，生命の進化についての私のある種の思想にもとづいている。

　進化的過程または大きな進化的変化は，歴史過程または大きな歴史的変化と同様に，予測できないと私には思われる。私がこの見解をとるのは，私が非決定論的世界観——ハイゼンベルクの非決定論よりもいささかラディカルな——に強く傾いているからである。私の非決定論は，古典物理学でさえ非決定論的であるという主張を含むものであって，それゆえチャールズ・サンダース・パースのそれ，あるいはアルフレート・ランデのそれと大変よく似ている。そして私の思うに，進化は絶えず変化しつつある諸条件または諸問題状況のもとでいちじるしく確率論的に進行するものであって，すべての暫定的解決は——より成功的なものであれ，あまり成功的でないものであれ，あるいはまったく不成功的なものでさえ——新しい問題状況を生み出す。このことは，生命の過程の完全な理解をさまたげるとともに完全な還元をさまたげるように私には思われる。かかる理解をめざしての不断の広範な進歩をさまたげるものではないけれども。（この議論は，ボーアが彼の相補性(*)という考えを生物有機体に適用したのと同じようなものだと解されてはならない。ボーアの議論はまったく虚弱なものだと私には思われる）。

　（*）　相補性（complementarity）とは，ニールス・ボーアが不確定性原理による量子力学の解釈を強調するために導入した哲学的概念。量子力学においては，粒子の運動を時空的に記述するとき，因果的経過を跡づけることができないという不確定さを示し，また因果的に表現しようとすると波動力学の示すとおり波動性を帯びるので，粒子の軌道というような時空的決定性をもたない。つまり一方では，微視的現象を波束の運動として時空的に記述できるが，そうすると波束の収縮という非因果的な変化が繰り返し起るのを認めなければならないし，他方では微視的現象に対しても，エネルギーや運動量の保存則が成り立つという意味での因果関係が認められるが，それは現象がいつどこで起っているかを確かめようとする観測をしない限りにおいて，すなわち時空的の記述を断念してはじめて，いえることである。このような量子力学の性格を，ボーアは時空的の記述と因果性とは互いに相補的性格をもつと表現し，また粒子的表現と波動的表現とは相補的であるともいう。ボーアは1932年におこなった講演「光と生命」のなかでこの考えを生物体に適用し，一般的な相補性という概念を繰り返し強調した。

だが，私はこの節では主として人間の歴史について，人類の物語りについて語ろうと思う。これは，すでに示したように，きわめて大幅にわれわれの知識の——世界についてのわれわれの理論の——，そしてもちろんわれわれ自身の作り出すこれらの産物がわれわれ自身に，またわれわれのさらなる産物に，及ぼす反作用の，歴史である。

われわれの産出するこれら理論的産物に対して，物理主義的ないし唯物主義的態度をとりうることは明らかである。また知識の客観的意味を私が強調すること——本に含まれ，図書館に集められ，大学で教えられるものとしての諸理論を私が強調すること——は，私が理論の物理主義的または唯物主義的解釈に共感するものと疑われるかもしれない。私が〔物理主義的または唯物主義的解釈と〕いっているのは，言語を物理的対象——音とか印刷された字——から成り立っているものとみ，われわれ自身をある特徴的な振舞いでもってこれらの音や字に反応するように条件づけられた，あるいは性向づけられたものと見る解釈である。

しかしこの種のアド・ホックな還元を奨励することほど私の意図とかけ離れたものはない。たしかに，人間的知識についての何らかの主観主義的または人格主義的見解と，私がたったいま略述した唯物主義的または物理主義的見解との，いずれかを選ぶことを強要されたとしたら，私は後者を選ぶであろう。だが，これは二者択一的なものでは絶対にない。

知識の歴史は，もろもろの観念が論理的文脈において——あるいは，もしこういう用語を好むとすれば，弁証法的文脈において——創発することを，われわれに非常にはっきり教える。(3)

$$P_1 \to TT \to EE \to P_2$$

という私のさまざまな図式は，実際，ヘーゲル的弁証法図式の改善ならびに合理化とみなせる。この図式化が合理化であるゆえんは，この図式がいわゆる矛盾律に——つまり，われわれが矛盾を発見するときにはいつでもこれを排除しなければならないという要求に——もとづいているところの，合理的批判の古典論理学的原則の枠内で作動するからである。科学的レベルにおける批判的な誤り排除は，矛盾を意識的に探求するという仕方で進められていく。

それゆえ歴史，とりわけ知識の歴史は，われわれにこう教える。すなわち，もしわれ

---

(3) カール・ポパー「弁証法とは何か」，『推測と反駁』1963年。

第8章 論理学，物理学，および歴史についての一実在論者の見解

われが歴史を理解しようとするならば，われわれはもろもろの観念とそれらの論理的（または弁証法的）関係とを理解しなければならない，と。

知識の歴史を多少とも真剣に立ち入って考究した者が，これら諸観念の還元がいつか成功しうるであろうと考えるとは，私は思わない。しかし，ここでの私の課題は，何らかの還元の可能性に反論を加えるということよりは，むしろ創発的実体を認めることへの賛成の議論，および還元というやり方でこれらの創発的実体を排除しようと真剣に考える前にそれらの創発的実体を認め叙述することが必要であるという議論，をおこなうことである。

理論の創発的性格についての私の主要な議論の一つは，他のところですでに述べた。[4] 私の議論は，科学的知識の正真正銘の成長というものがあるという推測，あるいはもっと実体のないい方をすれば，明日あるいは今から一年後に，これまで誰も本気に考えなかった重要な理論が提出され，テストされるかもしれないという推測，にもとづいている。もしこの意味での知識の成長というものがあるとすれば，この知識の成長を科学的手段によって予測することはできない。けだし，今日科学的手段によって明日のわれわれの発見を予測しえた者は，今日その発見をなしえたはずだからである。ということは，科学の成長には終りがあるということを意味するものであろう。

他面において，原理的に予測が不可能であるということは，創発の際立った特徴点だとつねに考えられてきた。そして私の議論は少なくとも，知識の成長は原理的に予測不能たらざるをえないということを論証するものだと私は思う。

しかし，客観的意味における知識または理論の創発的性格を支持する他の議論がある。きわめて通俗的で，またきわめて素朴な見解——つまり理論はそれを産出したり理解する人の心的状態に還元できるという見解——に対する一，二の反対論だけを挙げよう。

（これらの心的状態そのものが翻って物理的状態に還元できるか否かを，ここではさらに立ち入って議論しない）。

客観的または論理的意味における知識が，その理論を主張する人の心的状態に還元できるという考えは，通常，理論はまさに思考**である**というかたちをとる。しかしこれは，瑣末な誤りである。それは「思考」という言葉の二つの意味を区別できないでいる。主観的意味においては，「思考」という言葉は，心的経験または心的過程をいっている。

---

(4) カール・ポーパー『歴史法則主義の貧困』，1957年，序文。

しかし二つの心的経験または過程は，互いに因果的関係に立ちうるけれども，互いに論理的関係に立つことはできない。

たとえば，仏陀のある考えはショーペンハウァーのある考えと一致するとか，彼らの考えはニーチェのある考えと矛盾すると私がいうならば，私はこれらの人びとの心的思考過程やそれらの相互関係について語っているのではない。しかしながら，もし私がニーチェはショーペンハウァーのある考えに影響されたというならば，私はニーチェのある思考過程が，ショーペンハウァーを彼が読んだことによって因果的に影響されたということをいっているのである。それゆえ，われわれは実際にこれら二つの異なった世界，つまり思考過程と思考過程の産物の世界をもっているのである。前者が因果的関係に立ちうるのに対して，後者は論理的関係に立つ。

いくつかのある種の理論が非両立的であるという事実は論理的関係であって，誰かがこの非両立性に気づいたあるいは理解したか否かということとはまったく独立に成り立つ。これらの純粋に客観的な論理的関係は，私が客観的意味における理論または知識と呼んだものの特徴である。

このことは，理論を生み出す人が，きわめてしばしばその理論を理解しないということからも知りうる。エルヴィン・シュレーディンガーがシュレーディンガー方程式を十分に理解していなかった——少なくともマックス・ボルンがその方程式の統計的解釈を与えるまでは——ということや，ケプラーの面積速度一定の法則〔いわゆる第二法則〕がケプラーによって適切に理解されていなかった（彼はこの法則を嫌ったように見える）ということは，なんらの背理もなく語れるであろう。

事実，理論を理解するということは，果しない仕事と似たものであり，したがってある人がある理論をきわめてよく理解しうるとしても理論は決して十全に理解されない，とわれわれはいえる。理論の理解は，実際，パーソナリティを理解することと共通するところが多い。われわれは人の性向体系をかなりよく知ったり理解したりできる。つまり，われわれは彼が多くの異なった状況においてどのように行動するかを予測できるかもしれない。しかし，無限のヴァラエティをもった無限に多くの可能な状況があるので，人間の性向の十全な理解は可能とは思われない。理論もこれと似ている。理論の十全な理解は，その理論の全論理的帰結の理解を意味するであろう。だが，理論の全論理的帰結は重要な意味において無限である。その理論が適用可能な——つまりその理論の論理

的帰結のあるものとかかわりのある——無限のヴァラエティのある無限に多くの状況が存在する。そしてこれらの状況の多くは，決して思いつかれることがなかった。それらの可能性は，いまだに発見されないままであるかもしれない。しかしこのことは，当の理論の創出者であれ，その理論を理解しようと試みた人であれ，誰もその理論に内在する全可能性を十全に理解できないということを意味する。そしてこのことはまた，理論はその論理的意味において客観的なものであり，客観的に存在するもの——われわれが研究できる対象，われわれが把握しようと努めるもの——であることを示すものである。理論や観念はわれわれの産物であるけれどもわれわれによって十全には理解されないということは，われわれの子供はわれわれの産物であるけれどもわれわれによって十分には理解されない，あるいはハチ蜜はミツバチの産物であるがいかなるミツバチによっても十全に理解されないということと同様に，背理的でない。

こうして，われわれの理論または知識の歴史の研究は——それがよくおこなわれた場合には，すべての人間の歴史は主としてわれわれの理論または知識の歴史であるという見解を助成しうるであろう——われわれをすべて多元論者たらしめるにちがいない。なぜなら，歴史家にとって存在するものは，物理的，社会的，心的，イデオロギー的な問題状況にある人びと——それらの問題を解決せんがために，また理解し批判し発展させんがために，もろもろの観念を生産しつつある人びと——だからである。

観念の歴史の研究者は，観念が一種の生命をもっていること（もちろん生命とは比喩である），諸観念は理解され拒否され忘れられうること，諸観念は再び自己を主張し，再び生命をふきかえしうること，を見出すであろう。しかし比喩を用いることなくわれわれはこういえる。すなわち，それらの観念はいかなる人間の思考または信念とも同一のものでなく，たとえあまねく誤解され拒否されるとしても存在しうるものである，と。

これらすべてのことは，プラトンとヘーゲルを思い出させるかもしれない。だが，そこには大きな相違がある。プラトンの「イデア」は永遠不変の概念である。ヘーゲルの「理念」は弁証法的に自己変化する概念である。私が最も重要なものと認める観念は，概念ではまったくない。それは言葉に相当するものではなく，言明または命題に相当する。

プラトンおよびヘーゲルとは反対に，私は世界についての**暫定的理論**——つまり論理的帰結と一緒になった仮説——を観念の世界の最も重要な市民と考える。また私は，（プラトンが考えたように）それらの奇妙な非時間的性格がそれらを永遠的なものたら

しめ，それによって生成と変化と衰退とをまぬがれぬ諸事物よりも**より実在的**なものたらしめる，とは考えない。反対に，変化し消滅しうるものは，まさにこの理由ゆえに，明らかに実在的なものとして受け入れられるべきである。そして幻想でさえ，幻想としての資格において，実在的な幻想である。

このことは，時間および変化の問題との関連において重要である。

歴史家は，私の思うに，時間と変化が幻想であるという説――パルメニデス，ヴァイル，シュレーディンガーといった何人かのすぐれた物理学者や哲学者によって支持された説――を受け入れることができない。出来事，生起以上に実在的なものはなく，すべての出来事はある変化を含んでいる。

歴史家が生き，個々の個人が個人的な生活を営み，彼らの問題を解決しようと努め，子供やその子供たちについての観念を産出し，自分たち自身や他人について希望し，恐れ，思い違いをし，つまり理論化し，しばしば幸福のみならず真理をも求めている多元論的世界――この多元論的世界があれこれの種類の一元論に首尾よく「還元」されるであろうということは，私にはありそうにもないばかりでなく，ありえないと思われる。しかしこのことは，ここでの論点でない。この世界に存在するものの多元性を認識したのちにはじめて，われわれはオッカムの剃刀を本気で適用し始めることができる，というのが私の論点である。クワインの見事な定式を逆転していえば，プラトンのあごひげが十分に強靱で，多くの実体によってからまれている場合にのみ，オッカムの剃刀は使うに価しうる。この困難な仕事のために用いるにはその剃刀の刀は切れ味が悪かろうということは，残念ながら当然予想できるところである。その仕事は疑いなく苦痛に満ちたものだろう。だが，それは当り前のことだ。

3. 物理学における実在論と主観論

現代物理学には，物理学者たちが主観論の登場だけでなく本質的役割を演じるのを許した二つの主要な分野がある。時間方向の主観性についてのボルツマンの理論と，観測者が被観測対象に及ぼす干渉の効果の下限を決定しているものとされる不確定性公式のハイゼンベルクの解釈が，それである。

主体または観測者が登場した別の場合もあった。アインシュタインが相対性を絶滅せ

---

(5) W. v. クワイン『論理的観点から』，第2版改訂版，1961年，2頁。

第8章 論理学,物理学,および歴史についての一実在論者の見解

んとして多くの想像的思考実験に観測者をもちこんだ場合がそれである。しかしこの場合には観測者はアインシュタイン自身によって徐々にだが着実に払いのけられた。

私はこの点をさらに立ち入って論じるつもりはない。また時間と変化は人間の幻想であるといってわれわれを説き伏せようと試み,それらが決して他のいかなるものにも還元されなかった(そして私の推測するに還元の余地のない)きわめてリアルな幻想であることを忘れている,主観的時間理論について論じるつもりもない。私がこれらを論じないのは,ごく最近これをやってしまったからである。私はただ,ハイゼンベルクの公式とその解釈について少しばかり述べてみたいと思うだけである。

これらの公式は,通常,かなりこみいった仕方で導出される。たとえば,ヴァイルによる興味ある導出や,ボルンによる別のさらにこみいった導出がある。[6][7]

しかし実際には,ハイゼンベルクの公式は,波動力学にもハイゼンベルク行列力学にも依存していない。のみならず,交換関係(これはヒルによれば公式の導出には不十分である)を必要としない。[8] ハイゼンベルクの公式は,1925—6年の革命的な新量子力学に依存するものでなく,1900年のプランクの旧量子仮説から直接的に導出される。

(1) $\quad E = h\nu$

これから直ちに次を得る。

(2) $\quad \Delta E = h \Delta \nu$.

調和分解能の原理を用いて

(3) $\quad \Delta \nu \approx 1/\Delta t,$

(2)と(3)とから次を得る。

(4) $\quad \Delta E \approx h \Delta t,$

これは直ちに次に導く。

(5) $\quad \Delta E \Delta t \approx h;$

すなわち,ハイゼンベルクのいわゆる**不確定性公式**の形である。

まったく同じやり方で,われわれはデュアンの原理(この原理とプランクの原理との

---

(6) H. Weyl, *The Theory of Groups and Quantum Mechanics*, 1931, pp. 72 and 393. 〔『群論と量子力学』,山内恭彦訳,裳華房,1933年〕。

(7) M. Born, *The Natural Philosophy of Cause and Chance*, 1949, pp. 189—91.

(8) E. L. Hill in *Mind, Matter, and Method; Essays in Philosophy and Science in Honor of Herbert Feigl* (eds. P. Feyerabend and G. Maxwell), 1966, p. 442.

類似性は，最近アルフレート・ランデによって強調された）からハイゼンベルクの位置と運動量についての公式を得る。それは次のように書ける。

(6) $\Delta p_i \approx h/\Delta q_i$

ランデにしたがえば，これは次のように解釈できる。空間的周期性 Δq_i をもった（格子または結晶のような）物体は $\Delta p_i \sim h/\Delta q_i$ の倍数において その運動量 p_i を変える資格がある。

(6)からわれわれは直ちに次式を得る。

(7) $\Delta p_i \approx h/\Delta q_i$

これはハイゼンベルクの不確定公式の別形である。

　プランクの理論が統計的理論であることを考えるならば，ハイゼンベルクの公式は，私が30年以上も前に提示したように，(9)(10) 統計的分散関係として最も自然に解釈できる。つまりハイゼンベルクの公式は，測定の可能な精度については何も述べておらず，われわれの知識の限度についても何も述べていないのである。しかし，もしそれらの公式が分散関係であるとすれば，それらの公式は量子物理的状態の同質性の限度について，それゆえ，間接的にではあるが，予測可能性について，あることを述べている。

　たとえば，公式 $\Delta p_i \Delta q_i \approx h$（これは，$\Delta E \Delta t \approx h$ がプランクの原理から得られるのとまったく同様に，デュアンの原理から得られる）は，端的にこう述べているのである。すなわち，もしわれわれが系（たとえば電子）の座標を決定すれば，実験の反復により，その運動量は分散するであろう，と。

　ところで，このような主張はどのようにしてテストできるか。開放してある (Δx) 固定シャッターによる一連の実験をし，すべての個々の場合における運動量 p_x を測定することによって，テストできる。もしこれらの運動量が予測されたように分散するならば，公式はテストに生き延びたのである。しかしこのことは，分散関係をテストするために，あらゆる場合において，われわれが Δp_x よりもずっと大きな精度でもって p_x を実際に測定したということを示すものである。なぜなら，そうでなければ，われわれは p_x の

---

　　(9) カール・ポパー『科学的発見の論理』，1959年，1968年，1972年（ドイツ語初版，1934年）。

　　(10) K. R. Popper, 'Quantum Mechanics without "The Observer"', in *Quantum Mechanics and Reality* (ed. M. Bunge), 1967.

第8章 論理学,物理学,および歴史についての一実在論者の見解

分散として Δp_x を語りえないであろうからである。

ここで述べたような実験は,毎日あらゆる物理実験室でおこなわれている。しかし,それらの実験はハイゼンベルクの不確定性解釈を反証する。測定は(測定にもとづいた予測ではないけれども),この解釈が許容するよりもずっと正確だからである。

ハイゼンベルク自身は,そのような実験が可能であることに気づいていた。しかし彼は,そのような実験に何らかの意味を付与するか否かは「個人の信念」または「個人の趣味の問題」であるといった。この指摘がなされてから以来このかた,これらの実験は無意味なものとあまねくみなされてきた。だが,これらの実験は無意味ではない。なぜなら,明白な一定の機能をもっているからである。これらの実験は問題になっている当の公式——つまり分散関係**としての**不確定性公式——のテストなのである。

それゆえ,量子力学についてのハイゼンベルクあるいはボーアの主観主義的解釈を受け入れるいかなる理由もない。量子力学が解決しようとしている諸問題——たとえば,スペクトルの強度——は統計的問題であるから,量子力学は統計的理論である。それゆえ,量子力学の非因果的性格のいかなる哲学的擁護をする必要もない。

しかしながら,統計的理論の決定論的理論への還元不可能性(というよりむしろ両種の理論の非両立性)は,確立されるべきである。これについての論証は,ランデによっておこなわれた。また非常に異なった論証が私自身によってなされた。

要約すれば,すべての物理学の実在論的で客観主義的な性格を疑うべきいかなる理由もない。現代物理学において観測主体が演じる役割は,ニュートン力学あるいはマックスウェルの電磁場の理論において観測主体が演じる役割といささかも異ならない。観測者は,本質的に,理論をテストする者である。このゆえに,彼は多くの他の理論——競合的諸理論および補助理論——を必要とする。すべてこのことは,われわれが観察者というよりも思考家であるということを示すものである。

4. 論理学における実在論

私は論理学を一種のゲームとみなすことに反対する。私は論理学のいわゆる代替体系なるものについて知っており,実際に私自身それを発明したが,しかし論理学の代替体系は非常に異なった諸観点から議論できる。いずれの論理学を採用するかは選択または便宜の問題だと考える人がいるかもしれない。しかし私はこの見解に不賛成である。

私の説は，簡単にいうとこうである。私は論理学を演繹または導出可能性（あるいはこれを何と呼ぶにせよ）の理論とみなす。導出可能性または演繹は，本質的には，**真理の転送と偽の逆転送**を意味する。妥当な推論においては，真理は前提から結論に転送される。これは特に，いわゆる「証明」において用いられる。しかし偽もまた結論から前提の（少なくとも）一つへと転送されるものであって，これは反証および特に**批判的議論**において用いられる。

われわれは前提と結論とをもっている。もし結論が偽であることをわれわれが立証し，推論が妥当なものと仮定するならば，われわれの前提の少なくとも一つが偽でなければならぬことをわれわれは知る。論理学が批判的議論において絶えず用いられる理由がここにある。それというのも，批判的議論においては，われわれはある事柄がある主張と整合的でないということを示そうと企てるからである。われわれはそれを立証しようと企てる。そしてわれわれは成功しないかもしれない。批判は反批判によって妥当に答えられるかもしれない。

私が主張しようとしていることは，(1)批判は最も重要な方法論的要具であるということ，(2)もし君が「私はあなたの論理学を好まない。あなたの論理学はあなたにとってまったく正しいかもしれないが，私は異なった論理学を好むものであり，私の論理学にしたがえばこの批判は妥当でない」ということによって批判に答えるならば，君は批判的議論の方法を侵害するものであるということ，である。

ところで，私は論理学の二つの主要な用法，すなわち(1)証明的科学，つまり数学的科学における用法と，(2)経験科学における用法とを区別しなければならない。

証明的科学においては，論理学は主として証明のために——真理の転送のために——用いられるが，これに反して経験科学においては論理学はほとんどもっぱら批判的に——偽の逆転送のために——用いられる。もちろん，応用数学も入ってき，そこでは純粋数学の証明が暗黙のうちに利用されるが，経験科学における数学の役割はいくつかの点でいささか疑わしい。（この点については，シュヴァルツのすばらしい論文がある）。[11]

かくて経験科学においては，論理学は主として批判のために，つまり反証のために用

---

(11) J. Schwartz, 'The Pernicious Influence of Mathematics on Science', in *Logic, Methodology and Philosophy of Science* (eds. E. Nagel, P. Suppes, and A. Tarski), 1962, pp. 356—60.

第8章 論理学,物理学,および歴史についての一実在論者の見解

いられる。(私の図式 $P_1 \to TT \to EE \to P_3$ を想起されたい)。

ところで,私が主張しようと思うことは,こうである。もし論理学を批判的文脈において用いようとするならば,われわれは非常に強い論理学,いうなればわれわれに入手しうる最強の論理学,を使用すべきである。なぜなら,われわれは自分たちの批判が**厳しく**あることを欲するからである。批判が厳しくあるためには,われわれは十全な装具を用いなければならぬ。われわれは自分たちのもっているあらゆる銃を用いなければならない。すべての打撃が重要である。われわれが過度に批判的になったとしても問題ない。もしわれわれが過度に批判的であれば,われわれは反批判によって応酬されるであろう。

したがってわれわれは(経験科学においては)十全な,または古典的な,または二値的な論理学を用いるべきである。それを用いないで,あるより弱い論理学——たとえば直観主義論理学とか,あるいは(ライヘンバッハが量子論との関連において示唆したような)三値論理学——の使用に後退するならば,われわれは十分に批判的でない,と私は主張する。それは,デンマークでは何かが腐っているというしるしである(この場合には,私がつとに示したように,コペンハーゲン解釈における量子論である)。

さて,対照的に,証明を考察しよう。すべての数学者は,最少の装具の助けをかりて定理を証明することが,かなり興味あることである,ということを知っている。必要以上に強力な手段を用いる証明は,数学的に不満足なものであり,証明において用いなければならない最弱の仮定または最少の手段を発見することは,つねに興味のあることである。いいかえると,われわれは証明が十分である——つまり妥当である——ことを欲するだけでなく,最少の仮定が証明において用いられたという意味で,できうるならば,必要であることを欲する。これはいささか高級な見解であることを,私は認める。高級でない数学においては,われわれは何かを証明できればめでたしめでたしであるが,より高級な数学においてはわれわれが真に欲するのは,定理を証明するために**必要な**ものを知ることである。

それゆえ,数学的定理を古典論理学の全装具よりも弱い方法でもって証明できるならば,これは数学的観点からいってきわめて興味のあるものである。したがって証明論においては,われわれはできうればわれわれの古典論理学を弱めることに関心をもち,たとえば直観主義論理学とか,あるいは実証的論理学といった他のより弱い論理学を導入

でき，全装具を用いずにどこまでやっていけるかを探究する。

ついでながら，「直観主義論理学」という用語は不適当な呼称だと私は考える。それは，ブロウアーによって発明され，ハイティングによって定式化された，きわめて興味のある，いささか弱められた形の古典論理学に対する名称にすぎない。私はブロウアーとハイティングの論理学に賛成していささかいいたい気はあるけれども，直観主義と呼ばれる哲学的理論に賛成して何かをいいたいとはさらさら思わない。だが，哲学あるいは論理学あるいはその他の何においてであれ，私が何らかの意味で直観の権威を擁護しているのだと思われないであろうことを私は信じている。ブロウアー的論理学をしばらく別にすれば，直観主義とは直観が重要であるばかりでなく一般的に**信頼に価するもの**であるという説だといえるであろう。この説とは反対に，私は，直観はきわめて重要なものだが総じて批判に耐えぬものだと考える。それゆえ，私は直観主義者ではない。しかしながら，ブロウアー的な論理学あるいはいわゆる「直観主義論理学」は，現在の議論の見地からすれば，重要である。というのは，直観主義論理学はまさに古典論理学の部分——正真正銘の部分——であり，したがって古典論理学の弱められたものだからである。つまり直観主義論理学の観点から妥当であるすべての推論は古典論理学の観点からも妥当であるが，その逆はそうでない。古典論理学からは妥当に引き出されるが直観主義論理学においては妥当でない推論があるのだ。したがって，もし私が（これまで古典的手段によってのみ証明された）定理を直観主義論理学で証明できるならば，私は真に数学的な発見をしたのである。けだし数学の発見は，新しい定理の新しい証明を見出すことにあるばかりでなく，古い定理の新しい証明を見出すことにもあるからである。そして定理の新しい証明は，もしその証明が古い証明よりも弱い手段を用いているならば，とりわけ興味あるものであろう。より強い手段を用いての証明は，求めさえすればいつでもできる。しかし，より弱い証明を見出すことは，真の数学的業績である。

それゆえ，直観主義論理学は数学にとって非常に興味あるアプローチである。というのは，削減された論理的手段でもってできるだけ多くの数学的定理を証明しようと試みるからである。

直観主義論理学には，さらなる利点がある。直観主義論理学においては，いわゆる「排中律」が証明可能でない（その排中律は直観主義論理学体系の整合式であるけれども）ということが立証できる。また，何らかの体系においてある整合式が証明可能でな

いとすれば，その体系は整合的でなければならない，ということも証明できる。一般的にいえば，われわれの用いる論理的手段が弱ければ弱いほど，非整合性の危険——矛盾が導出されうる危険——はより少ない。それゆえ直観主義論理学は，われわれの議論が整合的であること，そして隠蔽された非整合性またはパラドックスまたはアンチノミーにおちいらないことをより確実にしようとする企てだとみなせる。このように弱められた論理学がいかほど安全なものであるかという問題自体には，ここでは立ち入って論じようとは思わない。しかし十全な古典論理学よりは少なくともいささか安全であることは，明らかである。つねに安全だとは思わないが，それは私の論点ではない。私の論点は，こうである。もしあなたがあることを証明あるいは確立することを欲するならば，弱い手段を用いるべきである。しかしあることを破壊するためには——つまり批判するためには，強い手段を用いてよい。もちろん，こういう人がいるかもしれない。「ごらんなさい，私は弱い手段でさえ君を反証できる。私は直観主義論理学の全部を用いる必要さえないのだ」と。だが，そんなことはさして重要でない。大事なことは，合理主義者にとっては**どんな**批判も歓迎される，ということである——合理主義者はその批判に対して，批判を批判することで応酬するかもしれないけれども。

ところで，この合理主義的見解は，実在論的見解である。第一に，それは論理学を，私が論証しようとした実在的事象であるところの自然科学の方法論と部分的に結びついたものとみなすからである。第二に，そしてこれは非常に特殊な点だが，それは論理的推論を真理の転送または偽の逆転送とみなすからである。つまり，それは真理の観念にかかわりをもつからである。

アルフレト・タルスキーが二つの考えを論理学に導入することによって，彼が実際に論理学をきわめて実在論的なものたらしめた点は，彼の少なからぬ重要な業績だと私は主張したい。その第一は，論理的帰結は真理転送であるという（部分的にはボルツァーノによって先き取りされた）タルスキーの考えである。その第二は，真理の対応理論の復権，つまり真理は事実との端的な対応であるという考えの復権である，と私はいいたい。

この点で私はいささかクワインと異なっているかと思う。というのは，タルスキーのこの考えは相対主義を壊滅させるものと解釈されるべきものだと私は考えるからであり，また自分の真理論は「絶対主義的」真理論であるというタルスキーの主張は正しい，と私は考えるからである。この点を説明するために，私は古い物語りをいささか新しい観

点から順を追って詳しく説明したい。古い物語りというのは，三つの主要な真理論の物語りである。新しい観点というのは，物語りから「真理」という言葉を，そしてそれと共に，われわれがここで扱っているのは言葉または言葉上の定義であるという外見を，排除するということである。しかしながら，この排除のためには，若干の予備的議論が必要である。

三つの主要な真理論のうちで最も古いものは，対応理論――つまり真理は事実との対応である，あるいはもっと正確にいうと，言明はもしそれが事実と対応するならば，あるいは事実を適切に叙述しているならば，（その場合にのみ）真である，という理論――であった。私がタルスキーの復活させたと考える理論が，これである。第二の理論は，いわゆる無矛盾理論，つまり言明はもしそれがわれわれの知識の爾余の部分と無矛盾ならば，（その場合にのみ）真であるという理論である。第三の理論は真理とは実用的有効性または実用的有用性であるとする理論である。

ところで，無矛盾理論にはきわめてさまざまな変種があるが，それらのうちの二つだけを私は挙げようと思う。その第一のものによれば，真理とはわれわれの信念との無矛盾的一致である，あるいはより正確にいうと，所与の言明はもしそれがわれわれの信念の爾余の部分と無矛盾であるならば，真である。私は周知の理由からして信念を論理学に持ち込むことを欲しないので，この説はいささか私を当惑させる。（もしペーターが p を信じ，p と q とが相互に導出可能であるならば，ペーターは q を信じることを論理的に余儀なくされる，とわれわれはいえよう。しかし彼は p と q とが相互に導出可能であることを知らないかもしれず，また彼は実際に q を信じないかもしれない）。

無矛盾理論の第二変種によれば，真であるかどうかをわれわれが知っていないある言明は，もしそれがわれわれの先に容認した諸言明と無矛盾ならば（その場合にのみ）真として受け入れることができる。この変形理論は，われわれの知識をほとんど保守的なものにさせる効果をもつ。「砦で取り囲まれた」知識はほとんどひっくり返すことができないからである。

実用的有効性の理論は，物理学のような自然科学における理論の問題と，とりわけ関係がある。物理的理論は，もしそれがテストや他の応用において実用的に有用または成功的であると判明するならば，真として受け入れられるべきである，とこの理論はいう。

さて，私はここでトリックのようなものを使おうと思う。私のトリックはこうである。

第8章 論理学，物理学，および歴史についての一実在論者の見解

　私はこれからすぐ，本章の終尾のごく近くまで，**真理**について言及するのを止める。私はもはや「真理とは何か」を問うことをしないであろう。これには，いくつかの理由がある。その主たる理由は，私が「……とは何か」という問い，いいかえるとすべての言葉上のあるいは定義的な問いは排除されるべきだと信じている，ということである。「……とは何か」という問いを，私は問いに似て問いにあらざるものとみなす。これらの問いはそれほどニセ的であるとは見えないかもしれないが，私はこのような問いはすべてニセ問いだと考える。「生命とは何か」とか「物質とは何か」とか「心とは何か」とか「論理学とは何か」といった問いは，発せられるべきではない，と私は考える。
　それゆえ私は，「真理とは何か」という問いも放棄すべきであると考える。
　「真理とは何か」という問いを放棄する私の（たった今あげた）第一の理由は，「反本質主義」と呼べる。私の第二の理由は，もっとずっと重要である。すなわち，われわれは言葉の意味の議論を，ペストのごとく，避けるべきである，というのがその理由である。言葉の意味の議論は，過去および現在の哲学のお得意のゲームである。哲学者たちは，言葉とその意味は重要なものであり哲学の特殊な問題である，という考えに耽溺しているように見える。
　読者の便宜を考えて，私はここに再度——次頁に——先に用いた表（143頁を参照）を掲げることにする。
　左欄には言葉または概念とその意味が，**右欄には言明または命題または理論とそれらの真理性**がある。
　私はこの分野で送った生涯の経験によって，次のことを教えられた。すなわち，われわれは表の左欄から去るように，そして右欄にとどまるように，つねに心掛けるべきである，と。われわれはつねに主張，理論，その真理性の問題にとどまるべきである。われわれは言葉上の問題または意味の問題に決してまき込まれてはならず，また決して言葉に関心をもってはならない。われわれの使う言葉が実際にこのことを意味するのか，それともあのことを意味するのか，という問いが投げかけられたならば，われわれはこういうべきである。「私は知らない。私は意味に関心をもっていない。お望みとあれば，私は喜んで**あなたの**用語法を受け入れましょう」と。これは決して何の害にもならない。われわれは決して言葉について言い争ってはならず，決して用語法の問題にまき込まれてはならぬ。われわれはつねに概念の議論を避けるべきである。われわれの実際の関心

```
                    観　念
                    つまり
    指示項または名辞              言明または命題
    または概念                   または理論
                      は
       言　葉           主　張
         において定式化されえ，それらは
       有　意　味         真
            でありえ，それらの
       意　味           真　理　性
                      は
       定　義           導　出
             によって
    無定義的概念            原 始 命 題
         のそれに還元されうる
    ─────────────────────────────────
         このような手段によって，それらの
       意　　味          真　　理
         を（還元でなく）確立しようとする
         企ては，無限後退におちいる。
```

事，われわれの真の問題は事実的問題，換言すれば理論とその真理性の問題である。われわれが関心をもつのは理論であり，それらの理論がいかに批判的議論に耐えるかということである。そして，われわれの批判的議論は，真理へのわれわれの関心によって制御される。

　以上に述べたことからして，私は「真理」という言葉を使うのを止めようと思う。われわれの問題はもはや次のごときものではない。すなわち，「真理とは対応であるか」，真理は無矛盾であるか，真理は有用性であるか，といったものではない。だとすると，われわれはいかにしてわれわれの真理の問題を定式化できるのか。

　われわれの問題は，ただ次のことを指摘することによって，はっきり定式化できる。すなわち，対応理論の反対者たちはすべてある**主張**をしたのだ，と。彼らはすべて，言明と事実との対応といったものはありえない，と主張した。これが彼らの中心的主張である。彼らは，この概念は無意味であると（あるいは定義不能であると——ついでながら，私の意見では，この主張は何ら問題でない。定義は問題でないからである）いう。換言すれば，対応に関しての疑惑または懐疑——つまり，言明と事実とのあいだに対応

第8章 論理学，物理学，および歴史についての一実在論者の見解

といったものがあるかどうかという疑問——から全問題が生じるのである。

これらの疑問が重大であることは，（特に嘘つきのパラドックスを考えるならば）きわめて明白である。

これらの疑問がなかったとしたら，無矛盾説や実用的有用性説の支持者たちはまったく何らの反対も唱えなかったであろうことも，明らかである。何人といえども，実用的有用性や予測力といったものが重要であることを否定しない。しかし，**理論の事実への対応**のようなものが存在するとしたら，このことは単なる自己整合性よりも明らかにずっと重要であり，以前の一切の「知識」（または「信念」）との無矛盾よりも明らかにさらにいっそう重要である。なぜなら，もし，ある理論が事実と対応するが，以前のある知識と矛盾するならば，この以前の知識は放棄されるべきだからである。

同じように，もし理論の事実への対応のようなものがあるならば，事実に対応する理論は総じて非常に有用であろう。その理論は，事実に対応しない理論よりも，理論としての資格において，ずっと有用であろう。（他方，法廷に立つ犯罪者にとっては，事実に対応しない理論にすがりつくことが，非常に有用かもしれない。しかしプラグマティストが念頭にしているのが**この種の**有用性ではないにしても，彼らの見解は彼らにとって非常に具合の悪い問いを生み出す。「誰にとって有用なのか」という問いがそれである）。

私は科学哲学としての実用主義(プラグマティズム)の反対者であるけれども，実用主義がある非常に重要なことを強調した点は喜んで認める。理論は適用性をもつかどうか，たとえば理論は予測力をもつかどうか，という問いがそれである。私が他のところで述べたように，**プラクシス**〔実践〕は理論家にとって拍車として，また同時に手網として，はかりしれぬほどの価値がある。プラクシスが拍車であるというわけは，それがわれわれに新しい問題を示唆するからであり，手網だというわけは，われわれが想像のおもむくままに過度に抽象的な理論的飛行に夢中になるとき，われわれを地上に，現実に，ひきもどしうるか

（＊）嘘つきのパラドックス(liar's paradox)——「私のいっていることは嘘である」という言明がある人によってなされた場合，もしその人が嘘をついているなら，この言明は嘘でなくなる（すなわち真となる）。また，もし嘘をついていないなら，言明の内容から，この言明は嘘（偽）となる。つまり，二つの可能性のいずれをとっても「背理」におちいるわけである。古くストアの頃から広く知られているこの「嘘つきのパラドックス」は論理学で種々の問題を投げかけてきたが，今日では，真理概念の解明を試みたタルスキーによって，パラドックスの定式化とその原因が明らかにされた。第2章の原注(16)本書56頁をも参照されたい。

らである。すべてこれらのことは容認されるべきである。しかし，実用主義的立場は，もしある言明または理論が事実に対応しうる，あるいは対応しえないとわれわれが有意味にいうことができるならば，実在論的立場によって取って代られるであろう。

したがって対応理論は，無矛盾理論や実用主義理論の重要性を否定するものではない。それらの理論が十分に良いものではないと示唆はするけれども。これに反して，無矛盾理論や実用主義理論は，対応理論の不可能性または無意味性を主張する。

それゆえ，「真理」という言葉をまったく云々せず，あるいは「真理とは何を意味するか」を問うことなく，われわれはこの全議論の中心問題が真理を定義する言葉上の問題ではなくて次のような実質的な問題であることを知りうる。すなわち，事実に対応する，あるいは事実に対応しない，言明または理論といったものが存在しうるか。

対応について語ることの可能性に関する疑問の背後には，さまざまな強力な論拠がある。

まず第一は，この対応という考えから生じるパラドックスあるいはアンチノミーがある。第二に，言明と事実との対応を成り立たせるものをより正確に述べようとして不成功に終った無数の試みがある。たとえば，シュリックの試みがある。彼は，対応は言明と事実とのあいだの１対１関係によって，つまり唯一性（ユニークネス）によって説明されるべきである，といった。言明は，もしそれが世界の事実と１対１関係または唯一関係に立つならば，「真」であるまたは事実と対応する，と彼はいった。非対応または「偽」は多意性と同じことである。もちろん，これは受け入れがたい見解である。なぜなら，多くのあいまいで多意的な言明（「アメリカのどこかには少数の人びとがいる」といった言明）は事実に対応しうるからであり，逆にまた，事実に対応するすべての一般命題または理論は多くの事実と対応し，それゆえそこには１対１関係がないからである。

さらに，事実に対応しない言明は，まったく一意的でありうる。殺人者は「私は彼を殺さなかった」，と一意的にいうかもしれない。この主張にはいささかのあいまいさもない。しかし，その主張は事実に対応しない。対応を説明しようとするシュリックの試みは，明らかに，的はずれで失敗に終っている。別のいっそう悪い試みは，ヴィトゲンシュタインのそれである。ヴィトゲンシュタインは，言明は実在の写像であり，対応は
(12)

---

(12) ヴィトゲンシュタイン『論理哲学論』，1922年。〔山元一郎訳，『世界の名著58』，中央公論社，1971年〕。

第8章 論理学，物理学，および歴史についての一実在論者の見解

録音レコード盤上の溝とそれが表示する音とのあいだに成り立つ関係と非常によく似た関係である，と示唆した。事実と言明とのあいだの一種の投影関係である。この見解が支持できないことは簡単に示せる。通訳からネグロの王に紹介されて「ご機嫌いかがですか」とたずねたリビングストンの有名な物語りを，われわれは思い出す。ネグロの王は一言でこれに答えた。そして通訳は，語りに語りに語り始め，10分間にわたって，その言葉を王の苦痛の長々しい物語りのかたちでリビングストンに翻訳した。そこでリビングストンは王が医療を必要としているかどうかたずねると，王は語りに語りに語り始めた。通訳はこれを翻訳して一言でいった。「否」。

もちろんこの物語りは作り話しである。しかし，よく出来ている。そしてこの話しは，言語の投影理論——特に言明と事実との対応理論としてのそれ——の弱点を例証している。

だが，これですべてではない。事態はもっと深刻である。つまりヴィトゲンシュタインはこの理論を定式化したあとで，言語と実在との関係を論じることあるいは言語を論じることはまったく不可能である，といった。（言語は言語によって論じることができないからである）。これは，われわれに語るべき言葉のない分野である。「それはおのずから現われる」とは，言葉の不足をいいあらわす彼のお好みの表現である。それゆえ，言語と実在との関係をより深く突込んでいこうとする，あるいは言語または言明をより突込んで議論しようとするいかなる試みも，無意味たらざるをえない。ヴィトゲンシュタインは彼の『論理哲学論』の序文で「ここで述べられる思想の**真理**は，私には否定しがたく，確定的だと思われる」といっているけれども，彼はその書物をこう結んでいる。「私を理解した者はすべて，それら［『論』の諸命題］を無意味なものと認めるにいたるであろう」（言語について語ることは無意味だから）。疑いなくこれは，他のことを別にすれば，特に彼の投影理論のことを指しているものである。自分の述べていることが無意味であるというヴィトゲンシュタインの注意は，それゆえ，対応理論の反対者が対応理論についてつねにいってきたこと，つまり言明と事実との対応について語ることは無意味であるということ，を確証するものである。

こうしてわれわれは真の問題点にたちもどる。それはこうである。支持しうる対応理論はあるのかないのか。言明と事実との対応をわれわれは有意味に語ることができるのかできないのか。

ところで私の主張はこうである。タルスキーは対応理論を復権した，と。これは，私の思うに，大いなる業績であり，偉大な哲学的業績である。私がこういうわけは，タルスキーの業績に哲学的に重要なものがあるということが多くの哲学者によって（たとえばマックス・ブラックによって）否定されてきたからである。

対応理論の復権の鍵は，タルスキーによってなされた非常に単純で明白な観察である。つまり，もしわれわれが言明 S と事実 F との対応について語ろうとするならば，われわれは両者——S といった言明および F といった事実——について語ることのできる言語において語らなければならない。これは，ひどく瑣末なことのように思える。だが，それにもかかわらず，決定的である。それは，われわれが対応を説明する場合に語る言語が，言明に**言及**しまた事実を**叙述**するのに必要な手段をもたなければならないことを意味する。もしこれら両手段をそなえた，したがって言語に言及しかつ事実を叙述できる，言語を私がもつならば，私はこの言語——**メタ言語**——において何らの困難もなく，以下に見るように，言明と事実との対応について語ることができる。

メタ言語は，他のある言語について語るところの言語である。たとえば，日本語で書かれたドイツ語の文法書は，ドイツ語について語るためのメタ言語として日本語を用いる。われわれが**メタ言語**（この場合は日本語）において語るところの言語は通常「**対象言語**」（この場合はドイツ語）と呼ばれる。メタ言語について特徴的なことは，それが対象言語の語または言明の（メタ言語的）**名称**を含み，また「（対象言語の）名詞」とか「（対象言語の）動詞」とか「（対象言語の）言明」といった（メタ言語的）**述語**を含む，ということである。もしメタ言語がわれわれの目的を十分に満たしうるものであるとすれば，それはまた，タルスキーの指摘するように，少なくとも対象言語が語ることのできるすべての事実について語るのに必要な通常の手段を含まなければならない。

すべてこれらのことは，（目下の議論における対象言語としての）ドイツ語を語るための，われわれのメタ言語として日本語を用いる場合にも妥当する。

たとえば，われわれは日本語でメタ言語的に次のようなことがいえるであろう。

ドイツ語の言葉 'Das Gras ist grün' はドイツ言語の言明をなす。

他方，われわれはわれわれの（日本語の）メタ言語でもって，ドイツ語の言明 'Das Gras ist grün' が叙述している事実を叙述できるであろう。われわれはこの事実を，日本語で草は緑であるということによって簡単に叙述できる。

第8章 論理学,物理学,および歴史についての一実在論者の見解

いまわれわれは,対象言語の言明の,事実への対応について,メタ言語での言明を次のように作ることができる。ドイツ語の言明 'Das Gras ist grün' は,草が緑であるならば,その場合にのみ(あるいは「草が緑であるということが事実である場合にのみ」)事実に対応する。

これは非常に瑣末なことである。しかし,次のことをはっきり認識することが大切である。われわれの言明において,引用符のなかに書かれた言葉 'Das Gras ist grün' はドイツ語の言明のメタ言語的(つまり日本語の)名称として機能しているということ,他方,日本語の言葉「草は緑である」は,上のわれわれの主張において何ら引用符なしに書かれているということ,つまりそれは言明の名称として機能しておらず,単に事実(あるいは,いわれるところの事実)の叙述として機能しているということ,がそれである。

このことは,われわれの主張にとって(ドイツ語の)言明と事実とのあいだの関係を表現することを可能にさせる。(事実はドイツ語でも日本語でもない。もちろんそれは,われわれのメタ言語である日本語において書かれたり語られたりするけれども。事実は非言語的なものであって,現実の世界の事実である。もちろんそれについて語ろうとすれば,われわれは言語を必要とするけれども)。そして,われわれの主張が主張していることは,ある(ドイツ語の)言明は正確に述べられる諸条件のもとである事実(非言語的事実,現実の世界の事実)と対応するということである。

もちろんわれわれは,ドイツ語の対象言語を何らかの他の言語によって——日本語によってさえ——置き替えることができる。たとえば,われわれは次のようなメタ言語的主張をすることができる。

日本語の言明「草は緑である」は,草が緑である場合,その場合にのみ,事実と対応する。

これは,さらにいっそう瑣末に見える。しかしそれはほとんど否定できないし,またそれが言明が事実と対応する諸条件をはっきり述べていることは否定できない。

一般的に,'S' を対象言語の言明の(メタ言語的)名称とし,'f' を S が叙述している(と思われる)事実 F を叙述するメタ言語の表現の省略形とする。そうすると,われわれは次のようなメタ言語的主張をすることができる。

対象言語の言明 S は,もし f ならば(あるいは,もし f が事実であるならば),その

場合にのみ，事実と対応する。

　ここで 'S' が言明のメタ言語的名称であるのに対し，'f' が名称でなく，ある種の事実（われわれが F と呼ぶことのできる事実）を叙述している表現の省略形であることに注意されたい。

　われわれは今やこういうことができる。すなわち，タルスキーがやったことは，言明 S と事実 F との対応について語るためには言明 S **について語りかつ**事実 F を述べることのできる言語（メタ言語）が必要である，ということを発見したことである。（**名称** 'S' を用いることによってわれわれは前者を語り，F を述べるまたは叙述するメタ言語的表現 'f' を用いることによって後者を語る）。

　この発見の重要性は，言明とある事実または諸事実との対応について語ることは無意味ではないかというあらゆる疑問を一掃する点にある。

　ひとたびこれがなされるや，いうまでもなくわれわれは，「事実との対応」という言葉を「真である」という言葉に置き替えることができる。

　タルスキーは，これとは別に，任意の無矛盾な**形式化された体系**について（対応理論の意味における）真理の**定義**を与える方法を導入した。しかしこれは，私の思うに，彼の主要業績ではない。彼の主要業績は，対応（および真理）について語ることを復権した点にある。ついでにいっておけば，彼はいかなる条件のもとでそのような言述がパラドックスに導くかを論証し，またいかにしてこれらのパラドックスを避けることができるかを明らかにした。さらにまた彼は，真理についての日常の言述においてわれわれは**いかにしてパラドックスを避けることができ，また避けているかを明らかにした**。

　「真理」を言明の事実への対応という意味において用いうるということがひとたびはっきり決定されるや，「真理」という言葉に加えられるべき重要なものはまったく何一つない。事実への対応が，通常われわれが「真理」と呼んでいるものであることは，疑いない。日常言語においてわれわれが「真理」と呼んでいるものが，無矛盾性や実用的有用性でなく，対応であることは疑いない。証人に真理を，そして真理のみを，語るように注意する裁判官が，証人が自分にとってか他の誰かにとって有用と考えることを語るようにと注意しているのではない。裁判官は証人に真理を，そして真理のみを，語るように注意するが，しかし彼は「われわれがあなたに要求することは，矛盾におちいらぬようにせよということである」とはいわない。もし彼が無矛盾理論の信奉者であった

第8章 論理学，物理学，および歴史についての一実在論者の見解

ならば，彼はそういうことをいったかもしれない。だが，これは彼が証人に要求することではない。

いいかえると，法廷で用いられているような「真理」という語の日常的意味は，疑いなく，対応である。しかし私の主要論点は，このことは後知恵――重要でない後知恵――とみなしうる，ということである。なぜなら，もし誰かが「いやちがう，日常言語では，『真理』は異なった意味で用いられている」といおうとするならば，私は彼と争うつもりはないからである。用語法については一切われわれは関知しない，と私はいうであろう。私は反論者の用語法を使う用意がある。しかし「真理」という言葉には**少なくとも**三つの意味があることを私は指摘するであろう。そしてこれが私の論争する用意のある唯一の事柄である。しかし，私は言葉についての論争は拒否するであろう。

とはいえ，真理の対応理論が実在論的理論であることを，私は指摘しなければならない。つまり対応理論は，理論と，理論が叙述する事実とを，区別――この区別は実在論的区別である――する。またそれは，ある理論が真である，あるいは偽である，あるいはある理論は事実と対応している，ということを可能にさせ，したがって理論を事実に相関づけることを可能にさせる。それは，理論とは異なった実在について語ることを可能にさせる。これが重要なことである。それは実在論者にとっての主眼点である。実在論者は，理論と実在または事実の両方をもつことを欲する（もしあなたが好まぬなら，「実在」と呼ばずに，単に「諸事実」と呼んでいい）。実在ないし事実は，それらの事**実についての**彼の理論とは異なるものであり，その理論が事実に対応するかどうかを見出すために彼または他の人が何らかの仕方で事実と比較することのできるものである。もちろん，その比較は，つねに極度に困難である。

タルスキーの理論について最後に一言。その理論の全目的は，しばしば誤って解釈されている。それは**真理の判定基準**を生み出そうしているものである，と誤解されている。無矛盾性がそのように意図されたものであり，同様に実用的有用性がそうだったからである。彼らは，一切のまともな真理の理論は所与の言明が真であるか否かを**決定する方法**をわれわれに提供するものでなければならぬ，という伝統的見解を強化した。

タルスキーは彼の真理の定義から多くのことを証明した。とりわけ彼は，十分に有力な言語（そして数学理論や物理学理論を定式化できるすべての言語）においては真理の**判定基準**がありえないこと，つまりいかなる対応の判定基準もありえないこと，を立証

した。ある命題が真であるかないかという問題は，真理の概念を形成しうる言語にとっては一般に決定可能でない。したがって真理の概念は，主として規制的理念の役割を演じるものである。真理または対応といったようなものがあるという認識は，われわれの真理探究においてわれわれを助ける。だが，それはわれわれに真理を発見する手段を与えないし，たとえわれわれが真理を見出しえた場合でさえわれわれが真理を見出したということを確信させる手段を与えるものではない。それゆえ真理の判定基準といったものはないのであり，われわれは真理の判定基準を求めてはならないのである。(＊) われわれは事実との対応としての真理の観念が復権されたという事実に満足しなければならない。この復権はタルスキーによってなされた。そして彼はこれによって実在論的世界観に巨大な奉仕をした，と私は考える。

われわれは真理の判定基準をもたないけれども，またある理論が偽であるということを確信させる手段をもたないけれども，(私が他のところで詳しく説明したように)理論が真であることを見出すことよりも理論が偽であることを見出すことの方がずっと容易である。われわれの理論のほとんど——われわれの最良の理論ですら——が，厳密にいえば，偽であると考えられるまっとうな理由さえあるのだ。なぜなら，それらの理論は事実を過度に単純化または理想化しているからである。しかし，偽なる推測は真理により近くあったり，より遠かったりしうる。こうしてわれわれは，真理への近さ，あるいは真理へのより良きまたはより良くなき近似という観念に——つまり「**真理らしさ**」(*verisimilitude*)という観念に——到達する。この観念が，事実への対応としての真理という観念をタルスキーが復権させたのと同じような方法で，復権されうることを私は論証しようと試みた。(13)

これをするために，私はここで言及したタルスキーの二つの観念を主として用いた。一つは真理の観念である。他の一つは論理的帰結，もっと正確にいうと推測の論理的帰結の集合(セット)，または推測の内容，という観念である。

論理学に真理らしさまたは真理への近似という観念を取り入れることによって，われわれは論理学をさらにいっそう「実在論的」にさせる。それというのも，この観念は，

(＊) 「真理の判定基準」についての同趣旨のポパーの議論は，『開いた社会とその敵』第2巻の「追録」，373—4頁，『推測と反駁』の28頁，226頁などでおこなわれている。

(13) ポパー『推測と反駁』，1963年，第10章および付録。

ある理論が他の理論よりも事実——現実の世界の事実——により良く対応する仕方について語るために用いることができるからである。

　要約しよう。実在論者として私は論理学を，真にして高度に情報的な理論——少なくとも古い理論よりも多くの情報を含み，より良く事実に対応する新しい理論——の探究における（証明のではなく）**批判の道具**とみなす。そして私は翻って批判を，事実の世界についてのわれわれの知識の成長を促進させる主要な手段であるとみなす。

第9章 タルスキーの真理論についての哲学的論評

I.

科学と哲学におけるわれわれの主要関心事は,大胆な推測による真理の探究と,われわれの競合的な諸理論のうちの偽なるものの批判的探究であり,あるべきである。(1)

これは,今から37年前の1934年7月に,ウィーン学団によって主催されたプラーグ〔プラハ〕での哲学会議で初めてタルスキーに会ったときの,私の見解であった。しかしながら,私がタルスキーから彼の真理論について学ぶ以前には,われわれの主要関心事は真理の探究であるという想定についての私の知的意識は,しかく明晰でなかった,ということを私は強調しておかなければならない。私は著書『探究の論理』(1934年)を書き,そのページ組み校正刷を持ってプラーグにいき,タルスキーに見せた,(しかし彼が興味をもったかどうかわからない)。「知への努力と真理の探究とは……科学的発見の最も強力な動因である」。(2) しかし,こう書きはしたものの,私は真理の観念について不安な気持をもっていた。私の書物のなかには,もしそうしたければ,真理の代りに,

---

　* 1971年6月23—30日,カリフォルニア大学でおこなわれたタルスキーの古稀を記念してのシンポジウムでの講話にもとづく。

　(1) 科学におけるわれわれの主要関心事についてのこの定式は,自然科学に関して,本論文の最後の節で,いささか改善される。用語法についてここで一言いっておきたい。
　われわれは「文」,「言明」,「命題」のいずれについて語るべきかという問題は,(主として言葉上のものなので)私には興味がない。「文」(sentences)というタルスキーの用語法に対する主だった批判家たちは,文とはある文法規則にしたがっている言葉の未解釈的なひと連らなりであり,それゆえ真でも偽でもありえない,と主張する。彼らは,タルスキーがはっきり「**有意味な文**」について,また**解釈された言語**についてだけ語っているという事実を看過している。この種の言葉の上だけでの批判に対する私の軽蔑を示すために,私は自分の論敵たちの用語法を端的に採用し,私の論文で「文」ではなく「言明」を一貫して用いることにする。したがって私は,「言明」を解釈された有意味な文または命題の同義語として用いる。

　(2) K. R. ポパー『科学的発見の論理』,第85節,278頁〔訳書の345頁〕。

　(3) 前掲書,第84節。

導出可能性とかこれに類した論理的関係について語ることによって，科学の方法論において真理という語の使用を避けることができる，と書き，真理の概念を常識的で害のないように定義しようと努めた一節がある。(3)

真理の概念に私が不安をもったわけは，いうまでもなく，この概念がしばしば何人かの哲学者によって，もっともな論拠から，攻撃されてきたことである。私をおびえさせたのは，嘘つきのパラドックスなどではなく，対応理論を説明することの困難さであった。何が事実への言明の対応たりうるのか。これに加えて，決して私は支持しなかったけれども，有効に論破できないと感じた見解があった。私がいっている見解とは，われわれが真理について語ろうとするならば，真理の判定基準を与えることができなければならぬ，というものである。真理の判定基準を与えることができなくても真理について語ることは正当である，と私は主張した。しかし私は，真理の判定基準の欠如は真理の概念の論理的正当性への反論根拠として用いることはできないという私の見解を擁護できなかった。

この特殊な不安な思いをこれまで決して書きあらわさないで私はよかったと思う。この不安は，今日では誰でもが気づくように，まったく不当なものであった。今日われわれが知っているように，真理〔の概念〕は，特殊なケースへの適用可能性の一般的基準が存在しないという事実によってはその重要性と正当性とがそこなわれるものでは決してないが，それはなにも真理概念だけに限ったものではない。同じような種類の有名な例は，導出可能性の概念である。われわれは，多くの理論にとって定理性の決定問題が(*)解決不能であることを知っている。決定可能な理論——つまり決定問題がポジティヴに解決できる理論——に限定しないかぎり，個々の特殊なケースにおいてその理論のいわ

---

(4) A. Tarski, *Logic, Semantics, Metamathematics*, Clarendon Press, Oxford, 1956の254頁の注1を特に参照されたい。

(*) 決定問題 (decision problem)——数学や論理学で，ある一群の問題に対する一般的な解答手続きがあるかどうかを問い，かつ，その手続きがある場合にはその手続きを具体的に提示することを求める問題。たとえば，「二つの整数a,bの最大公約数を求めよ」というかたちの問題全体に対しては，ユークリッドの互除法という一般的な解答手続きがあることが示されている。この場合には，決定問題が肯定的（ポジティヴ）に解けているという。これに対し，「命題式aが述語論理の定理であるかどうか見出せ」というかたちの問題に対しては，一般的な解答手続きはありえないことが示されている。このような場合には，決定問題が否定的（ネガティヴ）に解けているという。

れるところの定理が妥当な定理であるか否か——つまりその理論によって用意された論理的手段でもって演繹できるか否か——を決定しうるいかなる判定基準も一般的手続きも存在しない。（私は上の意味において「妥当な定理」，「妥当な導出」などの語を使っている）。

それゆえわれわれは，決定不能な理論について妥当性または定理性の一般的判定基準をもたない。それにもかかわらず，妥当性または定理性の概念は，決定不能な理論についてさえ，まったく明らかである。いわれるところの定理は，もしそれの妥当な導出が存在するならば——その導出がわれわれによって発見されたと否とにかかわらず，あるいは発見されるであろうと否とにかかわらず——その場合にのみ，実際に妥当である。判定基準の欠如は「妥当な定理」という語をあいまいにさせるものでは決してない。むしろ，判定基準の欠如は，この場合には，妥当な導出のどれかが当のいわれるところの定理をもたらすかどうかを見出すためにすべての妥当な導出の無限性をことごとく検査することがわれわれにはできない，ということの直接的な結果なのである。われわれは運よく，いわれるところの定理なるものの証明または反証を発見するかもしれない。しかし，もしわれわれがそう幸運でなければ，その理論に決定手続きの余地がないかぎり，われわれは問題になっている当の定式が定理であるか否かを発見する手段をもたない。

今日では，これらすべてのことは，言及するにたらぬほど瑣末なことである。だが，何らかの概念，たとえば真理の概念は，ある対象がその概念に該当するか否かを決定できる判定基準が存在する場合にのみ論理的に正当なものである，と信じる多くの哲学者がなおいぜんとしているのである。たとえば1967年の『哲学百科辞典』の第3巻のなかの一論文では，科学理論にとって真理の一般的判定基準は存在しないという私の見解が，「真理そのものは幻想にすぎない」という意見を私のものだとする生きのいい，しかしまったく誤った文章に要約されている。同じ『百科辞典』の第2巻では，ヴィトゲンシュタインの後期の著述には「概念はその適用の基準が存在しない場合には空虚である」(6)ということがそれとなく述べられている，と書かれている。

---

(5) *The Encyclopedia of Philosophy*, ed. Paul Edwards, Macmillan, 1967, vol. 3, p. 37.

(6) 前掲書，第2巻，260頁。私の『開いた社会』第2巻，第4版，「追録」1，第3節を参照されたい。

「実証主義」という語は多くの意味をもっているけれども,「概念はその適用の基準が存在しない場合には空虚である」というこの(ヴィトゲンシュタイン的)テーゼは,実証主義的傾向の核心を表わしているものと私には思われる。(その考えはヒュームに非常に近い)。もし実証主義に対するこの解釈が受け入れられるとすれば,実証主義は現代論理学の発展によって,特にタルスキーの真理論——それは,十分に豊かな言語にとっては真理の一般的判定基準はありえない,という定理を含んでいる——によって,反駁される。

この定理は,一方におけるストア学派(およびのちのデカルト学派)と他方における懐疑学派とのあいだの古典的抗争を想起するならば,いうまでもなく,きわめて興味あるものである。これは,論理学またはメタ論理学に属する定理によって古典的な哲学的抗争に決着がつけられたといいうる稀少例の一つである。だがこの例は,哲学者たちのあいだに広く知れわたり理解されているとはいいがたい。

しかし,タルスキーの真理論が哲学的意義をもつということを否定する哲学者たちと論争することがここでの私の意図ではない。そうする代りに,私は,次のことがタルスキーの真理論の帰結であるということを1935年に学んだときの私の大きな喜びと安堵とを思い起したい。

(1) この〔真理の〕概念は,これまで誰も疑問をもたなかった,**それゆえ論理的に正当な**,論理的用語で定義可能である。

(2) この概念は(任意の非普遍主義的言語の)すべての一意的に定式化された(閉じた)言明に適用できる——その否定言明には適用可能でないということを条件として。**それゆえ,その事実にもかかわらず,明らかに空虚ではない。**

(3) 真なる文または真なる理論から導出できるすべての文は確実に真であるけれども,真理の概念はいかなる一般的判定基準とも結びつけられない。

(4) 真なる文のクラスは演繹的体系であり,また

(5) それは,考察に付されている当の言語が十分に豊かであれば,決定不能な演繹的体系である。(この点に関連して,タルスキーはゲーデルに言及している)。

先に述べたように,1934年7月にプラーグで,私は初めてタルスキーに会った。私がウィーンで,カール・メンガーの合同討論会(タルスキーとゲーデルはこのメンバーであった)において再びタルスキーに会ったのは,1935年の初めであった。私はまたこの

第9章 タルスキーの真理論についての哲学的論評

合同討論会でスコーレムやアブラハム・ヴァルト(*)などのすぐれた人びとに会った。私がタルスキーに彼の真理論を説明してくれるように求め、彼がウィーンの民衆公園(フォルクス・ガルテン)のベンチ(忘れえぬベンチ)でおよそ20分にわたる講義をしてくれたのは、この時であった。彼はまた、『哲学研究』(*Studia Philosophica*)の編集者から彼のところに送られてきたばかりの、真理の概念に関する彼の偉大な論文のドイツ語訳〔「形式化された言語における真理概念」〕の一綴りの校正刷をも見せてくれた。私がこれからどれほど多くを学んだかは述べつくせないし、それに対する私の感謝の気持はいかなる言葉をもってしても書きあらわせない。タルスキーは私よりほんのわずか年長であったにすぎず(*)、またわれわれはこの時代にかなり親しい間柄であったけれども、私は彼を哲学における私の師として真に尊敬することのできる人とみなした。私は他の誰からもこれほど多くのことを決して学ばなかった。

それにもかかわらず、いくつかの些細な点で、私は彼と意見を異にする。私はつねに常識的哲学者であり、常識的実在論者である(7)。常識はしばしば誤っている——おそらく、正しいよりもずっとしばしば誤っている——が、批判によって常識のどこが誤っているかを見出すことをしさえすれば、哲学においてわれわれが常識から出発しなければなら

(*) スコーレム (Thoralf Skolem 1887—1963) はノルウェーの数学者、論理学者。集合論におけるスコーレムのパラドックスや述語論理学におけるスコーレム標準形などで有名である。ヴァルト (Abraham Wald 1902—1950) はルーマニア生れのアメリカ数理経済学者、推計学者。ミーゼスの「コレクチーフ論」の無矛盾性を明らかにし、統計的仮説逐次検定法や統計的決定関数論を創始した。

(*) タルスキーは1902年1月14日生れであり、ポパーは1902年7月28日生れである。

(7) 私は言葉の二つの意味において実在論者である。第一に、私は物理的世界の実在性を信じている。第二に、私は論文「認識主体なき認識論」、「客観的精神の理論について」および「論理学、物理学、および歴史についての一実在論者の見解」(現在では、それぞれ、本書の第3,4,8章)で説明したように、理論的なものの世界が実在的だと信じているからである。これらの論文で、私は本質主義——概念の実在性——に反対を唱えたが、しかし**問題、理論、誤謬**、等々の実在性を主張している。

　(第一の意味ゆえに、私は自分自身を、私が物質の実在性を信じている限りで、唯物主義者といえさえするが、しかし「唯物主義」が(延長ある)物質は究極的なものあるいはそれ以上還元できないものだとか、それだけが実在的だとする見解であるという意味においては、私は唯物主義者でないと強調する。反対に私は、ライプニッツ、ボスコーヴィッチ、カントによって初めて示唆されたような、物質の延長を力といった強さによって説明する真なる物質理論がありうると信じている)。

ないのは明らかだ，と主張するのは常識的である，というのが私の態度であった。私は現実の世界に，宇宙(コスモス)に関心をもった。私は哲学上のすべての観念論，実証主義，あるいは中立主義にさえ，徹底的に反対した。もし日常生活からわれわれがきわめて表面的に知っている世界と同じくらい豊かな，またよりいっそう豊かな，現実的世界がなかったとしたら，そしてこの世界の研究が哲学の主要課題でなかったとしたら，私は哲学に興味をもたなかったであろう。(*) 実在論に対するタルスキーの態度がどのようなものであったか，私にははっきりわからなかった。彼はコタルビンスキーの「具体主義」によって，(**) しかしまたウィーン学団の実証主義によって，影響されているように見えた。そして彼は自分の真理の概念の中立性を強調した。

私は批判的な常識的実在論者であり，それゆえ自分が「形而上学的」理論を支持しているのだという事実を意識しているものであったから，タルスキーの真理論の実在論的(8)側面——そういう面があるということを彼は否定したかもしれない（と私の思う）側面(9)——にいたく関心をもった。

タルスキーの理論は，周知のように，そして彼が第一に強調したように，真理とは事実との対応であるという古典的理論の**復権**であり，精緻化である。そしてこれは形而上

　　(*)　ポパーのこの見解は，『科学的発見の論理』英訳版の序文(1958年)の冒頭（訳書13頁）で，また『推測と反駁』の第5章の初めのところ（136頁）で，ほとんど同じ言葉で，述べられている。

　　(**)　コタルビンスキー（Tadeusz Kotarbiński 1886— ）はポーランドの指導的な哲学者，論理学者。彼の主張する「具体主義」(concretism または reism) は形而上学的教説と意味論的教説との両者を含み，前者の特徴は唯物主義で後者の特徴は唯名主義である。彼によれば，諸事物は固くまたは柔かく，白くまたは黒くありうるが何物も固さ，柔かさ，白さ，黒さではない。「具体的な個々の対象だけが存在する」という命題が具体主義の基本である。したがって「aが存在する」という表現は「あるものは一つのaである」と同じ意味をもつ。意味論的具体主義にあっては，具体的対象の名称だけが真正な名称であり，関係・性質・出来事・事実・命題・集合の名称は対象なき見かけ上の名称にすぎない。それゆえ，このような虚構的な名称を含み，性質・関係・事実などの存在を含意する文は文法的に有意味な文だとしても，具体主義の見地からすれば「変装したナンセンス」である。適切な変形によって，このような文がいかなる見かけ上の名称も含まぬ等値の表現に還元できる場合にだけ，それらの文は具体主義的にいって有意味となり，真か偽かになる。

　(8)　私の『科学的発見の論理』，252頁，注＊1の本文〔訳書313頁〕を参照。

　(9)　A. Tarski, 'The Semantic Conception of Truth and Foundation of Semantics', *Philosophy and Phenomenological Research*, **4**, 1944, pp. 341—76. 特に第19節を参照。

学的実在論を支持するものだと私には思われる。タルスキーの理論は，同時にまた，この対応理論に対する古典的批判のいくつかの復権であり精緻化でもある。というのは，彼の理論は，対応理論はパラドキシカルではないかと疑った人たちがどの程度まで正しかったかを指摘しているからである。この後者の部分は，対象言語（L_0）の意味論（L_1）——つまり「L_0において真」という概念を定義可能な概念として含んでいるメタ言語——は対象言語（L_0）よりも本質的により豊か（より高度の階層のもの）でなければならないというタルスキーの説によって，本質的に，解決される。

　対象言語L_0は，われわれが知っているように，それ自身の構文論（シンタックス）および，とりわけ，すべてのそれ自身の表現の叙述的名称を含みうる。しかしL_0は，アンチノミーの危険をおかすことなしには，外延，満足，あるいは真理といったとりわけ意味論的な名辞——L_0の表現の名称を，これらの表現が言及する事実または対象に相関づける概念——を含みえない。

　すべてこれらのことは，そのご多年にわたって展開された私のもろもろの思想への素材を与えるものであった。私はこれら思想のいくつかを簡単に述べてみたいと思う。

II.

　もし，タルスキーの理論が示唆するごとく，真理が事実との対応であるとすれば，われわれは暫くのあいだ真理という言葉をまったく棄てて，その代りに「言明とそれが叙述する事実との対応」についてだけ語ることにしよう。タルスキー以前のすべての真理の対応理論をきわめて疑義あるものにさせた——対応理論の常識的で実在論的な性格の

　（＊）　記号論において，記号自体の研究，つまりどんな記号をどう組合せたら別の記号になるかというような，記号を記号として扱う学問は構文論（syntax）と呼ばれる。これに対して，記号が何を指し示すか，あるいはどんな記号が対象を指示するかというような記号の意味について考える学問が意味論（semantics）である。命題についていえば，いくつかの命題をある規則にしたがって（つまり変形規則にしたがって）変形し，ある命題を得るという操作は，記号としての命題の意味を考慮することなくおこなえるものであるから，構文論の問題といえる。しかし，与えられた命題が真であるか偽であるかということは，記号の範囲内では解決できない。つまりそこでは記号としての命題とその指し示す対象とのあいだの関連いかんがまさに問題になるのである。このように，記号と外界との関係を明らかにするのが意味論の任務である。この意味論は，タルスキーの1935年の論文によって先鞭をつけられ，カルナップ，チャーチらによって引き継がれ，現代論理学の不可欠の分野になっている。

ゆえに，この理論を価値あるものと認めた，私自身のような人たちにとってさえ疑念を抱かせた———のは，この対応を発見し説明することの困難さであった，と私は思う。
(10)

　さて，胆っ玉を太くもち，事実に対応する言明が存在すると本気に考えよう。この〔言明と事実との対応という〕事態を扱ういかなる理論も，(1) ある言語———考察に付されている言語，あるいは対象言語と呼ばれるもの———の言明と，(2) 事実および事実といわれるもの，について語ることができなければならない。
(11)

　(1)　言明について語るためには，われわれは言明の**名称**，たとえば言明の**引用名称**または**叙述名称**をもたなければならない。このことは，いかなる対応理論もメタ言語———つまり目下考察されているある対象言語について論じたり語ったりすることのできる言語———で定式化されなければならない，ということを意味する。

　(2)　言明と事実との何らかの関係について語るためには，われわれは事実の叙述を

---

　　(10)　詳細については，『推測と反駁』の233頁を見られたい。〔訳者補記：『科学的発見の論理』の第84節でポパーは「科学の論理において＜真＞および＜偽＞の概念を使用しないでやっていける」と書き，注＊1で「ある言明について，それが事実（または実在）と一致（対応）しているというとき，一体われわれは何を意味しうるのか。この一致が構造的類似性でありえないことがわかれば，この一致を説明することは絶望的のように思われる。その結果，われわれは真理の概念について懐疑的になり，この概念を使わぬ方がよいとするようになる。この一見絶望的な問題をタルスキーは（形式化された言語との関連において），一致という仕末におえぬ概念をより単純な概念（「満足」または「充足」の概念）に還元することによって解決した。タルスキーの教示のおかげで，私はもはや＜真理＞および＜偽＞について語るのをためらわない。そして私自身の考えは，当然のことながら，タルスキーの絶対的真理論と矛盾しないことがわかった」と述べている。さらに『推測と反駁』の223頁ではこう書かれている。「当時の私の態度は次のようなものであった。すなわち，ほとんどすべての人たちと同じように，私は真理———事実との対応としての真理———の客観的理論または絶対的理論または対応理論を受け入れたけれども，私はそれを話題にのぼせるのを避けようとした。言明と事実との対応という，この奇妙にとらえにくい観念をはっきり理解しようと努めることは望みないように思われたからである」と。そして「なぜ事態がしかく絶望的にみえたか」を思い起すために，前章の論文で挙げられたヴィトゲンシュタインの写像論やシュリックの対応論に言及している。

　　(11)　「対象言語」という用語は，そもそもは「（物理的）対象について語っている言語」を意味するために導入されたのだと思われる。私はこの語を「研究の対象であるところの言語」という意味で用いる。対象言語は，メタ言語において定式化された理論によって研究される。（このことは，いうまでもないことながら，メタ言語には無限の階層がある〔メタ言語のメタ言語，メタ・メタ言語のメタ言語，メタ・メタ・メタ言語のメタ言語，……〕という考えを生み出す）。

もたなければならない。つまり対象言語で叙述できるすべての叙述をメタ言語で叙述できなければならない。あるいは，メタ言語は対象言語を**自分自身の一部**として含まなければならない。(忠実な翻訳といったものが存在するかどうかという不愉快な問題を回避する方法)。

こうして，言明と事実との対応を扱う，それゆえ言明と事実との何らかの関係を扱う理論は，通常の論理語とは別に，三つのタイプの表現をもつメタ言語で定式化されなければならない。すなわち，

(1) 言明の名称，つまりある対象言語の言語的表現の名称。これらの対称言語の「形態学（モルフォロジー）」または「構文論」の一部である。

(2) その対象言語で論じられている事実（非事実を含む）を叙述する言明。つまり対象言語のメタ言語への翻訳。(翻訳の落し穴を避けるために，先に示唆したように，対象言語をメタ言語の一部にさせることができる)。

(3) これら二つの基本的なタイプの表現に加えて，第三のタイプがある。すなわち，これら二種類の基本的表現の述語，ならびに両種の表現のあいだの関係——たとえば，「x は事実に対応する」といった述語や，「もし y ならば，その場合にのみ，x は事実に対応する」といった関係——を表示している名辞。(この最後の種類の名辞は意味論的なものであり，この名辞が言及する対象言語よりも高次の階層のものである)。

これらは，対応理論を定式化することのできるいかなる言語にとっても，ほとんど自明な三つの最少限必要不可欠なものである。

これら三つの最少限の要求を満たしている言語を，タルスキーは「意味論的なメタ言語」と呼んだ。

タルスキーの業績の偉大さと大胆さは，彼がこれら最少限要件を発見し，また彼が (3) で指摘した述語や関係——これらのものがもろもろの表現を事実の世界に相関づける——が，われわれの自由にしうる対象言語の手段を本質的に超えたものであることを見出した点にある，と私は認める。[12]

ひとたびわれわれがこれら三つの部類の表現を自由になしうるならば，われわれが意

---

[12] 哲学的に見るとほんの一寸だけ重要さが劣るけれども，(3) で挙げられた諸名辞についての一つの結論は次のことである。すなわち，メタ言語の名辞としての資格においては，それらは (1) で挙げられた諸名辞と同じ形態学的性格をもつ，ということがそれである。つまり，

味論的なメタ言語で次のような主張をできることは明らかである。すなわち，

　　　P は，もし p ならば，その場合にのみ，事実に対応する。

　この場合，'P' といった大文字イタリックは対象言語で事実を叙述している言明のメタ言語的**名称**を表わす変項であり，また対象言語で事実を叙述している言明のメタ言語的**翻訳**が 'p' といった対応する小文字イタリックで表現されている。タルスキーの真理論を教える場合，**真理**について語るよりも，このような仕方で**事実との対応**について語った方が，私や少なくとも私の学生の何人かにとっては，わかりよくなることを私は見出した。ついでにいっておくと，私はまた，われわれの例のなかに対象言語の**偽言明**を用いると問題がもっとわかりやすくなることをも見出した。

　ドイツ語をわれわれの対象言語とし，日本語をわれわれのメタ言語とする。そしてドイツ語の文 '*Der Mond besteht aus grünem Käse*' の日本語の翻訳が「月はグリーン・チーズで出来ている」であることを思い出そう。これらの偽言明を使ってわれわれはもちろん真なる意味論的主張を構成できる。すなわち，

　　「ドイツ語の言明 '*Der Mond besteht aus grünem Käse*' は，もし月がグリーン・チーズから出来ているならば，その場合にのみ，事実と対応する」。

　しかし，対象言語の偽言明を用いることは，さして重要なことではない。これに反して，（真理の代りに）事実との対応について語ることは，何人かの学生にとって大いに助けになりうると思われる。このような語り方をすれば，小文字イタリックで書かれた変項 'p' にとって代っている言明がある事実（または事実だと称されるもの）のメタ言語の表現——つまり対象言語においても叙述されるある事態のメタ言語的叙述であり，またそうでなければならないこと，およびその理由を，彼らによりはっきり理解させることができる。

III.

　真理についてのタルスキーの著名な論文の第二パラグラフには，真理を定義する場合に意味論的な（つまり言語的表現を，表現された事実と関係づける）何らかの概念を用[13]

　それらはメタ言語において展開される形態学に属するものである（対象言語の形態学または構文論を含み対象言語それ自体において展開されうる部分に属するものではないにしても）。

　(13) ウッジャーの英訳 *Logic, Semantics, Metamathematics*, Clarendon Press, Oxford, 1956, の152頁を参照。

いる必要がないというタルスキーの主張がある。ところが，彼は「満足」という概念の助けをかりて真理を定義しており，この〔「満足」という〕概念は明らかに意味論的なものである（タルスキーの『論理学，意味論，超数学』のxv，401頁の彼の論文の第一パラグラフで彼自身がそう表示している）から，注意深い読者でさえが最初はいささか当惑したとしても無理からぬことである。この当惑は次のようにして解消されるであろう。ある対象について述べている十分に豊かな言語は（タルスキーとゲーデルによって独立に発見された結論にしたがえば）それ自身の「形態学」または「構文論」を含みうるけれども，（タルスキーが論証したように）いかなる無矛盾的言語もそれ自身の意味論を定義する手段を含みえない。タルスキーが彼の定義のために必要としたものは，すでに見たように，対象言語の意味論を含むところの，対象言語よりも高次の階層にある意味論的メタ言語である。しかし，対象言語に関して意味論的用語であるところの名辞は，メタ言語そのものの内部においては他の形態学的または構文論的な名辞と同じ身分をもちうる。したがって対象言語L_nの意味論は，より高次の階層のメタ言語（たとえばL_{n+1}）の構文論の部分でありうる。非形態学的または非構文論的性格をもったいかなる名辞も，L_{n+1}に登場する必要はない。このことは，L_nの意味論をL_{n+1}の構文論に還元することに等しい。

この点は一般哲学的に興味あるものである。意味論的用語が疑問視されたからばかりでなく，疑わしい性格の名辞を，容認された性格の名辞に還元することは注目に価するからである。いずれにせよ，L_nの意味論に属する名辞をL_{n+1}の非意味論的名辞に還元するタルスキーの業績は一切の疑惑の根拠を取り除く。

この還元は重要であると私は認める。われわれが（疑義のない）確立された部類の名辞を基礎にしてまったく新しい（そして疑義のある）部類の名辞を導入できるということは，哲学における稀有の出来事だからである。それは疑惑視された名辞の名誉を救う行為であり，復権である。

他方，私は，定義および還元可能性の問題を，哲学的にさして重要なものとはみなさない。もしわれわれが名辞を定義できないならば，その名辞を無定義的名辞として用いても何ら支障はない。いくつかの無定義的名辞の使用は正当であるばかりでなく，不可避的である。それというのも，すべての定義された名辞は，究極的には，ある無定義的名辞の助けをかりて定義されなければならないからである。(14) 私の意見では，タルスキーの仕事を哲学的にきわめて重要なものにさせているのは，「真」を定義するための方法につい

ての彼の成功的な叙述ではなく，**真理の対応理論の復権**であり，対象主語ならびにその構文論よりも豊かな意味論的メタ言語の本質的必要性をひとたびわれわれが理解すれば，もはやいかなる困難も伏在しない，ということの証明である。もしわれわれが好むならば，(R.M. マルティンがやったように) 原始的な意味論的名辞でもって出発できる——それらを注意深く回避する代りに——ことは，まったく明らかである。そうしたとしても，われわれは本質的に同じ意味論的真理論または事実との対応理論を達成するであろう。しかし，いかなる特殊な意味論的名辞からも自由な意味論的メタ言語を提供するタルスキーの理論がなければ，意味論的名辞への哲学者の疑惑は克服されなかったであろう。

IV.

先に述べたように，私は実在論者である。私は，カントのような観念論が**すべての理論は人工的なものである**といい，われわれはこれらの理論を自然の世界に押しつけるのだといっているところまでは，これを擁護できると認める。しかし，われわれの人工的理論が真であるか否かという問題は現実的事実——ごくわずかの例外を除いて明らかに人工的でない現実的事実——に依存する，と主張する点において，私は実在論者である。われわれの人工的**理論**はこれらの現実的**事実**と衝突しえ，それゆえわれわれは真理の探求においてわれわれの理論を調整または放棄しなければならないことがありうる。

タルスキーの理論は，事実との対応として**真理を定義する**のを可能にさせる。しかしわれわれは，真なる言明として**実在を定義する**ために，タルスキーの理論を用いることもできる。たとえば，われわれは**現実的事実**，つまり現実的である (といわれる) 事実を**現実的でない (といわれる) 事実**から (つまり非事実から) 区別できる。あるいはもっと正確にいえば，グリーン・チーズから出来ている月といったような，いわれるところの事実なるものは，もしその事実を叙述している言明——この場合には「月はグリーン・チーズから出来ている」という言明——が真であるならば，その場合にのみ，現実的事実である，とわれわれはいうことができる。しからざれば，いわれるところの事実

---

(14) それゆえタルスキーは，真理の概念が定義のやり方によってではなく，公理のやり方で導入されうることを強調した。

(15) R. M. Martin, *Truth and Denotation, A Study in Semantical Theory*, Routledge and Kegan Paul, London, 1958 を参照。

は，現実的事実でない（あるいはそういいたければ，それはまったく事実でない）。

　タルスキーが「真理」という語を「真なる言明（または文）の集合」に置き換えるのを可能にさせたのとまったく同様に，われわれは「実在」という語を「現実的事実の集合」によって置き換えることができる。

　それゆえ，もしわれわれが真理の概念を定義できるならば，われわれはまた実在の概念を定義できる。（もちろん，タルスキーの著述における言語の階層の問題と類似的な階層の問題が生じる。特に彼の『論理学，意味論，超数学』の補遺，268—77頁を参照されたい）。このことは，「真理」という語があれこれの意味で「実在」という語よりも基本的であるといおうとしているものではない。私はこのようないかなる示唆をも拒否したい。それというのも，このような示唆には観念論的なにおいがするからである。私がいっているのはただ，もし「真理」を「実在との対応」と定義することが可能ならば，「実在」を「真理との対応」と定義することも同様に可能である，ということである。そして私は実在論者であるから，実在の概念が真理の概念と同様に，いかなる理由からも「空虚な」なまたは疑わしいものではないということに自信をもちたい。

V.

　私のような高級な知識をもたない哲学者にも近づきうるタルスキーのより古い理論のうちに，彼の体系算がある。私の記憶が正しいとすれば，タルスキーが体系算についての彼の論文を完成した1935年に，私はパリにいた。私はこの論文に最大の興味をもった。

　私は，タルスキーの真理に関する論文のきわめて明白な結論のいくつかを，彼の体系算の論文と組み合せようと試みた。われわれは直ちに次のような最も瑣末な定理を得る。この定理では，語られる言語は普遍主義的なものでないと仮定されている。

　定理。任意の言語の真言明の集合 T は，タルスキーの体系算の意味における演繹系である。それは完全である。

---

　(16)　ポパー『推測と反駁』〔の第3章「知識に対する三つの見方」〕のアレクサンドル・コイレ〔ロシア生れのフランスの哲学者，科学史家。1892—1964）への謝辞の付された116頁の注33〔訳書303頁〕を参照。

　(17)　タルスキーの前掲書，342—83頁を参照。

演繹系として，T は帰結クラスである。つまり，それはそれ自身の論理的諸帰結のクラス $Cn(T)$ と等しい（$T=Cn(T)$）。それは，T に属さない言明が T に加えられるならば非整合的なクラスが結果するという意味において，完全系である。

定理。任意の十分に豊かな言語の真言明の集合は，タルスキーの体系算の意味における公理化不能な演繹系である。

これら二つの定理はまったく瑣末なものであり，また以下では問題にされる当の言語がこの定理の第二のものを満足するにたるほど豊かであると仮定される。

ここで私は新しい概念，つまり言明 a の**真理内容**という概念を導入する。

定義。任意の言明 a から帰結するすべての真言明の集合は，a の**真理内容**と呼ばれる。それは演繹系である。

定理。任意の言明 a の真理内容は，公理化可能な系である（$A_T=A$）。任意の偽なる言明 a の真理内容は，演繹系である（$A_T \subset A$，この場合，A_T は，当の対象言語が十分に豊かであるならば，公理化不能である）。

この定義とこの定理は一般化できる。タルスキーの演繹系算は，言明算の一般化とみなせる。というのは，すべての言明（または論理的に等値な言明のクラス）a には，次のような（有限の）**公理化可能な**系が対応するからである。

$$A=Cn(A)=Cn(\{a\});$$

そして，この逆も成り立つ。つまり，すべての公理化可能な演繹系 A には，言明（または論理的に等値な諸言明のクラス）a が対応する。しかし公理化可能でない演繹系または帰結クラスもあり，それゆえそれらを帰結クラスとするいかなる言明または言明の有限クラスもないから，言明から帰結クラスまたは演繹系への移行，あるいは言明算から体系算への移行は，一般化といえる。

それゆえ，より一般的には，すべての帰結クラスまたは演繹系 A について，もし A が真言明だけから成る場合，その場合に限って A と相等しい，そしていかなる場合にも A の部分系である，系 A_T つまり A の真理内容をわれわれはもつ。明らかにそれは，集合 A と T との積クラスまたは交わり（meet）である。

---

(18) タルスキーが 'T_r' と書いている真言明のクラスを 'T' と書いている以外は，私はタルスキーの用語法にしたがっている。（特に演繹系を表示するために大文字イタリックを用いることにおいて，そうである）。

a または A の**真理内容** A_T に対応する，a または A の**偽内容** A_F と呼びうるものも存在するかどうかという問いが出されるかもしれない。思いつく明白な示唆は，演繹系 A に属するすべての偽言明のクラスを A の偽内容と定義することである。しかしこの示唆は，もしわれわれが（私の示唆するように）「内容」という語を「演繹系」または「帰結クラス」の第三同義語として用いるならば，必ずしも十分でない。なぜなら，偽言明だけから成り立っていると想定されるこのクラスは，演繹系でないからである。すべての演繹系 A は真言明を――実際，無限の真言明を――含み，またそれゆえ A に属している偽言明だけから成り立っているクラスは内容たりえない。

言明 a または帰結クラス A の偽内容 A_F という観念を導入するためには，B が与えられたときの A の相対的内容という観念に後返しし，それをタルスキー的演繹系または（**絶対的**）**内容** $A=Cn(A)$ の一般化として導入できる。私はこの観念を説明し，またありうべき直観的な批判を考慮に入れて，**内容測度**という観念をも導入するであろう。最後に，私は真理内容および偽内容の測度の観念の助けをかりて真理への近似または真理らしさという観念を導入する。

VI.

タルスキーはより大きい演繹系または帰結クラスとより小さいそれとについて語っている。実際，（ある所与の言語の）演繹系の集合は，包摂関係――これは演繹可能性関係と一致する――によって部分的に順序づけられる。タルスキーが体系算に関する彼の論文のなかでおこなった次の指摘は，帰結クラスまたは内容または演繹系の一般化への手がかりとして用いることができる。「……演繹系のうちには，最小のものが存在する。つまり，すべての他の演繹系の部分系であるところの系である。それは系 $Cn(O)$，空集合の諸帰結の集合である。この系――ここでは簡単のために 'L' で表わす――は，すべての論理的な妥当な文の集合として（あるいは，より一般的には，われわれの……研究の対象である演繹理論の構成を企てるときに最初からわれわれが真として認めるようなすべての文の集合として）解釈できる」。[19]

このことは，「構成を企てるときに**最初からわれわれが真として認める** ようなすべて

---

(19) A. Tarski, *Logic Semantics, Metamathematics*, Clarendon Press, Oxford, 1956, p. 343.

の文の集合として」のゼロ系以外の系をわれわれが用いうることを示唆している。前に
やったように，われわれがその内容に関心をもっている演繹系をば変項 'A' で，「最初
からわれわれが真として認めるようなすべての文の集合」を変項 'B' で表わそう。そう
すると，われわれはタルスキーの $Cn(A)$ の相対化として

$$Cn(A, B)$$

と書ける。これは $B=L=Cn(0)$ のときの特殊ケースとなる。つまり

$$Cn(A)=Cn(A, L)$$

タルスキーが '$Cn(A)$' の簡略化として 'A' と書くのとまったく同様に，われわれは
'$Cn(A, B)$' の簡略化として 'A, B' と書ける。そうすると，タルスキーから引用した
章句は次のことを示唆する。

定義：$A, B = Cn(A, B) = Cn(A+B) - Cn(B)$

これは明らかに次のことに導く。

定理。$A = Cn(A) = A, L = Cn(A, L) = Cn(A+L) - Cn(L)$

相対的書法に限定すれば，われわれは真理内容について次を得る。

$$A_T = A_T, L = Cn((A\ T)+L) - Cn(L)$$

また偽内容について

$$A_F = A, A_T = Cn(A+A_T) - Cn(A_T) = Cn(A) - Cn(A_T)$$

を得る。これは偽内容 A_F を，その外延が（そもそも示唆されたように）A のすべての
偽言明のクラスと一致する相対的内容に変えるものである。

VII.

偽内容 A_F を相対的内容 A, A_T として定義することに対して，次のような反論がでる
かもしれない。この定義は，L を最小の系またはゼロ演繹系としているタルスキーから
の引用文によって直観的に支えられている。しかし，われわれの定義

$$A = A, L = Cn(A+L) - Cn(L),$$

においては，われわれはゼロという言葉を余りにも文字通りにとりすぎている。われわ
れは L が，'$-Cn(L)$' というわれわれの表現を考慮に入れるならば，文字通りに空であ
る集合としてではなく，測度ゼロの集合と解すべきであり，さもなければわれわれの定
義によりもはや存在しない——なぜなら，それは差し引かれたものである（それゆえ A

の非論理的言明だけが残されるという意図されなかったことが生じる)からである——ということがわかる。

この反論をまじめにとるにせよとらぬにせよ，もしわれわれが内容または帰結集合 $Cn(A)$ または $Cn(A, B)$ の代りに，**内容の測度** $ct(A)$ または $ct(A, B)$, でもってやっていくことに決定すれば，いかなる場合にもこの反論は消えてしまう。

1934年にタルスキーは，彼の体系算にもとづいたステファン・マズルキェーヴィッチに由来する，演繹系 B が与えられた場合の演繹系 A の相対的確率の計算の公理化に，プラーグの会議の注意をうながした。このような公理化は演繹系または内容 $A, B, C, ...,$ の測度関数の導入とみなすことができる。この特殊な関数，確率関数[20]

$$p(A, B)$$

は，相対的内容が増大するにつれて増大するにしても。このことは，次のような定義による内容測度の導入を示唆する。

定義: $ct(A, B) = 1 - p(A, B)$

これは相対的内容の増減にともなって増減する。(他の定義ももちろん可能だが，この定義は最も単純で最も明白な定義だと思われる)。ここから直ちにわれわれの先の結果に対応する次式が得られる。

$$ct(L) = 0$$
$$ct(A_T) = 1 - p(A.T, L) = 1 - p(A.T)$$
$$ct(A_F) = 1 - p(A, A_T)$$

これは，真理内容とともに増大し偽内容とともに減少するという仕方で，言明 a の**真理らしさ**の観念を導入できることを示唆する。これはいくつかのやり方でおこなえる。[21]

---

(20) タルスキーは S. Mazurkiewicz, 'Über die Grundlagen der Wahrscheinlichkeitsrechnung I', *Monatshefte f. Math. u. Phys.*, 41, 1934, pp. 343—52 に言及している。タルスキーの体系算がつとに1930年にポーランドの数学者たちに知られていたことは，この論文の344頁の注 2 からわかる。マズルキェーヴィッチの体系は，私自身の体系(『科学的発見の論理』，326—58頁〔付録＊iv「確率の形式的理論」〕) とは対照的に，ある有限主義的性格をもっている。私の体系はさまざまな仕方で，たとえば演繹系の確率の計算として，解釈できる。

本書で私は，確率，内容，真理らしさといったような測度関数の記号として小文字イタリック——たとえば $p(A), ct(A), vs(A)$——を使っているが，私が初めて後二者の測度関数を扱った『推測と反駁』の付録においては C_t および V_s と書いたことをいっておきたい。

(21) ポパー『推測と反駁』，追録3，391—7頁を参照されたい。

最も明白なやり方は，$ct(A_T)-ct(A_F)$をAの真理らしさの測度とすることである。しかし，私がここで論じるつもりのない理由から，真理らしさ$vs(A)$をある正規化要素によって倍加されたこの差分によって定義する方がいささか好ましい，と私には思われる。次のようなものがそれである。
$$1/(p(A_T, L)+p(A, A_T))=1/(2-ct(A_T)-ct(A_F)).$$
このようにして，

定義：$vs(A)=(ct(A_T)-ct(A_F))/(2-ct(A_T)-ct(A_F))$

が得られる。もちろん，これはp表記でも書ける。
$$vs(A)=(p(A, A_T)-p(A_T, L))/(p(A, A_T)+p(A_T, L)).$$
これは　　　　　　　$-1\leqslant vs(A)\leqslant +1$　　　　　　　　　に

特に　　　　　　　　$vs(L)=0$　　　　　　　　に導く。

つまり，真理らしさの測度は，何も言わないことによって達成されうるようなたぐいの真理への近似の測度（これは内容の欠如，または確率によって測れる）ではなくて，より大きな真理内容をもつことをつうじての「完全な真理」への接近である。この意味における真理らしさは，二つの理由から，真理以上に科学の——特に自然科学の——より適切な目的であると私はいいたい。第一に，たとえ $L=L_T$ であるとしても，われわれはLが科学の目的を表わしているとは考えないからである。第二に，われわれは，偽であると考える諸理論を，もしそれらの真理内容が偽内容を十分に上回っていると考えられるならば，他の諸理論よりも，Lのような真なる理論さえよりも，まさるものとしてひいきにしうるからである。

われわれはこの最終節で，**真理へのより良きまたはより悪しき近似である諸理論**について，ナンセンスを語るおそれなしに，語ることを可能にさせる真理らしさの概念を獲得するため，タルスキーの真理論を彼の体系算と組合せるプログラムを簡単にスケッチしたにすぎない。もちろん私は，この概念の適用可能性の判定基準がありうるなどとは——真理の概念に判定基準があると考えないのと同様——示唆するものではない。しかし，われわれのうちの何人かは（たとえばアインシュタイン自身）しばしば次のようにいおうとする。すなわち，われわれはアインシュタインの重力理論が真でないと推測する理由をもっているが，しかしアインシュタインの理論はニュートンの理論よりも真理への**より良き近似**である，と。このようなことをやましい心なくいいうるということは，

自然科学の方法論の大要件だと私には思われる。

追録　タルスキーの真理の定義についての覚え書

真理の概念についての有名な論文のなかでタルスキーは真理の概念，あるいはもっと正確にいうと，「x は（言語 L の）真言明である」という観念，を定義する方法を叙述している。その方法は，まずもって，集合算の言語に適用されるが，しかしいくつかの経験的理論の形式化を可能にさせるであろうような言語をも含めて，多くの異なった（形式化された）言語に，まったく一般的に適用できる方法である。彼の方法を特徴づけるものは，「真なる言明」の定義が**満足の関係**の定義に，あるいはより正確にいうと，「無限系列 f は言明関数 X を満足する」という文句の定義に，基礎づけられていることである。**この満足の関係は，真理の定義にとって死活的である**（そして満足の定義から真理の定義への移行がほとんど何の問題もなくおこなわれる）という事実とはまったく別

　　＊　*Mind*, **64**, N. S., 1965に初出。カギカッコ（〔　〕）内の注意および若干の新しい太文字といくつかのわずかな文体上の訂正のほかは，私のした変更は次のものだけである。ウッジャーの1956年の英訳にしたがい，私は今では 'fulfil' と 'fulfilment' 〔「充足する」，「充足」〕などを 'satisfy' と 'satisfaction'〔「満足する」，「満足」〕に置き換えている。その結果として，私は定義22で私の以前の 'satisfies' を二度 'complies with' 〔「……に従う」〕に変えた。この「覚え書」の本文の最後の言葉を「無限系列」から「無限諸系列」に変え，ウッジャーの英訳の頁数と他の参照指示を挿入した。〔すべての追加はカギカッコされている〕。そのほかは，私はこの追録を初出のときのままにしておいた。

　(1)　A. Tarski, 'Der Wahrheitsbegriff in den formalisierten Sprachen' (*Studia Philosophica*, vol. i, 1935, pp. 261ff.). 〔'The Concept of Truth in Formalized Languages, in A. Tarski, *Logic, Semantic, Metamathematics*, 1956 第VIII論文，152〜278頁〕を参照。タルスキーが 'Aussage' および 'Aussagefunktion' を 'sentence'（文）および 'sentence-function'（文関数）と訳すのを好んでいることを私は承知している（しかし私はここでは 'statement'（言明）および 'statement-function, (言明関数) を使っている）。また，オクスフォードのクラレンドン社から間もなく出版予定のタルスキーの論理学的諸論文の J.H. ウッジャー教授の英訳でこれらの用語〔文および文関数〕が用いられていることも承知している。〔この英訳は1956年に出版された。このほか私の訳とウッジャーの訳とのあいだには若干の相違がある〕。

　(2)　前掲書，311 〔193〕頁，313 〔195〕頁を参照。言明関数〔または文関数〕のクラスが諸**言明**の，つまり**閉じた**諸言明関数の，クラスを包含することに注意されたい。

に，**それ自体において興味あるものである**。この覚え書は，満足を定義するに際して**無限系列の代りに有限系列を用いる問題**に関するものである。これは，この理論を経験科学に適用するという観点からも，またこの理論を教えるという観点からも，望ましいものだと私は信じる。

　タルスキー自身，無限系列の代りに可変的長さの有限系列を用いる方法を簡単に論(3)
じている。しかし彼は，これらの代替的方法にはある種の短所があることを指摘している。第一の代替方法は，満足の定義（定義22）に「相当の［あるいは「かなり深刻な」］複雑さ」をもたらし，第二の代替方法は「空系列」または「ゼロ長さの系列」という観(4)
念の助けをかりての真理の定義（定義23［195頁］）にいたるという点で「ある種の人為的不自然さ」という欠点がある，と彼はいう。私がこの覚え書で指摘しようと思うことは，タルスキーの手続きをいささか変形すれば彼が懸念した複雑さとか人為性（たとえば空系列）におちいることなく有限系列でもってやっていける，ということである。その方法は，タルスキーの定義22［193頁］の条件 (δ) のきわめて自然な手続きを保存すること（それゆえまた，検討に付されている言明関数の**自由変項**の数に等しい度合の関係――または属性――を導入するという回り道を避けること）を可能にさせる。タルスキーの方法の私の変形は，ささいな変形である。しかし，タルスキーがかなりの欠点をもつ他の変形については言及しているもののこの変形については何も述べていないという事実にかんがみれば，このおそらくはいささかの改善と思われるものを叙述することは(5)
価値があろう。

---

　　(3)　第一の代替方法は，タルスキーの309頁の注40［191頁，注1］に概略が述べられている。（この方法が無限系列を避ける目的のために使えるという点は明示的に述べられていないが，そのように使えることは明らかである）。第二の方法は313頁の注43［195頁，注1］で叙述されている。タルスキーがこの注で示唆した方法――彼が本文で使ったのとは技術的に異なる方法――は，カルナップによって彼の『意味論叙説』(1942年) 47頁以下［より正確には45-8頁］で用いられている。カルナップはタルスキーに言及しているけれども，タルスキーがこの特殊な方法を先に見出した者であるということは一言も述べていない。（タルスキーが368頁の注87［245頁，注2］で示した，第三の方法さえある。この方法は非常に簡単だが，タルスキーがいっている人為性という意味において疑いなくきわめて人為的である。さらに，この方法は，真理の定義そのものだけに関するものであって，それ自体として興味のある「充足」［満足］の定義には関係がない）。

　　(4)　この人為的概念はカルナップによっても使われている。

　　(5)　私の方法とタルスキーによって示唆された（先の注3で挙げた）方法との主要な相違は，

そうするためには，まず第一に事物の有限系列の場所数 n（または第 n 番目の場所）という観念と，第二に有限系列の長さ，つまり最大場所数と一致する f の場所数（記号で $Np(f)$ と表わす），および異なった有限系列のその長さに関しての比較という観念を，非形式的に，とりあげることが有効である．第三に，ある事物は系列において一定の場所——たとえば第 n 番目——を占めえ，それゆえ当の系列の［第 n 番目の個体，または］第 n 番目の事物または第 n 番目の数として叙述できる，ということをわれわれは指摘する．同一の事物が系列の異なった場所に，また異なった系列に，位置しうることが注意されるべきである．[(6)]

タルスキーと同様に，私は 'f_1', 'f_2',...'f_i', 'f_k',...'f_n', を系列 f の第 1 番目，第 2 番目，第 i 番目，第 k 番目……第 n 番目の場所の名称として用いる．［印刷上の理由から］'$P_k y$' [(7)] を変項 v_k に関しての表現 y の普遍化［または普遍的量化］の名称として用いるほかは，私はタルスキーと同じ表記法を用いる．タルスキーの定義(11)に「v_k が言明関数 x に登 [(8)]

次の点である．タルスキーが所与の関数を（無限系列か，さもなければ）一定の長さ（関数に依存する）をもった有限系列と相関させると示唆するのに対し，私は「十分に長い」（定義22 a），つまり問題になっている当の関数にとって短かすぎない有限系列を用いる．したがって私の有限系列は，（関数に依存する一定の最少限度をこえた）任意の長さをもつことができる．しかし，（十分に長ければ）任意の長さの有限系列であってよいという承認は，何らのあいまいさも含んでいない．なぜなら，もし x が f を充足するならば，f のすべての外延 g も x を充足するという**定理**（タルスキーのレンマ A，317頁［198頁］を参照）を，われわれは簡単に得るからである．（ここで g は，もしすべての f_i について，$g_i = f_i$ であるような一つの g_i が存在するならば，その場合にのみ，f の外延である）．したがって，その定理はわれわれに次のことを伝える．考察に付されている当の関数にとって（しかり，関数の成分にとってではなく，考察されている全合成的関数にとって）適切であるような**最短**の有限系列をわれわれは考察するだけでよい，と．

(6) タルスキーの著作のこの節で考慮された「諸事物」［と私がここで呼んでいるもの——私はこれをタルスキーと同じように「個体」と呼んでもよかったのだが，タルスキーの「個体」がたまたま集合算の個体**クラス**であるというおそらくはいささか混乱をまねくおそれのある煩瑣さを云々されるのを避けたいと思って，私はこの語を用いた］は，**クラス**である．タルスキーの§§4および5の展開を考慮に入れて，私はこの論文で，すべての事物 f_i と f_k について関係 $f_i \subset f_k$ が定義されると仮定し，クラスの系列の代りに「諸事物の系列」といおうと思う．

(7) 前掲書，292頁［176頁］でのタルスキーの定義6を参照．

(8) 前掲書，294頁［178頁］．タルスキーは「変項 v_k は言明関数 x に**自由**に登場する」［あるいは「v_k は言明関数 x の**自由**変項である」］という文句だけを明示的に定義している．

場する」が付け加えられると仮定される——この仮定は，決してタルスキーの方法を越えず，事実タルスキー自身の論述のうちに暗黙的になされている仮定である。

われわれは今やタルスキーの定義22[193頁]の置き換えに進むことができる。われわれは予備的定義 22aと，タルスキー自身の定義に対応する定義 22bとの二つの定義によって置き換えをする。

定義 22a

諸事物の有限系列 f は，もしすべての自然数 n について，v_n が x に登場するとき，f の場所数が少なくも n に等しい（つまり $Np(f) \geq n$）ならば，その場合にのみ，言明関数 x にとって**適切**である（あるいは x に関して**十分な長さ**をもっている）。

定義 22b [9]

系列 f は，次のような場合，その場合にのみ，言明関数 x を**満足する**。すなわち，f が諸事物の有限系列で，x が言明関数であって

(1) f が x に適切であり

(2) x が次の四つの条件の一つに従う場合。

(α) $x = I_{i,k}$ で，$f_i \subset f_k$ であるような，自然数 i と k が存在する。

(β) $x = \bar{y}$ で，f が y を満足しないような言明関数 y が存在する。

(γ) $x = y + z$ で，f が y または x もしくは両者を満足するような言明関数 y と z とが存在する。

(δ) 次のような自然数 k と言明関数 y が存在する。

(a) $x = P_k y$,

(b) すべての自然数 n にとって，n が f の場所数で，$n \neq k$ のとき $g_n = f_n$ であると

---

(9) これは，(1)がタルスキーの条件に付け加えられる（彼の無限系列を有限系列に置き換えるために）ということ，およびわれわれの (δ) (b) が f（および g）の長さに言及する限りにおいてわずかの調整を含んでいるということ，を除けば，タルスキーの定義とまったく同様である。['erfüllen' を 'to satisfy' と訳すことには障りがある。障りとはこうである。「f は x を満足する」の定義において，「x はかくかくの諸条件に従っている」（つまり満足している）という直観的観念の使用がなされる。しかし，二つの「満足する」は，直観的には非常によく合致するけれども，技術的にはまったく異なっている。ドイツ語の原文では，311頁でいかなる用語法上の区別もされていないが，312頁の脚注——英語版の193頁の注1に相当する——では，'erfüllt'（充足する）と 'befriedigt'（満足する）とのあいだに区別がなされている。もちろん，定義22にはいかなる循環性もない]。

いう条件に g が従うならば，長さが f に等しいすべての有限系列 g は y を満足する。
　タルスキーの定義23 [193頁]は，今や次の二つの等値な定義の一つによって置き換えできる。(10)

定義 23+

　もし (a) x が言明であり ($x \epsilon As$)，(b) x に適切である事物のすべての有限系列が x を満足するならば，その場合にのみ，x は真なる言明である（つまり $x \epsilon Wr$）。

定義 23++

　もし (a) x が言明であり ($x \epsilon As$)，(b) x を満足する諸事物の有限系列が少なくとも一つ存在するならば，その場合にのみ，x は真なる言明である（つまり $x \epsilon Wr$）。

　23++の定式は系列の適切性に言及する必要がないという点に注目できる。さらに，23+（これはタルスキーの定義に厳密に対応する）においては――23++ではそうでないが――条件(a)は「x は言明関数である」によって置き換えでき，したがって言明関数を自由変項でもって構成することにより，たとえば関数 $l_{i,i}$ つまり普遍的に妥当する[「すべての個別的領域において正しい」]言明関数によって，ある一般化を達成できる，ということが注目しうる。(11)

　同じようなやり方で，23++は，もし関数に拡大するならば，満足しうる言明関数という概念に到達する。

　私は次のことを指摘して結びとしたい。（少なくとも部分的に形式化された）経験的理論への適用において，特にそのような理論の量化されていない言明関数への適用において，充足［または満足］の定義，つまり定義22bは，主として無限諸系列を避けているがために，直観的観点からみてまったく「自然的」だと思われる，と。(12)

---

　(10) 等値はタルスキーの考察から生れる。313頁，13行から16行［194頁，12行から15行］を参照されたい。

　(11) 前掲書，230頁［201頁］，定義27および続きを参照。

　(12) たとえば，われわれはこの定義を，（普遍化として書かれていない，つまり普遍的接頭辞〔すべての――は〕なしに書かれた）法則の例示化を，この定義を満足する諸事物の有限系列として定義するために，あるいはより重要だと私は考えるが，任意の言明関数（開いた，または閉じた）の**反証例示**を，この定義を満足**しない**諸事物の有限［かつ適切な］系列として定義するために，用いることができる。

付録　バケツとサーチライト——二つの知識理論

この論文の意図は，自然科学の目的と方法とに関して広く支持されている見解を批判し，それにとって代る見解を提示することである。

I.

これから検討に付そうとする見解——私が「科学のバケツ理論」（または「精神のバケツ理論」）と呼ぼうと思うもの——の簡単な解説から始めることにしよう。この理論の出発点は，世界について何事かを知ったり言ったりできるためには，それ以前にわれわれはまず知覚——感覚的経験をしなければならない，というまことしやかな説である。この説からはおのずと次のような考えが出てくると思われる。すなわち，われわれの知識，われわれの経験は，集積された知覚から成り立っているものである（素朴経験主義）か，さもなければ吸収され貯蔵され分類された知覚から成り立っているものであるという考え（ベーコンによって支持され，カントによってよりラディカルなかたちで支持された見解）がそれである。

ギリシアの原子論者たちは，この過程についてのいささか素朴な観念をもっていた。

＊　1948年8月にアルプバッハ，チロルのオーストリア大学のヨーロッパ・フォーラムにおいて（ドイツ語で）おこなわれた講演。「自然法則と理論体系」(Naturgesetze und theoretische Systeme) という題名でジーモン・モーザーの編集による『法則と現実』1949年 (*Gesetz und Wirklichkeit*, hrsg. von Simon Moser, 1949) にドイツ語で初出。英語で公表されるのは今回が初めてである。[この英訳においておこなわれた文章上の追加はすべてカギカッコ（[　]）でくるむか，脚注でその旨を示してある]。

この論文は，本書および『推測と反駁』でより詳しく展開される考えの多くを先取りしており，またこれに加えて，私がこれまで他のところで公表したことのないいくつかの考えを含んでいる。ほとんどの考えや，「精神のバケツ理論」と「科学［および精神］のサーチライト理論」という表現は，私のニュージーランド時代に溯るものであって，私の『開いた社会』で初めて取り上げられた。私は1946年にロンドン・スクール・オブ・イコノミックス（ロンドン大学）のスタッフ・クラブで「精神のバケツ理論」という題で論文報告をした。この付録は，本書の第2章および第5章と特に密接な関係がある。

彼らは，原子がわれわれの知覚する対象から抜け出て，われわれの感覚器官に侵入し，そこで知覚となり，これらの知覚から，時の経過につれて，外的世界についてのわれわれの知識が［自分を組み上げていくはめ絵のように］継ぎ合わされて作りあげられる，と推定した。したがって，この見方によれば，われわれの心（精神）は知覚や知識を集積する容器——一種のバケツ——に似たものである。（ベーコンは知覚を，われわれが辛棒づよくせっせと集めなければならない「熟して頃合いのブドウ」だといい，それを圧縮すれば知識の純粋な美酒が流れ出てくるという(*)）。

　厳格な経験主義者たちは，知識を集積するこの過程にできるだけ干渉しないようにせよ，とわれわれに勧告する。真の知識というものは，いかんなことにわれわれが知覚に加え入れ混ぜ合わせがちな偏見に汚染されていない，純粋の知識である。これらのものだけが，われわれの経験を純粋で単純なものにする。誤謬は混入の結果であり，知識集積の過程にわれわれが干渉し，それを撹乱することから生じる〔と経験主義者はいう〕。カントはこの見解に反対する。彼は知覚がまったく純粋であることを否定し，われわれの経験は消化と変容の過程の結果——感覚知覚と，われわれの精神によって加えられたある種の成分との，合成的産物——であると主張する。知覚はいわば素材であり，外部からバケツのなかに入ってき，バケツのなかである（自動的な）過程——消化作用あるいは体系的分類に似たようなあるもの——を経て，結局はベーコンの「経験の純酒」とさして変らないものに——われわれにいわせれば，発酵した酒に——なる。

　私はこれらのいずれの見解も，経験獲得の実際の過程あるいは探究または発見において用いられる実際の方法だと私が信じているものについての適切な描像を与えているとは思わない。たしかに，カントの見解は純粋経験論よりも私自身の見解にずっと近いと解釈できるかもしれない。もちろん私は，科学が経験なしには不可能であるということを承認する（しかし「経験」という観念は注意深く検討されなければならない）。私はこの点を承認するけれども，それにもかかわらず，知覚は，「バケツ理論」がいうような，「経験」や「科学」を作り上げる素材をなすものではない，と私は主張する。

　(*)　Bacon, *Novum Organum*, 1, 123.（前掲訳書，289頁）。またベーコンのこの文句が引用されている『科学的発見の論理』の279頁（訳書346頁）を参照されたい。

II.

　科学においては，決定的な役割を演じるのは知覚よりも**観察**である。しかし観察は，われわれがきわめて**積極的な**役割を演じる過程である。われわれは［感覚経験を「する」ように］観察するのではなく，われわれは観察を「おこなう」のである。観察には，つねに特殊な関心，問い，問題——簡単にいうと，理論的なあるもの——が先行する。結局のところ，われわれはすべての問題を仮説または推測のかたちで表現することができ，その仮説や推測に対してこう付け加えることができる。「そうであろうか。然りか否か」と。したがってわれわれは，すべての観察には問題，仮説（あるいはこれを何と呼ぶにせよ）が先行する，と主張できる。いずれにせよ，われわれの関心をひくもの，理論的または思弁的なものが先行する。こういうわけだから，観察はつねに選択的なものであって，選択の原理のようなものを前提としている。

　この点をさらにもっと突込んで詳しく検討する前に，生物学的性質の若干の論評を，余談として，おこなおうと思う。この論評は，のちほど私が提示しようと思っている主要テーゼの土台づくりを意図したものでもなければ，ましてやそれを擁護するための議論にしようとするものでもないけれども，私の主要テーゼに対するある種の反対論を片付け，あるいは出し抜き，これによってのちに私の主要テーゼの理解を容易にさせる，助けとなりうるであろう。

III.

　すべての生き物は，最も原始的なものでさえ，ある種の刺激に反応することを，われわれは知っている。これらの反応は，特定的なものである。つまり，それぞれの有機体（および有機体のそれぞれの類型(タイプ)）にとって，可能な反応の数は限られている。すべての有機体は可能な反応の一定の生得的なセット，あるいはあれこれの仕方で反応する一定の性向をもっているといえる。この性向のセットは，有機体の年齢が進むにつれて

---

(1)　「理論的」という言葉によって私はここで「実際的」の反対を意味させていない。（なぜなら，われわれの関心は，実際的関心であってまったくさしつかえないからである）。むしろそれは，「知覚的」と対照的な［予め存在している問題に思弁的関心をもつ場合のような］「思弁的」の意味に，あるいは「感覚的」に対する「合理的」の意味に，解されるべきである。

(部分的にはおそらく感覚印象や知覚の影響を受けて)変化するかもしれず、あるいはずっと同じままでとどまるかもしれない。この点がどうであれ、いかなる場合にも、有機体の生命にはそのような反応への性向と可能性の一式が与えられていて、この一式が有機体の［その時々の］内的状態と呼びうるものを構成している、とわれわれは仮定できる。

有機体が外的環境にどのように反応するかは、有機体のこの内的状態に依存する。物理的に同一な刺激が異なった時に異なった反応を生み出しえ、またこれと反対に物理的に異なった刺激が同一の反応をもたらしうるのもこの理由による。(2)

さて、この反応性向が時間の経過につれて変化する場合にだけ、またこれらの変化が有機体の状態における内的な［発達的］変化に依存するだけでなく外的環境の変化しつつある状態にも依存するとみなせる理由がある場合に、有機体は「**経験から学ぶ**」といえるであろう。(これは、有機体が経験から学ぶといいうるための、十分条件ではないけれども、必要条件である)。いいかえると、われわれは有機体の学習過程を有機体の反応性向におけるある種の変化または変容とみなすものであって、バケツ理論のように過去の知覚によって残された記憶痕跡の(整序され、分類され、連結づけられた)集積とはみなさない。

学習過程をつくりあげる、有機体の反応性向におけるこれらの変容は、「**期待**」という重要な観念と、また「**裏切られた期待**」という観念と、密接に結びついている。われわれは期待を**反応への性向**または**反応への用意**と特徴づけることができる。それは、まだ生じていない環境状態に対して採用される［あるいは先取りする］ものである。この特徴づけは、期待を意識の状態によって叙述する特徴づけよりも、ずっと適切だと思われる。それというのも、われわれが期待の多くをはじめて意識するようになるのは、期待が満たされず当てがはずれるときにおいてだからである。一例は、路上で予期せぬでこぼこにでっくわす場合である。われわれが地表は平らなものだと予期していたという事実をわれわれに意識させうるのは、まさにこの予想しなかったでこぼこなのである。このような当てはずれが、われわれの期待の体系の**修正**を余儀なくさせる。学習過程は、

---

(2) F. A. von Hayek, 'Scientism and the Study of Society', *Economica*, N. S. **9**, **10**, **11**(1942, 1943, 1944)：[現在では彼の *The Counter-Revolution of Science*, 1952に所収]を参照。

主としてこのような修正から成り立っている。つまり，ある種の［当てはずれの］期待を排除することにある。

IV.

さて，観察の問題にもどるとしよう。観察はつねにある期待の体系の存在を前提とする。これらの期待は問いかけの形で定式化できる。そして観察はこのようにして定式化された期待に対する確証的な回答か修正回答かのいずれかを得るためにおこなわれる。

問いまたは仮説が観察に先行しなければならないという私のテーゼは，最初は背理的（パラドキシカル）に思われたかもしれない。しかしわれわれは今や，期待——つまり反応への性向——がすべての観察に，そして実にすべての知覚に，先行しなければならないと仮定することが少しも背理的でないことを知りうる。というのは，ある種の反応性向はすべての有機体に生得的であるのに反して，知覚や観察は明らかに生得的でないからである。そして，知覚やさらには観察はわれわれの反応性向を**変容する**過程において重要な役割を演じるけれども，かかる変容がおこなわれうるためには，いうまでもなく，このような性向がまず最初に存在しなければならず，そうでないとすれば性向は変容されえないであろう。

これらの生物学的考察は，私が行動主義的立場を受け入れることを意味するものと解されてはならない。私は知覚，観察，およびその他の意識状態が生じることを否定するものでないが，しかし私がそれらに割り当てる役割は，バケツ理論によってそれらが演じるものと想定される役割とは，非常に異なったものである。また，これらの生物学的考察は，何らかの意味において私の議論を基礎づける仮説をなすものだとみなされてはならない。けれども，私はこれらの考察が私の提示する議論をよりよく理解するうえで助けになるだろうと思っている。同じことは，これらの生物学的考察と密接に関連した次のような考察についてもいえるであろう。

前科学的あるいは科学的発展のあらゆる段階において，われわれは「期待の地平」と私が呼びならわしているものの中心において生活している。私が「期待の地平」といっているものは，われわれのもろもろの期待の全体であって，それらが半意識的なものであるか意識的なものであるか，あるいはある言語で明示的に述べられたものであるかを問わない。動物や赤ん坊も，さまざまな異なった期待の地平をもっている。もちろん，大部分が言語的に定式化された理論または仮説から成り立っている科学者の期待の地平

よりも，より低次の意識水準においてではあるが。

さまざまな期待の地平は，意識化の度合において異なるだけでなく，その内容においても異なっている。しかし，どのようなケースにおいても，期待の地平は座標枠の役割を演じる。この枠にはめ込まれてはじめて，われわれの経験，行動，観察は，意味または意義を付与される。

とりわけ観察は，この枠組の内部においてきわめて特異な機能をもつ。観察は，もしそれが期待と衝突するときには，場合によっては，枠組そのものをさえ粉砕しうる。このような場合，観察はわれわれの期待の地平に対し，爆弾のような効果をもちうる。この爆弾は，われわれをいやおうなく期待の全地平を再構成または再建せざるをえなくさせうる。つまり，われわれは自分の期待を訂正し，それを再び首尾一貫した全体のようなものに組み上げなければならなくなるかもしれない。このようにして，われわれの期待の地平はより高い水準に上昇され，再構成される，といえる。つまり，爆弾によって一撃を加えられなかった諸期待が何らかの仕方で取り込まれ，打撃をこうむった期待の部分が改修され再建される新しい発展段階に到達する。これは，打撃を加えた観察が，もはや破壊的とは感じられず，われわれの期待の爾余の部分と調和するように統合されるという仕方でなされなければならない。もしわれわれがこの再建に成功するならば，われわれは［破壊，つまり問題を生み出したところの］観察された事実の**説明**（と通常いわれるもの）をやったことになるであろう。

一方における観察と他方における期待の地平または理論との時間的前後関係の問題については，新しい説明または新しい仮説が，一般に，以前の期待の地平を粉砕しそれによって新しい説明へのわれわれの企てを刺激した**そのような観察に，**時間的に，先行されるものであることを，われわれは認めてよい。しかしこのことは，観察が一般に期待または仮説に先行するといっているのだと解されてはならない。反対に，それぞれの観察は，期待または仮説によって先行される。とりわけ，観察を意義あるものにさせる期待の地平をばつくりあげている期待によって先行される。「仮説（H）と観察（O）とどちらが先きか」という問いは，別の有名な問い「にわとり（H）と卵（O）とどちらが先きか」を思い出させる。いずれの問いも解決可能である。バケツ理論は，［卵の原始的形態である単細胞有機体がにわとりに先行するのとまったく同様に］観察（O）はつねにすべての仮説（H）に先行する，と主張する。それというのも，バケツ理論は後

者（仮説）が観察から一般化または連合または分類をつうじてもたらされるものとみなすからである。これと対照的に，われわれは今やこういうことができる。すなわち，仮説（または期待，または理論，またはこれを何と呼ぶにせよ）は観察に先行する，たとえある仮説を反駁するある観察が新しい（それゆえ時間的によりのちの）仮説を生み出す刺激になりうるとしても，と。

　すべてこれらのことは，とりわけ，科学的仮説の形成について当てはまる。というのは，いかなる種類の観察をなすべきか——われわれの注意をどこに向けるべきか，どの点に関心をもつべきか——をわれわれが学びとるのは，もっぱら仮説からだけであるからである。それゆえ，われわれの案内人になり，われわれを新しい観察結果にと導いていくのは，仮説である。

　これは，私が（「**バケツ理論**」に対置して）「**サーチライト理論**」と呼んだ見解である。［サーチライト理論によれば，観察は仮説に対して第二次的である］。しかし観察は，**テスト**として重要な役割を演じるものであって，このテストは仮説がわれわれの［批判的］検査の過程で受けなければならないものである。もし仮説が検査にパスしなければ，つまりわれわれの観察によって反証されるならば，われわれは新しい仮説を探し求めなければならない。この場合，新しい仮説は，古い仮説の反証または拒否にと導いた観察のあとにくるであろう。だが，観察を興味ある有意義なものにさせたもの，観察しようというわれわれの企てをまず第一に生み出したものは，より以前の，古い［そしていま拒否された］仮説であった。

　このようにして，科学は，われわれの期待の地平の前科学的修繕作業をそのまま真直ぐ継続したものにほかならない。科学は決してかき集めから出発するものでない。科学は仮定から自由であるとは決していえない。なぜなら，科学はいついかなる場合においても期待の地平——いわば昨日の期待の地平——を前提とするからである。今日の科学は，昨日の科学の上に築かれる。［またそれは昨日のサーチライトの結果である］。そして昨日の科学は，翻ってまたそれ自身，それ以前の科学を基礎にしている。そして最も古い科学的理論は，前科学的神話の上に築かれ，この神話は翻ってよりいっそう古い期待の上に築かれる。こうして，個体発生的には（つまり個体有機体の発展の見地からすれば），われわれは新生児の期待の状態にまでさかのぼる。系統発生的には（つまり種，門の進化の見地からすれば），われわれは単細胞有機体の期待の状態にまでさかのぼる。

（ここには悪しき無限後退の危険はない——そうならないわけは，すべての有機体はある期待の地平をもって生れてくるからにほかならない）。アメーバからアインシュタインまでは，いわば，ほんのただ一歩があるにすぎない。

ところで，もしこれが科学の進化する仕方であるとすれば，前科学から科学への推移を画する特徴的ステップといいうるものは何なのか。

V.

科学的方法のようなものの進化の最初の発端は，およそ紀元前六世紀と五世紀の変り目，古代ギリシアに見出せるであろう。そこで何が起ったのか。この進化における新しいものは何か。東方から来り，私の思うに，新しい観念に多くの決定的示唆を与えた伝統的神話と新しい観念とは，どう違うのか。

バビロニア人やギリシア人のあいだでは，またニュージーランドのマオリ族のあいだでは——実際，宇宙論的神話を発明するすべての民族のあいだで，と思われるが——諸事物の発端に関する，また宇宙の構造をその起源の物語りによって理論化し説明しようとする，説話が語られる。これらの物語りは伝統的になり，特殊な学派のうちに保存される。その伝統はしばしばある別格の選ばれた階級，僧侶やまじない師の所有物であり，彼らはこの伝統を油断なく厳重に守護する。物語りは，ほんの少しずつしか変化しない——主として伝承の不正確さや誤解によって，また時としては予言者や詩人によって発明された新しい神話が付け加わることによって。

ところで，ギリシア哲学における新しいもの，これらすべてのことに新らたに加えられるものは，神話をより科学的なものによって置き換えるということにあるよりも，**神話に対する新し態度にある**，と私には思われる。神話の性格が変化し始めることは，単にこの新しい態度の結果にすぎない，と私には思われる。

私が念頭にしている新しい態度とは，**批判的態度**である。[認証された伝統の保存ということに全関心が傾注される]教説のドグマ的保持に代って，**教説の批判的議論が現われる**。ある人びとが教説について疑問を発し始める。彼らは教説の信憑性，真理性に疑いを抱く。

疑問と批判は，たしかにこの段階以前にも存在した。しかし，新しいことは，疑問と批判が今や立ち替り学派の伝統の一部となる，ということである。より高度の伝統が，

教義の伝統的保持にとって代る。つまり，伝統的理論に代って——神話に代って——理論（それは最初は神話とほとんど異ならない）を批判する伝統が生れる。この批判的議論の過程においてはじめて，観察が証人として招かれる。

　タレスの弟子であるアナクシマンドロスが師の理論とは異なった理論をはっきりと，かつ意識的に展開させ，またアナクシマンドロスの弟子であるアナクシメネスがまったく同様に師の教説と異なる説を意識的に打ち出したのは，単なる偶然ではありえない。このような事態が生じた理由に対する唯一の説明は，学派の創始者自身が自分の理論を批判してみろと弟子たちに挑戦したこと，そしてこれらの弟子たちが自分の師のこの新しい批判的態度を新しい伝統にしたということ，だと思われる。(*)

　この伝統が，私の知るかぎり，ただ一度だけ生じた，ということは興味がある。(**) 初期ピタゴラス学派が古い種類の学派であったことは，ほとんど確実である。その伝統は批判的態度を包含せず，師の教説を保存するという課題に限定されている。のちにピタゴラス学派の伝統のかたくなさがほぐれ，哲学的ならびに科学的批判の方法へと導びく道を開いたのは，疑いなく，批判的なイオニア学派の影響によってであった。

　古代ギリシア哲学の批判的態度は，クセノパネスの有名な章句によって，このうえなくよく例証できる。

　　しかし，もし牛や馬やライオンが手を持っていたとしたら
　　そして人間と同じように彫刻できたとしたら，
　　　馬は自分たちの神々を馬のように，
　　牛は牛のように描いたであろう。そしてそれぞれ神々の身体を自分たち自身の身体
　　と似せて作ったであろう。

これは批判的挑戦であるだけでない——それは，批判的方法論をはっきり意識し，かつそれを身につけてなされた言明である。

　（*）このパラグラフおよび前後のパラグラフでの議論は『推測と反駁』の第5章「ソクラテス以前の哲学者たちに還れ」でさらに詳細に展開されている。特に149—151頁を参照。
　（**）「私の知るかぎりでは，批判的または合理主義的伝統はただ一度だけ生み出された。それは二，三世紀のちに失われた。おそらくはアリストテレスのエピステーメの教説，つまり確実にして証明可能な知識という教説が興隆したがゆえにである。その伝統はルネッサンスによって，特にガリレオ・ガリレイによって再発見され，意識的に復活された」（『推測と反駁』，**151**頁）。

それゆえ、科学における新しいもの、科学に特徴的なものをつくりあげているのは、批判の伝統である、と私には思われる。他方、科学がみずからに設定する課題［つまり世界の説明］および科学が用いる主要観念は、何らの断絶もなく前科学的神話作りから継承される、と私には思われる。

VI.

科学の課題は何か。この問いとともに、私は生物学的および歴史的な予備的な検討を終り、今や科学そのもの論理的分析に向う。

科学の課題は、一部は理論的なもの――説明――であり、一部は実際的なもの――予測および技術的応用――である。これら二つの目的が、ある意味で一つの活動の異なった側面であることを、私は論証しようと思う。

まず、説明の観念を検討しよう。

説明とは未知のものを既知のものへ還元することだ、といわれるのをしばしば耳にする。だが、どのようにしてこれがなされるのかについては、ほとんど語られない。少なくともこの説明の観念は、科学における説明でかつて一度も現実に実行されたことのないものである。いかなる種類の説明があれこれの時期に満足なものとして用いられ受け入れられたかを知るために科学の歴史を調べてみるならば、実際に用いられている説明についてわれわれは非常に異なった観念を得る。

私はこの歴史の簡単な概略（私がいっているのは、説明の概念の歴史のことではなく、説明の実行の歴史のことである）を、今朝、哲学セミナーで述べた。[3] 残念ながら、この問題をここで再び詳しく論じる時間がない。しかし私は一つの一般的結論を述べておかなければならない。科学の歴史的発展の過程においては、多くの異なった種類の説明と説明の方法が満足なものと認められてきた。しかし、それらはすべて、一つの点を共通にもっている。すなわち、さまざまな説明の方法は、すべて**論理的演繹**――つまり、その結論部が**被説明項**（説明されるべき事柄の言明）で、その前提部が**説明項**［説明す

---

　(3)　（英訳での付加）。この物語りの詳細の一部は（いささか圧縮され、実際の実行において説明として容認されたものに力点が移されているけれども）私のヴェニス講演「哲学と物理学：物質の構造の理論」――現在では私の著書『哲学と物理学』1972年に含まれている――に見出せるであろう。他の部分は私の『推測と反駁』の前半、特に第6章、第3章と第4章にある。（この第4章は、本講演のある部分と重複し、また拡大している）。

る法則と条件の言明]をなし，前提から結論を導出すること——から成り立っている，ということがそれである。科学の歴史の過程で生じた主たる変化は，説明項に関してのある種の非明示的な要求（直観的に把握可能でなければならないとか，自己明証的でなければならない，等々といった要求）が暗黙のうちに放棄されたことである。それというのも，これらの要求は，時とともにますます決定的意義が明らかになってくる他の諸要求——特に，説明項［これは前提部をなすものであり，したがって説明の心臓部をなす］は独立にテスト可能でなければならないという要求——と一致しえないことが判明するからである。

したがって，説明はつねに，**説明項**と呼ばれるある前提からの**被説明項**の演繹である。例証のために，ここにいささかぞっとする実例をあげる。[4]

死んだネズミが発見され，われわれはネズミに何が起ったのかを知ろうとする。被説明項はこう表現できよう。「ここにいるこのネズミは，最近死んだ」。この被説明項は，われわれにはっきり知られている——事実はわれわれの前に厳たる現実としてある。これを説明しようとするならば，われわれは（探偵小説の著者がやるように）いくつかの推測的または仮説的説明——すなわち，われわれに未知なもの，あるいは少なくともほとんど知られていないもの，を導入した説明——を徹底的にためしてみなければならない。たとえば，そのネズミは大量のネコイラズで死んだ，といった仮説がありうる。これは，次の点に関するかぎり，仮説として役に立つ。すなわち，第一に，それは被説明項を演繹できる説明項をば定式化するのを助ける。第二に，それは，われわれに多くの独立のテスト——その被説明項が真であるか否かということとはまったく独立した説明項のテスト——を示唆する。

ところで，説明項——われわれの仮説——は，「このネズミは大量のネコイラズを含んだある餌を食べた」という文だけから成るものではない。というのは，この文だけからでは被説明項を妥当に演繹できないからである。むしろ，われわれは説明項として二種類の前提——**普遍法則**と**初期条件**——を用いなければならないであろう。われわれの

---

(4) 私はこの英訳で実例にいささか手加減をくわえ，さほどぞっとしないものにした。〔(*)ドイツ語の論文ではネズミが「人間」に，ネコイラズが「青酸カリ」になっており，上例がそれぞれ，「この人は，ここで（少し前に）死んだ」，「この人は，青酸カリで服毒自殺した」となっている〕。

例の場合,普遍法則は次のように書けよう。「もしネズミが少なくとも8グレィンのネコイラズを食べれば,そのネズミは5分以内に死ぬであろう」。(独特の)初期条件(これは単称言明である)はこうかもしれない。「このネズミは,5分以上前に,少なくとも18グレィンのネコイラズを食べた」。これらの二 前提が一緒になったものから,われわれは今や実際に,このネズミは最近に死んだ[つまりわれわれの被説明項]を演繹できる。

ところで,これらのことはすべて,いささか自明のように思われるかもしれない。だが,私のテーゼの一つ——つまり私が「**初期条件**」[個別的ケースに関する諸条件]と呼んだものが,それだけでは説明項として決して十分でなく,われわれはつねに普遍法則を同時に必要とする,というテーゼ——を考えられたい。このテーゼは決して自明ではないのだ。反対に,その正しさはしばしば認められていないのである。私は,あなた方の大部分が,ネコイラズの効果に関する普遍法則の明示的言明がなんら加えられない場合でさえ,「このネズミはネコイラズを食べた」という指摘を, ネズミの死を説明するのにまったく十分なものとして受入れがちなのではあるまいか,と疑いさえする。しかし,しばらくのあいだ,次のような普遍法則が存在すると仮定していただきたい。つまり,「ネコイラズ」と呼ばれる化学薬品を大量に食べるものは誰でも(そしてまたいかなるネズミも),それから一週間は,とりわけ元気で快調で,かつてなく生き生きと感じるであろう,という普遍法則である。もしこのような普遍法則が妥当なものであったとすれば,「このネズミはネコイラズを食べた」という言明は,なおいぜんとして死の説明として受け入れることができるであろうか。明らかに,できない。

かくてわれわれは,単称初期言明だけを用いるいかなる説明も不完全であり,そのほかに少なくとも一つの普遍法則が必要である——たとえその法則が,ある場合にはきわめてよく知っているので,あたかも余計なものであるかのごとく控除されるにしても——という,しばしば無視された,重要な結論に達した。

この点を要約してこういえる。説明とは次のような種類の演繹であるということをわれわれは見出した,と。

U (普遍法則) ｝ 前提(説明項をなす)
I (特殊な初期条件)
$\overline{E}$ (被説明項)　　　結論

VII.

　だが，このような構造をもったすべての説明は**満足なもの**であろうか。たとえば，われわれの例（ネコイラズへの言及によってネズミの死を説明するもの）は，満足な説明であるか。われわれにはわからない。テストは，何でネズミが死んだにせよ，ネコイラズによってではなかった，ということを示すかもしれないのだ。

　もしある友人がわれわれの説明に疑いを抱き，「このネズミがネコイラズを食べたと，どうしてわかるのだ」とたずねた場合，「どうしてそんなことを疑うのかね，見給え，ネズミは死んでいるじゃないか」と答えるのでは，明らかに十分でないであろう。実際，何らかの仮説を支持するためにわれわれが述べうる理由はどんなものでも，被説明項とは別のもので，それから独立したものでなければならない。もしわれわれが被説明項そのものを証拠として挙げることしかできないならば，その説明は循環的であり，それゆえまったく**不満足**だ，とわれわれは感じる。反対に，もしわれわれが「ネズミの胃のなかの含有物を分析して見給え，そうすれば大量のネコイラズを見出すであろう」と返答できるなら，そしてもしこの予測（それは新しいもの——つまり被説明項だけによっては導出されないものである）が真であると判明すれば，われわれは少なくともわれわれの説明がかなり良い仮説であると考えるであろう。

　しかし私は若干なお付け加えなければならない。それというのも，われわれの疑い深い友人はまた，普遍法則の真理性にも疑問をもつかもしれないからである。たとえば彼はこういうかもしれない。「よろしい，このネズミがある種の化学薬品を食べたことは認めよう。だが，なぜそれがネズミを死にいたらせたのか」と。この場合でもまたわれわれは「だって，ネズミが死んでいるのがわからないかね。この化学薬品を食べることがいかに危険であるかの何よりの証拠だよ」と答えてはならない。なぜなら，この回答も再びまた，われわれの説明を循環的で不満足なものにさせるからである。われわれの説明を満足なものにさせるためには，普遍法則をわれわれの被説明項とは独立のテスト・ケースに付さなければならないであろう。

　以上で説明の形式的方式についての私の分析は完結したとみなせるが，私が概説した一般的図式になお若干のさらなる注意と分析を付け加えたいと思う。

第一は，原因および結果という概念についての注意である。単称初期条件によって叙述される事態を「原因」と呼ぶことができ，被説明項によって叙述される事態を「結果」と呼ぶことができる。しかしながら，これらの用語は，その用語史上の連想観念を背負いこんでいるので，避けた方がよいと私は思う。それでもなおこれらの用語を使おうとするのなら，次のことを，つねに銘記すべきである。すなわち，これらの用語は理論または普遍法則との相関においてのみ意味をもつものだ，ということがそれである。原因と結果とのあいだの論理的連環をなしているものは理論または法則であり，「AはBの原因である」という言明は，次のように分析されるべきである。「ここに独立にテストできる，またテストされた理論Tがあり，特殊な状況についての独立にテストされた叙述Aと一緒になったこの理論から，われわれは別の特殊な状況についての叙述Bを論理的に演繹できる」と。(「原因」と「結果」とのあいだのこのような論理的連環の存在がこれらの用語の使用において前提されているという事実は，ヒュームをも含めた多くの哲学者によって無視されてきた)。[5]

VIII.

科学の課題は純理論的説明の探求に限られるものではない。科学の仕事にはまた，実際的側面——予測ならびに技術的応用——もある。これら両者はいずれも，われわれが説明を分析するために導入した同じ論理的図式を用いて分析できる。

(1) **予測の導出**。説明の探求においては，被説明項が所与——または既知——であり，求められるべきものが適切な説明項であるのに反して，予測の導出は反対方向をとる。この場合には，理論が所与または既知であると（おそらくはテキストブックから）仮定されており，また特殊的初期条件もそうである（これは観察によって知られている，あるいは知られうると仮定されている）。見出されるべきものは論理的帰結，つまり観察からはわれわれにまだ知られていないある種の論理的結論である。それが**予測**である。この場合にあっては，予測Pがわれわれの論理的図式における被説明項に代ってその位

---

(5) （英訳での追加）。私は「原因」および「結果」の概念についてのこれらの論評を私の『探究の論理』（『科学的発見の論理』）の第12節で初めておこなった。また私の『歴史法則主義の貧困』の 122 頁以下〔邦訳185頁以下〕：『開いた社会とその敵』，特に第25章の注 9：および「論理学は哲学のために何をなしうるか」('What can Logic do for Philosophy', *Aristotelian Society, Supplementary Volume*, **22**, 1948, pp. 145ff.) をも参照されたい。

置につく。

(2) **技術的応用**。設計明細書のリストに盛られたいくつかの実際的諸要求に応じなければならない橋を建設することを考えよ。われわれに与えられているのは仕様明細書 S であって、これには一定の要求された事態——建設されるべき橋——が叙述されている。(S は顧客の仕様書であり、これは建築家の明細書に先立って与えられるもので、またそれとは別物である)。さらに、われわれには (ある種の実用的な目分量のやり方をも含めて) 関連のある物理学的諸理論が与えられている。われわれが見出さなければならないのは、次のような初期条件である。つまり、技術的に実現でき、また理論と一緒になったこの初期条件から仕様明細書が導出できるような、そういった性質の初期条件である。それゆえこの場合にあっては、S がわれわれの図式における E の位置につく。[6]

このことは、予測の導出と科学的理論の応用との両者が、論理的観点からすれば、科学的説明の基本図式の単なる配列転換にすぎない、ということをはっきりさせる。

しかしながら、われわれの図式の用途は以上に尽きない。それはまた、**われわれの説明項のテストの手続き**を分析するのに役立つ。テストの手続きは、説明項からの予測 P の導出と、その予測を現実に観察可能な事態と比較することにある。もし予測が観察された事態と一致しなければ、説明項は偽なることが立証される、つまり反証される。この場合、われわれにはまだ、反証されたのが普遍**理論**であるのか、それとも**初期条件**が現実の事態と対応しない事態を叙述しているのか——つまり初期条件が偽であるのか——がわからない。[もちろん、理論と初期条件がともに偽であることは十分ありうることである]。

予測の反証は説明項が偽であることを立証するが、しかしこれの逆は成り立たない。つまり予測の「実証」をもって説明項 (あるいはその一部さえ) を「実証する」ものと

---

　　(6) (英訳での追加)。この分析は工学者または技術者が純理論家から提供される理論の「応用」だけをもっぱら仕事にするという意味あいのものと解されてはならない。反対に、工学者と技術者は解決すべき問題にたえず直面している。これらの問題はさまざまな抽象の度合をもつものだが、通常は、少なくとも部分的に、理論的性格のものである。そしてこれらの問題を解決する試みにおいて、工学者または技術者は、他のすべての者と同様に、推測または試行と、テストまたは反駁または誤り排除との方法を用いる。このことは J. T. Davies, *The Scientific Approach*, 1965, p. 43. でよく説明されている。この本には、科学のサーチライト理論の多くのすぐれた応用と例示が見出せる。

解釈できると考えるのは，正しくなく，また素朴な誤りに導くものである。なぜなら，真の予測は偽なる説明項から簡単に妥当に導出されうるからである。予測の**すべての**「実証」を説明項の実際的**裏づけ**のようなものとみなすのは，さらにまったくの誤りに導くものである。[試験に付されている理論がなかったならば]「思いもよらなかった」ような予測の「実証」だけが説明項の，それゆえ理論の，裏づけとみなしうるというのが，より正しい言い方であろう。このことは，予測はその観察との比較が説明項をテストする真剣な試み——説明項を反駁しようとする真剣な試み——である場合にのみ，理論の裏づけとして用いることができる，ということを意味する。この種の[危険な]予測は，「理論のテストにとって適切な(レリヴァント)」ものと呼ぶことができる。(7) 結局，試験にパスしたことをもって学生の質を云々しうるのは，学生のパスした試験が十分に厳しい場合だけであること，そして最低の学生でさえ簡単にパスするであろうような試験を考案できることは，まったく明らかである。(8)

さらにこれに加えて，われわれの論理的図式は，最後に，**理論的説明**と**歴史的説明**との課題の相達を分析するうえで有効である。

理論家は普遍法則を見出し，テストすることに関心をもつ。普遍法則をテストする過程で，彼はさまざまな特殊的初期条件とともにきわめて多様なさまざまの他の諸法則を（多くはまったく無意識的に）用いる。

他方，**歴史家**は，一定の特殊な時空領域——つまり私が特殊的初期条件と呼んだもの——における事態の叙述を見出すこと，およびその叙述の適切さまたは正確さをテストすることに関心をもつ。この種のテストにおいて，彼は他の特殊的初期条件に加え，あ

---

(7) 適切なテストは，ある意味で，厳密な検査または「決定的実験」に相当する。というのは，予測 P が理論 T のテストにとって適切でありうるためには，P は次のような予測 P' ——つまり初期条件および T 以外のその時の期待の地平（諸仮説，諸理論など）の残余のものとは矛盾しないが，しかし，初期条件および残余の期待の地平に結び合わされるならば，P と矛盾する，そういう P' ——を述べることができなければならないからである。これが，$P(=E)$ は（T がなければ）「思いもよらなかった」はずだ，ということの意味である。

(8) 熟練した試験者は「簡単に」という言葉をいささか非現実的だと感じるであろう。ウィーン国家試験委員会の委員長が思いに沈みながらしばしばいったように：「もし学生が『5 プラス 7 はいくつか』という問いに答えて『18』というならば，われわれは彼に合格を与える。しかし，もし彼が『緑』と答えるならば，私はしばしばあとでこう考えるのだ。本当は彼を落第にすべきだった，と」。

らゆる種類の——概して自明といっていいような彼の期待の地平に属する普遍法則を使う。(これらの諸法則を使っていると意識しないのが通常だが)。この点では，彼は理論家に似ている。[しかし彼ら両者の相違は，きわめて顕著である。つまり彼らの相違は，彼らのさまざまな関心または問題の相違に，彼らのそれぞれが問題的なものとみなすものの相違に，ある]。

[われわれが先に挙げたのと類似な]論理的図式で，理論家の手続きを次のように書き表わせる。

$$\begin{array}{ccc} U_0 & U_0 & U_0 & \cdots \\ U_1 & U_2 & U_3 & \cdots \\ I_1 & I_2 & I_3 & \cdots \\ \hline P_1 & P_2 & P_3 & \cdots \end{array}$$

この場合，U_0 は検討に付されている普遍法則，普遍理論である。それはテストのあいだずっと一定に保たれ，さまざまな予測 $P_1, P_2, \cdots$ を導出するために，さまざまな他の法則 $U_1, U_2, \cdots$ およびさまざまな他の初期条件 $I_1, I_2, \cdots$ と一緒に用いられる。ついでこれらの予測が観察可能な現実的事実と比較される。

歴史家の手続きは，次の図式で表わせる。

$$\begin{array}{ccc} U_1 & U_2 & U_3 & \cdots \\ I_1 & I_2 & I_3 & \cdots \\ I_0 & I_0 & I_0 & \cdots \\ \hline P_1 & P_2 & P_3 & \cdots \end{array}$$

この場合，I_0 は検証またはテストされるべき歴史的仮説，歴史的叙述である。これはテストのあいだずっと一定に保たれ，さまざまな予測 $P_1, P_2,$ などを導出するために，さまざまな(大部分は自明な)法測 $U_1, U_2, \cdots$ および対応する初期条件 $I_1, I_2 \cdots$ と組み合わされる。

もちろん，われわれの図式はいずれも，高度に理想化されたものであり，過度に単純化されている。

IX.

先に私は，説明はその普遍法則，その理論が被説明項と独立にテストできる場合にの

み**満足な**ものであろう，ということを論証しようと試みた。だがこのことは，満足な説明的理論というものはすべてつねに，そもそもわれわれを理論の提示にと導いたところの被説明項のなかにすでに含まれているもの**以上**を主張しなければならない，ということを意味する。いいかえると，満足な理論は，原則的にそれらを生み出したところの経験的諸事例を超えなければならない。そうでなければ，すでに見たように，理論はただ循環的な説明をもたらすにすぎないであろう。

ここでのわれわれの方法論的原理は，すべての実証主義的，素朴経験主義的［または帰納主義的］傾向とまっこうから対立する。われわれの原理は，［ベーコン以来このかた］すべての経験主義者の偶像であり続けてきた「所与の」観察からの慎重な一般化というものではなく，できうれば新しい観察領域を開くような大胆な仮説をわれわれはあえて提示すべきであると要求する原理である。

科学の課題は説明を提示すること，あるいは（論理的には本質的に同じことになるが予測およびその他の応用のための理論的基礎を生み出すことである，というわれわれの見解——この見解は，理論はテスト可能でなければならないという方法論的要求にとわれわれを導いた。しかし**テスト可能性**にはさまざまの度合がある。ある理論は他の理論よりも**よりよく**テスト可能である。それゆえ，われわれの方法論的要求を強めて，れわれは**より良く**テスト可能な理論をめざすものであると表現するならば，一つの方法論的原理——あるいは科学の課題の定式化——が獲得される。この原理が過去において［無意識のうちに］採用されてきたとみることによって，科学の歴史におけるきわめて多数の出来事は合理的に説明できるであろう。すなわち，この原理によってわれわれは，科学の歴史におけるもろもろの出来事を，科学の課題の解決めざしての前進として説明できるであろう。（同時にこの原理は科学の課題についての規定を与えるものであって，これによってわれわれは何を科学における**進歩**とみなしうるかを述べることができる。それというのも，科学においては，他の大部分の人間活動——特に芸術と音楽——とは対照的に，実際に進歩といったものが存在するからである）。(9)

---

(9) （英訳での追加）。私は後年（1950年来），科学の理論的または説明的課題と実際的または「道具的」課題とをより鋭く区別し，理論的課題の道具的課題に対する論理的優先性を強調した。とりわけ私は，予測が道具的側面をもつだけでなく，また，そして主として，理論的側面をもつものであり，（この講演の最初の方で示したように）理論のテストにおいて決定的な役割を演じることを強調しようと努めた。私の『推測と反駁』，特に第3章を参照されたい。

異なった諸理論のテスト可能性の度合についての分析と比較は，理論のテスト可能性が理論の**普遍性の度合**ならびに**明確さまたは精確さの度合**とともに増大することを明らかにする。

事態はきわめて単純である。理論の普遍性の度合〔が高まる〕につれて，理論によって予測しうる範囲，したがってまた可能な反証の領域は増大していく。しかし，より容易に反証される理論は，同時により良くテスト可能な理論でもある。

明確性または精確性の度合についても，事態は同様である。精確な言明はあいまいな言明よりも容易に反証でき，それゆえより良くテストできる。このようにしてわれわれはまた，定性的言明はできるだけ定量的言明によって置き換えられるべきであるという要求を，理論のテスト可能性の度合を増大させるというわれわれの原理に還元させることができる。(そしてこれによってまた，理論のテストにおいて**測定**の演じる役割を説明できる。測定は科学的進歩の過程においてますます重要になっていく要具であるが，しかし［しばしばなされるように］科学または理論形成一般を特徴づけるために用いられてはならない。それというのも，測定手続きは科学のいくつかの分野における発展のかなりのちの段階ではじめて用いられ始めたという事実，また測定は今日でさえ科学の全分野で用いられてはいないという事実を，われわれは見落してならないからである。かつまたわれわれは，すべての測定が理論的前提に依存している事実を見落してはならない)。

X．

私の分析を例証するために用いることのできる科学史からの好例は，ケプラーおよびガリレオの理論からニュートンの理論への推移である。

この推移が帰納とは何ら関係ないこと，またニュートンの理論がこれら二つの先行理論の一般化といったようなものとはみなせないことは，ニュートンの理論がこれら二つの理論と**衝突**（矛盾）するという厳然たる［重要な］事実から知りうる。すなわち，**ケプラーの法則はニュートンの理論から導出できないのである**［導出できると，あるいはさらにニュートンの法則はケプラーの法則から導出できるとさえ，しばしば主張されてきたけれども］。ケプラーの法則は，さまざまな惑星の質量は太陽の質量とくらべて無視できるという［偽なる］仮定をすることによって，ニュートンの法則から**近似的に**の

み導出できる。同様に，ガリレオの自由落下体の法則は，ニュートン理論から導出できない。反対に，後者は前者と衝突する。落下の全長は地球の半径の長さにくらべて無視できるという［偽なる］仮定をすることによってのみ，ニュートンの理論からガリレオの法則を近似的に得ることができるのだ。

いうまでもなく，このことは，ニュートンの理論が帰納［または演繹］によって得られた一般化ではありえず，古い理論の反証への道を照明できる新しい仮説である，ということを意味する。ニュートンの理論は，新しい理論の見地からすれば古い理論がもはや良き近似を生み出せない領域への道を照し，また指摘できる。(それは，ケプラーの場合には摂動の理論の領域であり，ガリレオの場合では可変加速度の理論である。というのは，ニュートンによれば重力の加速度は距離の二乗に逆比例して変化するからである)。

ニュートンの理論がケプラーの法則とガリレオの法則との結合以上のことをやりとげなかったのだとしたら，ニュートンの理論は**これらの法則の循環的説明**にすぎず，それゆえ説明として不満足なものであったろう。だが，ニュートンの理論の説明力と説得力は，まさにニュートンの理論が，二つの古い理論とは両立しえないところの［成功的な］予測をもたらし，独立のテストへの道を示したその照明力にあったのだ。それは，新しい経験的発見への道であった。

ニュートンの理論は，普遍性の度合のより低い古い理論を説明しようとする試みの一実例であり，それはこれら古い理論の一種の統合にと導くだけでなく，同時にそれら古い理論の反証に（それゆえこれら古い理論が良き近似として妥当しうる領域を制限または決定することによる古い理論の修正に）[10]と導く。おそらくよりしばしば生じるケ

---

(10)（英訳での追加）。ニュートンの理論とケプラーの理論との非両立性は，ピェール・デュエム［マッハに近い立場をとるフランスの物理学者，物理学史家，科学哲学者。1861—1916］によって強調された。彼はニュートンの「万有引力の原理」について，こう書いた。すなわち，万有引力の原理は**「ケプラーの観察可能な諸法則からの一般化と帰納によって導出しうるものではさらさらない」**のであって，**「それは形式的にはこれらの諸法則と矛盾する」**と（引用は P.P. ウィーナーによる英訳, Pierre Duhem, *The Aim and Structure of Physical Theory*, 1954, p. 193. からのもの。この引用文のなかで**「ケプラーの法則」**に適用された**「観察可能な」**という言葉は，割り引きして受取るべきである。ケプラーの法則は，ニュートンの法則がそうだったのとまったく同様に，奔放な推測であった。ケプラーの法則はティコの諸観測からは帰納されえない——ニュートンの法則がケプラーの法則から帰納できないのと同

ースは次のようなものであろう。すなわち，古い理論がまず反証され，ついで新しい理論が古い理論の部分的成功と古い理論の失敗とを説明する試みとして生じる，というケースである。

XI.

説明の概念（というよりはむしろ実行）についての私の分析と関連して，さらに次の点が重要だと思われる。デカルトから[おそらくはコペルニクスからとさえいってよかろうが]マックスウェルに至るほとんどの物理学者は，すべての新しく発見された諸関係を**力学的モデル**によって説明しようと試みた。つまり彼らは，新しく発見された諸関係を，日常的な物理的諸事物——「中位の大きさの物理的物体」の領域に属する諸事物——の操作からわれわれになじみの押す，または圧する法則に還元しようと試みた。デカルトはこの試みをすべての科学にとっての一種のプログラムにした。彼は，押しまたは圧しによってだけ作動するモデルに限らなければならない，とさえ要求した。このプログラムは，ニュートンの理論の成功によって最初の敗北を喫した。しかしこの敗北は（ニュートンと彼の世代の人たちにとっては深刻な災害であったが）間もなく忘れ去られ，引力が押す力および圧す力と対等にプログラムのなかに組み入れられた。マックス

様に）。デュエムの分析は，太陽系が多くの重い惑星を含んでいて，それら惑星の相互牽引力はニュートンの摂動理論にしたがって手加減をくわえられなければならない，という事実にもとづいている。しかし，われわれはデュエム以上のことを主張できる。つまり，たとえケプラーの法則が**二つの物体系**の諸セット——それらの各々は太陽の質量の中心体と一つの惑星（セットに属しているさまざまの異なった系においてさまざまに変化する質量と距離をもつ）を含んでいる——についても成り立つものと解するにしても，もしニュートンの法則が真であれば，ケプラーの第三法則は破産する，と。この点を私は，『推測と反駁』の第１章の注28（62頁）で簡単に，またやや詳しくは私の論文「科学の目的」（1957年）——現在では本書の第５章——で，またハンス・アルバート編『理論と実在』，1964年，第１章，73頁以下，特に82頁以下で，論証した。この論文で私は（外見上「既知の」または「所与の」）被説明項を修正し，**しかも近似的にそれらを説明している**説明について，いささか詳しく述べている。これは，私が1940年以来私の講義で（最初ニュージーランドのイギリス学士院クライストチャーチ部会でおこなった一連の講義で——私の『歴史法則主義の貧困』の134頁以下の注を参照）かなり詳細に展開した見解である。

〔訳注——『貧困』の134頁（訳書の204頁）の注は上のこととは関係なく，ミスプリントと思われる〕。

ウェルもまた，最初，彼の電磁場の理論をエーテルの力学的モデルの形で展開しようと試みた。しかし結局，彼はその試みを放棄した。これとともに，力学的モデルはその意義の大部分を喪失した。そもそもはエーテルの力学的モデルを叙述するものであった方程式だけが残った。[それらの方程式は，エーテルのある非力学的性質を叙述しているものと解釈された]。

力学的理論から**抽象的理論**へのこの推移とともに，科学の進化における一段階が画される。この段階にあっては，独立にテストできるということ以外には実際には何も説明的理論に要求されない。われわれは，もし得られるならば，画のような図表によって[あるいは「図示できる」もしくは「具象化できる」力学的モデルによって] 直観的に表わすことのできる理論——これは「具体的」理論である——でもってやっていこうとするが，しかし，もしこのような理論を得ることができなければ，進んで「抽象的な」数学的理論でやっていく用意がある。[しかしながら，これらの抽象的理論は，私が他のところで分析した意味においては，まったく「理解可能」である]。$^{(11)}$

法則の概念についてのわれわれの一般的分析は，もちろん，何らかの特殊な像またはモデルの破綻によって支障をきたすものでない。われわれの分析は，力学的その他のモデルに当てはまると同様に，あらゆる種類の抽象的理論に当てはまる。事実，モデルは，われわれの観点からすれば，新しい法則を［典型的な初期条件または典型的な構造——つまり狭義のモデル——の生起についての諸仮定と一緒になった］すでにテストされた古い法則によって説明しようとする試みにほかならない。モデルは理論の拡大と精緻化にしばしば重要な役割を演じる。しかし，古い理論的諸仮定の枠内での新しいモデルを，新しい理論から——つまり新しい理論的諸仮定の体系から——区別することが必要である。

XII.

この講演の初めのところではあなた方にこじつけあるいは背理的とさえみえたかもしれない私の定式のいくつかが，今ではほとんどそのようなものと映じなくなっていると，私は期待したい。

---

(11) （英訳での追加）。「理解」についてのより十分な分析は本書の第4章でなされている。

「所与の」一連の特殊的諸事実から何らかの普遍法則へと必然的に導いていく道は——王道であれ何であれ——決して存在しない。われわれが「法則」と呼ぶものは，つねにあるより広大な理論体系の［事実，期待の全地平の］一部をなしている・それゆえ決して孤立的にテストすることのできない・仮説または推測である。科学の進歩は，試行に，誤りの排除に，そして先の試行錯誤の過程で獲得した経験に導かれてのさらなる試行に，ある。どんな理論も絶対に確実なものとみなすことはできない。すべての理論は，現在いかによく裏づけられているようにみえても，問題化しうる。いかなる科学理論も，神聖犯すべからざるものあるいは批判を超えたものではない。この事実は，しばしば忘れ去られた。とりわけ，ある種の力学的理論のしばしば繰り返されたまことにすばらしい裏づけに眼を奪われて，ついにはこれらの理論を疑いなく真なるものとみなすにいたった19世紀においてそうであった。世紀の変り目以来の物理学の激しい発展は，われわれに良き教訓を与えた。そしてわれわれは今日では，科学者の課題はその理論を絶えず新しいテストにさらすことであり，いかなる理論をも最終的なものと宣言してはならない，ということを知るようになった。テストは，テストされるべき理論をとらえ，それをあらゆる可能な種類の初期条件ならびに他の諸理論と対決させ，次いで理論から結果するもろもろの予測を現実と比較する，という手続きでおこなわれる。もしこれが理論の期待を裏切って反証に導くならば，われわれは理論を再建しなければならない。

かつてわれわれが胸に抱き，それをもって熱心に現実にアプローチしたところの期待のあるものが裏切られることは，この手続きにおいて最も重要な役割を演じる。それは，障害物にぶつかったりつまづいたりしてその障害物の存在に気づくようになる盲人の経験に比較できる。**われわれの想定の反証をつうじて，われわれは「実在」と実際に接触させられる。われわれの誤りの発見と排除——これのみが，われわれが現実から獲得する「ポジティヴな」経験である。**

反証された理論を補助仮説［周転円の補助仮説のような］によって救うことは，もちろんつねに可能である。しかし，これは科学における進歩の道でない。反証に対する適切な対処の仕方は，事実のより良き把握をもたらす見込みがあると思われる新しい理論を探索することである。科学は，反証経験を受けつけず最後の言葉を放って反論者の口を封じようとすることとは無縁であり，それどころか，われわれの経験から学ぶこと，つまりわれわれの誤りから学ぶことに関心をもち，意を注ぐ。

科学理論の反証の可能性をとりわけはっきりと示すような，理論の定式化の仕方がある。すなわち，たとえば「系の他の部分に補償的エネルギー変化を生ぜしめずに，系のある部分のエネルギーが変化するような，閉じた物理系は存在しない」（熱力学第一法則）とか，「百パーセントの効率をもつ機械は存在しない」（第二法則）といった禁制〔または**否定的存在言明**〕の形でわれわれは科学理論を定式化できる。普遍言明と否定的存在言明とが論理的に等値なことは論証できる。このことは，すべての普遍法則を，上述のような仕方で，つまり禁制として，定式化することを可能にさせる。(*)しかし，これらの禁制は技術者向けのものであって，科学者向けのものでない。これらの禁制的定式は，技術者が精力を労費したくないならばどのように事を運ぶべきかを告げている。しかし科学者にとっては，これらの定式は彼をテストと反証に馳り立てる。これらの定式は科学者に，それらの定式が禁止し，ありえないものとして否定している事態を発見してみろと挑発する。

　かくてわれわれは科学を人間精神の壮大な冒険として見ることのできる地点に到達した。科学とは絶えず新しい理論を創出することであり，経験に光を投じうるそれら理論の力を根気強く倦むことなく検査することである。科学的進歩の諸原理はきわめて単純である。それらの原理はわれわれにこう要求する。科学の命題および理論でもって確実性〔あるいは確率計算の意味における高度の「確からしさ」〕を獲得できるという考え（科学を魔術と混同し，科学者を魔術師と混同することから生れる考え）を放棄せよ，と。科学者の目的は絶対的確定性を発見することでなく，よりいっそう厳格なテストにさらすことのできる〔そしてそれによってわれわれを絶えず新しい経験に導き，われわれのために絶えず新しい経験を照し出す〕より良き理論を発見すること〔あるいは，よりいっそう強力なサーチライトを発明すること〕である。だが，このことは，これらの理論が反証可能でなければならないということを意味する。科学が進歩するのは，理論の反証をつうじてなのだ。

　　(*)『科学的発見の論理』，第15節〔訳書83頁以下〕を参照。また『歴史法則主義の貧困』第20節，61頁〔訳書98頁〕をも見られたい。

訳者あとがき

　本書『客観的知識——進化論的アプローチ』(1972年) は，『推測と反駁』(1963年) に次ぐカール・ポパー (1902.7.28〜　) の第二論文集である。(ドイツ語版，Karl R. Popper, *Objektive Erkenntnis: Ein revolutionärer Entwurf*, Hoffmann & Campe/Hamburg, 1973 も刊行されたが，訳者が入手しえたのはすでに初校が済んだあとだったので，この訳書のために活用できなかった)。

　1949年から1971年にいたる既発表論文7篇と未発表論文3篇とから成る本書においてポパーは，『探究の論理』(=『科学的発見の論理』) から『推測と反駁』に至る彼の基本的立場をふまえ，さらにいくつもの新しい議論を展開させながら，彼のよって立つ批判主義(合理主義)，実在論，多元論，非決定論の見地をより精緻に鮮明化させており，各論文とも興味ある内容に満ちている。

　第1章の「推測的知識」と第2章の「常識の二つの顔」は，ポパーの基本的な考え方が最も集約的に総括された，いわば決定的論文といってよい。特に第1章は，その副題にもあるように，ポパーの最も大きな業績の一つである帰納の問題に対する彼の「見解を改めて説明する試みであって，ある意味では批判者に対する十全な回答を含んでいる」ものとして注目される。ポパーの処女作『探究の論理——現代自然科学の認識論のために』は，未刊の草稿『認識論の二つの根本問題』(この題名はショーペンハウアーの『倫理学の二つの根本問題』にあてつけたものといわれる。K. Popper, Remarks on the Problems of Demarcation and Rationality, in L. Lakatos and A. Musgrave eds., *Problems in the Philosophy of Science*, North-Holland/Amsterdam, 1968, p. 93) をおよそ半分ほどに切りつめた圧縮版であるが，この「二つの根本問題」というのは，帰納の問題と（科学と非科学とのあいだの）境界設定の問題であった。問題の提起と解決は後者の方が早く，すでに1919年（ポパー17歳のとき）に見出され，科学的であるがためには理論は事実と衝突しうるものでなければならない，つまり科学的理論は反証可能ないし反駁可能でなければならぬという，いわゆる「反証可能性基準」が打ち出された。しかし彼はその当時この解決をさして重視しなかった。その理由をポパーは，自分のよ

うなものにとってさえ重要と思われる問題なのだから，すでに科学者や哲学者は大いにこの問題に関心をもち，自分の見出した自明といえる解決にとうに達しているにちがいないと考えたからだとも（『推測と反駁』39頁〔後掲訳書『批判的合理主義』13頁〕)，また「境界設定の問題は単に科学の定義を与えるものでしかないのではないかと疑った」（本訳書36頁）からだとも書いている。しかし23年頃から帰納の問題に取組み始め，27年頃にその「否定的解決」に達したのちにはじめて，彼は「境界設定の問題」が「帰納の問題」の背後の問題であることに気づき，これを真剣に取上げだした。それというのも，帰納の方法は当時広く（そして今なお）経験科学と非科学との境界を画する基準とみなされ，科学はもろもろの経験的事実の観察と収集から出発し，それを一般化して理論に到達するという帰納的方法によって特徴づけられ，これが単なる思弁による非科学的理論と異なる科学の独特な方法であって，帰納の方法を放棄すれば科学は成り立たず，したがって科学と非科学とをわかつ境界は帰納の方法を用いるか否かという点にある，と考えられていたからである。こうしてポパーは「境界設定の問題」と「帰納の問題」との密接な関連を理解し，かつまたこれがほとんどすべての認識論の根本にある二つの重要な問題であると考えるようになり，ウィーン学団に属していた友人のヘルベルト・ファイグルに励まされて前記の『認識論の二つの根本問題』の執筆に着手したのであった。1934年の『探究の論理』は痛烈な帰納批判の書であり，まさに帰納の観念を転覆させる画期的偉業であったが，科学は観察から理論に進むという帰納主義への信仰が自明なものとして広く深く根を張っていた精神的風土のなかでは，彼の帰納否定はしばしば不信感をもって迎えられ，時として不真面目であるとさえ疑われた。本書の第1章の冒頭で述べられているように，ほとんどの哲学者はポパーが帰納の問題を解決したという主張を支持しなかったし，この問題に対する彼の考えを検討する労をとろうとしなかった。多少とも「私の考えに注意を払っている著作の多くは，私が決して支持したことのない見解を私のものだとするのが常であり，あるいはまったくの誤読または誤解にもとづいて，あるいは妥当でない議論によって，私を批判している」とポパーはいう。事実，そのようなたぐいの批判は，ポパーに身近かな人たちからさえもなされているのである。たとえば，ウィリアム・バートリの批判がその一つである (W.W. Bartley, Theories of Demarcation between Science and Metaphysics, in Lakatos and Musgrave eds., *op. cit.*, pp. 40—64)。バートリは1958年の秋から大学院学生としてロンドン大学のポ

パーのもとで学び，ポパーも彼を「頭の鋭い，かつて私がもった最もすぐれた学生の一人で，きわめて独創性に富む思索者」と認め，そのごも「非常に緊密に一緒に仕事」をし，『推測と反駁』の序文では謝辞を呈している。ポパーが「哲学者としての卓越した才能に最大の尊敬を払ったし，今なお払っている」バートリからの見当はずれの批判は，ポパーにとって「ショック」であったと同時に「最も価値少なき批判としかいいようのないもの」であった（Ibid., pp. 89—90）。さらにポパーの第1章の論文が初出されたあとにも，たとえばニコラス・マックスウェルは1972年に「科学的方法についてのポパーの見解に対する批判」(N. Maxwell, A Critique of Popper's View on Scientific Method, in *Philosophy of Science*, June 1972, pp. 131—152) を公表し，「ポパーは彼の唱導する方法論的規則にいかなる理論的根拠も与えることができなかったので，彼の根本問題——つまり，境界設定の問題と，彼が解決したと主張しようとする帰納の問題——に対して適切な解決を与えるのに失敗した」と反復強調する (p. 131, 137, 140, 141)。その議論の過程でマックスウェルは，帰納の問題に関連して，「(1)もしわれわれの関心事が科学的成長であるとすれば，二つ以上の理論のうちから一理論を選択するのにわれわれはいかなる基準を適用すべきか」と「(2)もしわれわれの関心事が技術的応用のための理論の信頼性であるとすれば，二つ以上の競合的理論のうちから一理論を選択するのにわれわれはいかなる基準を適用すべきか」という問いを定式化し，ポパーは第一の問題を解決したと主張しているけれども，「第二の問題についてはまったく沈黙」していて「論証の示唆すら与えておらず」，したがって「ポパーの見解は不適切」だと断定する。このような立論の仕方自体に問題があるが，しかし，第一点に関してはとりわけ本訳書23頁のハルサニィに言及した個所とその注（『推測と反駁』p. 217の再説）を，また第二点については26—28頁（「実用主義的優先選択」の節）が参照されるべきであろう。ポパーは明確な答えを与えている。（念のため記しておくと，『科学哲学』誌の編集委員会にマックスウェルの原稿が渡ったのは71年の4月だから，執筆段階では彼はポパーのこの論文を読んでいなかったと思われる）。さらにマックスウェルは「ある意味でこの失敗の原因は，ポパーの反証可能性または反駁可能性の考えにある種のあいまいさがある」からだといい，「ポパーは科学的理論は決定的に反証可能ではないと主張しながら，同時に科学的理論は決定的に反証可能だと主張している」と述べているが，この後段の発言は理解しがたい。（ちなみに，ポパーは『論理』の p. 50〔訳書60頁〕で「理

論の決定的な反証は決してできない」と明言し，新注を加えて「私は〈完全〉または〈決定的〉反証可能性の説にもとづく基準を支持している（しかも境界設定の基準としてではなく意味の基準として）と絶えず誤解されてきた」と記しているが，わが国でも大森荘蔵氏や中村秀吉氏などのすぐれた哲学者がこのような素朴な誤解を——おそらくはエイヤーに発してウィーン学団主流の見解となったものをそのまま受け入れたことの結果として——してきた。（大森荘蔵「意味と検証」，『講座現代の哲学Ⅱ，分析哲学』有斐閣，1958年，122頁；中村秀吉『科学論の基礎』青木書店，1970年，190頁を参照）。

このような現状に照してポパーは改めて自分の見解を説明し，批判者に対する「十全な回答」として本書の第1章を書いたのである。この第1章では，ヒュームを軸にして帰納の論理的問題と心理学的問題とがきわめて明確なかたちで再定式化され，ポパーの否定的解決の論拠が鮮かに再説されているだけでなく，そのご彼が発展させ，本書の以下の諸章で展開されるさまざまな考え方が提示される。すなわち，科学的理論の反証可能性と仮説の推測的性格，科学の批判的方法——試行と誤り排除の方法（淘汰の方法），批判的議論における方法論的規則，ドグマ的態度の価値，理論の情報内容と説明力，理論の単純性と深さ，理論の良さ・大胆さ（非アド・ホック性）の度合とその基準，転移の原理，験証および験証度，理論の不確からしさ，理論の優先選択，真理への接近と真理らしさ，進化論的知識理論，言語の論証的機能，主観的知識と客観的知識，第三世界（世界3）の理論，等々の考えがそれである。

これを受けて第2章では，すでに第1章で言及された実在論に組するポパーの考えと主観的知識理論（いわゆるバケツ理論）に対する論駁が徹底的に展開される。本書の序言に明記されているように「大の常識賛美者」と自称するポパーは「常識的実在論の本質的真理性を最後まで支持する用意があるけれども，常識的知識理論は主観主義的な大きな誤りだとみなす」。アリストテレスにまでさかのぼり，西洋哲学を支配し続けてきた「この主観主義的な常識的理論ときっぱり手を切り，これを根絶し，本質的に推測的性格をもつ客観的知識理論に取り替える」という大胆な試みが，タイトルにある通り，本書の中心的論題である。この第2章での「反駁不能だが合理的に議論可能な理論」としての実在論の擁護と主観主義的知識理論の批判は，付録の「バケツとサーチライト——二つの知識理論」で敷衍され，また真理・真理内容・偽内容，科学の目的としての真理らしさという議論は第5章「科学の目的」（『科学的発見の論理』の新注でしばしば

訳者あとがき

言及されている『補遺：20年を経たのちに』の＊15節に当る重要な論文）でさらに「理論の深さ」という観点から，また第8章と第9章では多元論および創発と還元，タルスキーの「真理論」との関連において詳説される。ポパーが同年輩のタルスキーを最大の賛辞をもって敬意を表している点，タルスキーのきわめて重要な哲学的業績を真理の「定義」方法にではなく，「真理の対応理論の復権」に認めている点を注目すべきである。これはポパーの定義に対する消極的な態度と実在論の立場から由来する。第3章「認識主体なき認識論」と第4章「客観的精神について」では彼の実在論が多元論と結びついて提示され，「思考の客観的内容」としての「第三世界」の客観的存在と自律性，第二世界および第一世界との相互作用論が第2章での議論を引き継いでさらにいっそう強力に展開される。(1965年の論文である第6章ではこの考えが基礎になっているが，第三世界などの言葉は使われておらず，68年の論文で初めて登場し，70年にいたり世界3などと表記されるようになる）。また，この第4章で，理論の理解にとっての問題の意義，つまり理論（とその評価）は問題——当の理論が解決する問題(P_1)とその理論が切り開く問題(P_2)——にさかのぼることによってのみ理解できる，という主張がおこなわれる。

ところで，本書でのもう一つの大きな論題は進化論的知識理論である。すでに『探究の論理』の英語増補版『科学的発見の論理』の序文（1958年）でポパーは「認識論の中心問題は，これまで常に知識の成長の問題であったし，今なおそうである。そして知識の成長は，科学的知識の成長を研究することによって最もよく研究できる」と書いた。この見解は一貫して保持されている。『推測と反駁』の副題は「科学的知識の成長」である。本書『客観的知識』でも彼は，「知識理論の基本問題はわれわれの（客観的）理論を成長または進歩させうる過程を明確にし，探究すること」であり，「知識の成長は古い問題から新しい問題へと，推測と反駁の手段によって，進む」と反復強調してやまない。そしてさらに進んで「われわれの知識の成長は，ダーウィンが＜自然淘汰＞と呼んだものに非常に良く似た過程，つまり仮説の自然淘汰の結果なのである」といい，彼の知識理論を「大幅にダーウィン主義的な知識成長理論」として提示する。こうしてポパーは「進化論的知識理論」，「ダーウィン的知識理論」という用語で特徴づけながら従来からの自説を新しいかたちで再説する。「若かりし頃，私は進化論的哲学について非常に軽蔑的なことをいうのが常であった。……22年前，レィヴンがダーウィン主義論争を＜ヴィクトリア時代の茶碗の中の嵐＞と呼んだとき，私はこれに賛成したが……しかし

私は，この茶碗が結局のところ私の茶碗になったことを告白しなければならない」(272頁)といっているけれども，彼のために弁じておけば，当時といえども彼はダーウィン主義を決して過少評価はしていなかったのであって，レィヴンに言及した個所のすぐあとに続く注でダーウィン主義の意義を高く評価し，「私は近代のダーウィン主義を，関連ある諸事実についての最も成功した説明だと考えている」と述べているのである。ともあれポパーは彼自身が「知識の成長の叙述としてますますその有効性を認めるに至った」(319頁)ところの「推測と反駁の方法による問題解決という一般的図式」をその最も単純なかたちで $P_1 \to TT \to EE \to P_2$ と表わし，3, 4, 6, 7, 8 の各章にわたって論じているが，これは『探究の論理』以来の彼の考えが1940年の論文「弁証法とは何か」における弁証法図式の批判的解釈を経由して，さらに発展せしめられたものにほかならない。これと関連して，特に，第7章「進化と知識の木」における進化論についての新ダーウィン主義的見解の再定式と，ポパーが「発生的二元論」と呼ぶ二元論的仮説の大胆な提示に注目したい。

第6章「雲と時計」も興味ある問題を含む論文である。ここでポパーは多元的実在論，非決定論，相互作用論，柔軟規制論の立場から身心問題，自由意志，合理性を論じる。「ラプラスの魔」——つまり現時点で世界のあらゆる物質粒子についてその位置と運動量とを瞬時に知ることのできる魔物がいたとすれば，この魔物はその情報に力学法則を適用して，世界の過去・未来の状態をすべて計算しつくすことが可能である——という卓抜な比喩は，科学者のおこなう天体観測や地上での実験がことごとくニュートン力学を実証するかに見えた時代に，決定論的な機械論的(力学的)世界像を一般人にもなじみやすいものにし，強力な科学哲学になっていった。物理的世界には完全な自律性があって，目的因といった観点はまったく不必要であり，すべてが必然法則によって完全に決定されているというこの哲学は，目的意識をもつ人間の心なるものは実は物質過程にともなう一種の随伴現象であって，それ自体は作用力のない結果にすぎないという見方にいたる。しかし，このような世界像が世界を知的に単純化しすぎているとともに人間の創造的選択力を過少評価しすぎていたことは，間もなく物理学内部に，相対性理論や量子力学が変革をもたらしたときに，明らかになった。かつて決定論の立場をとった多くの物理学者や哲学者は非決定論に転向した。ポパーは彼が心から尊敬するアインシュタインが決定論の立場を固持したのを誤りだと認め，非決定論の立場をとるものの，

「非決定論では十分でない」と言明する。合理的な人間行動を理解するのに必要なのは，性格上，完全な偶然と完全な決定との中間にあるもの——完全な雲と完全な時計との中間物——である。いいかえると，目的・熟慮・計画・決定・意図・価値といった非物質的諸事物が，いかにして物理的世界における物理的変化をもたらすうえで役割を演じうるか，を理解することにある。ポパーは量子飛躍による「マスター・スイッチ・モデル」をとらない。それは即時決定モデルにすぎず，合理的な人間行動に特徴的な熟慮過程を十分に説明しない。熟慮はつねに試行と誤り排除の方法によって活動するものであり，これは論証的機能をもつ言語をはじめとする身体外的産物（のちのポパーの用語でいえば「世界3」）を媒介にしての「批判的議論」が制御の手段としてはたらく，フィードバックのある柔軟に規制された選択過程である。人間および有機体は柔軟制御の階層的体系であり，世界1，世界2，世界3は相互作用する。人間の選択的行動は先行する諸事象によってまったく因果的に決定されているわけでなく，ソフトに制約されたものであり，そのように規制されながら翻って逆に批判的議論を通じての人間の熟慮的選択は出来事の経過を大きく左右する。物理的世界を開いた系とするこのような世界観は，現代の物理学的理論と両立しうるばかりでなく，試行と誤り排除の過程としての生活の進化観と両立しうるし，また人間的知識ならびに人間的自由の成長を合理的に説明しうる，とポパーは主張する。このようなポパーの見解に対してはポール・ミールやマイケル・ラードナーの批判があるけれども (P. E. Meehl, Psychological Determinism and Human Rationality: A Psychologist's Reaction to Professor Karl Popper's "Of Clouds and Clocks", in M. Radner and S. Winocur eds., *Analyses and Method of Physics and Psychology*, Univ. of Minesota Press／Minneopolis, 1970, pp. 313—372; M. Radner, Popper and Laplace, *Ibid.*, pp. 417—427)，量子理論にふさわしい哲学がまだ十分に展開されていない現在，人間の合理性と科学そのものの存在意義をふまえ，第三世界を軸にした相互作用的柔軟制御論による人間的自由の解明を，少数意見であることをあえて恐れず，みずからの哲学観の路線上に大胆に提起した意義をわれわれは高く評価すべきであろう。（神経回路網に量子現象が介在して巨視効果に大きな違いが生じうることを報告したノーベル賞受賞の神経生理学者ジョン・C・エクルズは，1970年の著書『実在に面して：一脳科学者の哲学的冒険』で，ポパーの1968年来の三世界論とその相互作用論を高く評価し，これに共鳴しつつみずからの立場から自由の問題を論じた

が，彼の金沢大学講演「運動の制御と自由意志」が『科学』(第44巻第5月，1974年5月，岩波書店，266—275頁)に訳出掲載されたので，参照されたい。エクルズはその冒頭のところでポパーに言及し，「彼の考えがまさに私の信じるものである」といっている)。

　以上はごく荒筋書き的な内容解説にすぎない。本書の豊かで多様な内容は，本書そのものから読者が直接それぞれなりに批判的に解読し，摂取すべきものであろう。ポパー哲学の刺激と影響とは哲学界を遙かにこえて広く及び，ペーター・メダウォー，ジャック・モノー，ジョン・エクルズなどのノーベル賞受賞クラスのすぐれた科学者が，自分たちの仕事へのポパーの影響に対し公的に謝意を表明している。エクルズは仲間の科学者たちに「科学哲学についてのポパーの著述を読み，みずからの科学的活動の基礎としてこれを採用すること」を勧めており，またすぐれた数学者で理論天文学者のヘルマン・ボンディは端的にこう述べている。「科学にとってその方法以上のものはなく，科学の方法にとってポパーがいった以上のものはない」と。訳者は，一人でも多くの読者が本書から深く学ばれることを切に期待してやまない。

　本書の巻頭に掲げたポパーの写真は，ブライアン・マギーの近著『カール・ポパー』(B. Magee, *Karl Popper*, The Viking Press / New York, 1973)からのものである。一昨年ポパーから訳者に贈られた，研究室で原稿を読んでいるセーター姿の一葉があったのだが，これは横顔だったので，やや白黒のコントラストの強いきらいはあったが，マギーからの正面どり写真を借りたわけである。私たちは既訳書『科学的発見の論理』(恒星社厚生閣，1971年)にも，マリオ・ブンゲ編『ポパー還暦記念論文集』(M. Bunge, ed., *The Critical Approach to Science and Philosophy, Essays in Honor of Karl Popper*, Free Press/New York, 1964) から借りた写真をのせたが，その鋭くキリリと整った知性美あふれる闘志満々たる若き日の顔とくらべると，本書の写真は，まことに柔和な好々爺然とした風貌である。ポパーも今夏で72歳を迎える。肉体的な老いは否めないが，しかしその精神は衰えるどころかいよいよ若く活発である。本書『客観的知識』と平行して『物理学と哲学』が上梓されたほか，諸論文の執筆や新しい書物の刊行の企画もあると聞く。マギーもいうように「ポパーはすでに齢70に達したけれども，彼の哲学は今なお発展しつつある哲学と考えられなければならない」(p. 108)。ポパーに

多くのことを教えられた訳者は,サー・カールの壮健を心から祈るとともに,彼の哲学がますます発展し深化されることを願うものである。

ポパーの人と業績については『科学的発見の論理』の訳書の上巻に,また著作目録と参考文献は下巻に掲載したので,それを参照していただきたい。また,そのご碧海純一氏のポパー哲学に対する洞察力豊かな示唆に富む論評を含む論文集『合理主義の復権』(木鐸社,1973年)や,高島弘文氏の『カール・ポパーの哲学』(東大出版会,1974年)が出版されたので併読をお勧めしたい。外国の文献としては,待望久しかったシルプの編になる「現存哲学者叢書」として『カール・ポパーの哲学』(P. A. Schilpp ed., The Philosophy of Karl Popper, 2 vols, Open Court / La Salle Ill., 1974) の刊行をみ,マギーの前記の文献のほか,H. Albert, Konstruktion und Kritik, Aufsätze zur Philosophie des kritischen Rationalismus, Hoffmann u. Kampel / Hamburg, 1972 や,H. Spinner, Pluralismus und kritischen Rationalismus. Studien zum Popperischen Erkenntnis- und Gesellschaftsmodell, Suhrkamp / Frankfurt am Main, 1974 などが出ている。さらに最近,碧海純一氏の配慮のゆきとどいた編訳書『批判的合理主義』(ダイヤモンド社,1974年) が発行されたが,これには『客観的知識』の理解にとっても重要な『推測と反駁』からの二つの論文,「科学:推測と反駁」と「弁証法とは何か」に加えて,ハンス・アルバートの「カール・ライムント・ポパーの批判的合理主義」が収められているので,ぜひ一読していただきたい。

本書の訳出を依頼されてからほぼ一年間,自分としては意外に早く,また楽しく仕事を進められたが,これも物理学の大内義一教授の御協力,木鐸社の能島社長と編集部の坂口節子さんの不断の励ましと助力のおかげである。三氏に厚く御礼を申し上げたい。

1974年5月5日

　　　仙台にて

　　　　　　　　　　　　　　　　　　　　　　　　　　　　森　博

人 名 索 引

(ゴチックは特に重要言及個所，n は脚注を示す)

[ア行]

アインシュタイン(Einstein, A.) 13, 21, 31, 46n, **51·n**, **62-4·n**, 65, 68, 70, 76, 77n, 83, 117-8, 149, 156, 198, 199n, 203n, 207-8·n, 230·n, 242-45·n, 254n, 277-80, 289·n, 294, 297, 302, 305, 335, 372, 386
アキーナス(Aquinas, St. Thomas) 150
アダマール(Hadamard, J.) 243n
アードラー(Adler, A.) 46n
アナクシマンドロス(Anaximander) 198n, 208·n, 218n, 281n, 387
アナクシメネス(Anaximenes) 218n, 387
アボット(Abbot, C.G.) 302n
アリストテレス(Aristotle) i, 5, **14**, 112, 118n, 144·n, 145, 172, 176n, 182n, 212n, **220·n**
アリソン(Allison, S. K.) 233n
アルクマイオン(Alcmaeon) 218n
アルバート(Albert, H.) 38, 46n, 217n, 231, 399n
アレクサンダー(Aelxander, S.) 252n

ヴァイル(Weyl, H.) 208n, 334, 335·n
ヴァルト(Wald, A.) 359
ヴィギール(Vigire, J.P.) 243
ウィグナー(Wigner, E.P.) 48·n, 208n
ウィズダム(Wisdom, J.O.) 291n
ヴィーゼル(Wiesel, T.N.) 84n
ヴィトゲンシュタイン(Wittgenstein, L.) 147n, 174, **346·n**, 347, 357-8
ウィーナー(Wiener, P. P.) 227n, 398n
ヴェスレイ(Vesley, R.) 157n, 160n, 173
ヴェルデ(Werde, A. van der) 48n
ウォディントン(Waddington, C.H.) 276n, 301·n
ウッジャー(Woodger, J.H.) 54n, 364n, 373n

エクスナー(Exner, F.) 240n
エクルズ(Eccles, Sir John) i, 38·n, 86n
エックハルト(Eckart, C.) 268n
エッシェンバッハ(Eschenbach, M.E. von) 47n

エドワーズ(Edwards, P.) 56n, 357n
エリス(Ellis, R.L.) 214n
エルザッサー(Elsasser, W.) 241n

オーウェル(Orwell, G.) 251n
オッカム(Ockham, William of) 325, 327, 334

[カ行]

カジョリ(Cajori, F.) 226n
カトゥルス(Catullus) 213
カムプベル(Campbell, D.T.) 79
ガリレオ(Galileo) 21, **193—200·n**, 205-6, 212n, 214n, 217n, 224-5·n, **226-8**, 295·n, 398
カールス(Carus, T.L.) 242n
カルナップ(Carnap, R.) 23·n, 58n, 193n, 325, 374n
カーン(Kahn, C.H.) 281n
カント(Kant, I.) **6n**, 30, 34, 41, 46, **81n**, 92n, 98-100, 103, **105-7**, 110, 121, 124, 128, 141n, **149-152**, **155-7·n**, 164, 173, 176n, 203n, 239n, 248n, 268, 301, 359n, 366, 379-80

キケロ(Cicero) 5·n, 115, 213
ギベルティ(Ghiberti, L.) 204n

クセノパネス(Xenophanes) 387
グッド(Good, I.J.) 48n
クラーマース(Kramers, H.A.) 233·n, 245n
クランツ(Kranz, W.) 218n
クリーネ(Kleene, S.C.) 157n, 160n, 173
グリーン(Green, D.E.) 254n
クレッチュマン(Kretschmann, E.) 203n
クロネッカー(Kronecker, L.) 137, 182
クワイン(Quine, W.v.) 71n, **325·n**, 334·n, 341
クーン(Kuhn, T.S.) 206n, 244n

ゲーデル(Gödel, K.) 56, 184n, 358, 365
ケプラー(Kepler, J.) 21, 70, 81, 96, **196**, 199n, 200n, 203n, 214n, 217n, **224-5·n**, **227·n**, **228-9**, 232, 239, 277, 295, 305,

332, 397, 398·n, 399n
ケラー (Keller, H.)　184n
ケーラス (Carus, P.)　241n, 242n
ケルナー (Körner, S.)　244n
ケンプ＝スミス (Kemp-Smith, N.)　149n

コイレ (Koyré, A.)　367n
コタルビンスキー (Kotarbinski, T.)　360
コーツ (Cotes, R.)　220
コペルニクス (Copernicus, N.)　106, 195-6, 198·n, 199n, 399
ゴムブリッヒ (Gombrich, E.H.)　156n, 173, 203n,
ゴムペルツ (Gomperz, H.)　173
コリョリ (Corialis, G. de)　194n
コリングウッド (Collingwood, R. G.)　180, 182n, 186, 190n, 207, 211-12·n, 213
ゴルトシュミット (Goldschmidt, R.B.)　313-6
ゴルトバッハ (Goldbach, C.)　137, 183
コント (Comte, A.)　295n
コンプトン (Compton, A.H.)　第6章　233-5, 256-7, 259-65, 270-7, 275n. 278-9, 286

[サ行]

サイモン (Simon, A.W.)　233·n
サルモン (Salmon. W.)　97

シェークスピア (Shakespeare, W.)　57n
ジェニングス (Jennings. H.S.)　31·n, 79, 207·n, 276n, 278n
シェリントン (Sherrington, Sir Charles)　300·n
シーザー (Caesar, Julius)　213
シュヴァルツ (Schwarötz, J.)　338·n
シュリック (Schlick, M.)　242n. 255-7, 258-9, 262, 279, 346
シュレーディンガー (Schrödinger, E.)　203n, 234, 240n, 242-3, 247n, 277, 301·n, 305, 327, 332, 334.
ショーペンハウァー (Schopenhauer. A.)　239 n, 332
ジラード (Szilard, L.)　163
シルプ (Schilpp, P.A.)　51n, 77n, 245n
シンプソン (Simpson, G.G.)　276n, 301

スキナー (Skinner, B.F.)　251n
スコーレム (Skolem, T.A.)　359
ズッペス (Suppes, P.)　65n, 173, 338n

ストゥヴ (Stove, D.)　12n, **104n**
ストローソン (Strawson, P.)　**15**
スピノザ (Spinoza, B.)　41, 152, 239n
スペッディング (Spedding, J.)　214n
スペンサー (Spencer, H.)　272, 第7章, 287·n, 288n, 289, 295·n, 296, 299, 301, 305, 313
スレイター (Slater, J.C.)　233·n, 245n

セクストス・エンペイリコス (Sextus Empiricus)　115, 179n

ソディ (Soddy, F.)　11

[タ行]

ダーウィン (Darwin, Ch.)　25, 38, 77-9, 81 -82, 90, 112, 138, 166-7, 171, 182n, 254, 272—3, 274n, 287-9, **291·n, 293**, 294, 299—304·**n** 305, 309, 313—5·n, 316
ダーウィン (Darwin, F.)　291n
タルスキー (Tarski, A.)　iv, 50, **53-62,** 63·**n**, 65n, 68, **70-71**, 139n, 173, 184n, 338n, **341**, 348-52, 第9章および追録, **355** 377·**n**
タレス (Thales)　218n, 387

チャドウィック (Chadwick, Sir James)　245
チャーチル (Churchill, Sir Winston)　39n, **51—3**, 58n, 75, 94

ディオゲネス・ラエルティオス (Diogenes Laertius)　179n
ティコ・ブラーエ (Tycho Brahe)　398n
ディラック (Dirac, P.)　234, 245, 305
ディールス (Diels, H.)　218n
ディルタイ (Dilthey, W.)　180, 192n, 193n, **197·n**, 207, **211·n, 214n**
デーヴィス (Davis, J.T.)　393n
テオドシウス (Theodosius)　212-3
デカルト (Descartes, R.)　i, 41, **42—4**, 46·**n**, 80, 86, 89, 124, 136n, **148·n**, 150, 172, **182n**, 220-1, **260-5·n**, 271, 279, **281-3·n,** 286, 258, 399
デュアン (Duane, W.)　336
デューイ (Dewey, J.)　74
デュエム (Duhem, P.)　227n, 399n
デュカス (Ducasse, C.J.)　**148n**, 173

トマス・アキーナス (Thomas Aquinas, Saint) 150
ド・ラメトリ (de Lamettrie, J.J.)　254
ドレーク (Drake, S.)　198n
ドレスデン (Dresden, A.)　153n, 172

[ナ行]

ニーダム (Needham, J.)　254n
ニーチェ (Nietzsche, F.)　332
ニュートン (Newton, I.)　13, 21, 25, 46n, 52, 62-6, 68, 70, 96, 105-6, 117-8, 152, 156, 157n, 196, 197・n, 198, 208・n, 217n, 220-1・n, **224-9**, 238-243, 246, 247n, 248n, 249-51, 295・n, 299, 302・n, 305, 337, 372, 397-399・n

ネーゲル (Nagel, E.)　65n, 173, 338
ネルソン (Nelson, E.)　48n

ノイゲバウアー (Neugebauer, O.)　198n
ノイマン (Neumann, J. von)　245n
ノイラート (Neurath, O.)　71・n

[ハ行]

ハイエク (Hayek, F.A. von)　132n, 136n, 173, 182n, **209n**, 382n
ハイゼンベルク (Heisenberg, W.)　234, 241n, **244・n**, 247, 248n, 256, 264, 305, 329, 334-7
ハイティング (Heyting, A.)　**126**, **149n**, 150, 158n, **159-60**, 173, 340
ハイドン (Haydn, F.J.)　204n
ハイネマン (Heinemann, F.)　173
パウエル (Powell, J.U.)　210n
パウリ (Pauli, W.)　305
バークリ (Berkeley, G.)　37・n, 41, 43, 46, 74-6, 80, 100, 124-6, 147-8, 172, 197, 218n
パース (Peirce, C.S.)　**240-1・n**, 243・n, 247n, 249, 256, 279-80, 329
ハックスリー (Huxley, A.)　251n
ハックスリ (Huxley, Sir Julian)　301n
バッハ (Bach, J.S.)　50
バトラー (Butler, S.)　269, 287, 302, 305
パルメニデス (Parmenides)　**5**, 78n, 290n, 334
バーロー (Barlow, N.)　291n

ヒース (Heath, D.D.)　214n
ピタゴラス (Pythagoras)　203n, 387
ピュテアス (Pytheas of Marseilles)　14, 112
ヒューム (Hume, D.)　i, 3-4, **5-9**, 14, 15, 17, 20, 26-8, **29-30**, 32n, 33, 34-5, 37・n, 43, 46, 74, 80, 79, 94, **98-111・n**, 112-3, **114-6**, 124-6, 147, 182n, **248-50・n**, 253, 255-7・n, 258―9, 279, 304, 358, 382
ビューラー (Bühler, S.)　49n, 139n, 172, 182 n, 265・n
ヒル (Hill, E.L.)　335・n

ファイヤーアーベント (Feyerabend, P.K.)　23n, 62n, 165n, 173, 232, 335n
ファイグル (Feigl, H.)　23n, 62n, 173, 232, **325-6**, 335n
ファウラー (Fowler, H.W.)　56n
フェルマ (Fermat, P.)　128
フォイエルバッハ (Feuerbach, L.)　39n
フォースタ (Forster, E.M.)　32
フォルクマン (Volkmann, R.)　173
フーコー (Foucault, L.)　194n
フッサール (Husserl, E.)　173, **185n**
仏陀　332
ブッシュ (Busch, W.)　65・n
プトレマイオス (Ptolemy)　196, 198n, 199n
ブラウン (Brown, R.W.)　55n
ブラーエ (Brahe, Tycho)　398n
ブラック (Black, M.)　348
プラトン (Plato)　**123**, 135, **142-4・n**, **145-6**, 154, 157, 160, 173, **175-6・n**, 178・n, 179 -80, **220-3**, 333-4
プランク (Planck, M.)　242・n, 335-6
ブリッジマン (Bridgman, P.)　191
フリッシュ (Frisch, K. von)　266n, 267n
ブリュアン (Brillouin, L.)　243n
ブール (Boole, G.)　162
フレーゲ (Frege, G.)　85, 124, **126・n**, 128, **146-7・n**, 173, 175, 178・n, 185n
ブレック (Breck, A.D.)　317n
フレネル (Fresnel, A.)　230・n
ブロイ (Broglie, Prince Louis de)　243, 305
フロイト (Freud, S.)　46n
ブロウアー (Brouwer, L.)　126-8, 137, **148-61**, 172, 340
プロティノス (Plotinus)　**144-5・n**, 150, 173, 182n

ブンゲ(Bunge, M.) 163, 172-4, 203n, 231, 336n
フンボルト(Humboldt, W. von) 49n

ベイズ(Bayes, T.) 162
ヘーゲル(Hegel, G.W.F.) 123, **145-6**, 173, 175—6・n, 182n, 187n, 230, 333
ベーコン(Bacon, F.) **211n**, 214n, **379-8**, 396
ヘシオドス(Hesiod) 208・n
ベートーヴェン(Beethoven, L. van) **206**, 252・n, 285
ペムバートン(Pemberton, H.) 240n
ヘラクレイトス(Heraclitus) 46, 145
ベルグソン(Bergson, H.) 303, 316
ベルタランフィー(Bertalanffy, L. von) 214n
ベルナール(Bernard, C.) 289n
ヘルマン(Hörmann, H.) 55n
ヘロドトス(Herodotus) 208・n
ベントリ(Bentley, R.) 221n
ヘンペル(Hempel, C.G.) 26n

ボーア(Bohr, N.) 13, 230, 233・n, 241n, 244, 245n, 305, 329, 337
ホイラー(Wheeler, J.A.) 278・n
ボスコーヴィッチ(Boscovic, R.J.) 359n
ホッブス(Hobbes, T.) i, 174, 210n
ホッホフート(Hochhuth, R.) 39n
ボーテ(Bothe, W.) 233n
ポドルスキー(Podolsky, B.) 244n, 245n
ボーム(Bohm, D.) 243
ポーヤ(Polya, G.) 153
ボルツァーノ(Bolzano, B.) 85, 123, 135, 145, **146・n**, 172, 175, 185n, 341
ボルツマン(Boltzmann, L.) 334
ホールデーン(Haldane, E.S.) 172, 182n
ボールドウィン(Baldwin, E.) 274n
ボールドウィン(Baldwin, J.M.) 79, **276n**, **301・n**, 302
ボルン(Born, M.) 203n, 207-8n, 224n, 234, 277, 332, 335・n
ホワイトヘッド(Whitehead, A.N.) 142

[マ行]

マイヒル(Myhill, J.) 158-9n, 173
マクベス(Macbeth, N.) 315・n
マズルキェーヴィッチ(Mazurkiewicz, S.) 371・n
マックスウェル(Maxwell, G.) 23n, 62n, 165 n, 173, 232, 335n
マックスウェル(Maxwell, J.C.) **230・n**, 305, 337, 399-400
マッハ(Mach, E.) 48, 100, 218n, **286n**
マルクス(Marx, K.) 7n, 39・n
マルタン(Martin, T.H.) 118n
マルティン(Martin, R.M.) 366・n

ミラー(Miller, D.) ii, 39n, 63n, 86n
ミル(Mill, J.S.) 180

ムスグレィヴ(Musgrave, A.) 24n, 167n, 173, 188n, 273n
ムーア(Moore, G.E.) 44・n

メダウォー(Medawar, Sir Peter) 289n, 299・n, 301n
メディクス(Medicus, F.) 241n
メンガー(Menger, K.) 358

モーガン(Morgan, C.L.) 79
モーザー(Moser, S.) 21n, 217n, 231-2, 379n
モストフスキー(Mostowski, A.) 184n
モーツアルト(Mozart, W.A.) 252-3n, 285
モット(Motte, A.) 226n

[ヤ行]

ユークリッド(Euclid) 86, 151, 157
ユーリ(Urey, H.C.) 13
ユング(Jung, K.) 46n

ヨルダン(Jordan, P.) 241n

[ラ行]

ライト(Wright, G.H. von) 107
ライプニッツ(Leibniz, G.W.) 37, 175, 239n, 359n
ライヘンバッハ(Reichenbach, H.) 339
ライル(Ryle, G.) **12**, 14, 254n
ラウトリッジ(Routledge, H.) 43・n
ラカトス(Lakatos, I.) **24n**, 137n, 146n, 157-8n, 159n, 164n, 167n, 173, 188・n, 204, 314・n, 327
ラシュリ(Lashley, K.L.) 55n
ラッセル(Russell, B.) 3, **7・n**, 15-6, **34**, 44・n, 51・n, 76-7・n, 85, 100, 104-6, **107**, 109, 124-6, 128, 147・n, 148n, 162, **168**, 174

ラプラス(Laplace, P.S.)　156, **242n**, 250, 252n, 259, 301
ラマルク (Lamarck, J.)　112, 166, 171, **301・n**, 302-4, 311, 316
ラムジイ (Ramsey, F.P.)　91n
ランケ (Ranke, L. von)　**214n, 215n**
ランデ (Landé, A.)　48n, 243, 329, 336, 337

リーヴィス(Leavis, F.R.)　86n
リヴィングストン (Livingstone, D.)　347
リチャーズ(Richards, I.A.)　182n, 190n
リード(Reid, T.)　i, 34, 44, 80, 90, 116n
リリー(Lillie, R.)　241n, 263n
リンダウァー(Lindauer, M.)　266n, 267n

ルイス(Lewis, H.D.)　220n
ルクレティウス(Lucretius)　242n, 302n
ル・サージュ(Le Sage, G.L.)　302・n

ルッツ(Lutz, B.)　275n

レィヴン(Raven, C.E.)　272,
レンブラント(Rembrandt)　50, 213

ロス(Ross, G.)　172, 182n
ロス(Ross, Sir William)　144n
ローゼン(Rosen, N.)　244n, 245n
ロック(Locke, J.)　i, 41, 43, 46, 80, **89n**, 100, 124-6, 147, 180
ロビンソン(Robinson, R.M.)　184n
ローレンツ(Lorenz, K.Z.)　**82n**, 84n, 111, 278n, 302

[ワ行]

ワトキンス(Watkins, J.W.N.)　39n, **108n**, 143n, 174, 210n

事項索引

(ゴチックは特に重要な言及個所, n は脚注, t はその語が説明されている個所を示す)

[ア]

アインシュタインの理論　46n, 62-3, 68, 70, 96, 117, 149, 208, 243, 335. ——とニュートンの理論, 13, 21, 62-3・n, 70, 117-8, 302, 372
アド・ホック　20-1, 218-21, 229-30, 303, 327, 330
ア・プリオリ　7n, 34, 82, **99-100**, **105-7**, 150n, 151, 157n, 164-6, 324. 心理学的に(または発生的に)——, 7n, 30, 106-7. ——な妥当性, 7n, 30, 34-6, 99, 105-7, 110, 151, 164-5, 222
ア・ポステリオリ　106, 164-5
アメーバとアインシュタイン　31, 83, 277-9, 294, 297, 386
誤り(誤謬)　211, 278. ——の主観主義的理論, 73, 80, 90n, 380
誤りおかしやすさ　50, 75-6, 141, 155, 297. →知識(推測的)

[イ]

意識　31-2, 86-8, 123, 125-6, 145-6, 176, **280-2・n**, 324, 382. →知識(主観的), 状態(心的)
一元論　175, 334. 発生的——, 306t, 308-9, **312-3**. 唯物論的——, 255, 256, 324-30. 中性的——, 100.
一定加速度　226
イデア(プラトン)　123, 142-6, 175-6, 178, 180, 222n, 333
遺伝暗号　86, 98, 172
意図せぬ結果　42, 136, 159, 182-3
意味論　71, 261-3, 264-6. →メタ言語
因果律　7n, **98-107**, 110-1, 131, 169, 217, 248・n, 300, 332, 337. ——と帰納, 98, **99-100**, 101-5, 110-1
印象　73-4, 80, 101, 107, 116. →知覚
引力(または力)　197, 225n, 228n, 302, 399

[ウ]

ウィーン学団　355, 360
嘘つきのパラドックス　56n, 345, 356
宇宙論　29, **193-200・n**, 210n, 386

[エ]

エーテル　230n, 400
円運動　196-200・n
エントロピー　163

[オ]

オッカムの剃刀　323-5, 327, 334
音楽　50, 169, 204n, 206-7, 252-3・n, 283, 285・n, 396

[カ]

蚊　276-7, 279-80
解剖学的:怪物(ゴルトシュミット), 313-6. 執行構造, 305, 307-16
懐疑(疑惑)　42, 162
懐疑主義　7-8, 26-7, 100, **114-6**, 121. 古典的——, 114-5, 258
解釈　134, **185-6**, 186-8, 199n, 210n, 214n, 215n. 経験の——, 44, 176n
解釈学　184-5・n, 207-10, **211n**, 213-4・n, 215n. →理解
解答　**44-5**, **75**, 77, 85, 101-2
概念:——の構成(カント), 150・n. ——と判定基準, 356-8. 理論と——, 142-4・n, 178, 333, 343-4, 359n
怪物　313-6
科学　33, 36, **98**, 123, 131-3, 161-3, 197n, 210, 231, 267, 293-4, 321-2, 338, 402. ——の目的と課題, 49, 53, 65, 81, 94, 140, 166, 207-8, **第5章** 217-231, 296, 355・n, 372-3, **付録**, 388・n, 382, 396・n. ——と説明, **217**, 219-20, 230, 295-7, 388, 396・n. ——と真理らしさ, 64-6, 68-70, 83, 370. ——における流行, 242-4, 303-4. ——における進歩, 22, 49, 68-9, 231, 295n, 319-20, 396, 400-2
科学主義　209・n・t, 210
化学の物理学への還元　322-4, 326-7
学習　30-1, 44, 75, 78, 125, **170-2**, 292-4, 307, 311, 328, 382-3. ダーウィン的とラマルク的, 112, 166, 171, 299, 382-3. 誤りから学ぶ, 41, 211, 278, 297-9
確実性　13-5, 27-8, 33, 45, 54-5・n, 73-5,

81, 85, 87-90, 94, 112-4, 120, 150, 153, 159, 198*n*, 211, 297, 402. ――の種類, **91-93**. ――の探求, 45, 51, 74, 87-91, 210-1, 402 ――と理解, 192*n*, 193*n*, 198*n*, 210-1
確率（確からしさ）38, 69-70, 402. 相対的――, 60-1, 371・*n*, 372. 主観的――論, 90・*n*, 141*n*, 161, **162-3**, 258
過去と未来 4, 34, 81, 104, 110-1
仮説：すべての知識は――から成る→知識（推測的）；われわれの代りに――を殺す→排除
神 29, 50. サイコロ遊びを楽しむ――（アインシュタイン）, 208. ――と知識理論, 76, 80, 89, 147, 150, 220. ――と世界, 5, 144-5, 176*n*
ガリレオの理論：――とニュートンの理論, 21, 217*n*, **224-5・*n*,** 226-9, 295・*n*, 397-8. 潮汐理論, **193-200-*n*,** 214*n*
感覚 5, 72, 84, 101-2, 147, 290. ――所与, 73-7, 89, 120, 167-8. ――経験, 74, 107, 120, 148, 339. ――的直観（カント）, 151. ――器官, 84, 101, 166-8, 379
還元 69, 300, 321-31, 365-6, 388. 言語的または哲学的――, 324-8. 科学的――, 322-8. ――と創発, 321-8, 330
観察 41, 76-7, 120, 205, 239*n*, 289-91, 298, **380-5,** 387. ――言明, 9, 10・*n*, 16・*n*, 22, 24, 38. ――の推測的性格, 38, 85. ――は理論ないし問題に依存する, 12, 38, 83-5, 210-1, 289-92, 328, 380-5
慣性 196, 198・*n*, 220
カント主義（者）34, 105-7. ――の正しい点, 30, 80*n*, 106-7, 366. ――的直観, **149-52・*n*,** 155-7. 数理哲学, 149・*n*-150, **151・*n*-3,** 154, 157. ――とニュートン物理学, 105-7, 157*n*. ――としてのラッセル, 34, 106. 空間論, 128, 149-50・*n*, 151. 時間論, 149・*n*, 150-2, 155
カントの問題 →境界設定
カント-ラプラス仮説 301
観念論 44*n*, **46-53,** 76-7, 80・*n*, 100, 115*n*, 121, 328, 360, 366

[キ]

偽 18-9, 180, 268. ――内容, **58-63・*n*,** 64, 68-70, 94-5, 369-72. ――と真理への近

さ, 66-8, 352. ――の逆転送, 38, 338, 341
幾何学 106, 149, 151, 196, 198*n*, 199*n*
器官（機関）――の進化, 302-3, 305-6, 311-2, 315-6. ――の所有と使用, 306, 308, 311-3. 自己制御的――, 308, 309, 312
帰結クラス（演繹系）→内容
規制的観念（原理）37, 70, **139,** 146, 164-5, **268,** 270, 271, 285, 296, 297, 322, 344, 352
規則性：――への信念または欲求, 5, 30, 33. 実用主義的――, 13-5, 28-9, 35-6, 104-5, 113-4. →帰納
技術（応用科学）81, 93, 110, 177-8, 182, 294, 388, 393・*n*, 396*n*
基礎（知識の）40-1, 45, 51, 74. →出発点
基礎言明 10, 16*n*. →観察言明
期待 5-6, 12, 27, 30, **32,** 74, 77, 81, 83, 167, 168, 291, 292, 299, 282-5, 401. ――の地平, 32, 384*t*-5, 394*n*, 395, 401. 無意識的――, 30-2, 382
帰納 **第1章,** 69, 98-119, 167-8, 225, 228, 304, 400. ――と境界設定, 3*n*, 16, 36-8. ――と説明における被説明項の修正, 224-9, 398, 399*n*. ――と無限後退, 100, 105. ――（原理）の非妥当性, 15, 35, 100, 109-10, 304. ――の正当化, 6, 34-6, 104-5, 108-9, 112-4. ――の原理, 6*n*, 8, 11-2, 15, 34-6, 100, 105-6, 113. ――の確率論, 6, 22-4・*n*, 25, 34, 103・*n*, 104, 117-9, 297. ――の問題, 第1章. ヒュームの――の問題と解決, **5-8・*n*,** 9-13, 15-7, 28-30, 98-112, 116, 304. ――の問題の再定式, 10-11, 12-7. ――の心理学的問題とヒュームの解決, 6, 9, 15-6, 100, 104, 109-12, 115-6, 304. ――の心理学的問題の再定式, 30-3. ――の伝統的問題, 4, 17, 28, 34-6, 104. ――の問題の批判, 4, 34-6, 104-5, 112-4. ――ポパーの解決, 3・*n,* 4-5, 8-17, 18-26, **27-8,** 29-31, **33-6, 104-5,** 107-12. 反復による――, 5-6, 9, 29, 33, 34, 108, 109, **113,** 115
帰納主義（者）7*n*, 13, 23, 24*n*, 26, 31, 34, 396
帰納的関数 127, 137
帰納的推論 4, 35, 102-4, 109, 110-1, 225
技能構造 307-13, 316

記録的証拠 185-7, 210, 213-4・n, 215n
議論 22, 33, 69-70, 77-8, 93, 95-8, 140-1, 158-9, 164, 187, 270-1, 319, 338, 343-4
近似 21-2, **225-9**, 302, 398・n →真理（への近似）

[ク]

空間：――の直観, 149-51, 157. カントの――論, 128, 149-51・n
偶然 241・n-2, 256-9, 263n, 276・n, 279, 285. ニュートン的世界における――. **239-43・n**, 247n, 329
偶然効果 241n, 263-4, 281
雲 第6章, **235t, 236-43・n**, 259, 276, 278, **279-81**. →時計
クロスベアリング 52, 75
訓育 →学習

[ケ]

芸術 39, 50, 123, 145, 169, **203・n**, 206-7, 209, 283, **285・n**, 396
経験 6, 10, **16**, 44, 72, 75, 120, 170, 380-2, 384, 401. ――と解読, **44-5, 74-5**, 77, 85, 101-2
経験的：――基礎, 38, 210. ――内容, 57n, 58n, 164-6, 299 ――言明, 16n
経験論（主義） 3, 8, 16, 38, 74, 99, 104-5, 147-8・n, 161, 242n, 379-80, 396
形式的構成 54n, 153・n, 154, 158
形而上学 35, 46, **49n**, 110, 222, 230-1, 360
形相（プラトン） 123, 142-4, 175-6, 178, 222・n
系列 374-7・n
決定可能性 356-8
決定的実験 19-20, 394n
決定論：――と偶然, 256-9, 279. 哲学的または心理学的――, 248・n. 物理的――, **238・n**, 239-40・n, 241-2, 246-8・n, 249-52・n, 253-9, 285. ――の悪夢, 246-8・n, 251-5, 286
ケプラーの理論 70, 96, 239, 332. ニュートンの理論との矛盾, 21, 217n, **224-5・n, 226-9**, 231-3, 295, 397-8・n
原因と結果 7n, 103-5, 110, 133, 248, **264n, 392-n**
験証（裏づけ） **22-6**, 95-7, 113, 119, 195, 229, 394, 401. ――度, 23-26, 95-6,
119. ――と将来の成績, **23-25**, 401. ――と理論の優先選択, 23, 96-7, 119. ――と真理らしさ, 119
現象と本質 45, 47n, 333-4
現象学 47n, 51, **185n**
現象主義 46n, 51, 248n, 328
言語 30, 45, 49-50, 78, 87, 132, 143n, 157, 181, 231, 312. 動物――139, 141, 265・n, 266-7. ――と伝達, 124, 139-40, 157-8, 180, 182n, 265-7. ――の進化, 82, 98, 136, **182n, 265-70**. 批判を可能にさせる定式化, 31-2, **38**, 78, 82, 98, 111, 138-41, 278, 295, 298. 論証的機能, 38, 49・n, 82, 98, 107, **138-9・n, 140-1**, 157-8, 182n, 184n, 265n, 267, **268-9**, 270, 295. ――叙述的機能, 49・n, 82, 98, 107, 138-3・n, 141, 157, 182n, 265n, 267, 268-70, 295. 表出的または徴候的機能, 124, 138-40, 180, 182n, 266, 268-70. 信号的または解発的機能, 124, 139, 182n, 265n, **266-7**, 269-70. ――の諸機能の差異性, 139n, 266-7, 268, 275. 低次機能と高次機能の関係, 139, 182n, 266-7, 268-70, 275-6. ――と直観, 149n, 150-3, **155-60**. ――と数学, 151-3, 157-9. 日常――, 55n, **71**, 128, 350. ――は理論に満ちている, 38, 156, 168. 188. ――と「世界1」, 179-81, 330. ――と「世界2」, 86, 179-81. ――と「世界3」, 135-7, **138-42**, 147, **158**, 179・n, 180-2, 270-1
原子論 323, 379
幻想（現象） 45, 47n, 50, 252, 255, 286, 334
言明：――算と体系算, 367-9. 存在言明, 16n, 18, 402
言明関数 373-7・n

[コ]

行動(行為) 27-9, 33, 40, 91-3, 108n, 109-10, 115-6, 141, 170-1, 190, 202-3・n, 213, 274, 278, 282-3. ――と信念または性向, 32-3, 50, 91-3, 108n, 113, 123-6, 129-30, 140-1. ――と実在論, 81, 108n, 113, 115
行動主義（者） 73, 84n, 91, 120n, 132, , 178, **250**, 255, 260-1, 268, **324-8**, 383
構成（直観主義的） 150・n, 153-4, 157-61
構文論（言語の形態学） 361-3, 364n, 365-6

公理化 57n, 60, 158, 184n, 368, 371
合理主義者 324, 341
合理性 8, 27-8, 33, 70, 94, 107-10, 267-8, 278. ——と言語の論証的機能, 184n, 267-8. 自然法則の——, 208・n ——原理, 203
合理的：——活動と目的, 217. ——態度, 38, 278. ——議論, 22, 95, 140, 321. ——決定, 258, 264-5
刻印づけ(ローレンツ) 111
言葉：——は問題でない, 24, 343. 理論の真偽と——の意味, 143-4, 343-4
コペルニクスの理論 195-6, 197n, 198・n
コンピューター 72, 86, 133, 183, 254-5, 258, 269, 279-81
コンプトンの自由の要請 262t, 264, 271
コンプトンの問題 255, **259-60**l, **261-2**, **264-5**, **270-1**, 286 →身心問題

[サ]

サーチライト 付録, 379n, 385, 393n, 398, 402

[シ]

死 14, 43, 112・n, 113, 254, 304n. すべての人間は死ぬものである, 13-4, 112・n, 113-4
自我(自己) 86, 120, 146, 171. ——意識, 43-4, **87**, 283n. ——批判, 169. ——表現, 139, 169-70. ——超越, 140, 168-71
事実 55-6, 118, 322, 348-9, 351, 361-3, 366-7. 堅固な——, 120. ——との対応→対応
自然淘汰 38, 112, 166, 171-2, 272, 279, 284, 287, 293, 299-301, 304, 308. →進化
自然の一様性 34, 112, 114. →帰納(の問題)
自然の解読 214n, 215n
実験 19-20, 394・n. テストとしての——, 298
執行機関 305-16. →進化
実在 44-5, 47n, 70, 75, 116, 214, 221n, 223, 322, 334, 347, 359・n, 366-7, 401
実在論 i, **第2章**, 40, 43-4・n, **45-53**, 70, 74-7, 85, 100-1, 108n, 115・n, 116, 121, 124, 230, 第8章, 359・n, 366-7. 常識的知識理論と——, 48, 50-1, 76-7, 100-2,

114-6, 120-1. ——と対応理論, 56, 70, **322**, 346, 349, **351**, **360-1**. ——と言語, 49-50. ——と論理学, 337-9, **340-2**, 343-53. 形而上学的——, 49・n, 230-1, 360-1. 科学と——, 48-9, 81, 115, 116, 230-1, **322**, 325, 334-9. ——の身分, 44n, 45-7・n, 48-53, 116, 120-1
実践(実際的問題) 189, 292, 295-6, 345
実証 17, 147-8, 393-4
実証主義 44n, 46n, 51, 74, 209, 248n, 328, **358**, 360, 396
実用主義 26-9, 35, 342-6, 350-1
自動パイロット 276, 307-8
シャボン玉 280-1・n
自由 **第6章**, 236, 246-7, 252n, 256-7, 262-3・n, 286. コンプトンの——の要請, 262-3, 264, 271. ——と決定論, 246-8, 251-2・n, 253-4, 255, 263n, 286. ——と非決定論, 247n, 256-60, 262, 263・n, 285-6
習慣(習性) 6, 104-5, **109-10**, 111, 170-1, 250n.
主観主義 46n, 53, 88-9, 99, 107, 120, 159, **161-3**, 330, **334-7**. →バケツ理論
出発点 42-4, 85, 119-21, 176, 379. ——としての常識と批判, 40-2, 71, 81, 85, 115, 120, 359
十分理由 5, 32, 37・n, 87-9・n, 116. ——と排中律, 147-8・n
重力(理論) 13, 62-3, 68, 117, 208, **302**
シュレーディンガー方程式 277, 332
状況 212-3. →問題状況
状況的分析 82, 127, 190, **202-3・**t・n, 206-7, 211-4. →問題状況, 理解
条件反射 73, **78**
証拠：記録的——, 183-7, 210, 214・n, 215n. 独立の——, 218-9, 230
常識 i, **第2章**, 40-4・n, 45, 46-8, 51, 56・n, 75, 81, 85, 89-90, 113-6, 120-1, 235, 238, 328, 359. 批判的——, i, 40-5, 71, **114-6**, 119-21. ——と実在論, 43, 44n, 45-8, 114-6. 出発点としての——, **40-1**, 71, 81, 85, 115, 359
常識的：帰納の——問題, 5, 34. ——的実在論, i, **第2章**, 45-6, 100-2, 106-7, 114-6, 121, 359・n
状態：議論の——, 124, 262n, 284. 心的——, 123-5, 169, 176, 179n, 180, 261・n, 282-3・n, 325-6, 331. 物理的——, 176, 261n,

282-3・n, 326, 331
情報 20, 22, 25, 66. ――理論, 72, 163
証明 44n, 45-6, 92, 148, 153-62, 338-41, 357. ――における弱い論理学の使用, 338-41, 357
初期条件 105, 219, 390-5, 401
進化 25, 35, 38, 81-3, 90, 98, 112, 131, 138, 140, 166-72, 245n, 254, 262, 265-71, **272-7**, 279, 281-2, 284, 第7章, 287, 294-6, **297-316**, 320-1. ポパーの進化の一般理論, 272-5, 286. 創造的―― (ベルグソン), 275, 303. 身体内的――, 166-8, 269, 273, 282. 身体外的――, 111, 140, 166-8, 269-70, 273, 279, 282, 285, 317-8. ――論と目標指向的変化の問題, 277, 302-3, 305, 310-3, 316. 道具の――, 294-6. 言語の――, 82, 96, 182n, **265-70**. ――の法則, 272, 299-300. ――論の論理的性格, 81-2, 272-3, 299, 302-3, 303, 329. 心または意識の――, 282, 283・n, 384. ――の木, 294-5. ――の予測不能性, 329
身心: ――二元論, 175-6, 179n, 283n, 306. ――問題, 87, 124, 170-1, 177・n, 178, 255, **259-65**, 271, 279, **281-6**, 324-8
新ダーウィン主義 273, **274**. 287-8, 303-4・n, 305-6
信念 i, 5, 9, **30-3**, 34-6, 68, 80-1, 87-9, **91-3**, 108n, 110, 113, 115-5, 124, 130, 141・n, 164, 236. ――の形成, 5, 30, **33**, 74, **79-80**. ――と知識, i, 87-9, 141, 147-8・n, 162-3, 168. ――と論理学, 126, 147, 148n, 161-2, 342. ――哲学, 31, 124, 141, 162. ――と確からしさ, 91・n, 141n, **162**
新プラトン主義 144-5, 181n
人文科学(精神科学) 184, **207-11** →理解
心理学 55n, 73-6, 99, 111・n, 132, 133, 178, 185・n, 190, 209, 249-50, 260. ――と生物学, 31, **75**, 84-5, 111-2, 381-2. ――と論理学, 9, 30, 79, 89n, 111n, 127-8, 180, 331-2
心理主義 99, 132-3, 185n
神話 98, 168, 318, 321, 385-8

[ス]

推測: ――と反駁, 94-5, 187, 191, 290, 293, 297, 393n
推論的思考 149n, 150・n-152, 155-8, 159-60

数学 148-61, 191-3, 338-40. ――の認識論的問題, 153, 155-9. カントの――哲学, 149・n-50, **151-2**, 154, 157. ――における言語と推論的思考, 151-2, 157-9. ――の方法論的問題, 153・n, 154, 160-1, 338. ――の実在論的身分, 86, 136-8, 152-3・n, 154, 158-60, 182-3. ――と「世界3」, 86-7, 136-8, 154, 178, 182-3
スコラ主義 32, 33・n
ストア学派 144, 175, **179・n**, **180**, 358

[セ]

正確性 69, 229, 397. ――の度合, 247n, 249-51
制御(規制) 261-4, 269-76, 279-85. 融通のきかぬ――262, 280, 285. ――と意識, 282-3. 誤り排除の――, 274・n-276・n. ――のマスター・スイッチ・モデル, 261n, **263-5**, 279, 281 柔軟――, 262, 264, 269-73, 275, 279-81, 283-5
生気論 303, 311, 312, 316
性向 50, 77-8, 83-6, 88-9, 123-6, 131, 140-1, 186, 381-3
性向構造 307, 310-1. ――の変異の指導的役割, 310-2, 316 →目的構造, 技能構造
精神: 絶対――または客観的―― (ヘーゲル), 123, 145-6
精神分析学 46n
生存(生き残り) 7, 25, 81-2, 272, 274-5, 284-5, 294, 301, 302-4・n, 320-1
生態学的棲所(地位) 135, 167, 171, 275n, 316
正当化: 目的としての――35, 36, 53. 信念または知識の――, 5, 9, 10, 18, 32, 35-7, 45, 79, 95, 105, 108n, 141, 147-8, 158, 297-8. 帰納の(原理の)――6, 34-6, 104, 108-9, 112-4. 理論の優先選択の――, 10-11, 79, 95-7
生得的: ――行動, 302, 312. ――信念, 33. ――性向, 75, 78, 83-4, 140, 306, 382-3. ――期待, 7n, 30, 290-1. ――知識, 72, 84・n, 107, 290-1. ――構造, 85
生物学 29, 48, 112, 245, 264・n, 268, 281・n, 288n, 296, 305. ――と知識理論, 25, 38, **76-85**, 88, 90, 92, 121, 131-3, 166-8, 170, 293-7, 317-21, 381-4, 385-6. ――の方法, 287-9, 297-305. ――と知覚または心理学, 29, 74-6, 83-5, 90, 102,

111-2, 167-8, 381-3. ——の還元可能性，323-4
精密さ(精確さ) 69, 153n, 229, 247n, 249-51, 303-4, 397
生(生命，生活) 14, 43, 113, 168, 254, 304n. ——の発生または進化，98, 254, 286, 323-4, 329
世界1（第一世界，物理的世界） i, 86t, 98, 123, 171, 176-80, 185n, 189, 317, 359n. ——と言語, 179-80, 330. 世界2との相互作用, 124, 166, 177, 260-4・n, 271, 281-3・n, 286. 世界3に影響された——, 125, 130, 138, 170-1, 177-8, 181, 254-5, 259-66, 271, 282-4, 286
世界2（第二世界，主観的意味における思考または経験の世界)i, 86t, 89, 92, 98, 108n, 123, 125-30, 145-7, 148n, 170, 176-80, 331-2. ——と言語, 87, 179-80. ——と理解, 180, 184-90, 213-4. 世界1と世界3の仲介者としての——, 5, 171, 177-8, 181-2, 282-4. ——の問題への世界3アプローチ, 130-3, 184-91, 202, 211-4. ——に及ぼす世界3の効果, 87, 125-6, 130, 177-8, 269-71, 282-4, 330 ——の表現としての世界3という考え, 124, 132-3, 168-9, 171, 178, 180, 185n, 331-3
世界3（第三世界，客観的思考，特に人間精神の産物の世界） i, 38, 86n, 86t-8, 92, 96, 108n, 121-48, 158, 161, 166-71, 175-84, 196, 269-70, 282-4, 318, 330-3, 359n. ——の自律性, 87, 125-6, 130, 133-8, 145, 147, 159, 169-70, 180-4・n, 283, 331-4. ——の生物学的類似物, 130-6, 147, 166-7, 181-3, 269, 283-4, 317-8, 333. ボルツァーノと——123, 146-7, 175. ——の内容または住人, 85-7, 124, 142, 146, 159, 178, 179-80, 181n, 187-9, 333. ——における発見, 87, 136-8, 159, 177-8, 183-4・n. フレーゲと——, 124, 147, 175, 178・n. ヘーゲルと——. 145-6, 175, 176n, 182n, 333. 人間的産物としての——, 134-6, 141, 154, 159, 169-70, 180-4, 318, 332-3. ——と知識理論, 123-30. ——と言語, 135, 138-41, 147, 158, 179・n, 270-1. プラトンと——, 123, 142-6・n, 175-6・n, 178・n, 180-1, 303
説明 35, 105, 141-2, 217-31, 295-7, 299-301, 327, 384, 388-96 アド・ホックな，

または循環的な——, 218-9, 229, 303, 327, 391, 396, 398. ——の歴史, 388, 399-400. ——と初期条件, 105, 219, 390-6. 未知なるものによる既知なるものの——, 217, 388-9. ——とモデル, 301-3, 399-400. ——と予測, 221, 388, 352-4・n, 397. ——の図式的表現, 390, 395. 知識の探求における成功の——, 29, 35, 114, 231. 究極的——, 142, 220-1, 401. ——と普遍法則, 219, 223, 389-90, 394-5
説明項 217-20, 389, 392-3
説明力 63-4, 164
ゼロ内容 59-60, 369-72
占星術 196-7, 199・n
選択：行動のための理論の——27-9, 95-7, 108n. ——系列（ブロウアー）, 127, 137
全体論 237・n
尖兵理論（行動の変異の） 274, 282, 310-1, 313, 315-6. →発生的二元論

[ソ]

綜合性 96-7, 99-100, 106, 151
操作主義 120n, 121
相対主義 146, 341
相対性 70, 149-50, 243, 335. →アインシュタインの理論
創発（発生） 138, 140, 168, 245n, 254, 269, 273-5・n, 286. ——と還元, 321-34
相補性（ボーア） 329
即時決定 258, 264
測定 229, 336, 397
素数 86, 137, 159, 183
存在言明 16n, 18, 402
存在する＝構成する（ブロウアー） 153-4, 160. →直観主義
存在する＝知覚する（バークリ） 148, 328
存在論：数学における——, 153・n, 154, 159-60, 183-4. →身心，一元論，多元論，世界1, 世界2, 世界3

[タ]

第一世界 →世界1
対応：事実または実在との——, 53-6, 70-1, 296, 322, 344-52, 356, 360-4, 393. 真理の——理論 →真理
対応原理（ボーア） 229
対象言語 54-5, 348-50, 361-6・n
体系：生物学的または有機的——, 171-2, 237,

281n. ——算（タルスキー），57・n, 58-62, 367-72. 開放——, 281, 286. 物理的——, 235, 280, 307. 物理的に閉じた——, 246-8・n, 254, 261n, 286
大胆さ　**21**, 64, 94, 396
ダーウィン主義　25, 38, 78, 81-2・n, 90, 138, 254, 272, 273・n, 293-4, 299-300, 305, 313-4, 320-1. ——はラマルク主義を摸擬する, 171, 276・n, 301-2, 304. ——的な淘汰の手続き, 112, 166, 171, 299-301
多元論　175-7, 283-4. ——と創発, 321-334. 社会的——, 236. 理論的——（競合的諸理論），10-11, 18, 19-21, 62-4, 69-70, 93-7, 108n, 110, 140, 164-6, 170, 187, 274-5・n, 279n, 296-7, **298-9**, **337**, 398
第三の見方　221・n, 223
妥当性　79, 141, 268, 270, 338, 357
単純性　21, 164, 220n, 224

[チ]

抽象的：——理論, 400. ——実体　→世界3
中性的一元論　100, 360
知覚　120, 141, 148・n, 151, 176n, 292n, 379-82. ——と生物学, 75-6, 83-5, 90, 101-2, 111-2, 166-8, 382
力（または引力）　197, 225n, 228n, 302, 399
時間　87, 155-6, 208n, 314, 334. カントの——理論, 149・n, **150-2**, 155-6. ——の直観, 149-52, 155-7, 159
知識：すべての——は推測的なものである, **第1章**, 13-5, 17, 29, 37, 49, 69, **88-9**, 90, 92-3, 106-7, 116, 120-1, 140, 164, 165, 171, 185n, 223, 290, 296-7, 333, 401-2. 証明可能な——, 88-9. ——の成長, 42, 45, 78, **83**, **98**, 130-1, 140-1, 145-6, 164-72, 283-4, 286, 289-97, 318-21. ——の予測不可能性, 331. 主観的——の成長, **78**, 98, 171. 客観的——, **31**, **77**, **85-7**, 88-90, 93-4, 99, 105-7, 113, 116, **125-130**, 132, **133-7**, 140-1, 146, 169, 171, 188n, 318, **331-3**, 337. 部分的——, 258. 主観的——, 31, 50, 75, **77-8**, 83-90, 123-30, 133, 140, 162, 184-6, 331-2. ——への客観的アプローチ, 131-3, **184-91**, 202, 210-4. ——理論（認識論）, i, 29, 32, 40-2, 52, 71-95, 99, 114-7, 119-21, 第3章, 287-97. ——理論と生物学または進化, 25, 38, **76-85**,

88, 90, 92, 121, 131-3, 166-8, 170, 293-8, 317-21, 381-4, 385-6. ——理論と科学的知識, 8, 10-12, 87-9, **107**, **126**, 129-30, 147, 161. 伝統的——理論, **125**, 129, 141, 148n. ——は理論に満たされている, 83-4, 120. ——の木, 第7章, 294-6, 312
知識社会学　132-3, 251n
知識の源泉　72, 89, 90n, 150-2, 155, 157.
　→バケツ理論
調和（世界の）　203n, 277
潮汐：ガリレオの——理論, **193-200**・n, 214n
直接性　43, 73-5, 80, 85, 89-90, 116, 120

[テ]

定義　36, 69, 90, 144, 221n. 343-6, 365-6
定向進化　305, 313, 316. →発生的二元論
デカルトの問題　260-1, **262-5**, 271, 281-3・n. 286. →身心問題
テスト（テスト可能性）　16-20, 22, 24-6, 37, 47n, 94-5, 138, 164-6, 203, 219-20・n, 290, 297, 337, 385, 393-4・n, 395-7, 400-2. 決定的——, 19-20, 394n. ——の度合, 21, 23, 165, 224, 396. 独立の——, 21, 218-9, 389-91, 395, 398. 厳しい——, 19, 23, 94, 113, 165, 218, 402. ——言明, 9, 10・n, 11, 16・n, 22, 24, 38.
テキストの解釈, 210・n, 211n, 213, 214n, 215n
哲学　i, 39-41, 51, 53, 71, 74, 145, 175, 188, 203n, 234, 272, 359, 386-7
哲学的：決定論, 248-51. ——還元, 324-8
テトラプテラ　312
デュアンの原理　336
転移の原理　9t, 30, 33, 79-80・n, 93
伝達（コミュニケイション）　124, 139-40, 157-8, 180, 182n, 266. →言語の機能
伝統　141, 158, 169, 321-2, 286-7

[ト]

道具（手段）　269, 294-6. ——としての個人（ヘーゲル）, 145
道具主義　76, 81, 93, 221, 294-6
統合（スペンサー）　294-6, 299, 301
淘汰　112, 166, 171, 270, 340. →学習, 自然淘汰
動物　166, 235. ——知識, 87, 141, 155, 170, 278-9, 294, 386. ——言語, 139, 141, 265・n, 266-7
独断論（主義）　30, 38, 42, 76, 194, 197, 305,

386-7
時計　第6章, **235***t*, 236, 237-43・*n*, 258-9, 280-1. すべての——は雲である, **240**-3・*n*, **258-9**, **279-81**. すべての雲は——である, **238-40**, 241-3, 246. →決定論, 非決定論
トネートス　14, 112*n*

[ナ]

内容　**57-64・***n*, 66-70, 86, 94-5, 139-41, 180, 220・*n*, 224, 352, **368-72**. ——の比較可能性, 60-2・*n*, 63-4, 70. 経験的——, **57-58***n*, 59, 164-6, 299. 偽——, 58-63・*n*, 64, 68-70, **94-5**, 369-72. ——と情報, 20, 22, 24-5, 66. ——測度, **61・***n*, **62-4**, 67, 70, 117, 369, **370-2**. 相対的——, 59-62, 369-72. ——と確率, 22-4, 60-1, 117, 165, 371-2. 真理——, 58, 61, 62・*n*, 66-70, 94-5, 139, 165, **368***t*-72. ゼロ——, 59-60, 369-72

[ニ]

ニュートンの理論　25-6, 52, 65-6, 68, 105-6, 157*n*, 220-1, 299, 337. ——と決定論, 238・*n*, 239-43・*n*, 246, 249-51. ——とアインシュタインの理論, 13, 21, 62-3・*n*, 70, 117-8, 302, 372. ——とガリレオの理論, 21, 196-8, 217*n*, **224-5・***n*, **226-9**, 295・*n*, 397-8. ——とケプラーの理論, 21, 217*n*, 224-5・*n*, 227-8, 231-2, 295, 397-9・*n*. ——と非決定論, 240-3・*n*, 247*n*, 329
二律排反(アンチノミー)　56*n*, 57, 71, 345-6, 350, 356, 361
にわとりと卵　384-5
認識論　→知識(理論)
認識論理学　126, 147, **161-2**, 342

[ネ]

熱：分子運動, 241・*n*, 281

[ハ]

背景知識　41, 59*t*, 83, 93, 188・*n*, 190, 192, 195, 205
排除　98, 138, 172, 191, 270, 276. ——と進化, 98, 273-5, 282, 320-1. 担い手もろともの——と批判による——, 77, 83, 98, 107, 111-2, 141, 170, 273, 274-5, 278-9, 293-4. ——の方法, 19, 172, 296-7. →方法(試行と誤り排除の)

排中律　148, 154, 340
白紙理論　72*t*, 78・*n*, 83, 85. →バケツ理論
バケツ理論(常識的知識理論, 主観主義的認識論)　i, 5, 14, **第2章**, 41-4・*n*, 45, 48, 51-3, **71***t***-80**, 85-90, **98-102**, 107, 114-6, 120-1, 125, 129, 141, 147-8・*n*, 158, 161-3, 167-8, 290-2・*n*, 330, 付録, 379・*n*, 380, 383, 385. ——と実在論, i, **第2章**, 47-8, 51, 76-7, 100-2, 114-6, 120-5. ——と宗教. 76, 80, 89, 147, 150, 220
場所数　375-7
発見　164-8, 171, 230-1, 355. ——と世界3, 86-7, 136-8, 159, 177-8, 183-4・*n*
発生的一元論　306, 308-9, 312
発生的二元論(多元論)　166-7, 171-2, 274, 282, 284-5, **305-16**
パラドックス(論理学)　56*n*, 57, 71, 345-6, 350, 356, 361. →二律排反
反証　→反駁
反知性主義　40, 49
判定基準　351, 356-8. 優先選択の——, 22-3. 真理の——, 56, 351-2, 357-8, 372. 真理の主観主義的——, 31-2, 73, 75, **80**, 85, 89
反駁(反駁可能性, 反証)　16-9, 26, 32, 45-7・*n*, 81, 90, 94, 113, 137・*n*, 219, **223**, 270, 290, 293, 296, 297, 338, 385, 393・*n*-4, 397, 398-9, 401-2 ——免疫化, 38, 46*n*, 47, 401. ——と実在, 223, 366-7, 401
パンは滋養になる　13, 112-3
反復：——と信念の形成, 5, 30, 33, 34, 74. ——による帰納, 6, 9, 34, 108-9, 111, 113, 115

[ヒ]

非決定論　**240-5・***n*, 247*n*, 256-9, 262-3, 279, 285-6, 329. ——は不十分, 248*n*, **256**, 260, 262, 286. ——と自由, 247*n*, 255-60, 262, 263*n*, 285-6. ニュートン的世界における——, 240-3・*n*, 247*n*, 329. パース的——, 240-3・*n*, 279-80, 329. ——と量子論, 242-3, 257-8, 263-4, 285-6
非合理主義　3, 7・*n*, 9, 15, 33, 94, 98*n*, 104-6, 109-12, 116
被説明項　217-9, 388-92, 395-6. 説明による——の訂正, 21, **224-9**, 231-2, **397-8・***n*
必然性(因果的)　102-5, 110-1, 248, 250・*n*

否定的接近法 26,
批判(主義) 26, 31, 40, **41-2**, 98, 107, 138-41, 146, 158, 170, 214, 290, **292-4**, 295-9, 318, 338, 353, 387. ——は言語的定式化によって可能となる, 31-2, 38, **77-8**, 82, 98, 112, 138-41, 278-9, 295, 298
批判的議論(討論) 22, 26, 28, 33, 42, 69-70, 77, **93**, 95-8, 124, 130, 140-1, 157-9, 164, 170, 187, 267, **270**, 271, 319, 321, **338-9**, 344, 386-8. ——の態度, 38, 219, 278-9, 386-8. ——の方法, 21, 83. ——の伝統, 322, 387
ヒュームの問題 →帰納（の問題）
評価 69, 164-6. →優先選択
表現 124, 139-40, 169, 171, 180, 182n, 190, 207, 266, 269-70. →言語（の機能）

[フ]

フィードバック 130-1, 136, 138, 141, 145, 169, 184, 269, 271, 275, 279-80, 283
不確定性(ハイゼンベルクの定式) 241n, 264, 334-7. →量子論
深さ 21, 66, 105, **224-30**・n, 319
複雑な器官 302, 305, 312, 316
物活論 222, 303, 306, 311
物理学：——における実在論と主観論, 143-4, 334-7. ——への化学の還元, 322-3, 326
物理主義 255, 324-30
プトレマイオスの理論 196, 198n, 199n
普遍性：——の度合または水準, 220・n, 220-3, 229, 397
プラトン主義 145, 154, 160, 222・n, 223
プランクの原理 335-6
文(タルスキー) 54・n, 355n, 358, 373n
分化(スペンサー) 294, 299, 301
分析性 95-7, 106, 151

[ヘ]

変異 82, 98, 273, 274-6, 302-3, 305-16
便宜主義的策略 38, 46n, 47, 401. →免疫化
偏見(先入見) 74, 167-8, 170, 214n, 380
弁証法 142, 145, 187n, 330, 333

[ホ]

法則：確立された——, 13-4. すべての——は仮説的, 12-3, 223, 401. 自然の——, 106-7, 114, 208・n, 219, **223**. 観察的——, 231-2, 398n. 普遍——, 219, 223, 299, 390, 394-5, 401-2
方法：科学的——, 8-9, 17, 29, 64, 69, 83, 94, 98, 107, 166, 210, 285n, 297-8, 付録, 285-7. 試行と誤り排除の——, 21, 27, 31, 33, 36, 75, 78, 83, 90, 111n, 116, 265, 268, 273, 276・n, 284-5・n, 304, 393n. 科学的——の図式的表示, 138, 140, 145, 166, 168, 187・n, 191, 192, 198-200, 274-5, 319-20, 330
方法論 17, 46n, 132-3, 230-1, 338, 341, 356, 373, 387. 数学における——の問題, 153・n, 154, 160-1, 339-40. ——の規則または原理, 22, 38, 396
保存則 196-9
ボールドウィン効果 171, 276・n, 301・n, **302t**, 304
本質主義 14, 112n, 143, 220-2, 223-4, 343, 359n. 修正された——, 221・n, 223-4
本能 30-1

[マ]

マルクス主義 7n, 39
満足 361 365, 373・n, 374, 376・n, 377

[ミ]

ミツバチ 166, 182, 265n, 267, **318**, 333
未来と過去 4, 34, 81, 104, 110-1. →帰納（の問題）

[ム]

無限後退 143, 344, 386. ——と帰納, 100, 105
矛盾 146, 330
夢想 46-7, 50, 53, 76-7, 148n
無矛盾説（真理の) 342, 344-6, 350-1

[メ]

眼 84, 167, 176n, 305-6. ——の進化, 275, 277, 302, 305, 306, 312, 316
明晰さ 53, 69
メタ言語 54-6, 157, 348-50, 362-3・n, 365-6
免疫化(アルバート) 38, 46n, 47, 401

[モ]

摸擬(シミュレーション) 171, 276, 281, 299-302, 304, 311, 316
目的 135-6, 171, 207, 217, 261, 271, 284-

5, 309-12, 313, 316. 科学の――，第5章 ――構造, 136, 307t, **308-16**
目的論 133, 300, 302-3
モデル 196, 301-3, 399-400
門 273-4, 282, 386
問題：当事者の意識的――と客観的――, 203n, 273, 277, 333. 進化論的――, 167-8, 273-5・n, 277, 284, 320-1, 329. 客観的――（問題状況）, 86-7, 124, 126-8, 135, 136-8, 140, 159, 176, 183-4・n, 187-8, 190・n, 191-211, 273, 277, 333, 359n. ――と科学的発見, 19, 166, 289-97, 319-21. ――移動, 188, 192, 204, 320, 328. ――状況, 10, 124, 127-8, 135-6, 140, **187-8**t, 190, 193-5, 202-4, 210, 211-4, 242n, 275・n, 329, 333. ――解決, 164, 205, 270-1, 292-4, 297-9, 322. ――と進化, 166-7, 273-4, 276-7. ――の理解, 186-8, **189-91**, 192-214.

[ユ]

唯物論 179n, 239n, 306, 359. 一元論的――（物理主義), 255, 324-30
唯名論 143, 144n
有機体：――とシャボン玉, 280-1・n 多細胞――の進化, 275, 304n, 321. ――と門, 274・n, 282, 314. ――と柔軟制御, 273, 275
優先選択（競争しあっている諸理論のうちからの）**10-11**, **17-27**, 31, 33, 38, **62-4**, 66, 68-9, 79, **94-7**, 108n, 110, 117-9, 124, 164-6, 187-8, 224, 279n, 296-7, 320, 372. 実用主義的――, 17, 23-4, **26-9**, 33, 91-4, 95-7, 108n, 110

[ヨ]

容認 32, 164-6, 293. 容認 1, 容認 2（ラカトス), 164n. →優先選択
余効 276n
予測 97, 235, 329, 331, 345. ――と説明, 221, 388, 392-4・n, 396. ありそうにもない出来事の――, 117-9

[ラ]

ラプラスの魔 242n, 250, 252n
ラマルク主義 112, 166, 304. ダーウィン主義によって擬態された――171, 276・n, 301-2, 304. 発生的二元論によって擬態された――, 311. 316

[リ]

理解 129, **133-5**, 159, **184-214**・n, 298, 332. ――と確実性, 192n, 193n, 198n, 210. コリングウッドの理論, 186, 211-4. ――の度合, 192・n, 193・n ディルタイの理論, 192n, 193・n. 歴史的――, 186, 191, **193-204**, 209, **210-4**. 人文科学における――, 184-5・n, 207-210. ――と「生きた問題」, 205-6. ――の問題はメタ問題である, 193, **200-2**, 205. ――と問題解決, 187-8, **189-91**, 192-213. 科学における――, 207-9, 400・n. ――と状況的分析, 202・n, 206-7, 211-4. ――の主観的側面, 179, 184-90. ――の主観的理論, 180, 184-6, 192n, 193n, 197, 207, 211-4. 不成功な理論の――. 193-200, 203. ――と世界 3, 178, 184-91, 194-5, 197, 202, 211-4
理性 15-16, 50, 113
理論：すべての知覚，知識，言語は――に満たされている, 11-12, 38, 83-5, 120, 156, 167-8, 188, 290-1, 380-6. →知識（推測的), 多元論
量子論 38, 48, 234, 241n, 242-5・n, 247, 334-9. ――の完全性, 244-5・n. ――と非決定論, 242-3, 257-8, 263-4, 285-6. ――における主観主義, 162-3, 243, 337, 339

[ル]

類似性 30, 222・n

[レ]

歴史 79, 191, 209-14・n, 318-9, 328-34. 科学の――, 9, 69, 193-202, 209, 388-9, 396
歴史法則主義 222
歴史的説明 202, 210-4・n, 394-5. 進化と――. 301-3, 304-5
歴史的理解 185, 191, 193-205, 210-4・n
連合（観念の) 6, 73-4, **78**, 89n, 104, 108-9, 250n, 382, 385. →バケツ理論
連続体論（ブロウアー) 126, 159

[ロ]

論証（議論) 26, 40n, 124, 130, 141-2, 159, **253-4**, **267-70**
論理（学) 8-9, 16, 22, 46, 66-8, 81, 88, 96, 105, 139n, 228-9, 253, 261, 285,

338–45, 352, 357–8. ――の代替的体系, 66n, 160–1. 337–41. 発見の――, 30–1, 79, 164–8. 認識――, 125, 147, 148n, 161–2, 342. 直観主義――, 160n–1, 340–1. ――と心理学, 8, 30, 79, 89n, 111n, 126–8, 180, 331–2. ――と量子論, 339. ――と実在論, 337–45. 批判の道具としての二値――, 38, 66n, 140, **161**, 268・n, 330, 338–41, 353

[ワ]

惑星：――の円運動, 196, 198・n, 199. ――の相, 196

訳者略歴

森　博（もり　ひろし）

1929年　神奈川県に生れる　　1999年1月30日　逝去
1953年　東北大学文学部社会学科卒業
もと　　甲南女子大学文学部教授，東北大学名誉教授
専攻　　政治社会学，社会学原理論
著書　　『社会学的分析』恒星社厚生閣，1969年，
　　　　『現代社会学論の系譜』誠信書房，1970年
訳書　　K・マンハイム『歴史主義・保守主義』恒星社厚生閣，1969年，
　　　　K・ポパー『科学的発見の論理』恒星社厚生閣，1971・2年，
　　　　R・ミヘルス『現代民主主義における政党の社会学 I・II』木鐸社 1973, 1974年，
　　　　F・マニュエル『サン—シモンの新世界』上・下 恒星社厚生閣，1975年

検印省略

1974年8月15日　第1版第1刷印刷発行
1999年3月15日　第1版第10刷印刷発行

著者　カール・R・ポパー
訳者　森　　博
発行者　能島　豊
発行所　有限会社　木鐸社

〒112-0002 東京都文京区小石川5-11-15-302
電話・FAX (03) 3814-4195番
振替 00100-5-126746番

落丁・乱丁本はお取替えいたします

ISBN4-8332-9001-4 C3010